欧洲社会民主主义暨欧洲社会党译丛编委会
顾问：殷叙彝　主　任：王学东
成员：王学东　张文成　刘庸安
　　　贺和风　林德山

[法]阿兰·贝尔古尼欧
吉拉德·戈兰博格/著
齐建华/译　　胡振良/校

欧洲社会民主主义暨欧洲社会党译丛

梦想与追悔：
法国社会党与政权关系100年(1905—2005)

L'ambition et le remords: Les socialistes francais et le pouvoir(1905-2005)

重庆出版集团　重庆出版社

L'ambition et le remords by G. Grunberg and A. Bergougnioux
Copyright © 2005 by Librairie Arthème Fayard
Simplified Chinese translation copyright © 2013 by Chongqing Publishing House
All Rights Reserved

本书中文简体字版由 Librairie Arthème Fayard, SA 授权重庆出版集团·重庆出版社在中国大陆地区独家出版发行，未经出版者书面许可，本书的任何部分不得以任何方式抄袭、书录或翻印。

版权所有　侵权必究

版贸核渝字（2007）第 51 号

图书在版编目（CIP）数据

梦想与追悔：法国社会党与政权关系100年(1905—2005)/[法]贝尔古尼欧，[法]戈兰博格著；齐建华译；胡振良校.—重庆：重庆出版社，2013.3
（欧洲社会民主主义暨欧洲社会党译丛）
ISBN 978-7-229-05444-1

Ⅰ. ①梦… Ⅱ. ①贝… ②戈… ③齐… Ⅲ. ①社会党—党史—研究—法国—1905～2005　Ⅳ. ①D756.564

中国版本图书馆 CIP 数据核字（2012）第 171835 号

梦想与追悔：
法国社会党与政权关系100年（1905—2005）

MENGXIANG YU ZHUIHUI：
FAGUO SHEHUIDANG YU ZHENGQUAN GUANXI 100 NIAN（1905—2005）

[法] 阿兰·贝尔古尼欧、吉拉德·戈兰博格　著
齐建华译　胡振良校

出 版 人：罗小卫　丛书策划：刘　玮
责任编辑：徐　飞　责任校对：李小君
装帧设计：重庆出版集团艺术设计公司·蒋忠智　钟丹珂

重庆出版集团
重庆出版社　出版

重庆长江二路 205 号　邮政编码：400016　http://www.cqph.com
重庆出版集团艺术设计有限公司制版
自贡兴华印务有限公司印刷
重庆出版集团图书发行有限公司发行
E-MAIL:fxchu@cqph.com　电话：023-68809452
全国新华书店经销

开本：787mm×1 092mm　1/16　印张：31.5　字数：512 千
2013 年 3 月第 1 版　2013 年 3 月第 1 版第 1 次印刷
ISBN 978-7-229-05444-1
定价：48.50 元

如有印装质量问题，请向本集团图书发行有限公司调换：023-68706683

版权所有　侵权必究

《欧洲社会民主主义暨欧洲社会党译丛》
总　序

　　社会民主主义是当代世界(特别是欧洲各国)主要政治思潮之一,是各国社会党(社会民主党、工党)及其国际组织——社会党国际的思想体系的总称。

　　社会民主主义起源于欧洲,最初是对欧洲工业化早期阶段出现的社会分化、工人贫困、劳资对立等"社会问题"的理论回应,后来与工人运动相结合,形成了社会民主主义运动。

　　社会民主概念最早出现于欧洲1848年革命前后,当时自称或被称为社会民主党人或社会民主主义者的派别大体分为三类:主张"资产阶级社会主义"的资产阶级激进民主派、主张"乌托邦社会主义"的小资产阶级民主派和主张"革命的社会主义"的无产阶级革命派。其中前两个派别主要从法国大革命所宣扬的自由主义思想中汲取养分,把启蒙思想家们在反封建斗争中以全体人民的名义宣布的那些社会原则"自由、平等、博爱"作为自己的基本价值追求。而后者则以布朗基派为代表,一定程度上继承了巴贝夫主义的思想传统,所以也被称作共产主义者。马克思、恩格斯当时毫不犹豫地站在无产阶级革命派一边,自称是共产主义者,参加并领导了第一个无产阶级政党——共产主义者同盟。但出于策略的考虑,他们有时也自称为社会民主党人。

　　1864年国际工人协会成立和1869年德国社会民主工党建立,标志着国际工人运动进入了一个独立发展的新时期。这一时期创立的无产阶级政党大都采用了社会民主党或社会主义工人党的名称,社会主义和工人运动日益结合成统一的社会民主主义运动。从19世纪70年代到20世纪初,随着各国无产阶级政党及其国际组织(第二国际)在自己的纲领、章程和决议中越来越多地采纳科学社会主义的观点和原则,科学社会主义在社会民主主义运动中逐渐取得指导地位。在这种情况下,社会民主主义在一定程度上成了科学社主义的同义语。

第二国际后期,社会民主主义运动发生分化,逐步形成了左、中、右三派。俄国十月革命胜利后,以俄国布尔什维克为代表的原第二国际左派与右派、中派彻底决裂,把党的名称改为共产党并成立了共产国际。右派和中派则重新联合起来,维持原来的名称并明确地对社会民主主义作出改良主义的解释。此后,原来在统一的社会民主主义运动内部的派别斗争,变成了共产主义与社会民主主义的外部对抗。在共产国际和各国共产党的文献中,社会民主主义由于与左派的革命理念决裂而成了改良主义、机会主义的同义语。而社会民主党人为了突出自己与主张实行无产阶级专政的共产党人的根本对立,开始自称为民主的社会主义者。

在两次世界大战之间的时期,社会民主党人继续使用社会民主主义概念来表述自己的思想和政策体系,在与布尔什维主义的对抗中进一步发展了社会民主主义理论,并开始了通过议会道路在资本主义国家执政和推行社会民主改革的实践。

二战结束后,以1951年社会党国际成立及其原则声明《民主社会主义的目标与任务》的发表为标志,民主社会主义被正式确定为社会党国际及其成员党的纲领目标,并开始取代社会民主主义成为各国社会党的思想体系的总称。与19世纪末的社会民主主义相比,二战后的民主社会主义发生了很大变化。以要求实现生产资料社会化为特征的马克思主义的解决方案逐渐从各国党的纲领性文献中消失,而当年被斥为修正主义的社会改良主义方案却日益发展并在各党的纲领中占据了支配地位。社会民主党人强调,民主社会主义不是一种模式,不是一种社会经济形态,而是一种由基本价值加以界定的规范性政治和理论思想。社会主义就是民主制在社会各个领域、各个方面的彻底实现,因此,对资本主义社会的改造不再被理解为毕其功于一役的壮举,而是一项持久的改良任务。此时,社会民主主义和民主社会主义这两个概念虽然可以互换使用,但是社会民主主义概念的内涵和外延显然已经按照民主社会主义概念重新界定,而民主社会主义概念则起到了把新、旧社会民主主义明确区分开来的作用。

从二战结束到20世纪70年代是战后资本主义发展的黄金时期,也是民主社会主义发展的黄金时期。此时西欧各国社会党已普遍认同了现行社会体制,作为体制内的合法政党与其他政党轮流执政,成为欧洲中左翼政治的主要代表。西欧多数社会党都有过较长时间的执政经历,有的党甚至长期连续执政。它们以民主社会主义为旗帜，以工人阶级和社会中下层群众的代言人自居，积极扩大国家干预职能，用凯恩斯主义的政策手段对经济发展实行宏观调控，努力实现充分就业，建立广泛的社会保障体系，在社会福利国家建设方面取得了令人瞩目的成就。这一时期，各国社会党的力量和影响达到了高峰。

到20世纪70年代中期，随着石油危机的爆发，西欧战后经济繁荣时期结束了。面对经济"滞胀"危机，凯恩斯主义的经济政策开始失灵，高成本的社会福利国家建设难以为继，民主社会主义呈现出整体衰落的趋势。从20世纪70年代末开始，新保守主义政党陆续上台执政，新自由主义逐渐取代凯恩斯主义成为西方国家经济政策的主流，其特征是放松国家控制，大力推进私有化，实行紧缩的财政和税收政策，限制工会权力，削减社会福利。在新保守主义的进攻面前，社会民主党人因缺乏有效对策而陷入被动防御地位。

苏东剧变后，民主社会主义的危机征候更加明显。各国社会党不仅党员人数和选民人数急剧减少，而且理论上迷惘退缩，对传统的社会主义目标出现认同危机。在这种背景下，德国社会民主党内爆发了关于是继续使用"民主社会主义"概念，还是以"社会民主主义"来代替它的争论。虽然这场争论最终没有得出正式结论，但实际上现在各国社会党（包括社会党国际）已很少使用民主社会主义概念，而更偏爱使用社会民主主义概念。我们这套丛书所收著作的书名就说明了这一点。

概念的变化反映了西欧社会党力图以更加务实的态度和更加灵活的策略应对时代的挑战，对社会经济结构变化和经济全球化所造成的巨大转型压力作出理论上的回应。在社会民主主义的历史上，社会主义的最终目标一向被设定为建立一种替代资本主义的新的经济和社会制度。历史上的改良主义者，包括修正主义者，都不否认资本主义制度终将被社会主义制度所取代，而只是强调这种制度替代的和平性质和渐进性质。而此时主张放弃"民主社会主义"概念的人，尽管表面上的理由是与苏东"现实社会主义"划清界限，但实际上是要彻底清理从社会主义工人运动的历史传统中继承下来的目标和理念，其目的不是向传统的社会民主主义回归，而是要实现社会民主主义的"现代化"，使其同传统的社会主义目标决裂，抛弃一切可能会让人联想到整体性制度替代的东西，甚至包括"社会主义"这个词本身。

20世纪90年代，社会民主主义的"革新"或"现代化"成为西欧社会党转型的主题词，在此过程中，社会民主主义从思想理论到纲领政策都发生了重大变化。这种转型很快为西欧社会党带来了回报。20世纪90年代中后期，西欧各国社会党陆续走出政治低谷，进入了一个政治复苏期，一度出现社会党在欧盟15个成员国中的13个国家执政或参与执政的盛况，被称作社会民主主义的"神奇回归"。但是好景不长，不久以后就有一些社会党相继下台，仍旧执政的党则面临着许多政治和经济难题，特别是如何改革社会福利国家的难题。

20世纪末以英国工党为代表提出的"第三条道路"（德国社会民主党的相应提法是"新中间"），使社会民主主义的"现代化"获得了一个新的载体。英国工党领袖布莱尔宣称，"第三条道路"代表了一种现代化的社会民主主义，热情致力于其社会公正和中左政治目标，但却是以灵活、创新和富有远见的方式来实现它们。"第三条道路"表明，社会民主主义转型的目标是要超越左右两分的传统政治思维框架，既不走老左派"僵化的国家干预主义"的老路，也反对新右派完全自由放任的新自由主义政策，而是要在新的历史条件下将社会民主主义与自由主义重新结合起来，在继承社会民主主义自由、公正、互助等传统价值的基础上吸收自由主义市场原则的积极成分，找到一条既能实现社会公正，又让经济富有活力的新路。"第三条道路"是欧洲社会党对社会民主主义面临的转型压力作出理论回应的一个重要的尝试，它的成败得失还需要经过历史的检验，由各国社会党的实践来证实。

总而言之，自从国际工人运动发生历史性分裂，共产党与社会民主党、科学社会主义与社会民主主义分道扬镳以来，社会民主主义与国际工人运动中的革命传统、马克思主义传统已经渐行渐远。尽管有一些社会党或党的领导人迄今仍不否认马克思主义的历史作用和现实意义，承认马克思主义是党的思想来源之一，甚至认为马克思主义现在仍然是分析和改造资本主义社会的理论工具之一，但是从总体上看，今天的社会民主主义已经背离了马克思主义，是一种非马克思主义的、改良主义的思想体系。

社会民主主义与科学社会主义的根本区别在于：否认马克思主义是唯一科学的社会主义理论，主张世界观的多元性和开放性；否认社会主义的历史必然性和社会主义论证的科学性，只抽象地设定自由、公正、互助等基本价值，反对提出任何全面的制度替代方案；反对无产阶级革命和无产阶级专政，把通过普选取得议会多数作为取得政权的唯一方法，把实行政治民主和经济民主作为变革社会的唯一途径；社会民主党不再以传统的工人阶级为载体，不再是工人阶级政党，而成为所谓的"人民党"。

尽管与科学社会主义有原则性的区别，但是从广义上讲，社会民主主义仍然属于世界社会主义运动的一部分。虽然社会民主党不再以传统的工人阶级为载体，不再是工人阶级政党，但是与新保守主义、新自由主义政党相比，它主要代表的仍旧是包括工人阶级在内的社会中下层人民的利益，在资本主义国家的政治"光谱"中处于中间偏左的位置。它虽然不再追求社会主义对资本主义的整体性制度替代，但仍旧追求自由平等和社会团结的理想，坚持按照自由、公正和互助等社会主义基本价值的精神来改造社会。它在劳动就业、收入分配、教育培训、社会福利和社会保障等方面的政策主张，仍旧力求与新自由主义有所区别，通常更强调社会公平正义，更倾向于维护社会弱势群体的利益。因此我们认为，社会民主主义仍然是一个非马克思主义的、改良主义的社会主义流派。

他山之石，可以攻玉。社会民主主义和各国社会党在长达一百多年的发展历程中有许多重要的经验教训值得我们总结和借鉴。尤其是二战以后，它们是西欧社会福利国家建设的主导力量之一，对于在市场经济条件下如何处理好效率与公平之间的关系，做到既推动经济发展，又促进社会和谐，提供了不少有益的经验。此外，它们不断进行自我调整以适应社会环境变化的能力，对其他社会思潮中有价值的思想兼收并蓄的能力，在实践中不断总结经验、学习提高的能力，以及它们的政治竞争战略和执政经验，也值得我们认真总结和借鉴。

最近 20 年来，我国学术界加强了对社会民主主义和各国社会党的研究，中央编译局世界社会主义研究所也为此作出了自己的贡献，陆续出版了一些专著和译著，其中有一些在国内学术界产生了较大影响。例如，1987 年由黑龙江人民出版社出版了《当代世界社会主义研究丛书》（共 5 种）；1994 年由中央编译出版社出版了译著《未来的社会主义》；1996 年由中央编译出版社出版了译著《社会民主主义导论》；1998 年由中央编译出版社出版了专著《激进，温和，还是僭越？当代欧洲左翼政治现象审视》和译著《当代国外社会主义：理论与模式》；1999 年由中央编译出版社出版了专著《九十年代西欧社会民主主义的变革》和专著《布尔什维主义与社会民主主义的历史分野》，由当代世界出版社出版了文集《第三条道路：世纪之交的西方政治变革》；2001 年由北京大学出版社出版了译著《社会民主主义的转型——走向 21 世纪的社会民主党》；2007 年由中央编译出版社出版了文集《民主社会主义论》等等。但是总体来说，我们在这方面的研究还需要进一步深化。由于国外学者在研究相关问题时往往比我们掌握更多的第一手材料，其研究成果对我们有重要的参考和借鉴价值，所以翻译和介绍国外学者的研究成果，对于促进和加强我国学术界对欧洲社会民主主义和欧洲社会党的研究具有重要的意义。

有鉴于此,中央编译局世界社会主义研究所与重庆出版社合作,选编了这套《欧洲社会民主主义暨欧洲社会党译丛》。本译丛的选题原则兼顾了理论和政治实践两个层面,主要从两类著作中进行挑选。一是选择从总体角度探讨欧洲社会民主主义和欧洲社会党变革的有代表性的著作,二是选择一些研究有代表性的欧洲社会党(如英国工党、德国社会民主党、法国社会党和瑞典社会民主党)的政治实践的著作。选择的标准一是要具有一定的学术代表性,二是要在学术界或欧洲社会党内产生一定的社会影响。另外需要说明的是,由于原作者都是西方学者和政治家,其世界观和政治立场与我们有很大差别,所以书中会有一些非马克思主义的、错误的观点,请读者在阅读过程中注意鉴别。

王学东
2007年12月25日

序　言

　　法国社会党与执政的关系非常独特,雄心壮志与后悔莫及两种状态不断混合纠缠在一起,构成法国社会党相关的个性。这一点可以追溯到1905年该党实现统一的过程。

　　当时大多数欧洲社会主义政党都拒绝在资本主义制度下执政,他们的奋斗目标准确地讲就是要建立社会主义,因此,社会党人与政权的关系一开始就存在着麻烦。这是一个普遍现象而不仅仅为法国所特有。后来几十年间,所有的社会主义政党都曾承担过国家管理的责任,他们以自己的方式,体现了民族的传统。社会民主党和工党执政主要依靠其对工会的特殊影响,有时(如在比利时)也借助对合作社运动的影响;在意大利、尤其是在法国,社会党主要依靠其市镇影响的基础。然而,社会主义政党的目标是改造社会,党的行动应该针对整个政治和经济体系,因此,在思考和处理党与国家政权关系上,民主社会主义政党的大家庭里都或多或少、或长或短地感到某种困惑。

　　这种困惑来自于民主社会主义的身份本身。凡是在真正的政治运动中诞生的民主的社会主义运动,事实上都经历了影响19世纪和20世纪初的三大政治潮流和意识形态中的两个历练或冲击,即代议民主的发展和工人运动的发展。和其他的党一样,法国社会党一经统一,就希望自己既是一个民主的党,利用和尊重普选和议会制度,同时又应该反映和尊重工人阶级的政治意愿,活动不能只局限在选举和议会活动的范围。这样一来,社会主义党必须既是民主的党,同时又是工人的党。此外,社会党还要面对第三种强大的政治潮流,这就是民族主义和民族国家意识的发展,它要求社会党人接受代议民主规则的同时,必须在民族国家的范围从事其主要活动,而当时工人运动的行动目标却是国际的。

　　每个社会主义党都要根据本国的历史和政治文化,根据党在政治和社会活动领域中的处境,来处理由于党面对这三大历史潮流所持的态度而带来的紧张关系和局限性。但是，所有社会主义党都遇到了一股普遍的潮流或动力，推动他们要么逐步地完全融入本国的政治体系，并最终在他们原则所谴责的体系中执政，要么拒绝这种融入，经过一系列分裂，形成为布尔什维克主义的多数派或少数派。法国社会党的特殊性不在于避免了民主社会主义面对的总潮流和问题，而是它处理融入体制问题的独特方式。

建党100年来，法国社会党在融入政治体系的过程中，经历了太多的坎坷和矛盾，而对于党的活动分子来说，所感到的又是那么的令人不满，甚至是痛苦。法国社会党，比欧洲其他兄弟党更长时间地拒绝承担国家政权的责任，之后，他们开始执政，但执政的经历对他们似乎意味着一系列的反悔和背叛，每一次新的执政终结后，他们都要重新强调自己认同的所谓党的真正身份，也就是"决裂"而不是妥协，并反对修改其任何理论去适应实践。欧洲其他的社会主义党则是更大程度、更理论化地、更容易地接受了为党的根本原则和自由主义民主原则所兼容的相关调整。

本书提出了一种对法国社会主义这种"例外"的解释模式。其目的并不在于评判是非，也不在于提出建议，而是去尝试理解。社会党自建党之日起，而且在其历史发展的各个时期，都在重复着同样的政治循环过程。这其中一定存在着足够充分的理由。意大利政治学者安吉洛·帕内比安科在研究各国政党时使用了基因模式的概念，他指出，认识一个政党处理内部和外部关系的稳定方式，关键在于研究其建党时期[①]。我们正是运用这种方法，试图揭示法国社会党的基因模式。在我们看来，这一模式的形成是在1905年环球大厅法国社会党完成政治统一到1908年图卢兹会议上饶勒斯实现所谓"综合"的这一时期。建党时期影响了法国社会党的全部历史，而且其影响至今依然。正是在建党过程中锁定了党接受和融入国家政治体系的特殊方式。我们认为，无论社会党在法国政治体系中的地位如何变化（这些年来党的地位一直很重要），它与国家政权的关系依然是在建党时间形成的那种关系。不论发生怎样的变化，依然存在着长期不变的一系列特征，正是这些方面特征构成了社会党与政权独特而连贯的关系。

法国社会党一方面在不断融入法国政治体系，另一方面又不肯因融入带来的后果而改变自己的理论和原则，该党特有的政治动力学正是这种长期紧

---

① Panebianco (Angelo), *Political Parties: Organization and Power*, Cambridge University Press, Cambridge, 1988.

张关系的产物。由此，产生了非常特殊的起伏变化过程，既向权力靠拢，表现为"雄心勃勃"，之后又退到源头，拒绝对理论作任何修正，体现出"追悔莫及"。

这并不意味着社会党与政权的关系在历史上没有经历任何深刻和持续的变化，事实是恰恰相反。这也正是为什么本书按四个时期分为四个部分的理由，而每一时期都反映出社会党人在与政权关系上情况的变化。

第一个时期从党1905年实现统一到1936年人民阵线政府成立。这一时期以**拒绝执政**为标志(1914—1917年社会党人参加神圣同盟政府的极为特殊时期除外)。第二个时期从人民阵线政府成立到1971年密特朗掌控社会党权力为止。这里社会党初步经历了执政实践，也引发了幻灭和对**执政的追悔**。第三个时期下限至1994年底密特朗时代结束。这是**雄心勃勃和全面执政**的时代。最后一个时期是目前**不稳定的权力关系**时期。其间包括若斯潘当政及其失败，这一时期下限暂时划到2005年法国就批准欧盟宪章举行的全民公决。这四个时期法国社会党都经历了类似的由三个政治发展阶段构成的政治循环：以某种理论为标志的创建或再创建阶段；执政期间或多或少，或大规模地或小范围地与政治体系进行妥协的阶段；感受到妥协政策的失败和或多或少或明或暗的放弃阶段。

本书之前的一个版本是《对权力的长时期追悔》。1991年，我们在即将完成该书时，第三个时期就要结束，由于密特朗时期深刻地改变了社会党与政权的关系，所以我们对我们的分析模式产生了怀疑。这一时期结束时，社会党在获得两次议会多数并加入欧洲社会主义进程后是否最终会修改党的理论呢？或者说法国"例外"会不会持久存在呢？自那时起发生的一切，促使我们在思考1995年开始的新阶段的同时，重新审视我们模式的合理性，不幸的是，1997—2002年期间得出的结论让我们有理由相信，这个模式仍然有效，在重新开始本书写作之时，我们应该比前一本书更集中地思考权力问题，更具体地说明我们的模式。对1995—2005年时期的观察坚定了我们这样的一个直觉：虽然社会党经受了不少来自外部的压力，但法国社会主义发展的进程依然最适合用基因模式的概念来解释。这里提出了一个核心的又是困难的问题：这个模式持续的适应性是否应归功于从生物意义上理解的真正基因特性呢(初始特质不可改变)？在社会党的百年发展进程中，党创建时的外在和内在条件是否并没有受到根本性的"颠覆"？为了回答这个问题，首先要指出我们研究方法与其他有关政党的理论研究方法的不同，别人强调的是在政党组织与他们所属的社会体系之间并没有一成不变的解决方法，也就是说，它们强调把政党本身作为研究对象是不合适的。然而,我们即使把"法国社会党"作为一个有自己的独立性、可以就这样的政党进行研究的特定对象时,也必须把社会党重新置于它所在的政治与社会、国内与国际的环境之中;尤其要研究它与法国左翼和左翼文化的关系,而且还要从更为宽阔的视角——我们在这里做得还十分有限——即它与法国政治文化的关系上去研究。法国政治文化特征既表现为以国家集权、缺乏自由主义传统、经济和企业精神相对淡漠,以及对金钱和利润的否定态度,也表现为个人主义以及与权力的对立,表现为组织文化的薄弱、重视演讲、崇尚法国革命传统和突变的价值等等。

我们的假设是,法国社会党基因模式之所以没有变化,很大程度上是因为在我们所研究的这一时段内,法国政治和文化环境即使在很多领域都发生了各种变化,却没有发生根本的改变,我们必须从法国左翼这个总体框架来研究这种不变;若不了解这一点,相关的研究就会打折扣。

目 录
Contents

《欧洲社会民主主义暨欧洲社会党译丛》总序 /1
序言 /1

第一编　拒绝执政(1905—1936)

第一章　法国社会党的原始特点 /3
第二章　统一的脆弱性与饶勒斯的综合 /42
第三章　让党"回避"权力 /64

第二编　追悔执政(1936—1971)

第四章　拒绝修正 /100
第五章　执政考验与难以解决的联盟问题 /123
第六章　不可能的"社会民主" /155
第七章　挑战与危机 /176

目 录
Contents

第三编　执政梦想(1971—1994)

第八章　埃比内的"中断"　/201

第九章　埃比内的继续　/248

第十章　矛盾重重　/275

第十一章　未做修正的改革　/305

第十二章　法国社会中的社会党　/328

第四编　前途未卜(1995—2005)

第十三章　若斯潘的年代:密特朗色彩　/349

第十四章　若斯潘年代:改革的尝试　/360

第十五章　社会党危机:"传统"重新控制住"变化"　/388

第十六章　两难的政治抉择:从2002年的"意外"到2005年的震荡　/412

结论　/427

附录　/443

参考文献　/456

MENGXIANG
YU ZHUIHUI

第一编
拒绝执政(1905—1936)

就政治传统而言,建党之初具有极其重要的意义:最初建党时往往会尖锐地提出一些根本性的问题。1905年4月23、24、25日在巴黎的环球(Globe)会议厅召开的党代表大会就是这样。当时,工人国际法国支部克服了内部分歧,组成了统一社会党。自那时起,它就是一个要持久地在法国政治中扮演重要角色的政党。这样一来,执政的问题,不仅成为理论讨论的中心,而且,由于大家都一致谴责社会党参加政府,所以也成为关乎社会党形成和保持统一的根本。本书第一部分致力于研究该问题展开讨论的情况,并说明为什么问题直到1936年事态的发展使社会党人初次"执政"之前都没有最终得到解决。

社会党之所以出现这种情况,说明它在法国社会和政治体系中遇到了各种牵制。1905年法国社会党没有能够成为左翼共和主义唯一的一个大党。党出现之前,共和国已经建立起一整套价值体系,形成了各种政治力量和派别体系,对此,社会党不得不考虑,要么加入,要么反对,或者有时是既要加入又要反对。社会党也没有成为一个最大的工人党,19世纪90年代末至20世纪初,社会党进入到统一的活跃阶段,在这种情况下,社会党必须化解与工会运动越来越明显的分裂。1905年会议之后,1906年出台了《亚眠宪章》,用马德莱娜·勒白里尤的话说,提出了"另一种社会主义"。

这两方面的脆弱性赋予法国社会党一系列特殊的规定性,随着第一次世界大战和图尔代表大会法国共产党的诞生,这一特殊的规定性就更为明显了。社会党时时感受到人们对它政治行动的合法性心存疑虑,因此,他们尤为要不断强调1914年以前由让·饶勒斯提出并修订的党的理论。而这乃是社会党要想区别于其他政治竞争对手,无论是右翼激进党,还是左翼共产党的必要条件,也因此,拒绝执政成为保持其难得和迟来统一的必然后果。

第一章
法国社会党的原始特点

社会主义运动显然不是在1905年产生的,1905年只是社会党真正形成为现代组织的时刻。社会主义思想渊源可以追溯到19世纪30至40年代[①],最初明确提出社会主义要求的组织活动出现于19世纪80年代,但到了1893年,社会主义运动在法国才真正成为一种在竞选中有影响力的政治力量。

法国社会党的发展以派系林立著称。儒尔·盖德和保尔·拉法格的工人党在1893年变为法国工人党,爱德华·瓦扬的中央革命委员会成立于1881年,继承了布朗基主义的传统,保罗·布鲁斯的社会主义工人联合会创建于1882年,让·阿勒曼的革命社会主义工人党建于1890年,让·饶勒斯、阿里斯蒂得·白里安、勒内·维维亚尼领导的独立社会主义者联盟在吸引了部分自治联盟加入后,共同构成最初的社会主义运动的主要力量。

1892年和1893年选举的成功,使各种不同的社会主义党派开始松动各自的原则,以寻求实现彼此接近的方式。在亚历山大·米勒兰倡导下,1896年提出圣芒德纲领,是制定第一部共同纲领的尝试。但是德雷福斯事件,特别是亚历山大·米勒兰作为社会党人第一次进入瓦尔德克-卢梭保卫共和政府内阁事件重新开启了各派的争斗。1899年12月亚力大厅的第一次统一没有能坚持下来。后来的会议,即1900年9月瓦格拉姆大厅会议和1901年里昂会议上,逐渐有一些党派离去,首先是盖德派,

---

① Prochasson (Christophe),《Les premiers socialistes》, dans Becher (Jean-Jacques) et Candar (Gilles), Histoire des Gauches en France, Volume 1. L'héritage du XIXe siècle, Paris, La Découverte, 2004, pp. 407-425.

之后是瓦扬派的社会主义者,从而社会主义政党的内部形成对立,1905年,儒尔·盖德和爱德华·瓦扬领导着法兰西社会党,另一个法国社会党则团结在让·饶勒斯的周围。

一场双重演进的政治过程化解了这场危机:一方面在法国,亚历山大·米勒兰事件的有限性和他逐渐向共和主义的演变使饶勒斯寻求开辟社会党在法国社会更好发挥影响的新的政治局面。法兰西社会党成分庞杂,爱德华·瓦扬不能忍受盖德派的教条主义,对势态发展也有重要意义。另一方面是在欧洲舞台上发生了变化,第二国际,主要在德国社会民主党(坚持理论教条、欧洲最有影响)的影响下,介入了法国的"情况"并确定了法国社会党实现统一的要求。1904年在阿姆斯特丹会议上,第二国际作出了"除非特别情况,社会主义者一般不应参加资产阶级政府"的结论。让·饶勒斯形式上不赞成,却在内容上接受了第二国际提出的大多数的要求,这些要求实际上与法兰西社会党的要求相近,饶勒斯相信,法国社会主义党从此必须进入一个新的阶段,用他的话说,就是升起了"统一的金色太阳"。正是在这样的条件下,1905年4月23至25日,在巴黎环球大厅召开了工人国际法国支部转变为统一社会党的大会。

回顾这段历史,还只能给我们一个整体的认识。最重要的是要进一步了解社会党原始的政治文化内容,以及这些文化又如何在法兰西共和国基础上,对党与政权关系的方式产生强大影响。

一、先在的普选与共和

接受普选,这个在今天看来非常自然的事情,但对于当时的社会党来说却非是自然而然[①]。普选面前人人平等的关系不可避免地使多数成为政治合法性的基础。大多数社会党人却不能接受这样的结论,他们认为,工人阶级遭受的剥削是他们提出社会诉求的合法性基础,合法性基础是工人受剥削本身,而不是多数分享的结果。

社会主义运动在开始时并不是要为争取公民选票,而是为了某一社会利益,即无产阶级的社会与政治的表达。多数派逻辑和阶级逻辑会事

[①] Bergounioux (Alain) et Manin (Bernard), *Le Régime social-démocrate*, Paris, PUF, 1989 et Birnbaum (Pierre), *La question des élections dans la pensée socialiste*, in *Critiques des pratiques politiques*, Paris, Galitée, 1978.

实上导致如果不是矛盾的,至少也是不同的行动战略:第一种逻辑必然是无限的广泛性,第二种逻辑是恰当的专属性。社会主义与民主之间的"综合"也因此成了问题。每个社会主义政党都必须不同程度地面对这样的同一个矛盾:如何参与民主体制,尤其是利用普选,又同时保持阶级的行动,以及对他们中的大多数而言还要坚守革命的前途。如何实现社会主义与民主的"综合",方式并非在所有国家都是一样,不同的社会党处理这二者结合的独特模式构成其自己的特色,形成了各自独特的政治逻辑[①]。

普通的编年学对于揭示社会主义不同类型的个性有重要的意义。在西欧许多国家历史上,工业化的高峰与建立代议制民主的斗争不期而遇。政党、工会、所有重要的产业无产者的代议机制,造就了我们今天所说的"社会民主模式"的各个方面。英国的情况有部分的不同,因为工业化和强大的工会力量是在半个世纪以前发展起来的。然而,瑞典或德国的工人运动则是在普选制度建立之前就形成的。因此,在这些国家里,政党和工会能够既开展有利于民主自由的行动(主要是普选),同时又为社会主义而斗争。因此,编年史历史地把政治和社会斗争之间潜在的联系有效地再现出来。

在法国,情况就不一样了。社会党没有参与社会民主主义文化的构建。早在1848年,普选制就在一个相当程度上的农业社会中形成,而工业化和工人运动发展则只是在尔后好几十年才真正实现。因此,在普选制已经建立,共和国也已稳固的情况下,工业革命的后果就是发展了集体主义的意识。这个影响非常重要。如果说,最初的社会党人广泛参与了建立共和主义的斗争,那么,他们并不是这一斗争的主要角色。1905年统一的社会党因此没有提出为自己争取政治民主的要求。这就是为什么它对议会民主的关注更多地带有批评的色彩,而不是像欧洲其他社会党那样更关心扩大选举权利,并在取得成功后,便把对议会民主程序的关注非常自然地纳入自己的政治文化,并成为其不可分割的一个部分。在法国,由于普选和议会制已经确立,社会问题长期以来主导了集体意识。这就在很大程度上导致在工人运动中,特别是在工会运动中,普遍相信无论

---

① Bergounioux (Alain) et Grunberg (Gérard), *L'Utopie à l'épreuve. Le socialisme européen au vingtième siècle*, de Fallois, 1996 ? ET Sassoon (Donald), *One Hundred Years of Socialism : The West European Left in the Twentieth Centry*, Londres, Tauris, 1996.

是普选还是议会,都不能解决"社会问题"。

法国工人运动的全部历史就这样在议会民主问题上打上了初始的失望烙印。由于这一事实,在法国,大多数社会主义党派和工人党都难免遇到参与政治体制与争取革命前景之间存在的极为明显的紧张关系。在英国,工党从一开始就选择了完全融入议会制度,工党甚至是为了这一目的而由工会建立起来的。在德国,社会民主党可以认为,在相当独裁的制度中,民主要求与实现社会主义的斗争不过是一回事。

在法国,二元性则更为突出。普选并没有作为一种看不到摸不着的价值被人们轻易地接受下来。特别是儒尔·盖德的追随者们为削弱普选的重要性展开了长期的政治斗争。他们虽然在19世纪90年代曾对普选寄予了极大的期待,但却始终坚信社会主义不能通过选举来实现。1905年以后,他们在演说中反复提出的"靠选票还是靠枪杆子"的说法显然已不合时宜,但是这一说法的意思是:社会主义与普选不可同日而语,多年选举取得的成果含义不能解读成"在逐渐地夺取政权",而应被视为在为革命时代的到来积累力量。卡尔·马克思的女婿保尔·拉法格1908年在图卢兹大会上清楚地对这一立场做了总结:

> 我认为,议会是属于资产阶级的政府形式,它把国家的财政资源和军事、司法和政治实力交到了资产阶级的手中。社会党人不是议员,相反,他们是要推翻议会政府这个骗人和不协调制度的一个反议会主义者。声称代表他的选民的参议员在说谎,因为他的选举团是由资产阶级和工人组成的。他不可能同时代表这些人又代表那些人。①

因此,普选应该是劳动者提高觉悟的机会,议会则只能是为阶级提出诉求的讲台。1910年,盖德派的一位知识分子夏尔·拉泊波特曾对法国总工会前总书记、革命工会主义者维克多·格里夫埃勒说:"你赞同的是没有火药的硝烟,而我们赞同的是没有硝烟的火药。"②为了超越代议制

---

① Parti socialiste SFIO, 5e congrès national, compte rendu sténographique, pp. 134 – 135.
② Carnets Marcel Cachin, année 1910, 21 février, p.22 (déposés à l' IHTP).

民主造成的两难局面,盖德派长期认为只能把党的行动建立在阶级现实的基础之上。而工人阶级是代表未来的力量的信念显然是这样一种主张之根本的理论前提。

让·饶勒斯领导下的社会主义主流则赋予普选以更多的肯定意义。他们相信,普选会让大多数人逐渐地接受社会主义思想。

> 饶勒斯在1904年写道,"尽管普选有不确定性,尽管有差错和惊诧,但它是光明,是艳阳天。任何力量都不得不在这里表达意见,任何意识都不得不在这里宣泄。狡诈只能在这里获得短暂的成功:合法进程使所有政党、所有阶级获得改正错误、挫败操纵、暴露谎言、了解自己和了解敌人的时间。真正的暴力是黑夜,因为,它不为人知"。①

这种特别是与盖德不同的认识,来自于对国家本质的不同看法。饶勒斯显然把国家与阶级的存在联系在一起,而且认为国家不是完全独立的,但他不认为国家只是一个阶级的工具。在《新军队》一书中,他把国家描述为"各阶级之间的力量对比关系"②,无产阶级可以根据其影响,改变国家,让国家为自己的利益服务:

> 他强调,"通过宣传和合法行动,我们可以争取到民族的多数派,并把他们完全引导到社会主义。并通过由资产阶级的个人主义向国家社会主义、由国家社会主义向共产主义、无产阶级和人类的社会主义的道路发展,使除少数的宗派力量外的整个民族都得到提升,实现如同我们愿意的这样"。③

对普选的这两种看法,表现了法国社会党所处的矛盾的现实。不过,我们还是不能绝对地看待他们之间的对立。始终维护民主制度的饶勒斯,也坚持革命的终极目的。对于选举斗争,他是从通过一系列成功与失

---

① Jaurès (Jean), *Préface aux discours parlementaires*, Paris, 1904, p.36.
② Id., *L'Armée nouvelle*, Paris, 1911, rééd., Paris, UGE, 1965, p.242.
③ Id., *Etudes socialistes*, rééd., Paris-Genève, 1979, p.70.

败最终获得决定性胜利的前景来考虑的。如果说他支持亚历山大·米勒兰在1899年第一次尝试入阁保卫共和政府是为了使社会党得到承认,是因为这一尝试具有象征意义的话,那么,他依然不由自主地坚持了社会主义并不是简单地扩大民主的结果的看法。

> 他说,"我是想向米勒兰证明,如果我们不再有社会主义思想的革命道德,如果我们不再明确承认这种道德,那么他所主张的和他有权利维护的方法,一种采取不间断的、合法的、进步的行动的方法,就有可能被篡改或者遭到毁灭"。①

这是在1903年写的。看来,仅仅是统一的要求并不能解释1905年达成的妥协。饶勒斯认为,向社会主义缓慢过渡的道路是适合法国社会现实与时代的,但这种认识却埋下了突然分裂的可能性。所以,与盖德派的分歧是"方法问题",而在终极目标上几乎没有什么差别,而且,人们总的讲还没有意识到手段的某些差别会导致目标与结果上的根本不同,当然,除非有谁能够真正清晰地说明未来社会主义社会可能是什么样子。实际上,社会主义思考的根本问题在于,在选举道路与"工人阶级有效地进行革命参与"这两者之间应该如何衔接。饶勒斯获得了大多数活动分子的信任,这就使工人国际法国支部成为一个尊重普选的政党,尽管在代议制民主问题上,社会党思想中一直存在着反对意见。不过,只是在饶勒斯坚定地坚持要用一种社会秩序代替另一种社会秩序的思想时,他才获得了这种信任。所以,1908年图卢兹大会一致通过的动议,标志着社会党已经把通过选举行动增加议会实力和加强社会党的议会多数作为党的活动分子的一项根本义务。但是,同一文件又强调,社会党是"一个革命的党",而且无产阶级有"采取暴力革命的最高权利"②。

由于普选和代议制政府都在法国共和体制内运行,因此,二者"先在性"的事实还给社会党人提出了双重的问题:一方面法国社会主义运动从历史上就与共和保持着亲子关系,而且大多数社会党人都认同这种亲密

---

① *La Petite République*, 7 mars 1903.

② Parti socialiste SFIO, congrès de Toulouse, motion finale.

的关系,甚至强调这种关系;另一方面,在政治舞台上,法国已存在着共和主义的政治运动,特别是有激进党,而后者可以合理合法地强调在创立共和过程中自己的"先在性"。

由于共和制并不仅仅是一种政治制度,这个矛盾就更为突出。共和首先是一种思想,一种政治潮流。[①] 换个说法,它裹挟夹带着产生了人们的代表性的问题。共和党人建立的政治体系,其运作机制是建立在左派与右派,共和党人和他们的对手之间长期对立基础之上的。于是,社会党人就要面对这样的尴尬处境:他们是否可能游离于左右两翼划分,以便把左右之间的政治分界转变为社会党人与整个"资产阶级政党"之间的对立,或者社会党能否同意加入共和阵营呢?第一个解决方案是符合社会党人内心愿望的。但是,考虑到共和文化的活力,这个方案是有问题的,而且甚至大多数社会党人也都赞同共和党人所主张的一些价值观:平等、世俗化、相信理性、反对独断专政等等。所以,社会党人很难回避政治派别归属的问题,自19世纪70年代起,这个问题就一直左右着法国政治生活。拒绝"维护共和"会使社会党受到孤立,但是融入"共和大党"的做法又会使社会党丧失自己的身份。那样社会党就可能遭遇之前的几个共和政治党派或组织的命运,如梯也尔的"理性共和党"人、甘必大和费理的坚定共和党人,以及克莱蒙梭的激进共和党人,即被新出现的声称为工人运动唯一真正代表的左翼所超越。因此,在1914年以前社会党人总是寻求一个立脚点,使他们能够部分地逃避共和"灾难主义"的危害作用。为了守住自己的政治空间,社会党必须与非社会主义的共和党人保持距离。

直至19世纪80年代"共和党人的共和国"建立起来时,共和主义与社会改造之间的兼容性始终没有真正受到质疑。包括路易·布朗在内,许多人都会说:"别问我是激进派还是社会党人,我是激进党人,是社会主义者。"当儒尔·盖德在1877年创建他的报纸《平等报》时,副标题写的是"共和的、无神论的、社会主义的报纸"。资产阶级共和主义者对社会的冷漠和政治自由的发展改变了这种局面:社会问题得以全面提出来了。自这时起,社会主义运动在共和制的性质以及它对实现社会主义所起的作用问题上发生分歧。从19世纪80年代开始,出现了两种极端的立场,

---

[①] Nocolet (Claude), *L'Idée républicaine*, Paris, Gallimard, 1985.

一方面是"可能派"和大多数独立社会党人，另一方面是其他社会党人，盖德派、布朗基派和阿列曼派。所有人都对私有制提出了质疑，但是，他们在手段上存在分歧，如在与共和的关系上究竟在多大程度上继续和决裂。一部分人认为，共和国本身就是一种价值，是保证社会主义进步的合适的政治形式。因此保卫共和就成为一种必须，不得以任何方式提出质疑。另一些人认为，共和是第二位的，唯一重要的是目的是改造私有制。对共和信任，只能助长幻想，改良会削减革命意志。

对于党的活动分子来说，这两种看法并非完全相互排斥，与激进派的意见的分歧更多地存在于理论原则的层面上，而不总是体现在行动之中。这类模棱两可还源于工人群体存在的比较矛盾的政治文化。无产阶级存在不可否认的孤立感，认为一个社会中存在着两个对立的阵营，一是劳动和劳动美德的阵营，一是游手好闲和富人的阵营。社会主义强化了这种排斥感，同时提出了解释和希望。但是与此同时，1789年以来的共和文化已经在民众中深深扎根。尤其是学校、报刊和军役开始在社会主义得到发展的这些年里产生着重要影响。从这时起，共和不再是一个陌生的制度，而盖德说明法国共和制并不比德意志帝国对工人更有利的批评的努力几乎没有得到真正的响应。

19世纪90年代，由于选举的成功，开辟了新的前景，社会主义与共和的关系便愈发复杂。1893年，儒尔·盖德自己就指出法国工人党是"共和党的先进部队"，这是认识含糊的某种表现。事实上，私人活力与国家干预之间的分界线开始移位。激进党接受了一项社会改革的方案。第三共和国非常激进的总理（1895—1896年）莱昂·布尔乔亚，就试图推进建立养老体系的想法。他提出的所谓"互助主义"是要把自由、正义与互助结合起来，并取得了一定的成功。从这个观点看，1898年工伤法的通过可以被看做是建立社会责任的一个转折点。而世纪转折时期，德雷福斯事件则提出了一个原则性问题，政治发展的结果把社会党在"保卫共和"中的责任问题推到了前台。为了实现统一，社会党不得不寻求将共和的价值和规则与不可避免的革命时刻的前景相调和，而后者必然要求是改造所有制。

在确定平衡点过程中，两种极端的观念被排除了。首先是社会主义共和的观点，这是米勒兰在1902年以前社会党辩论中所代表的观点。

1896年,他在圣芒德演讲中就曾指出,社会党只能在普选中开展对话。他的入阁经历强化了这种理念:社会党只有同意成为共和党左翼的时候,才能提出共和制所缺少的经济和社会内容。

> 他在1902年指出,"自社会党成为政党的那一天起,它就与制度的好的和坏的命运结合在一起了,它不能只要求获得好处和利益而不承担责任和负担……。它的责任就是要越来越成为一个有组织的、入阁的政党,并且按照共和法律,通过和平的手段把贫乏的社会党理论转变成生机盎然的现实"。①

总之,要做一名社会党人,首先必须是共和党人。这一立场的逻辑必然导致根据舆论衡量改革,导致几乎不再能够与共和政治有什么区别。对于寻求未来截然不同的前景而产生的运动而言,"米勒兰主义"的后果太过严重。因此,遭到了甚至像饶勒斯这样热心支持首位社会党人入阁的人的拒绝。

革命工会主义的立场也不再为人所接受,这种观点在工人国际法国支部建立之初,曾得到"社会主义运动党"的拥护,他们甚至对共和概念本身提出质疑,认为人应被看做"生产者"而不是公民,选举行动,而且从更广泛的意义上讲,政治活动没有任何价值。

> 这一党派的主要发言人,于贝尔·拉加戴勒强调说,"如果民主足够的话,我就是民主党人了,而且不会出现在社会党会议上。从程序上看,民主作为行动的手段,是不可能创造新的价值的。如果民主非常充分,如果只需要得出一些新的结论,为什么我们还是社会党人?工会运动作为工人的社会主义,其目的恰恰是要提出生活规则,建立与过去不同的制度"。②

---

① Millerand (Alexandre), *Le Socialisme réformiste français*, Paris, Bibliothèque socialiste, 1903. Discours prononcé dans le XIIe arrondissement, le 3 décembre 1902, pp. 58–59.
② Parti socialiste SFIO, 5ᵉ congrès national, Toulouse, 1908, Paris, compte rendu sténographique, pp. 351–352.

其他的社会主义党派力量更重视党的作用,反对分解社会主义"身份"而倾向于强调工会主义。

这样,辩论的主要内容便集中在社会党与共和关系的三种观念上,三种观念的主要代表是1914年以前工人国际法国支部的三位主导人物,儒尔·盖德、爱德华·瓦扬和让·饶勒斯。他们的各种分析在现实中显然有逐渐融合而形成一种理论教条的趋势,但分别研究他们"截然不同"的理论观点并不是一个不合理的选择,因为这些不同的观点表达了社会党潜在的身份,各种极端的立场可以使人们了解一般的现实。

在1898年以及随后的数年中,儒尔·盖德的倾向性观念走向明显的"理论僵化"。因此,他对共和的态度又重新回到了19世纪80年代的不信任的批评立场上。盖德派基本上坚持马克思主义对资产阶级国家的批评理论。1899年,保尔·拉法格将议会制定义为"具有资本主义专政性质的政府形式"。在资本主义制度条件下,改革改变不了本质性的东西。共和值得肯定的只是它为开展阶级斗争提供了可能性。1904年在阿姆斯特丹,儒尔·盖德对他的论证做了很好的总结:

> 根据梯也尔的说法,尽管共和制可能是最小程度分裂的资产阶级政府,但在我们和马克思看来,它无疑是我们进行革命的最理想的地方。为什么呢?因为它允许各个阶级采取集体的直接的面对面的斗争形式,而不会使它们之间不可避免的斗争因暗算或操纵而走样。如果按饶勒斯所希望的那样,因为有了这样一种制度,无产阶级就要放弃自己的斗争、放弃建设自己的共和制,对其阶级共和的行动无动于衷,那么,共和制的优越性就会消失。如果这样理解和实践,共和制就是最坏的政府形式。[①]

这里共和便被看做一种纯粹的工具。这一立场的可取之处是引导党的活动分子一切从社会党的利益出发去考虑问题。社会党人可以因此在质上与他人区别开来。但是,理论的这种僵化带来的不利作用是拉大了

---

① 6e congrès socialiste international, Amsterdam, 14–20, avril 1904, Bruxelles, compte rendu sténographique, p. 201.

与法国现实的距离,使盖德派为了捍卫总的理论而不得不进行烦琐的推理。

爱德华·瓦扬只是部分地赞同这一观念。他所代表的布朗基主义传统为共和遗产添加了另一种价值。确实,布朗基主义曾是雅各宾共和主义最极端的形式,因此,瓦扬不认为共和所取得的成就与革命斗争之间有什么矛盾。他在图卢兹会议上这样讲道:

> 如同任何进步、任何运动一样,共和,在社会党的思想和观念中,是能够被理解的。我们是比其他自诩为共和党的政党更主张共和的人,那些人因为不是社会主义者,因此不能很好地完成共和。[①]

认识资产阶级共和国与社会主义共和国之间是否具有继承性和非继承性并不重要,一切取决于资产阶级抵制的程度。瓦扬从未质疑过保卫共和国的斗争,认为在不把自己与共和派资产阶级"先锋党"混淆起来的情况下,保卫共和的斗争就不会对党的身份构成威胁。所以,在米勒兰入阁时期,他一直支持儒尔·盖德反对饶勒斯,但是,当饶勒斯接受了第二国际的要求时,他又支持了饶勒斯。

饶勒斯是最强烈地意识到社会党必须考虑共和思想给法国社会党带来困难的人,而且在大部分时间里在思考如何调解矛盾的要求。"普选的实现并不能取消阶级的对立":饶勒斯始终如一地表达了这一信念。"不论是盖德还是米勒兰",都没做到,他到1903年还是这样讲。正由于此,他只能提出一种小有差别的政策。

> 他在实现党的统一之前吐露说,"再说一次,我承认我在党内制定的政策的复杂性,这项政策致力于全面地同整个民主制度合作,当然要严格地区别于民主制,要部分地融入今天的国家,我承认,这项政策是复杂的、艰巨的,它会随时随刻给我们带

[①] Parti socialiste SFIO, 5ᵉ congrès national, op. cit. ,p. 154.

来严重的困难。"①

饶勒斯不是一位快乐的乐观主义者。他之所以选择了困难,是因为他坚定地相信,社会主义社会一定是对现存社会的否定。"将旧世界打个落花流水"不只是一幅图画。过去的社会形式潜在地蕴含着未来解放的社会。法国大革命是一个奠基和开始,其结果还比较有限,但是其革命的原则具有普遍意义。社会主义不是某种"断裂",而是某种"取得"。在法国,共和国由于是革命运动的成果,因此,是民主的"最必然和最高级的形式"②。他在分析中不断提起社会主义、共和以及民主这三个概念。指出共和国是作为实现社会主义原则的民主所采取的政治形式。民主的含义还不很确定,民主不仅是一系列规则,而且是人民运动本身,它可以或多或少受到承认,或受到限制,但它一定会成为一种现实。民主还赋予普选以价值,饶勒斯也曾多次提到普选的意义。

普选作为"可以无限延伸的力量",允许人们在共和制下享有"信仰的权利",饶勒斯希望社会党人主张这样的权利,并且认为,这一切只有在无产阶级的行动主导民主的时候才有意义。实际上,共和制是一种"政治形式",普选是一种"有光彩的屏幕",它们是进步的条件,解放的承诺,而不是一种确定的东西。共和国可以让人"运作过渡",可以"削弱旧有的秩序"③。行动的责任不应成为犹豫的理由。饶勒斯认为,社会主义总是可以提出自己特有的观念。改造私有制的目的不可避免地会形成与激进主义的根本差别。激进党人确实也要取消雇佣劳动制,但在事实上,他们却是要兜售其小私有者的制度。在饶勒斯看来,不清楚地了解"应该努力的方向",就不可能"规划出系统的、严格的和有效的改革纲领"。儒尔·费里讲,"一届政府并不是未来的号角"。相反,社会主义未来却取决于最高目的的实现。

从这个层次看,盖德、瓦扬和饶勒斯之间有着真正的血缘关系。他们的对立主要是在保持社会党身份的手段上面,而不是保持身份必要性上。

---

① Parti socialiste français, congrès de Bordeaux, 1903, compte rendu in *Revue socialiste*, n° 221, mai 1903, p.551.
② Jaurès (Jean), *Préface aux discours parlementaires*, op. cit., p.53.
③ Ibid, p.103.

这一事实最终说明为什么社会党人在理论上对激进派采取毫不留情的态度。饶勒斯本人在1904年出版的议会演讲集序言中,再次指出了自己的看法,他认为,自19世纪80年代起,对这一时期克莱蒙梭激进派的成就,社会党人的答案是:

> 或者是集体主义者、共产主义者,或者是资产阶级,没有什么中间道路。您不是集体主义者和共产主义者,您就不会去触犯资产阶级的私有制原则;您是就像您所表明的机会主义者,那样,您就代表资产阶级、资本主义和资产阶级的特权。[①]

但是,对于社会主义与共和之间不可避免的紧张关系,饶勒斯并没有比瓦扬或盖德给出更为完整的答案。盖德试图坚持共和与社会主义两种现实之间的明确区别和划分。尽管在阿姆斯特丹大会上表面上取得了胜利,但他却没能阻止饶勒斯和瓦扬使法国社会党在理论建设中把共和与社会主义结合起来,并用它去面对因共和与社会主义不断提出的两方面要求而必须作出的抉择。

不仅在法国国内政治生活中,人们不断地感到必然在共和与社会主义之间进行必要的抉择,而且这还体现在社会党的行动和国际主义行动认识的特点方面。从历史的角度看,民族认识体现在共和之中,但是,由于社会党加入了社会主义的第二国际,因此他们的斗争就扩大到了国际范围。

"小国际主义离开祖国,大国际主义回归祖国。"[②]饶勒斯这句名言,在今天看来,似乎表达了1914年以前不知道如何面对战争的工人国际法国支部深深的矛盾状态。然而,对历史的讨论不是那么简单的,而且也不能概括为革命与战争的替代关系,它要求必须考虑众多的情况,一些是结构性的,如工人大众的民族一体化,另一些是局势性的,按准确的年代排列的各种角色,如政党、工会、政府的战略。不过,对于我们来说,要了解社会党的文化,饶勒斯的表达方式更能唤起回想。他的说法证明,对于大多数社会党人来说,对祖国的眷恋与对国际的期待不是对立的,他们希望

---

① Jaurès (Jean), *Préface aux discours parlementaires*, op. cit., p. 42.
② Id., *L'Armée nouvelle*, op. cit., p. 286.

既是爱国者,也是国际主义者。

毫无疑问,在1914年以前,国际主义是社会党身份的一部分。在工人国际法国支部统一大会上,国际主义被放在原则宣言之首:"劳动者的国际谅解与行动。"党的称呼是"社会党,工人国际法国支部"[1]。各国支部都应该考虑各种形势的多样性,但社会主义的成功将是一个国际的现实,是党很深的信念。马克思主义从剥削者与被剥削者之间的根本对立出发解释国际关系、用资本主义的矛盾解释战争的本质,为国际主义奠定了理论基础,他指出,对劳动的剥削是没有国界的,而因此,金融资本主义是世界性的现实。饶勒斯用简化了的表达方式,即"资本主义本身就会带来战争,就好像乌云会带来暴风雨一样"概括了他的信念[2]。阶级斗争是在国际范围进行的,但对党的活动分子而言,国际主义还主要是感情方面的,他们往往不了解国外的现实情况。与其他政党的关系是几个领导人的事,首先是爱德华·瓦扬和让·饶勒斯的事,他们在社会党国际局内扮演了重要角色[3]。

真正奠定国际主义的基础是人们对和平的渴望。1912年巴塞尔社会党国际大会召开,法国随即开展了多种动员活动,尤其是次年开展的反对"三年法的运动"以及省联合会召集的共同请愿活动,大会显示了和平愿望在国内所引起的巨大反响。进行反战斗争的具体手段更加不同。工人国际法国支部的右翼反对举行总罢工的主张,盖德派对总罢工有一定程度的保留,但普遍对和平有着广泛的愿望。在巴塞尔大会上,右翼改良主义发言人阿尔伯·托马斯也曾大声疾呼:"在20世纪的欧洲,国际有足够的信心和权力迫使各国的资本主义政府接受人民的和平。"

与此同时,社会党还深深地感到自己是法国人。法兰西民族的存在是不容置疑的事实。这种存在是建立在1789年大革命的基础之上,而法国人自己是革命的继承人。法兰西,这片人权的乐土,负有历史使命:扮

---

[1] Parti socialiste SFIO, 1er congrès national, Paris, 1905, compte rendu sténographique, p. 23.

[2] Rabaut (Jean), *Jaurès assassiné*, Bruxelle, Complexe, 1984, p. 19. 作者一字不差地引用了1985年3月7日在参议院的一段发言:"你们的社会总是充满暴力和混乱,即使在它想要和平的时候,即使它处于表面和平的时候,它本身就会孕育着战争,就像静止的乌云孕育着暴雨一样。"

[3] Howorth (Jolyon), *Edouard Vaillant, La création de l'Unité socialiste en France*, Syros, Paris, 1982, pp. 313 - 339.

演在世界上实现社会主义领导者的角色。光荣的历史,赋予了革命的天职。盖德派作出极大努力使法国社会党接受了国际主义,他们在致法国劳动者号召书中这样写道:

不,国际主义既不是降低也不是牺牲祖国。祖国,自形成之后就成为走向我们所期待的人类统一的最初的和必要的一个阶段……。从另一个角度看,而且由于别的原因,法国社会党还是爱国主义者,因为法国是和平的,并且从现在起,法国还是社会进步的一个最重要的因素。我们希望、我们也不能不希望,建立一个伟大的、强大的法兰西,保卫共和抵御君主联盟的、能够保护工人的以抵抗可能的资本主义联盟的法兰西。[1]

这段文字写于1893年,但它很好地反映了法国社会主义的深刻思想。在阿姆斯特丹大会上,在回击德国社会民主党对他的政策的批评时,饶勒斯没有说别的,只是呼吁道:

在这个时刻,对欧洲和世界构成威胁的、对和平保障构成威胁的、对公共自由保障构成威胁的、对社会主义和无产阶级的进步……构成威胁的东西,不是所谓的妥协,不是法国社会党为了挽救自由、进步、世界和平而与民主联合的所谓传奇经历,而是德国社会民主政治的软弱无力……。为什么呢? 因为你们还是忽略了两个根本性的方面、忽略了无产阶级政治行动的两个重要手段:你们既没有革命行动,也没有议会行动。[2]

还是套用一下爱德华·瓦扬的一段话:法兰西"是一片工人阶级不断

---

[1] Appel du conseil national du Parti ouvrier français, 23 janvier 1893,《Aux travailleurs de France》, cité in Hubert-Rouger, *La France socialiste*, t. III de l' *Encyclopédie socialiste* , (Compère-Morel. dir.)Paris, Quillet, 1921, p. 360.

[2] 6ᵉ congrys socialiste international, Amsterdam, août 1904, compte rendu analytique, Bruxelles, 1904, pp. 77–78.

演进①",有着大革命传统的,可以成为一个模式的沃土。德国党在组织方面是成功的,但法国的社会党认为,自己相比的弱点可以由其历史和现实提供的资源而得到补偿。

年轻的工人国际法国支部内曾存在的反军国主义应该得到更准确的说明,而不能把它同反对爱国主义混为一谈。第二帝国和公社仍然是令人记忆犹新的残酷历史,在罢工斗争中政府动用武力镇压助长了工人中的反对军国主义的情绪。当军队处于危机的风口浪尖时,布朗热主义,特别是德雷佛斯事件,强化了人们政治上对军国主义的防范。一种短暂但来势猛烈的潮流——艾尔维主义(古斯塔夫·艾尔维的名字,亲近劳动总工会的无政府主义工会分子的主要代言人),使反军国主义成为1906—1911年的一场大规模社会运动的主题,其间,这一派别开始走下坡路。在工人国际法国支部内部反对军国主义的宣传给人留下的印象是:对法国社会党来说,似乎法兰西祖国已不再是一种价值。但事实上,这股反军国主义的浪潮并没有明显地改变构成社会党思想特征的民族与国际之间的紧张关系,特别是在实施三年法时期。

> 瓦扬在1913年曾说,"这是社会党从来没有过的最美的战场,因为,在这场战斗中,它代表的不仅是社会党,而且还代表了社会所有人的利益,代表了民族一切有生命力的人的利益"。②

饶勒斯曾试图把这些不同的认识在《新军队》一书中加以表达,他重新审视以前的思考,梳理了理论方面的矛盾。③ 社会主义继承了几个世纪以来人类创造的价值,它不可能想要废除祖国。马克思所说的"无产阶级没有祖国"不过是"一时的心血来潮,一种完全不合常理的、况且很不合时宜的辩驳"。④ 无产者并非身处祖国之外。他们通过日常的斗争,已经取得了居住权,有了尽快"完全地、光明正大地拥有"祖国的意愿。自1789年大革命以来,民族的思想就成为民主思想不可分割的一部分。而

---

① Parti socialiste SFIO, 3ᵉ congrès national, Limoge, compte rendu sténographique, p. 223.
② Parti socialiste SFIO, 10ᵉ congrès national, Brest, compte rendu sténographique, p. 240.
③ Jaurès (Jean), L'Armée, Paris, UGE, 1969.
④ Op. cit., p.254.

且人是需要在一个共同体内生活的；人类太宽泛、太抽象，不能满足这种渴望，国际主义不应该是抽象的。饶勒斯同瓦扬一样认为人类的统一只能通过"那些摈弃使用武力和遵守法律规则的自主的民族自由地结成联邦"①才能实现。就目前而言，社会党应该维护每一个民族获取独立的权利。哪里有民族压迫，哪里没有政治民主，哪里就不可能有社会自由；应该"让国际思想渗透到自主的祖国"②。目的在于最终在欧洲逐渐实现多边裁军。在此期间，法国应该对军队的结构进行改造，使它成为一支防卫力量，要使之足够强大到可以对任何侵略形成威慑。他的主要立场倾向于训练一支民兵队伍。在社会党思想中，这个题目并不新鲜，因为它来自于布朗基主义者。不过，"新军队"就"民族军队"应该是什么的问题给人们提供了宽角度的思考。国防因此被看做可以同集体安全相比较的战略。它提出通过将服军役减少到6个月、不设军营、让军官与人民近距离接触的途径来消除人们对军队存在的强烈疑虑。

这本包罗万象的书，显然没有消除社会党内的分歧（在防止战争威胁行动的选择上显示出严重分歧）。盖德派恪守马克思的经济决定论，他们认为，让人相信在资本主义制度下和平可以得到拯救是一种幻想。他们强调总罢工设想的种种矛盾：如果说德国社会主义者不赞同总罢工，法国在战争中就会失败，相反，如果德国实行总罢工，德国就会在俄罗斯专制政权压力下失败，不论在哪种情况下，整个国际社会主义都会受到牵连。自1911年起，海尔维第（瑞士）的"起义主义"衰落了，后信奉者只有极少数人。在1906年和1907年的里摩日和南希代表大会上，爱德华·瓦扬表面上赞同大多数人主张的议案，即为了阻止战争应采取一切手段，包括议会干涉、公众反映、人民示威，甚至工人总罢工和起义等。③ 但是，国际大会上却反映出各国党之间存在的某种不和。

在法国，对总罢工的认识有很多不同的观点。右翼同意了瓦扬动议，主张德国社会主义者应负自己的责任，他们认为德国社会党不会实施总罢工行动。盖德派尽管有所保留，但认为总罢工只是推动海尔维第主义

---

① Op. cit., p.275.

② Op. cit., p.261.

③ Parti socialiste SFIO, 3e congrès national, Limoge, compte rendu sténographique, p. 223. et 4e congrès national, Nancy, 1907, compte rendu sténographique, p. 185.

宣传的不大坏的选择。而饶勒斯和瓦扬却把总罢工的建议看做是唤醒劳动者、让劳动者知道自己的力量的一个教育步骤,看做是一种反战的武器。在战争发生前夕,饶勒斯的选择是,开展一次"同一时段的和国际范围"的总罢工。这就是 1914 年他在工人国际法国支部特别大会上上交通过的提案①。然而,文件的用词含糊,并没有得到一致认同,盖德派提出了自己的议案。这种不和谐的局面主要是因为,社会党所宣称(在大多数情况下也是真诚的)的国际主义与潜在的爱国主义情怀之间不可否认地存在矛盾,也说明了 1914 年夏季危机中社会主义运动无能为力的状况。1914 年 8 月 2 日,爱德华·瓦扬在参议院辩论中用三个使命总结了自己的演讲:"为了祖国,为了共和国,为了国际。"1914 年夏季的事件对于工人运动的演变尽管非常重要,但是除此之外,还应该注意到,此后社会党在分析国家间关系方面使用的语言:国际仲裁概念,集体安全,武装民族的主题,人民行动起来反对战争的思想。

在殖民问题上存在着同样的模糊状况。尽管法国在 19 世纪曾经是世界第二大殖民帝国,社会党对这个问题几乎没有兴趣。他们缺少信息,殖民联邦几乎只是汇集了欧洲人,而且人数很少。工人国际法国支部,一方面尤其抨击了殖民主义的过度行为,因征战而引起的敲诈勒索(如古斯塔夫·鲁阿奈早在 1906 年的《人道报》中就提到了在黑非洲和安蒂列斯所犯下的罪行),另一方面抨击了资本主义剥削,亚历山大·布拉克在许多文章中都对这些方面进行了说明。1908 年,饶勒斯非常准确地揭露了大型特许公司的掠夺行为。自从发生摩洛哥危机以来,社会党人在思想上已经广泛地意识到殖民地的争夺对于和平的威胁。然而,当时占主导地位的情感是:应该实行"积极的殖民政策",应该首先传播文明价值,这是先于一切的,而革命的法国比其他任何国家都更加应该为此作出贡献。

困难在于如何确定具体的殖民政策。福斯塔夫·艾尔维曾经希望看到"法国的旗帜有一天会被抛到大海"。盖德派的德斯里尼耶尔 1912 年 5 月在社会党周报上发表了一系列文章却建议把当地人从他们占领的土地上驱走后在摩洛哥推行社会主义殖民政策②。按照这个意思,一项议案

---

① *L'Humanité*, 20 juillet, 1914.

② *Le Socialisme*, mai 1912.

提交到了议会党团,结果得到了76名议员中的36名议员的签名,盖德本人也表示赞同这一建议。过分的殖民政策当然没有结果,但是,这表明社会党人已经融合到共和的传统之中。饶勒斯从人道主义观点出发来确定未来的政策,他反对无度的战争,对当地举行社会改革,经济国际化……。对阿拉伯文化的了解,摩洛哥危机的经历,使他能够体会当地的民族感情,但是他没有把这一现实上升到理论,而且在1914年,欧洲中心主义始终占了统治地位。

二、社会民主的缺失

统一的社会党真心希望学习社会主义国际的榜样,按照德国社会民主党为代表的模式全心全意地做一个工人的党。它在一定程度上做到了。它创造了一个真正的持久的政党组织。但是,如果说它具有了欧洲大的工人政党特征的话,那么,法国社会党在政党的结构和力量方面却远远没有具备其全部特征。法国社会党有众多的弱点,也是其特点的一部分。它不是一个真正的工人的反抗社会的组织,工人干部很快成为少数,而与工会运动决裂,妨碍了社会党成为一种社会民主性质的组织。

统一之时,工人国际法国支部拥有34688名党员,1914年,人数为93218人(见表1)。

表1 工人国际法国支部的党员人数(1905—1914年)

年份	党员人数
1905	34688
1906	40000
1907	52913
1908	56963
1909	57977
1910	69085
1911	69570
1912	72692
1913	75192
1914	93218

从法国层面看,这个数字是不可忽视的,但是从同一时期欧洲主要社会党的人数来看就比较弱了。法国党继承了不趋向于建立强大政治组织的传统。人们常常注意到,自大革命时期,国家与公民之间面对面对话,协会运动薄弱,个人对集团、演讲对组织的主导地位,使法国政治生活具有了自己特有的特征。自1789年起,政治制度的更迭和一次次的政治危机,造就和保留了政治集团和政治思想支离破碎的局面①。除共产党在第二次世界大战以后的情况外,没有任何一个政党达到欧洲工人大党的人数。1914年,工人国际法国支部的党员人数就没有明显地高于激进党数量,当初该党处于黄金时期,党员人数在 80000 到 200000 之间②。社会党的入党标准比较严格,赋予党员入党以特殊的含义。实际上,它是法国第一个优先发展党员同时要保障党员具有重要的和特殊的党的各级代表性的大党。塞尔日·贝尔斯坦指出,激进党也想以一定的方式作一个能战斗的党。但是,1901年建党后不久,一些被选上的右翼分子被任命为执委会成员,省级委派到这个机构的积极分子则被置于第二位的了。相反,工人国际法国支部严格规定了活动分子的作用和地位。

活动分子的活动对于社会党参与选举具有重要作用。确实,选举参与活动与建立活动分子网络紧密相联③。1906年至1914年期间,工人国际法国支部的票数和席位几乎翻了一番(见表2)。1906年,它在议会选举中获得877221票,占选举有效票数的10%。1914年,获得1413044票和17%的有效票。由于它在国民议会中得到17%的席位(103个,而在1906年只有53个),因此成为一支比较重要的政治势力。不过,选举票数的增长相对于所期待的结果来说是令人失望的。

---

① Rosanvallon (Pierre), *Le Modèle politique français : la société civile contre le jacobinisme de 1789 à nos jours*, Paris, Seuil, 2004.

② Berstein(Serge), *Histoire du Parti radical*, Paris, Presses FNSP, 1980. t. I, p. 73.

③ 关于法国社会党建立网络的重要性,请参见:Sawicki(Frédéric), *Les Réseaux du Parti socialiste. Sociologie d'un milieu partisan*, Paris, Berlin, 1997.

表2 工人国际法国支部：票数与席位
议会选举情况（1906—1914年期间）（法国本土＋阿尔及利亚）

年份	票数	有效票/%	席位数	席位占比（%）
1906	877221*	10	53	9
1910	1110561**	13.2	78	13
1914	1413044	16.8	103	17.1

* 此外,独立社会党获得了205081票和18个席位。

** 此外,独立社会党获得了345202票和24个席位。

资料来源:1906年:见"选举统计",巴黎杂志,1906年,第866页。

1910年:见P-G.沙奈和G.拉沙贝尔,1910年4月24日—5月8日的议会选举。

1914年:见G.拉沙贝尔,1914年4月26日—5月10日的议会选举,巴黎,1914年。

这还是一个工人党吗？要回答这个问题有些难,因为,现在缺少有关1914年以前社会党积极分子社会构成的确切综合材料。不过,即使工人构成部分不占主导地位的话,但也似乎还会是比较高的。盖德派在法国北部省份的选举情况可以证明这一点。北部联盟人数最多,有党员10000人,北部联盟依靠的是工人市镇、工人社区里设立的支部、人民之家等紧密而庞大的网络。然而,在别的省份,社会党的发展也依靠工人中的积极分子的行动。而且甚至在北部以外的地方,大多数城市里都有社会党人的市镇,在1912年,那里已经集聚了大量工人:如塔恩的卡尔莫,阿韦龙河地区的德卡兹维尔,曼恩-鲁瓦尔省的特雷拉泽,汝拉山地区的莫雷兹,卢瓦尔河地区的菲尔米尼,加尔省的阿莱斯,菲尼斯泰尔省的布雷斯特,索恩-鲁瓦尔省的科芒特里和蒙特索雷米恩,下塞纳河地区的索特维尔-勒-鲁昂,上维埃纳省的利摩日,巴黎的工人郊区……。在南部的省份里,工人构成部分不是最重要的,积极分子的活动中心一般分布在例如土伦这样的大城市的工人聚集区,托尼·尤德对此作过研究①。尽管工人国际法国支部和法国总工会这两个组织之间存在"距离",但属于社会党势力的地区,一般也是工会的势力范围,法国总工会的活动分子在投票时,大多数会投向工人国际法国支部。盖德派人主办的工人国际工会与合作社会党百科,说明了法国社会党并非在工人运动的边缘地带发展起

---

① Judt (Tony), *Socialism in Provence* (1987 – 1914), Cambridge University Press, 1979.

来的。对许多在那里工作过的活动积极分子的描述可以证明这一事实：他们支持罢工,帮助成立工会组织,开展宣传活动,这一时期积极分子的斗争活动主要针对已经建立的政权,针对共和派的显贵[①]。比较一下1913年法国总工会和工人国际法国支部的党员人数在省一级的分布,就可以清楚地分辨出分布的情况,只有西部和默尔特-摩泽尔省是例外。

即使工人国际法国支部优先考虑的是工人,而且是唯一的有工人一席之地的政治组织,但是从数量上看,纯粹的工人并不占多数。当然,1910年,工人国际法国支部在国际的常任代表团有5名成员,其中有一名冶金工人,一名绘画工人,一名征税员,一名店主和一名商业雇员。但是,从议会党团的职业构成看,出身工人的那部分,在随后的几年迅速减少了许多(见表3)。1914年,自由职业、记者和教师占议会党团的大多数,工人只占18%。

表3 工人国际法国支部众议员的职业构成比较

1906年和1914年

职业	1906年人数(%)	1914年人数(%)
农业、手工业、商业、企业雇主	4	18
自由职业和记者	35	39
教员	6	12
其他职员	0	2
中等干部和技师	0	4
雇员	6	8
工人	35	18
其他	14	0
总数	100	101
议会党团人数	51	76

从地域度研究结果可以说明,共和党的传统地区是社会党扩大选举影响的首选之地。如果对1914年社会党的选举地图和雅克·凯斯埃对

[①] *Encyclopédie socialiste syndicale et coopérative de l'Internationale ouvrière*, Paris, Quillet, 1921, t. II et III.

1871—1904年这一时期激进党的选举地图作一下比较,就会看到二者非常类似的情况[1]。中央高原北部、罗纳河谷和地中海盆地,都是激进党的地盘,后来也成为社会党的地盘。同样,有些地方天主教传统势力很强,如西部、东部和中央高原南部,看上去社会党力量很难渗透进去,而激进党当初也没能做到。社会党的选举力量是同共和党的选举力量相辅相成的。

尽管在南部和其他地方原来属于共和党,但是社会党在这些地方很快构成了一支新的政治力量。社会党对地中海沿岸地区的省份有很大的影响,在过去,这些省份往往是激进党的活动区域,如果像托尼·尤德所作的研究那样,详细地研究一下这个问题,就可以看到,社会党常常是在激进党过去影响较弱的地方发展起来的,而在有些地方,激进党的强大优势在很长时期内抵制了社会党的进攻。在社会党选举活动中,农民这块阵地似乎尤其重要。不仅是在法国南部,在中部、罗纳河谷、多菲内省(旧)等地区也是同样。然而,农民的支持远没有成为一支现代化因素,却强化了社会党所宣传的激进(指词的本义)特征。在许多地区,农民中的很大一部分投了社会党的票,并不是由于社会党缺少集体主义主张,而恰恰是因为它的这些主张。如果人们想了解1914年以前工人国际法国支部能够获得很多选票的原因,这一看法使得我们必须考虑活动分子的演说。应该看到,使活动分子,可能还要包括社会党选民保持一致的东西,并不那么取决于他们的社会根源,而是取决于他们一致赞同深刻改变社会的政治主张。

尽管如此,这个社会党活动分子的政党并非得益于社会民主性质的组织结构。法国社会党没有像德国社会民主党那样构建起一种反社会力量。它更重视市镇和地方影响的网络,而不是社会运动、工会和合作社,尽管在战前围绕阿尔伯特·托马斯组成的"社会主义实现者"派作了这方面的努力[2]。工人内部的异质性和大工业发展的水平较低,都影响了这

---

[1] Kayser (Jacques), *Les Grandes Batailles du radicalisme*, Paris, Marcel Rivière, 1962, Annexe.

[2] Rebérioux (Madeleine),《Un milieu socialiste à la veille de la Grande Guerre : Henri Sellier et le réformisme d'Albert Thomas》, in *La Banlieue Oasis* (K. Burlen dir.), Paris, Presses universitaires de Vincennes, 1987, pp. 27-35.

方面的发展。从这个意义上说,工人国际法国支部从来就不符合工人政党的定义。因此,马德琳娜·罗贝里尤在定义工人国际法国支部的性质时提出了一个清楚的说法,它首先是"公民的党",它"依靠的当然是作为公民的工人阶级,工人阶级为公民最主要的代表,不过,这个党的无产阶级本身也是作为公民被代表的"。[①] 1914 年,工人国际法国支部有 93000 多一点成员,而在同一时期,德国社会民主党则有一百多万党员。社会党人员的局限使它无法真正让工人阶层担任干部,当然,在部分社会党的堡垒,特别是北部和加莱地区除外。

更严重的是,就在社会党于 19 世纪 90 年代末进入统一进程最活跃阶段,党与工会运动的分裂却几乎成为定局。这里,共和在先的事实起了决定性的作用。资产阶级共和派在社会方面的无所作为引起的失望,促进了无政府工会主义的发展,而他们认为社会党议员不能代表他们。法国总工会建于 1895 年,比 1905 年统一的社会党早 10 年,年轻的工会领导人反对社会党部分人声称的党要领导工会运动,同时也不认同政治行动要优先于工会斗争。1906 年的亚眠宪章表达了工会自主的要求,这种自主性在一定程度上导致工会主义成为一种政治运动。不论是对社会党还是对于工会来说,招收新人的可能性都因此受到了同样的限制。工人国际法国支部不可能依靠工会运动提供的工人基础。

社会党因此没有充分利用强大的工人运动和合作运动,以便在雇主与劳动者之间力量对比关系中发挥出可能的核心作用,因为它不能保证代表整个劳工界,除在个别省份外,社会党从来没有成为一只真正的、可能的为工人阶级提供生活和行动手段的组织,没有形成一种社会的反对力量。而社会民主党和工党这些大党由于更容易接受议会民主原则,也就更能代表劳工界,因此,他们的特征也就显而易见了。与社会民主党和工党参加代议制民主文化相对应的,是有强大的工人根基和强有力的工会与协会运动密切相连的统一组织结构,总之,它成为一种社会的反对势力在社会领域展开自主斗争,在各自社会中发挥作用。法国社会党却由于政治民主出现在先,不得不对共和党和共和制进行划分,没有能够像它

[①] ID., *Existe-t-il avant 1914 un socialiste français?* in Droz (Jacques), *Histoire gégérale du socialisme*, Tome 2, 1974, p.38.

的欧洲同伴那样,以同样清楚的方式阐述工人党的性质。事实上,法国工人运动从来没能拥有足够的实力和必要的统一,使社会党从中获得足够的代表性,以便占领左翼的政治空间和否定右翼共和党。自1914年前起,社会党就不再具有形成社会民主党结构和文化特征的种种因素。

社会党的社会根基是在争夺市镇的斗争中得到的。最初的争夺是在19世纪80年代末和90年代初开始的,北方的鲁贝,中部的科芒特里,东南部的纳博讷是具有象征意义的几个城市,之后,20世纪初,特别是到第一次世界大战之后市镇又有新扩展。在最初的几十年期间,社会党的市镇被明确地设想为反对地方资产阶级尤其是针对北方雇主的"反行动"阵地。市镇的地位使社会党中受保罗·布鲁斯代表的"可能派"和盖德派社会党人之间形成了对立,前者把当前社会中的社会党市镇看做是集体主义成分,后者只想把市镇作为推进必然革命的动员工具。工人国际法国支部在1911年4月的圣-昆廷代表大会上对这个问题做出了断,提出在市镇进行的改革应该是"提高工人福利和自由的保证,提升无产阶级斗争的手段",应鼓励创建和增加在"教育、培训、卫生、保险、救助和食品方面的免费服务"。[1]

工人国际法国支部没有再走回头路,市镇成为法国社会党组织结构的核心因素。社会党从中获得了地方管理和执政的经验,市镇议会亦成为社会党精英的培训学校。于是,在法国发展起来一种市镇社会民主形式,它以市镇服务为基础,根据各方的传统,或多或少地把当地居民紧密地联系起来。相对于活动积极分子的数量而言,当选的代表比率迅速上升。我们没能掌握1914年以前的总体数据,但是在1925年,工人国际法国支部的110000党员中,有12751名市镇议员,941名市长助理,874名市长[2]。然而,不论是1914年以前还是在这之后,市镇的现实与国家执政之间的反差还是很大的。这个问题因此成为圣-冈地若代表大会讨论的

---

[1] Parti sociqliste (Section française de l'Internationale ouvrière) 8ᵉ congrès national tenu à Saint-Quentin, les 16, 17, 18 et 19 avril 1911. Compte rendu sténographique, p. 443. Voir les interventions de Jules Guesde et d'Albert Thomas, p. 337 et 345. Pour une étude suggestive, Offerlé (Michel), *Des communards aux conseillers municipaux*, Paris, 1979, 2 vol.

[2] Lefebvre (Remi), *Le socialisme saisi par l'institution municipale, jalons pour une histoire délaissée*, in Recherche socialiste, 6 mars 1999, pp. 9)25.

焦点。对于如何执掌国家政权,市镇行动的普及对构建一个党与执政的关系的作用是比较有限的。

三、蔑视权力和强调理论

共和制与代议制民主之间关系含糊,人们也意识到社会党作为工人党存在着相对的弱点,对法国社会党模式的建立由此产生了两个重要的后果:一是对权力缺乏信任,二是理论教条有特殊意义。

拒绝在资本主义制度下参政,是党在国际社会主义运动中长期坚持的一项主张。实际上,第二国际禁止各国支部参加资产阶级政府。在阿姆斯特丹代表大会上,社会党通过了1903年由德国社会民主党提出的一项议案:

> 大会……宣布,社会民主不能接受任何参与资产阶级社会的入阁行为,这也符合1900年巴黎国际大会上投票通过的考斯基当时的意见。[①]

考斯基强调,"一个孤立的社会党人进入一届资产阶级的政府,并不能被看做正常的夺取政权的开始,而仅仅是被迫的、暂时的和特殊情况下采取的权宜之计"。阿姆斯特丹大会的动议"不接受任何企图强调阶级对立日益加深而要促进与资产阶级政党靠拢的做法"。

法国社会党因此有义务坚持遵循这一方针,但是,它这样做还有另外的原因。"米勒兰主义"开启了一个坏的传统,后来被好几个社会主义党派小心翼翼地继承下来。一些具体的情况也要求党对党与政权的关系给出确切的回答。而曾引发了一场严重危机的参政问题最终被说成是为实现党的统一,但是,它却持续地威胁着社会党的团结。米勒兰主义潜在的改良主义资源迅速枯竭,无疑促成了1904年的协议。对社会党历史发生重要作用的根本点在于在社会党人思想深处对参与执政的排斥是同实现党的统一紧密联系在一起的。从这时起,任何重新提出这一问题的意愿,都有可能再度质疑把他们团结起来的基础。"特殊情况"的概念显然模

[①] 6e congrès national, op. cit. , p.115.

棱两可,而且,1914年以后,参政派的任何游戏都最有可能被解释为"特殊情况",但是与此同时,大多数活动积极分子都担心参政会毁坏社会党的身份。1900年在里尔、盖德与饶勒斯辩论时非常清楚地这样表达说:

> 同志们,一旦某一天社会党、一旦某一天有组织的无产阶级把阶级斗争理解为与资产阶级瓜分政治权力并且如此实践,那么,这一天就不再有社会党了。

这种对于政权普遍的不信任,也扩大到了对选举和议会活动的态度。统一时盖德暂时胜过饶勒斯,这一胜利往往被分析为一种假象。统一一经实现,工人国际法国支部就在饶勒斯的推动下很快表示出其深刻的选举主义和议会主义倾向,其共和性质得到发展。可见,把盖德主义与社会主义等同,把饶勒斯主义与共和主义等同的做法从理论上讲完全是误导。对社会党实际情况的考察表明,这种说法完全是对工人国际法国支部性质问题的简单化的理解。实际上应当认真地看待这样一个事实,即工人国际法国支部希望成为,而且一直是一个活动分子的党。控制当选者是1905年辩论的一个重大议题。盖德派,而且还有老阿列曼派,一定程度上也包括爱德华·瓦扬的朋友,都对推动关于当选者要严格遵守党的纪律的规定的制定起了重要的作用。统一宣言尤其指出:

> 面对资产阶级各个派别,当选议员在议会中要组成一个统一的党团。议会党团在议会上应否定政府采取的维护资产阶级统治的一切手段……,因此,要拒绝军事拨款、殖民战争的拨款、秘密基金和相关的预算。即使是在特殊情况下,议会当选者也不能以个人,而是组成党团人数十分之一的集体代表团的形式代表党中央机构……。党将采取措施以保证当选者遵守任期内重要义务。由党来确定他们上缴党的资金数额。①

---

① Déclaration commune préparée par la commission d'unification pour le congrès de la salle du Globe, à Paris, le 23 avril 1905, citée in *Encyclopédie socialiste, sundicale et coopérative*, t. VI, *La France socialiste*, A. Quillet, 1912, pp. 82–85.

根据党的章程,议会小组实际上被排除出党的领导机构,后者是由代表大会选出的常设行政机构。国民议会议员和参议员没有权利以这样的身份在全国委员会中占有位置。这个机构在两次大会期间负责管理党的事务。这些决定在修改党章的巴黎大会(1911年11月)上被保留下来,它们反映出人们对当选者的不信任和部分地赞同代议制原则(参加会议的大多数社会党活动分子赞同当选者在其任期中须承担约束性的义务)①。

活动分子的逻辑首先不是选举,或者更应该说,不是选举活动,而是与党的活动紧密联系在一起的目的。托尼·尤特在他对瓦尔地区社会党的研究中指出,社会党人,不同于激进党,他们能够在取胜希望不大的地区积极地介绍候选方案和主张,而在没有办法从事积极的宣传活动的时候,他们往往会犹豫是否要提出候选人②。这里同其他地方一样,活动分子几乎控制了候选人的选择和当选者的活动,后者总是被怀疑是竞选主义和有意与"资产阶级"党派勾结。他们要保证党在第一轮议会选举中能够在各个地方把"阶级的候选人"推举出来。他们公开地进行集体主义的宣传,宣传的方式决不温和。他们要与激进党人相区别的愿望始终表现得非常明确。就像皮埃尔·巴拉尔提到的伊泽尔省的这位活动分子,他们不断地强调,拒绝为了与资产阶级党派靠拢而"掩饰其阶级的对立"③。总之,他们非常认真地履行1905年统一宣言中阐述的第一条原则:"社会党虽然坚持实现工人阶级所要求的现实改良,但它不是一个改良主义的党,而是一个阶级斗争的和革命的党。"许多候选人和当选者都因为对待这些原则过于"自由"而受到指责或被清除出党。

不过,与此同时,在议会为权力中心的政治制度下,议会党团始终发挥着重要作用。从这个角度讲,有必要提醒一点,1904年召开阿姆斯特丹国际代表大会时,社会党的统一是在两个组成部分的比例代表制基础上得以实现的。相互实力部分的计算,既是按党费的数量,又是按1902

---

① Parti socialiste SFIO, 8ᵉ congrès national, 2ᵉ session, tenue à Paris, 1ᵉʳ et 2 novembre 1911, compte rendu analytique.

② Judt (Tony), *Socialism in Provence*, Op. cit.

③ Barral (Pierre), *Le Département de l'Isère sous la Troisième République*, Cahiers de la FNSP, Paris, Presses de la FNSF, n° 115, 1962, p.434.

年议会选举所得的票数。这种计算方式从最初就反映出承认了两种现实，一是选举方面的，一是党的活动方面的。后来的发展是最不信任议会的态度被边缘化。尽管党在1905年采取了谨慎措施，但议会党团还是越来越介入党的核心。从中央层面看，党组织的薄弱也强化了这一趋势。1914年以前，中央机构带薪的常设领导人不超过6～7人，而省级联合会是党组织的基础。它们享有广泛的自主权，可以自由地制定自己的章程，遴选参加选举的候选人，控制当地报刊。国会议员和参议员在这些选区的影响显然非常大。中央机构的弱势状态使它很难控制这一级。此外，活动积极分子经常活动于当选人之间，他们为了公众会议而去争夺那些最有雄辩口才的议员，使这些议员成为党的智力精英。1914年，教师、记者和自由职业者代表了将近一半社会党团在国会的议员[①]。工人国际法国支部的主要领导人，饶勒斯、盖德、瓦扬，都不属于党的对等执行委员会成员。但是，谁还会记得这一时期党的总书记叫亚森特·杜布洛伊呢？总而言之，以议会为一方，活动积极分子为另一方的紧张关系，才是标志工人国际法国支部面貌的基本特征，也决定了它的运行方式。党的领导人负责监督选举和议会活动不要侵犯在社会党看来更为合法的党的活动分子的行动。

作为活动分子的党和工人的党，法国党和整个社会党的情况一样，有自己的理论思考，而且在这个党里，理论对于确定和保持还有些疑问的党的身份起着非常重要的作用。认为法国社会党对理论不感兴趣，那就大错而特错了。大概在想到儒尔·盖德和他自己的女婿保尔·拉法格时，马克思说，法国人没有"哲学头脑"。不过，马克思主义只是一种尺度。19世纪前半期社会主义思想是一笔无可置疑的宝贵财富。正是在马克思主义取得成功后才把它作为评判理论的适当性的标准。实际上，在法国社会党统一的年代里，马克思主义已经成为国际社会主义占主导地位的理论。在法国，的确没有出过引人注目的著作，人们常常指出，工人国际法国支部忽略了翻译马克思主义文献，说它没有表现出对1909年创立的社会党党校真正的关心，那些介绍和讨论马克思主义论点的杂志影响

[①] Le franc (Georges), *Le Monvement socialiste sous la Troisième Répppublique*, Paris, Payot, 1977, t. I, p. 188.

甚微①。然而,在世纪末,往往是接近工人国际法国支部的知识分子对马克思的著作做过很多的评论,例如,夏尔·安德勒,尽管他们的评论有时对马克思主义持的是一种批评的态度②。

　　有一点并非不明显,那就是存在一种社会党不同党派都赞同的圣经式的马克思主义,而且是社会党身份的一个组成部分。很显然,对马克思主义的解释已经不止有一种,在国际的各个政党里就同时存在着多种解释,20世纪初的修正主义辩论恰恰搅浑了这些解释。因此在法国,由于社会主义意识形态继承了多样性的传统,情况就更为复杂。盖德派捍卫的是"科学社会主义"③。他们用马克思主义的世界观批判抽象的正义和博爱。他们不断引用马克思主义的政治经济学原则,他们的小册子不懈地说明资本主义剥削机制,把劳动力、剩余价值、利润等概念放在首位,并且用许多实例说明这些概念。从马克思主义的辩证唯物主义理论出发,他们得出了一些原则——阶级斗争、社会主义革命、工资制度的消失、无阶级的社会——描述了人类必然走向社会主义的演变过程。爱德华·瓦扬的演讲和书稿中也出现了同样的说教,他在19世纪90年代就承认,马克思是当代社会主义的奠基人。只是他们把物质力量和道德力量汇集到同一运动之中。他说,"同样,社会党是工人阶级的唯一政党,也是唯一的精神自由的党"④。瓦扬主张人道主义伦理,他把社会主义首先看做是对正义的一种渴望。按照饶勒斯派理解的马克思主义,人道主义伦理在那里更多地受到了肯定。他们对马克思主义的解释实际上是一种进化论和理想化的解释,弱化了经济原因的决定性作用。1894年,在一次与保尔·拉法格发生冲突的会议上,让·饶勒斯干脆指出,"历史运动取决于人与对人的使用之间的基本矛盾",他又补充说:

　　　　只有人类通过各种不同的经济形式,越来越少地与自己的

---

① Lindenberg (Daniel), *Le Marxisme introuvable*, Paris, Calmann-Lévy, 1975.

② Sur la réception de Marx en France, voir notamment l'ouvrage de Christophe Prochasson *Les Intellectuels et le Socialisme*, Paris, Plon, 1997. Sur Charles Andler, voir Id., 《Sur la réception du marxisme en France : le cas Andler, 1890–1920》, *Revue de synthèse*, I, janvier-mars 1989.

③ Willand (Claude), op. cit., pp.159–168.

④ Hozorth (Jolyon), op. cit., pp.94–126.

思想不一致，才能最终实现自己。在人类历史上，不仅有必然的演变，而且也有一个明智的方向和理想的意义。①

从这里就不难理解他为什么能够写出"马克思的决定性功绩在于把社会主义思想与工人运动联系在一起，是唯一经得起评判和时间消磨考验的理论"②，1911年在《新军队》一书中，他把价值论首先定义为"社会物理学"③。

如果说与马克思相反，饶勒斯不能设想历史的必然不能没有道德的一种贡献，那么，他从人类的历史拯救中看到的是物的普世性一面，那么，他也始终捍卫马克思主义，反对诽谤马克思主义的人，他必然感受到一种超出战术要求的强烈兴趣才会这么做。1900年召开的讨论会，是为了反击伯恩施坦的修正主义论点，这次讨论会可以理解为饶勒斯对问题的一种回答。在这种场合提出捍卫马克思主义正统理论，似乎不那么令人奇怪。因为，这正是发生米勒兰危机的时候，当时他支持参政，从表面上看，与考斯基相比较，饶勒斯与伯恩施坦更有共同之处。他还在第二年发表的《方法问题》中，直接批评马克思论述的历史唯物主义观点；他揭露说这是受布朗基主义启发的关于革命的伪观点，弱化了贫困化倾向。然而，在反击伯恩施坦时，他又承认有可能"在需要的时候，用马克思主义来重新发展马克思主义"④。经济现实是基础性的，即使经济发展像"一阵狂风"，有可能被它遇到的法律的、科学的、宗教的现实误导而走入歧途，辩证法仍然可以使我们理解宇宙，资本主义只得到了一些宽慰，"世界发展的方向是肯定的"。在饶勒斯的其他书稿中也可以看到多少有些不同，有时甚至自相矛盾地作出这种肯定。但是，如果认为饶勒斯只是把自相矛盾的原则堆积在一起做了一个很差的"综合"工作，那就错了。

---

① *Idéalisme et matérialisme dans la conception de l'Histoire*, 1894, réédité in Jaurès, *L'Esprit du socialisme*, Paris, Denuël-Conthier, 1971, p. 25.

② Id., *Question de méthode*, Paris, 1901, réédité in *L'Espri du socialisme*, op. cit., p.29.

③ Id., *L'Armée nouvelle* op. cit., p.191.

④ Id., Conférence sur Bernstein et l'évolution de la méthode socialiste, Paris, 1900, repris in *Oeuvres* (Max Bonnafous éd), Rieder, t. VI, 1933, pp. 114 – 140.

饶勒斯最终是根本上反对修正主义的核心思想,而这一思想集中表现在伯恩施坦的一句名言:"人们称为社会主义终极目标的东西是微不足道的,运动就是一切。"可以说,他的首要的意思(并非不过时)是不想让人们对前途失望,用饶勒斯的话说:

> 伯恩施坦非常错误地要求无产阶级放弃这种给予他们以力量的历史辩证法的解释;现实中感到如此无力,在为自己改变现实社会的力量可能产生如此悲观的劳动者,应当通过历史本身逻辑,通过历史内在辩证法给予他们的帮助去容易地感受历史。①

第二个原因与第一个原因相联系,但更为深刻,可以简单地说,放弃终极目标就是放弃社会主义本身:"共产主义应该是一切运动的指导性和鲜明的思想。"就像克里斯多夫·普洛沙松指出的,饶勒斯想保留法国社会主义所包含的乌托邦的那部分②。正如普洛沙松恰如其分地指出的,不论是饶勒斯,还是后来的布鲁姆,都没有放弃社会主义思想的"几乎宗教式的体系"③。即使社会主义鼓吹每一天的努力,如果它有一次改革的实践,社会主义也不应该是修正主义的,因为,如果劳动者不能坚信在大地上可以实现社会主义的许诺,社会主义就不能存在了:

> 你们听好了,我是说,没有一次人类的重大变革能够把我们同社会主义的人道主义分开……。我们知道,下一次革命就是我们的革命,我们的一切行动直接朝向这一革命,我们的所有语言都为它传播,就像是在大平原上无障碍奔腾的波涛。④

---

① Id., Conférence sur Bernstein et l'évolution de la méthode socialiste, Paris, 1900, repris in *Oeuvres* (Max Bonnafous éd), Rieder, t. VI, 1933, pp. 130.

② Prochasson (Christophe), *Les Intellectuels et le Socialisme*, op. cit., chapitre 5.

③ *Ibid*, p. 133.

④ Id.,《Idéalisme et matérialisme dans la conception de l'Histoire》, 1894, réédité in *L'Esprit du socialisme*, op. cit., p. 26.

这个日期还不为人知,但是这一现实却不容置疑。很明显,饶勒斯认为,这一观念来自一种信念,它自己对社会主义,就像对人类的一种宗教的认识,它不可能只是唯物主义的。不过,这种固有的理想主义(唯心主义)恰恰使他提出把马克思主义作为斗争信念的基础。所以,他就在当时著名马克思和恩格斯的著作中寻找能够把马克思主义原则同法国社会主义进行调和并使之本土化的所有要素。

他说:"马克思并没有仅仅宣布共产主义社会是资本主义秩序的必然结果。他指出,到共产主义社会就会结束这种浩劫人类的阶级的对立,他还指出,完全的和自由的生活将第一次由人来实现……。这难道不是承认,正义一词在历史唯物主义观念里具有某种意义吗?"

不是所有社会党人(差远了)都同意饶勒斯的唯灵论和他对世界的"私下看法"。一个无神论唯物主义流派对工人国际法国支部也有影响。但是,在建党的这些年里,所有人都同样坚信最后的目标,人类最终的和谐。

儒尔·盖德说:"他来了,基督,救世主,他终于来了!正是这些人类创造的劳动者才能使我们并要求我们和解了的人类成为一个大家庭,最终结束最后形式的奴隶制,即雇佣劳动制。"[1]

因此,社会党人之间的分歧和辩论常常围绕马克思主义的性质本身、道德理论和经济力量各自的部分、由此而做出的政治选择等,但是对经济和社会现实的分析往往是一样的。爱德华·瓦扬在1911年圣-昆廷代表大会上总结了活动积极分子1914年以前的首要信念:

什么是改造现代社会的原动力呢?是生产力的发展。只有通过发展生产力,才能使一个社会转变成一个新的社会,生产力

---

[1] *Almanach de la question sociale*, Paris, 1897, p.144.

在削弱以前旧的生产方式和其赖以生存的社会的同时,逐渐创造了变革的必要性和生存条件……。我们的社会主义事业应该推动这种社会演变,只要保护工人利益,而且不做任何与之相悖的事情,我们就能做到。①

社会党人坚持把三个论点作为不变的东西,他们经常强调这三个论点:资本主义将越来越多的企业集中了起来,为社会化准备了条件;无产阶级人数越来越多和中产阶级趋于无产者化;卡特尔②的形成减少了竞争,但是危机不可避免。饶勒斯在1900年曾经否定了修正主义观点,它们否认资本主义的集中,强调中产阶级得到保留和更新,经过"和睦谅解"卡特尔有能力控制经济危机③。1911年,在《新军队》第10章中介绍其改革的制高点时,他坚持同样的判断:

尽管大资本在它的道路上扬起了小型新工业的尘土,企业向现代生产主要部门的集中仍在不懈地进行。④

工人国际法国支部开展的最主要的宣传是用于解释这种现象的原因,为的是在民众中普及马克思主义政治经济学对劳动、劳动力、剩余价值等概念所作的划分。即使没有任何一项重大研究出自工人国际法国支部的领导人,然而,他们对于20世纪初资本主义的新形势并非不了解。希法亭1910年发表的《金融资本》一书被立即翻译出来,而"金融资本主义"这一表达方式自次年起就在圣-昆廷代表大会的各种辩论中开始使用了。阿尔贝·托马斯为了更好地说明公共部门的必要性,提出了"垄断资本主义"的概念。不过在1914年以前,社会党人并没有关心确定一项真正的经济政策,例如对生产、贸易、金融活动给予整体性协调干预。首先

---

① Parti socialiste SFIO, 8e congrès national, Saint-Quentin, 1911, compte rendu sténographique, p. 328.

② 卡特尔(cartel)是指由一系列生产类似产品的独立企业所构成的组织,目的是提高该类产品价格或控制其产量。(译者注)

③ Jaurès (Jean), *Berstein et l'évolution de la méthode socialiste*, op. cit.

④ Id. *L'Armée nouvelle*, op. cit., p. 238.

是他们没有感觉到这种必要性,因为,共和制的国家也没有纯粹意义上的经济政策,其次是因为,社会党人更优先关注社会改革、劳动时间、退休养老、社会保障等等。相反,对未来社会主义所有制可能采取的形式、对公共部门可能占据的地位、未来社会的组织等思考却非常丰富。不过总体上讲,不同层次的社会主义思想并没有形成体系,揭露剥削、社会要求、社会化方案构成理论探讨的三个不同方面,但它们之间的联系却没有得到认真的思考。

社会党人的社会代表性是从这样一种理念出发的,即资本主义结构呈极状(资本主义社会的资产阶级和无产阶级),而二者之间的关系决定着社会运动。法国的情况显然更加复杂:在一个依然深深扎根于农业的国家里,工人只是少数,传统的中产阶级——商人、自由职业者——发挥着重要影响,而新的阶层,特别是公职人员取得了实际影响作用。赞同回到"左翼阵营"的人强调工人国际法国支部所处的孤立状态,并从这种复杂性中寻找论据。他们中的一位在图卢兹大会上宣称,

> 在当前社会中,我们清楚地看到,一方是所有者,另一方是一无所有者,但是,我们处于这两个阶层之间,或多或少所有者或者或多或少无产者的一系列因素,在这两个极端的部分之间构成了一系列中间层次。由此看来,你们著名的阶级斗争原则是建立在错误的实际情况基础上。[①]

但是,大多数社会党人都不会由此得出同样的结论:在他们看来,中产阶级正在经历贫困化过程。只有在工人国际法国支部没有严格定义无产阶级的情况下,他们才会认可。况且社会党从来没有实行过工人主义。毫无疑问,社会党自认为是一个代表阶级的政党,但是,儒尔·盖德本人却用这样的词语(而在原则上又是最严格的)来定义"无产阶级政党":

> 它从事所有活动,不论是最用脑力的还是最用体力的,工程

[①] Parti socialiste SFIO, 5ᵉ congrès national, Toulouse, 1908, compte rendu sténographique, p. 213.

师、化学家,任何性质的学者也都成为有益的部分……。所有靠肢体和大脑劳动的人都有加入社会党的权利,社会党主要是一个阶级政党,是比工会更全面的党,工会本身做不到这一点。①

在无产阶级广泛地分布在农村,而社会党却说要改变所有制的情况下,农民阶级是一个更难办的问题。自1905年以前起,盖德派就应该在坚持私有制不可避免地要消失的原则的同时,提出保护小所有权的措施②。农村小所有权对市场的依赖程度使它不可能与资本主义同日而语。爱德华·瓦扬在1907年召开的圣-昆廷大会上这样总结了社会党完全建立在无产者化这一前提下的分析:

> 不论是作为社会改革和社会演进的党,还是社会革命的党,我们不仅对无论农村的无产者还是城市的无产者,而且对与他们接近的人都坚持同样的说法,即资本主义制度正在使社会无产者化,我们要把这部分人吸引到我们周围,尽管他们是手工艺人,甚至尽管他们是商人或小工业家,尽管他们是小所有者、小佃农或小农场主。所有这些被无产者化的或正在经历无产者化的人,社会党都要让他们了解自己的情况和社会的演变,这些人为了减轻一时的负担,而且为了加快获得完全的解放,一定会团结在党的周围,他们一定会愿意和党一起尽可能早一些地实现生产手段的社会化。③

就主要内容而言,就是要对介于资产阶级和无产者之间的阶层实施最适合的集体主义的方式。学习合作和参加工会可以构成他们现实状况与社会主义未来社会之间有用的连接符。资产阶级社会本身通过缩小个

---

① Parti socialiste SFIO, 4e congrès national, Nancy, 1907, compte rendu sténographique, p. 465.

② Compère-Morel (Adéodat), *Les Propos d'un rural* (avec préface de Paul Lafargue), Breteuil, 1902.

③ Parti socialiste SFIO, 6e congrès national, Saint-Etienne, 1907, compte rendu sténographique, p. 326.

人权利、增加税收、扩大社会立法,使社会所有形式部分变得越来越大。

所有这些分析都可以在饶勒斯的文献中找到。与此同时,他比其他人更加意识到说服社会中产阶层接受深刻改变其社会地位的改革有多么困难。在社会学的考证方面,他与社会党其他倾向没有什么不同。他贡献更多的应该是从中得出的战略成果。在这一点上,他从不同的层次给了三类答案。同其他社会党人一样,他坚信,经济的发展最终有利于各种利益的趋同:"中等的小生产者和小店主必然会发现,资本主义远远比无产阶级让他们更加恐惧。"[①]在此期间,在"民主"看起来"像是不可思议的一个谜团"、资产阶级和无产阶级"迫使犹豫的中间阶层日益分化的情况下,也应该与小所有者、公职人员、知识分子进行谈判……。大的社会势力,坚定而毫不含糊的势力,只有适度地适应其他对立的或对自己不够有利的那些势力,才能在这些比较模糊的环境里传播自己的行动。因此,任何重大的民主行动都必然迫不得已地是一种妥协,即使从运动的根源看,对立的阶级之间有着不可妥协的东西"[②]。这种观点从来没有在工人国际法国支部的文件里得到理论的阐述,饶勒斯本人也只是在《新军队》的一章中做过阐述。然而,该观点却反映了政治现实,不过,它遇到了占主导地位的革命理论的"无声的反抗"(寂静主义)。不过,这种观点也有可能是源于存在着对社会的另一描述,它是在回顾和研究法国大革命的过程中形成的。饶勒斯是研究法国大革命的历史学家,对此做过很好的描述。他在1912年再次提出法国社会结构的问题时就提醒他的同志们,认为法国不是一个"无产者思想靠自己的民众产生作用"的国家,他强调的是一股力量,那股"于1789年撼动了法国的老的革命理想"的力量[③]。无产者可以是一种新的第三等级,它可以逐渐对整个民族产生影响,团结大多数人逐步实现提出的改革。尽管赞同马克思主义的阶级分析方法,人民的思想在社会党理论中仍然存在。它可以使我们解决对诸多社会阶层分析时遇到的困难。

事实上,社会党人对社会的看法,甚至他们的犹犹豫豫,以及根据不同情况使用阶级和人民的概念,都是由他们对资产阶级代表性的分析所

[①] Jaurès (Jean), *Etudes socialistes. De la propriété individuelle*, op. cit., pp.135-257.

[②] Id. *L'Armée nouvelle*, Paris, Rouf, 1911, p.354.

[③] Ibid, pp.232-233.

决定的。他们对资产阶级的定义有两种不同的方式。一方面,资产阶级由拥有生产和交换手段的所有者组成,资本的集中不可避免地限制了他们的数量。饶勒斯在阿姆斯特丹大会上指出,他"经常听人对盖德说,法国有三千七百万居民,其中有二十万人真正有直接的阶级利益和强烈反对集体社会主义"[①]。另一方面,这个少数资本主义的资产阶级,趋于被比作旧制度享有特权的人,虽然还比较强大,但已在新的民族中陷于孤立。就像过去这些人一样,资产阶级已经没有愿望提供共和制从现在起所需要的根据,它的强大只是表面上的,这个新的"所有者寡头势力"所维护的所有制正在逐渐消失在"大范围有组织的社会劳动合作之中"[②]。这两种描述,一个是马克思主义的,一个是共和的,使社会党人得以在无产阶级和人民之间,换句话说,在工业革命和法国大革命之间画等号。由于经济发展和政治思想两方面的作用,资本主义的资产阶级社会作用已经不在,已经不再拥有实际的合法性,而社会党不仅是"阶级的组织,也是得到解放的民族的组织"(饶勒斯)。在1914年以前的工人国际法国支部里,这两种模式就是这样相互渗透着。

因此,这样的马克思主义没有在年轻的工人国际法国支部内实现思想的统一。不过,有一点很重要,这就是各种倾向中,有些要求接受这种理论,有些同意接受那一理论的根据。历次大会的辩论记录、各种宣传会议的报告、原活动积极分子的回忆录都表明,马克思主义首先被看做是对资本主义经济的一种解释,通过这些解释使人们更加坚定地相信,旧社会必然走向灭亡,人类的解放必定到来。马克思主义因此巩固了19世纪得到广泛赞同的进步的意识形态。生产和交换手段的集体化得以被看做解决所有困难的一把钥匙,而所有制改造被看做是对经过调和的未来的许诺。由于马克思主义被赋予了科学特征,使活动积极分子坚信掌握了历史真理。马克思主义的政治观点,连同革命回忆录一道,强化了世界范围内两个对立阶级的社会冲突观念,因此,对现代社会做出了全面的解释。

理论上最低限度的一致,使那些对政治行动持不同观念的派别或力量能够共同相处。党只是要求党员遵守共同规则,每一个党员都要认同

---

① 6e congrès socialiste international, op. cit., p.142.
② Jaurès (Jean), op. cit., pp.36 – 37.

最终目的,即实现社会主义。在政治实践方面的冲突只能通过参考大会讨论时起主要作用的理论解释来解决。在议会行动本身的合法性尚未得到承认的情况下,每一个派别都可以提出要求:与政治体系的任何交易都要向党、向活动积极分子说明理由。这就是为什么,尽管从各方面看,这一理论只是基础性的,但是却能够在党的运行过程中占有相当重要的地位。党内那些被公认最有理由做解释工作的人,自然处于强势。因此,甚至当左翼派别是少数的时候,由于他们更尊重理论的纯洁性,而不是强调日常的政治行动,他们仍然拥有对于活动积极分子的合法性,并借此将各种派别限制在一体的政治体系中。就这一事实,马尔赛勒·波尔洛特写道,自工人国际法国支部诞生之日起,"就坚持反对现行制度,极为用心地关注组织的自主性和理论的整体性,使党针对其他政党采取的或进、或退、或走近路的部署都非常难得地明确,而其他政党自己的生活则更多地消融在当时的编年史中"[①]。这个特征主要在于理论所起的指南针的作用。

---

① Prélot (Marcel), *L'Evolution du socialisme français*, Paris, SPFS, 1939, p. 13.

第二章
统一的脆弱性与饶勒斯的综合

社会党的统一建立在一种理论,而不是建立在一种方法上,是建立在末世学,而不是建立在一项改革方案和某种政府目标上。该党中社会党人不同的派别和不同的要求差别很大,有时甚至是激烈的对立,因此,这种统一十分脆弱。也因此,对于党的领导人来说,保持党的统一既是一个生死攸关的需要,也是一种持久的挑战。"饶勒斯的综合"使党得以实现这种统一。不过,其政治逻辑却让法国社会党付出了持久的代价。

一、维护统一的困难所在

所有社会党都经历过派系的对抗,这种对抗给本身特点不同的各国党的统一或多或少构成威胁。爱德华·伯恩施坦是19世纪末德国社会民主党的主要代表人物之一,在为其名著《社会主义的前提和社会民主党的任务》[①]再版所作的后续中,弗里德里克·邦和米歇尔-布尔尼埃精辟地分析了作为各国社会党原型的各个党派的运行方式。下面引用的这一大段摘自这篇后续,反映出他们对这些党派内部循环往复争论形式的分析:

> 每次都会出现左、中、右三类人物,他们互相指责、互相拉拢、互相排斥或互相清除,各种手段轮番使用。传统的分析是将

---

① Bon (Frédéric) et Burnier (Michel-Antoine), *Qu'elle ose paraître ce qu'elle est*, postface à Bernstein (Eduard), *Les Présupposés du socialisme*, Paris, Ed. du Seuil, 1974, pp. 355 – 300. Une version remaniée de ce texte a été publiée dans Bon (Frédéric), *Les Discours de la poltique*, textes réunis et présentés par Yves Sche,ell, Paris, Economica, 1991, pp. 71 – 119.

对立的各方置于一条想象出来的线上,中间派位于两极之间,不如右翼宽容,却比左翼更现实……。各方都争夺中间派,尽力将分歧点向左延,以争取修正主义者,尽力向右延以争取革命派……。这些角色之间的关系围绕三个中心组成,其中总有两个中心与第三个中心呈对立状态。前面的中心可以直接辨认出来,这从思想的对立状态就能看出来。首先是政治理论上的对立:正统与异端针锋相对,革命的马克思主义与修正主义针锋相对。在这条分界线上,右翼处于孤立,它要面对由于维护神圣的理论原则而联合起来的中间派和左翼。第二个中心,政治实践的情况则相反。主张激进的政治路线的左翼处于孤立状态,中间派和右翼在机会主义伺机而动的政策上形成妥协,反对革命的冒险。这些确实在辩论中唯一提到的分歧,确实把中间派置于中间的地位,将左右两翼置于两端。最后一个对立的中心关系反而很少被各方角色注意:它关系到辩论的性质。左右两翼各自都以自己的方式力争废除理论与实践之间的反差:前者调整理论以适应改革的实践,后者调整实践以适应革命的理论……。中间派不在这一范围。理论与实践之间的这种距离是它本身能够存在的基础;它越需要权力和自主性,就越会扩大这一反差。[①]

在法国社会党内,各种派系的对立从一开始就对党的统一构成真正的威胁。统一进程本身,以及之后对立派别的组合是派别对立的根源。

社会党长期以来一直难以应对统一挑战,这个困难来自于1789年以来法国丰富的意识形态遗产[②]和党与共和及与工人运动关系的双重脆弱性。乔治·韦尔描述共和党史时所分析的分裂、竞相许诺、宗派主义的趋

---

① Bon (Frédéric) et Burnier (Michel-Antoine), *Qu'elle ose paraître ce qu'elle est*, postface à Bernstein (Eduard), *Les Présupposés du socialisme*, Paris, Ed. du Seuil, 1974, pp. 355 – 300. Une version remaniée de ce texte a été publiée dans Bon (Frédéric), *Les Discours de la poltique*, textes réunis et présentés par Yves Sche,ell, Paris, Economica, 1991, pp. 285 et 286.

② Rebérioux (Madeleine), *Le socialisme français de 1871 à 1914*, in Deoz (Jacques) *Histoire générale du socialisme*, t. II, de 1875 à 1918, PUF, 1974, pp. 133 – 236 et Lefranc (Georges), *Le Mouvement socialiste sous la Troisième République* (1875 – 1940), Paris, Payot, 1963.

势,完全可以适用于、而且更适用于社会党①。从19世纪80年代开始,马克思主义无疑具有占主导地位的影响,但是,对马克思主义的解释多种多样,因此,没有消除自由主义的影响,尤其是马克思主义不得不与共和传统相结合。"每个人都有自己的真理",反映出造就了法国社会党的知名人士和团体相互独立的特征,他们把最主要的精力都用在互相争夺上。统一的努力多年由于在如何回答四个问题上意见不合而遭遇阻力,这四个问题是:为什么要统一? 建什么类型的党? 应该与工人运动其他组成部分保持何种关系? 议会党团应该扮演怎样的角色?

在法国工人运动中,一个阶级政党出现在议会并不是自然而然形成的。首先,对政治行动的不信任在工会界非常普遍。其次,社会党长期组织涣散,助长了最初的当选者特立独行,特别是"独立共和党人",他们首先想的是考虑其选民的意见。最后,对于党应该是什么样的党存在着许多对立的观念。

19世纪80年代,盖德派试图让全体社会党人接受一个无产阶级的、有纪律的、集中的政党模式②。他们没能说服更关心联邦组织形式的派别,这里意识形态对立和个人竞争也是其部分原因。但是,盖德派的对手,首先是"可能派",然后是"独立派",他们揭露这一模式的"极端专制主义"、"超蒙塔努斯主义"③、"集权"的性质,是起关键作用的反对意见。对于儒尔·盖德来说,统一本身并没有什么意义。既然真理只有一个,那么,所有的人都应该拥护一个具体的方案,尊重严格的纪律,承认政治行动的主导地位。不过,自19世纪80年代起,随着1881年无政府主义者,1882年"可能派"这些合作者同路人的离去,法国社会主义劳动者联盟瓦解了。更有甚者,工会拒绝了盖德派要把他们放在盖德色彩的一个模子里的做法。90年代,无政府主义的影响得到发展。1894年召开的南特代表大会标志着盖德派的失败。这件事意义重大。政党和工会运动的独立

---

① Weill (Georges), *Histoire du parti républicain en France*(1814 – 1870), Paris-Genève, coll. Ressources, 1980.

② Willard (Claude), *Le Monvement socialiste en France*(1893 – 1905), *les guesdistes*, Paris, Edition sociales, 1965.

③ Halévy (Daniel), *Essais sur le mouvement ouvrier en France*, Paris, Société nouvelle de librairie et d'édition, 1903, pp. 234 et 240 – 241. 蒙塔努斯主义是世纪基督教的一个教派,以纪律严明著称。(译者注)

的基本特征关闭了法国社会党走社会民主道路的大门,而1895年和1906年,工会主义继续强调自己独立于政治党派的所谓"生产者社会主义"的观念。法国工人党的失败和对1893年选举形势的考虑并没有改变社会党盖德派的观念。在《论法国工人运动》一书中,达尼埃尔·哈雷维根据儒尔·盖德1899年在亚皮(Japy)大厅召开的大会(这次会议第一次尝试统一)的讲话中作了一段描述,十分值得回顾:

> 议员们开始进入长方形大厅。他们或者独自或者与朋友同行来到这里;法国工人党结队到达,走在前面的是领导人,他们手持社会党旗帜……。当儒尔·盖德从工人党井然的队伍中走出来,迈上主席台台阶时,全场立刻安静下来,他可以从这种安静程度估计出自己的力量。他说:"统一,统一,我们所有人都愿意统一……。"统一挂在他的嘴上,这个词很让人害怕……。当儒尔·盖德说到统一时,右翼和中间派理解为专政。他继续说:"如果我们不能在理论上达成一致,我们可以在策略上达成一致……,我们应该在策略上实现统一,例如,首先组织起对报刊的监督……,不应该再有独立的社会党报刊……。同样,对于我们社会党的当选者来说,他们的独立应该为同样的理由和在同样的条件下去除。当选者不再属于他们自己,他们甚至不再属于他们的选民;他们属于法国的无产者,而且应该像德国那样,由党来控制议会力量,迫使他们在所有问题上投票一致,再说一次,这将是最漂亮的最好的统一……。"右翼感觉到巨大的压力,他们无言以对,深感一股寒气吹来。最后,儒尔·盖德停止了演讲;他和平的语言是用战争的口气讲出来的,以至于他再次走下讲坛时,除了他的团队,没有任何别人向他致敬。①

显然,如同圣芒德1896年所做的那样,独立社会党人更愿意集结在一部最低纲领周围,他们对统一有另外一种看法。这就是党应十分开放,要以省联合会为基础,要给当选者一些自由,要促进出版物的多样性,而

---

① Howorth (Jolyon), op. cit., pp. 195 - 205.

且,他们中有些人还认为,应该依靠工会和合作运动;思想当然比组织更重要。也有一些中间的立场介于这两种观念之间。如爱德华·瓦扬,他继承了布朗基思潮,也像盖德那样维护活动纪律,但是,他接受工人运动多样化的主张,承认法国总工会的重要性,并且认为工会与政党的工作应该有所划分①。

亚皮大厅的大会行动以失败告终,并且形成了两个对立的派别,一个是饶勒斯的法国社会党,即一个走联盟路线,参与议会活动的党;一个是儒尔·盖德的法兰西社会党,即一个集权的和积极斗争的党。在这之后人们清楚地看到,这两种关于统一的重要观念中,任何一种观念都不能完全战胜另一方。不过,盖德派的看法与第二国际其他党的实践活动比较相近,而且很明显,独立社会党人必须接受妥协,而他们中很多人,米勒兰、白里安,尤其是维维亚尼还没有做好准备。在1904年召开阿姆斯特丹大会前夕,还很难设想社会党应在什么样的基础上实现统一。不过反过来,知道不该抄袭别人的道路倒是比较容易认识到的。德国党依旧必然是参考对象,但是,法国工会运动的独立性阻止了实现社会民主的可能性。社会党不能仅仅是一个议会党。由"米勒兰主义"引起的疑虑,盖德派的极力主张,瓦扬和认同德国党的社会党人的支持,一起使"左翼阵营"削弱了独立社会党人的立场。

最终,是深受德国"指南党"影响的社会主义工人国际,于1905年迫使法国社会主义者达成决定性的妥协。它要求在法国成立一个国际活动需要的社会主义的大党,这一要求与法国年轻一代活动分子的期待不谋而合,后者越来越难以理解为什么要维护这种阻碍任何重大进步的一盘散沙状态。但是,党的各种矛盾很深。这些矛盾没能被统一的愿望和饶勒斯的策略与智慧克服。

实际上,要超越法国社会党的分裂,需要一位特殊的政治领袖②。开始的时候,饶勒斯的态度可能显得反常,他在社会党与共和之间建立起一种直接的亲子关系,他毫不妥协地支持"左翼阵营",在统一进程中扮演

---

① Rebérioux (Madeleine), *Existe-t-il avant 1914 un socialisme français spécifique?* in *La social-démocratie en question*, *Revue politique et parlementaire*, Paris, 1981, pp. 42 – 43, et Rioux (Jean - Pierre), *Jean Jaurès*, Perrin, Paris, 2005.

② Jaurès (Jean), Préface aux discours parlementaires, op. cit.

了重要角色,而统一进程却使共和派的社会党人趋于孤立。他的共和主义性质给出了第一种解释。在饶勒斯看来,共和超出了一种法律制度,是一种不断演变的事实。共和的原则具有普遍意义,资产阶级对共和原则断章取义,只有社会主义将会完全实现共和理想。不同的政治力量,不同的人都曾在某一时候对共和思想的未来发展状况做过表述,过去有丹东和罗伯斯庇尔,不久前有甘必大(Gambetta)、费里和克莱蒙梭。这是一种不可抗拒的、绝对不容忽略的演变趋势。然而,在世纪之初,要成为运动的中心,还不能与国际社会党保持距离,不能对统一的强烈呼声置若罔闻,一言以蔽之,就是不能拒绝让步。饶勒斯并不全是与盖德结合,而是在历史运动不可逆转的某一时刻与盖德所代表的潮流结合。夏尔·拉鲍波特十分欣赏他曾与之对抗过的饶勒斯,他在饶勒斯《法国革命的社会主义史》一书中所描述的丹东肖像中,看到了他自己对统一深刻的积极态度:

> 在行动的激流中,丹东掌握着这种克敌制胜、摆脱困难、敌对与仇恨的至上法宝。他不非难他人,不与人争吵,不把议会与公社对立起来,也不把公社与议会对立起来。他号召所有力量来拯救祖国和自由,正是要把这些力量转向这一崇高目标,他希望甚至不计较争议与他们和解。他懂得如何用热情而又有分寸的语言来激发最博大的激情和处理攸关的利益。①

饶勒斯希望看到的统一应该是像一个大教堂,一个能够容纳所有信仰者的教堂。最重要的是在最终目的上的一致,要超越策略上的分歧。无产者要开展一种自觉的活动,就需要一种统一的智慧。让共和得以生存、团结一切社会主义者、遵循历史的规律,这三方面的要求可以让人接受社会党国际所要求的所有重大让步。于是,工人国际法国支部于1905年建立了。但是,这个党从根源上有深刻的裂痕。

党在1905年通过的章程中规定,常任执行委员会由全国代表大会以

---

① Cité in Rappoport (Charles), *Jean Jaurès, le penseur, l'homme, le socialiste*, Paris, Anthropo, 1984, p.295.

秘密投票方式直接选出。被选举出来的代表应该通过"共通协商"制定一个统一的清单。在失败的情况下,"即使是少数人也有权享有比例代表制"①。1907年召开的南希代表大会,更加清楚地规定了派系的权利。事先商量,经大会选举提出领导机构成员,这一原则被保留了下来。不过,会议还决定,应该根据不同派系在大会主要讨论中获得的票数按比例分配代表。饶勒斯让决议委员会通过了一项议案,"希望各联合会内部在大会议事日程问题上采用比例代表制,以便使大会本身最公正地适用比例代表制"②。1911年,根据党章大会召开第二次会议,会议通过了这一决定。于是,党在组织上容许有派别,党的运行也就围绕在各派的力量对比关系和他们的对立状态之上了。

盖德派在工人国际法国支部内组成了最有组织的派别,他们以在理论方面表现强硬而著称。他们有自己的报刊、自己的活动网络、自己的堡垒。统一后,由于盖德派占据党内近40%的委员职位,因此拥有强势地位,他们首先关注党的斗争活动,尽力揭露和阻止任何"支持政府者"的软弱行为③。20世纪初,出现了其他一些左翼派别。拉加戴勒(Lagardelle)和《社会主义运动》杂志的"工人社会党"曾想在工人国际法国支部内成为革命工会派的代言人,他们也对议会派进行了彻底的批判。该派于1912年解散。古斯塔夫·埃尔韦和他的报刊《社会战争》领导的"起义派"曾在一段时期内拥有一个联合会(约纳省联合会),在塞纳省有巩固的地位,该党希望工人国际法国支部摆脱对"合法性的依重",或多或少地揭露军队、警察和法官制度的本质;这一派别在1910年以后和平和反战力量发展的时候影响最大,之后随着其主要代言人的变化而瓦解。

在党的右翼,主张改良主义的势力关注直接的实现改革的活动,他们集结在阿尔贝特·托马斯和他的《工会派》杂志(1910年后更名为《社会党手册》)周围。1908年由德雷福斯派的原高等师范学院毕业生领导的

---

① Compte rendu analytique. Parti socialiste SFIO, 1er congrès national, Paris, 22 – 25 avril 1905, art. 25 du règlement, pp. 395 – 396.

② Parti socialiste SFIO, 4e congrès national, Nancy, 11 – 14 août 1907, compte rendu sténographique, p. 3.

③ Marcel Cachin 的日记完全反映了1914年以前盖德派领导人的精神状态。他的多次旅行是对法国社会主义形势的一次考察(Archives IHTP)。

社会党研究小组,深化了对国有化和公共部门思想所包含的积极引导作用的认识①。这些都不是纯粹意义上的派别,而是拥有活动网络的有影响的团体。占据核心地位的"饶勒斯派"并没有特殊的组织,只是持有共同的政治态度的人们,他们对盖德派表示怀疑,关心改革,认为议会生活有重要意义。他们尤其承认饶勒斯的主导地位。不过,饶勒斯个人的发展和他观点的影响范围超越了这一派别。事实上,他在党内的凝聚力越来越强。党内深层次的不和,需要一位有能力促成妥协的"权威"人物,这种妥协既要符合理论的要求,又能使日复一日的改革行动合法化。

1908年图卢兹大会召开前夕,同时受饶勒斯派和盖德派夹击的工人国际法国支部似乎处于决裂的边缘。饶勒斯的演讲团结了思想的多数。一致通过的进行综合的议案认可了一种战前一直用来规范党的调节方式。1908年以后,饶勒斯的朋友最终在党的领导机构中得以发挥其绝对优势的影响和作用。此外,战前那些年斗争的重要意义和他们对选举日益强大的作用,使所有社会党人都愿意保持党对民族和国际生活的影响力。不过,派系的纷争虽然不太明显了,但是依然存在。分裂已经制度化了。只有饶勒斯,他的巨大影响力和他的普世信念,使他得以真正代表统一后的社会党。他与活动分子的热情接触和在议会的领导角色,使他得以在爱德华·瓦扬的支持下,维持了党内两极之间的平衡。他领导的《人道报》一直保持了在基调上很大的自由度和对所有工人运动、特别是法国总工会组成成员的开放性。

通过饶勒斯的角色,法国社会党内形成了一种深刻的政治逻辑:只要主要领导人有能力把弱势转为力量,分裂就可以被战胜。这要求必须有一些能够让人接受必要裁决的权威领导。罗伯特·米歇尔虽然很好地描述了社会党运动中领袖们的重要性②,但还是没有足够地强调一点,即这些领袖的存在是保持党的统一的一个条件。他们在大会的发言和大会结束时通过的综合议案,反映在党的刊物中,不论对理论解释还是行动方针的说明都具有重要的参考价值。社会党议会派的领导人,如亚历山大·米勒兰、亚里斯蒂德·白里安、勒内·维维亚尼,这些在1905年拒绝接受

---

① Prochasson (Christophe), lLe Socialisme normalien, 1907–1914, maîtrise, université de Paris-I, 1981 et Le Socialisme des intellectuels, thèse, université de Paris-I, 1990.

② Michel (Roberto), Les Partis politiques, nouvelle édition, Paris, Flammarion, 1971.

对理论强加限制和党的纪律的人,只能对议会保持一定的影响。他们不承认活动分子这一极能够抵消当选者在议会和政府的行动。其他那些赞成统一的人,不得不同意为此付出代价:活动分子的感召力,也就是人们所说的"党的精神",是必须要考虑的一个事实。

法国社会党并不是唯一的一个依靠领导人的权威来保证持久统一的社会党。不过,饶勒斯的权威角色也遇到过困难,他不能依靠足够强大和忠实的中间派保证自己的领导。每当内部发生重大冲突时,他的主导地位都会受到质疑。饶勒斯不得不经常在各派别之间搞妥协,以保证党的统一。这一切都要求尊重理论的正统性。这种统一的观念和统一的实践构成了"饶勒斯的综合"的内容,也在党的历史发展过程中使党的组织付出了代价。他的综合有两个主要互相联系的特征:坚持拒绝修正意识形态和与权力的矛盾关系。

二、对立的双重模式

面对社会党内同时存在着矛盾的社会观,饶勒斯的方法是不试图裁决理论冲突,而是把相反观念结合到一种"综合"之中,这种综合所使用的是为此发明的一些"政治概念"。它的威力在于(最终是对它巨大威力的解释),把矛盾的社会观融入到面对未来的同一社会的代表性,于是它把马克思主义分析与法国传统联结起来,把工业革命的核心冲突,即劳资对立与产生于大革命的政治分野,与人民反对特权阶层重叠在一起。饶勒斯设计了对立的双重模式,可以在实践中解决贯穿全党和威胁着党的统一的理论矛盾。这一模式设立了一种进攻性动作,即一定程度上"阶级与阶级"的对立,另一种是防御性动作,即"保卫共和",这就是对立的代表性的双重模式。这种观点并不是要各种政治势力所代表的不同利益完全接受妥协的观点,它完全是策略性的。它确定了法国社会党融入政治体系的特殊方式,即进攻的调子:如图卢兹议案所说的,"无产者反对所有资产阶级政党,反对他们的纲领,不论是倒退的、新潮的还是分裂的纲领,完全肯定集体主义和共产主义",保留了理论方面的特殊身份;防御的调子则是实现部分地融入政治体系。经常从一种调子转向另一种调子,构成社会党政策的深度活力。

用第一种进攻语调时,主要的主体是无产者和他们的对手——资本主义的资产阶级。其目的显然是革命的演变必然导致资本主义制度的消逝。对手既是一个阶级——资产阶级，又是代表这个阶级的政治体系。出路很清楚，对手必然会受到限制。饶勒斯和支持他的大多数社会党人都不希望使用暴力，但最终目的是不可触犯（更动）的。饶勒斯在《议会演讲集》的前言中，在提到要知道资产阶级是否会扰乱"必要的公正演进过程"时，他回答说：合法的演进是可能的。

> 资产阶级首先会抱着成见谨慎地处理各种过渡，来缓冲人们对习惯的反抗，而且它也会以不断承认新的理想来掩盖有产者的寡头政治，但工人对新的理想的宣传和组织如此地强有力，合法要求如此的执著，以致资产阶级自己也慢慢地认识到，社会变革不可避免，在抵制的过程中，资产阶级的思想将不再是铁板一块，而是会发生分歧和分化，他们有时试图抵制，但也只能是部分地和断断续续地抵制了；他们有时会考虑新秩序会给他保留怎样的福利和活动保障，或者考虑一些谨慎的交易。[1]

用第二种防卫语调时，捍卫共和占主导地位；一方几乎是全体人民，另一方是本意上的"反动派"，即大所有者、拥护君主制的人、神职人员等等，他们集结在一起质疑共和的成就。只有人民团结一致，才能防止发生危险。引人注目的一点是，这两种情况的机制几乎差不多。一方是广大民众，他们的劳动受到剥削，他们的自由受到威胁；另一方是已经或不久即将受到历史审判的寡头（饶勒斯的用语）。自19世纪末以来，这两种语调趋于叠交使用，这就使社会党人可以根据时间的变化一会儿强调"无产阶级的孤立"，一会儿强调"左翼的统一"。社会党人由此而来的对其对手看法的二元性，是他们与共和一直保持暧昧关系的根本原因。

社会党人对社会的理解来自双重的简单化，这种简单化使他们不能否认各种社会鸿沟的存在，因而提出一些有差异的改革，但与此同时，这使他们自己也难以相信，其对手只是迟早受到历史审判的少数人。其后果甚至对革命观都发生了重大影响。在这样一种情况下，饶勒斯就可以

---

[1] Jaurès (Jean), Préface aux discours parlementaires, Paris, 1904, p.36.

希望,革命最终可能是和平进行的。他在《社会党研究》中写道,"一个社会,只有在组成这个社会的多数个人都要求和接受重大变革时,才能从一种社会形式进入到另一种社会形式"[①]。社会党的所有这些不同见解并不都是得到普遍认可的,但是却都习惯于既用马克思主义同时又用共和的观点进行推理,这使他们可以根据不同情况,或者强调阶级的现实,或者强调人民的思想。此外,从一种语调转向另一种语调,也使确定如何对待一切不是资产阶级或无产者的东西采取什么具体态度变得没有意义。尤其是中产阶级没有被包括在社会学意义上的现实和经济现实中,就让他们要么裹在人民里,要么扔到资产阶级一边。更经常的是,如果说社会党人看到了利益的多样化,那么,由他们一手造成的其对手的代表性(目前与人民对立的,今后与无产者对立的少数人)也不允许提出在法国社会实行政治多元化的问题。

由于理论起着保持政治身份的作用,于是,工人国际法国支部为了理论而构建理论,这也使它无法对法国社会及其演变做出恰当的分析。除此之外,对于一个越来越投入地方政权和选举与议会活动的政党来说,由于这种理论主张禁止入阁,因而也解决不了社会党在法国政治体系内全面开展活动的问题。在这最初的阶段内,有两个核心问题摆在社会党面前。社会党应不应该禁止自己进行任何层次的改革?它应不应该禁止自己同一个"资产阶级政党"达成任何竞选协议或支持其任何议会活动?这两个问题引发了不少辩论和冲突。

三、改良与革命

在资本主义制度和"资产阶级"国家的框架内,改革能有什么意义呢?有关改革的讨论由来已久,而且在一定意义上,在19世纪80年代与可能派的论点和盖德派的批评出现对峙时,人们该说的也都说到了。引用两段文件就足以说明问题。保罗·布鲁斯在1881年提到:

> 我们更愿意放弃到目前为止实行的"一切可以同时做"的政策,因为它往往导致"什么都不做",我们更愿意把理想目标

[①] Id., *Etudes socialstes*, op. cit., p. 64.

分为几个严格的阶段,愿意以一定的方式直接提出我们的要求,而不是让我们徒劳地原地踏步。①

下面是盖德的回答,他的回答说明了初期的情况:

  现在让我们假设一下不可能,因为,对我们来说,革命对于开始部分地改善任何事情都是必不可少的,而可能派还在相信革命之前和没有革命就可以"直接实现"目标。就算我们同意他们说的巴黎市政议会投票通过为建设10000套工人住宅提供资金。让我们看看这一奇迹的后果吧。第一个后果,也是必然会对思想简单的民众产生影响的后果,既然资产阶级共和派开始为工人选民盖房子,那他们不是挺好吗……。有水、有煤气、有气动钟表和电铃的工人住宅,这些工人政党的某些人对"真正的国家",(就像他们称之为巴黎公社)所期待的东西,如果说它们不能出现在巴黎的街道上,那是因为这些东西会完全毁掉工人政党,党连同它存在的理由、阶级之间的战争一起,不仅会丧失掉一切吸纳新成员的机会,而且还会失去已经加入进来的党员。②

市镇责任越来越大,淡化了实践中的这种对立,这是因为,在各种倾向混杂的情况下,社会党人实施了一些重要的改革方案,涉及住宅、基础设施、社会服务等等。社会党的市长可以很自然地指出这些改革对发挥党的影响的重要意义。例如鲁贝的市长让·勒巴就可以宣布:"最好的宣传,就是具体的行动……。当四年后,你们能给工人带来可以挑战任何批评的结果时,你们就做了最好的广告。"③

社会党的当选者越来越重视管理的能力,它被社会党代言人视为"合

---

① Brousse (Paul), *Le Propriétaire*, 19 novembre 1881.
② Willard (Claude), *Les Guesdistes*, op. cit., pp. 181 – 197.
③ Sur le socialisme municipal, voir notamment Remi Lefebvre, *Ce que le municipalisme fait au socialisme* in Jean Girault (dir.) *L' Implantation du socialisme en France au vingtième siècle : partis, réseaux, mobilisation*. Publications de la Sorbonne, Paris, 2001, p.141.

法性权限"和"资源"①。因此,逐渐发展起来某种地方议会党团,使党扎根于市镇管理和地方执政活动中,这种党团在党内的作用越来越大。

然而,理论讨论没有停止,因为,党的身份成为问题。"变革"与"革命"之间的综合论是由饶勒斯提出的,尤其是在图卢兹大会上,当时,所有人都接受了他提出的"革命性的演进"这一定义:

> 我说的是,每一次变革一旦完成,就会使工人阶级获得更大的力量,进而要求和实现其他变革。②

盖德派的吉斯克埃尔讲的几乎一样:"我更不愿意让人说,作为过去的法国工人党(我为成为这个党的成员而感到自豪),而不是北方联合会,我们从来不是变革派……。我们说,当今社会最完善的变革可以直接改善生活,但是变革是不够的,也不会是足够的。"

饶勒斯回答说:"但是社会党人都这么说。"③他还总是强调,除立法活动外,还要重视纯粹意义上的工人活动,应该组织起工人团结互助的形式。图卢兹大会一致通过的最终议案是这样总结的:

> 具体地说,因为它是社会主义的党,一个革命党,那么,它就是最本质的、最活跃的、能够让工人的每一个要求得到完美结果的变革派的党,一个唯一能够使每一次变革、每一次斗争都能作为最广泛、最大胆要求的起点和终点的党。④

直至战争爆发,所有关于变革的讨论,特别是有关公共部门国有化和市镇化可能性的讨论,都是在这样的指导思想下进行的。变革派替代了19世纪80年代的可能派,他们以阿尔贝·托马斯和埃尔内斯特·普瓦

---

① Sur le socialisme municipal, voir notamment Remi Lefebvre, *Ce que le municipalisme fait au socialisme* in Jean Girault (dir.) *L' Implantation du socialisme en France au vingtième siècle : partis, réseaux, mobilisation*. Publications de la Sorbonne, Paris, 2001, p.132.
② Parti socialiste SFIO, congrès national de Toulouse, op. cit. , p.354.
③ Op. cit. , p.354.
④ Ibid, pp.484 – 485.

松为首,赞同市镇管理。盖德派则继续强调市镇社会主义带来的恶劣后果,认为它加强了资产阶级的统治。1911年在圣-昆廷召开的代表大会来作了断,只是强调了公共部门市镇化的社会价值,但却否认了它的社会主义意义[1]。第二年,在矿产经营权问题上,儒尔·盖德反对在现有体制内将任何公共部门国有化,以免助长出现更强大更危险的国家资本主义。而阿尔贝·托马斯却极力捍卫国有化原则,其理由是,垄断起重要作用的资本主义发生了变化[2]。战争爆发前夕,议会党团投票通过了国家收购西部铁路网。但是,有关国家对经济的明显干预、社会保障、教育等问题却没有理论解释。社会党人越来越能够接受甚至提出国家行动的要求,但是,社会主义的性质却不能因此受到影响。"革命性演变"的辩证关系,使人们考虑国家干预的新的形式,这些新形式从1914年开始形成,并开始涉及到例如分配上的变革这样的社会结构。在这里,饶勒斯的综合和革命性的演变的"概念"可以使人们不去涉及关于实现"直接的变革"的理论。不过,尽管如此,饶勒斯拒绝明确地提出社会党人的执政问题(而这些人每天都在更多地参与着法国政治体系的运转),不去触及这个难免显得越来越难以解决的矛盾。

确实,综合论不仅反映出社会党人对于保持党内不太稳定的平衡存有忧虑。饶勒斯也罢,盖德也罢,他们都不会在变革的直接意义上产生分歧,但是他们都坚信,社会主义不可能在资本主义制度下由国家采取行动就能真正建立起来。饶勒斯在《巴黎杂志》上发表的一篇题目为《社会主义与自由》的文章中,表达了1914年以前社会党人的坚定信念,否定了国家社会主义的概念:

> 国家社会主义必然导致并且会接受阶级分裂的现实:它不认为新的所有制可以使阶级消失。因此国家社会主义决定了阶级斗争的长期性,此间,为了缓解各个阵营的矛盾,总会需要有一个裁判出来干预。从这个意义上说,如果国家社会主义自己

---

[1] Parti socialiste SFIO, 8ᵉ congrès national, Saint-Etienne, 1911, compte rendu sténographique, pp. 442-485.

[2] Parti socialiste SFIO, 9ᵉ congrès national, Lyon, 1912, compte rendu sténographique, pp. 245-247.

不认为这不过是向集体主义的一种过渡,那么它就是某种社会悲观主义。作为经济学家,他不相信利益之间的自然和谐;作为工人社会主义者,他不相信这种和谐可以通过改变所有制以革命的方式建立起来。①

四、联盟问题

选举联盟问题同样令人进退两难,答案是雷同的。议会活动不可避免地提出了这个问题。从1905年11月索恩河畔沙隆代表大会开始,统一数月后,饶勒斯和瓦扬就达成了妥协,避免了极端立场,一方面在第一轮选举时拒绝与激进派结盟,另一方面,希望在第二轮选举时与之结成广泛联盟:社会党应该"在第一轮选举时推荐出阶级的候选人",但在第二轮时,各联盟可以"以最有利于无产者和社会共和利益的方式"②自由决定自己的态度。因此,社会党选举战术的确定是从长计议的。在图卢兹大会上的演讲中,饶勒斯通过描述他在卡尔莫的竞选活动,生动地阐述了他的立场:

> 当矿山的人、城堡的人、本堂神甫住宅的人对我进行伏击的时候,当我几乎中了埋伏的时候,是激进派、村落的郎中、农民小所有者、民主党人让我得以脱身,是他们以自己非同寻常的方式从事着阶级斗争……,这次胜利之后,我肯定不会说,我对那些期待我中埋伏的人和那些帮助我摆脱险境的人不做任何区分……。那种事先就断言:无论发生什么情况,我们都不会对哪些是不可挽回地堕落为反对派的人,哪些是努力摆脱反动势力靠拢工人阶级、成为共和的组织和战斗力量的人加以区分,这样说,无论在什么样的情况下,都是不仁不义的。③

显然,当选者与活动分子的关系取决于实践。此外,工人国际法国支

---

① Jaurès (Jean), *Socialisme et Liberté*, *Revue de Paris*, 1er décembre 1898.
② Parti socialiste SFIO, 2e congrès national, Chalon-sur-Saône, 1905, compte rendu analytique, pp. 122 – 123.
③ Parti socialiste SFIO, 5e congrès national, op. cit., p.364.

部选举影响的扩大也加强了选举和议会活动的影响力。1905年通过的、后来得到肯定的选举战略,使联合会可以自己决定第二轮选举的策略,具体地讲,就是根据具体情况,按照"共和纪律"原则与激进派结盟。不可否认,这一政策使社会党人得以摆脱孤立,拓展其选举空间。

但是,社会党人与共和党人,特别是与激进派的共同之处,也从另一方面导致了必然要对他们进行区分。饶勒斯清楚地意识到这一点,他写道,"社会党人越是融入民族之中,越要坚持自己的观念"①。必须要有饶勒斯这样的政治天赋才能战胜这种矛盾,维护社会党的统一。但是,在他之后呢?

五、饶勒斯综合面对考验

饶勒斯的模式建立在变革与革命、爱国与国际主义、共和主义者与部分地游离于现有体制之间者这三种脆弱的平衡关系上。为了能够具有实效,这一模式的必要前提条件是向社会主义和平过渡,对外维护和平,对内与政府责任保持一定的距离等。它要求左翼没有敌人,要求党的统一和社会党国际的统一。1914年的冲击以及之后1917年的冲击,对这种希望和这样的局面提出了质疑。1914年显示了工人运动中的爱国主义力量,给国际主义信仰致命一击。7月31日,拉乌尔·维兰以民族主义为名义刺杀饶勒斯是这一悲剧的象征。

社会党部长入阁神圣同盟政府,彻底打破了饶勒斯建立起来的脆弱的平衡关系。8月底,两名社会党人,儒尔·盖德和马塞尔·森巴特入阁。阿尔贝·托马斯于1915年3月入阁,1916年12月成为军备部长,而他的两位长者却离开了政府。社会党无疑可以援引1900年国际大会规定的"特殊情况"。但是,随着战争的延续,工人国际法国支部内部反对参政的呼声越来越高。1917年11月18日克莱蒙梭执政,导致阿尔贝·托马斯离开内阁,65名议员中的64位议员投了不信任票。雅各宾的爱国主义于1914年转移了党的重心,国际和平主义使社会党突然掉转了方向。实际上,1917年后,赞成神圣同盟的人不仅成为少数,而且最终在党内受到孤立。战争结束时,儒尔·盖德被重病缠身,马塞尔·森巴特的影

---

① Jaurès (Jean), *Question de méthode, Etudes socialistes*, op. cit., p. LII.

响作用也变得微乎其微,阿贝尔·托马斯曾在战争期间提出,把在战时工厂里形成的社会契约民主延长到和平时期,由于他在国际劳工局选举时的表现,事实上已经不再是人们讨论的对象。

工人国际法国支部进入神圣同盟政府,再次搬出了"特殊情况"理论,并没有能够自觉地导致与过去党同权力保持距离政策决裂。尤其是布尔什维克革命后,限制了法国社会党重新就选择变革还是革命、合法还是暴力的问题进行讨论。1917年实际上导致了国际社会主义无可挽回的分化。饶勒斯的综合论,从统一的角度看有它的积极意义,也成为一个存疑的问题了。社会党的身份问题再一次被提了出来。

六、拒绝改良主义

没完没了的战争梦魇遭到越来越强烈的反抗,由此而导致了指针倒移,十月革命又进一步促进了这一变化。法国社会党被拖入"新的东方之光"中。布尔什维克革命反对战争,谴责战争罪犯,"帝国主义的资产阶级"也因此再度引发了人们对党的革命和国际主义身份的思考。人们翘首等待的社会革命终于出现了。在党的新的总书记鲁德维克-奥斯卡·弗洛萨德看来,"工人大众转为赞同莫斯科就像赞同社会党的圣城一样"[①]。

这一发展趋势使工人国际法国支部逐渐远离第二国际,更加接近布尔什维克运动。1919年2月,在伯尔尼,工人国际法国支部拒绝支持得到多数支持的变革派代表,特别是反对得到德国社会民主党和英国工党代表支持的瑞典人提出的决议,为抵制第二国际重新统一过去的支部作出了贡献。不论从国际社会主义运动看,还是从法国社会党演变的角度看,都必须强调第二国际失败的重要性和意义。实际上,这个取名为"民主与专制"的议案,是最早给出的如何用民主社会主义替代布尔什维克主义的答案。文件声称,社会党的使命是最终实现民主和捍卫"这些对任何民主都具有建设意义的制度:言论和新闻自由、集会权、普选权、议会制度"[②]。文件主张逐步变革论和财产赎买政策。该议案强烈谴责使用暴

---

① Frossard (Ludovic-Oscar), *De Jaurès à Lénine, Notes et souvenirs d'un militant*, Paris, Nouvelle revue socialiste, 1930, p.34.

② Parti socialiste SFIO, *Les Résolutions de la conférence internationale ouvrière et socialiste de Berne*, Paris, p.3.

力夺取和行使权力，义无反顾地放弃了布尔什维克模式。但是，工人国际法国支部与少数派一起，投票通过了一项替代文件，文件反映出的主要担忧是，如何避免谴责布尔什维克分子、"捍卫年轻的苏维埃共和国"和保留可以参加正在莫斯科形成的新的国际的可能性。

当1919年4月工人国际法国支部召开特别大会时，让·龙格——后来列宁却要求将其驱逐出境——提出了一项议案，主张"党应迫使那些没有出席伯尔尼会议的支部派出他们的代表参加下一次大会，以进行必要的整顿，大兴阶级斗争和政党与资产阶级政府不可避免对立的原则，明确地和直接地把社会党国际引向以俄国、匈牙利和德国为榜样的社会革命"①。这一议案获得了多数通过。从此，与第二国际的分道扬镳已经无可挽回：1920年2月斯特拉斯堡代表大会上出现分裂。赞同加入第三国际的人有了自由行动的空间。

有两个人使党没有完全加入第三国际。首先是列宁，他对加入第三国际提出了太高的要求；其次是莱昂·布鲁姆，他同意为此付出相当高的代价。

莱昂·布鲁姆是在1919年4月特别大会时进入政治舞台的。战争期间，他是马塞尔·森巴特内阁办公室主任，饶勒斯的追随者和朋友，自1905年起一直与党内生活保持着距离，但从此时起全力投入到政治活动中。他对1919年4月大会建议社会党人投票通过起草的纲领、维护党在变革派与革命派之间的平衡、挽回法国社会党传统身份的精神起了决定性作用。他在这次大会上的演讲明确阐述了工人国际法国支部在图尔分裂后的演变情况。在肯定无产阶级革命从来也不反对民主的同时，他声称：

> 当一种新的制度推翻了现有制度的时候，如果相信可以用刚被废除的政治、经济和社会制度的法规为自己辩护和寻找合法性，那么，这场运动则注定要失败。②

---

① Parti socialiste SFIO, 16e congrès national, avril 1919, compte rendu sténographique, p. 132.

② Blum (Léon), L'Oeuvre, t. III. 1 (1914 - 1928), Paris, Albin Michel, 1972. Discours prononcé le 21 avril 1919 au congrès national extraordinaire, p. 107sq.

他谴责变革派摒弃任何连续性的解决方法,认为党内应该既可以有代表当前社会的派别,也可以有预示未来社会的派别。从与饶勒斯相近的观点出发,他强调:

> 如果我们当中有些人不再坚忍不拔地朝这一理想(就像穆斯林对待圣城那样)努力,不再朝这种在他们看来勾画出未来城邦线条的幻想努力,那么,我们的党就不再是一个民主变革派的党,也不再是它现在的"社会党"。[1]

他进一步继承了饶勒斯容忍包罗各派的观点,拒绝让"简塔尔派"[2]、希望无条件加入共产国际的少数派脱离社会党,认为这将是"一个严重的不幸"。

为了避免分裂,莱昂·布鲁姆追随愿意加入的"重建派",但又反对《二十一条》中的某些条件。因此,按照反布尔什维克少数派要求,他不同意用武力夺取政权。工人国际法国支部于1919年通过的纲领承认,社会主义可以靠"普选的压力和无产阶级的斗争达到自己的目的"[3]。

正是应该从这一角度来看待莱昂·布鲁姆与阿尔贝·托马斯于1919年末在《人道报》上展开的辩论。事实上,继伯恩施坦之后,托马斯试图在一份新的《社会党通讯》中引导社会党人放弃过去支持和领导工人的愿望,但这是与现实不符的"陈旧传统说法"。1919年2月,阿尔贝·托马斯在《布尔什维克主义与社会主义》一文中号召法国社会党积极投入国家建设,抛弃革命纲领。在1918年里昂大会上,他希望工人国际法国支部走法国总工会开辟的道路,通过"结构改革"的纲领。他在1918年11月9日《人道报》上发表的一篇文章中,毫不含糊地谴责布尔什维克主义的性质:"象征着针对民主规则的无政府主义反抗",是一些"乌合之众对在民族国家的范围内,依靠知识分子阶级帮助组织起来的本

---

[1] Blum (Léon), *L' Oeuvre*, t. III. 1 (1914 – 1928), Paris, Albin Michel, 1972. Discours prononcé le 21 avril 1919 au congrès national extraordinaire, p. 107sq.

[2] 简塔尔派指反战议员,参加过1916年简塔尔社会党国际会议。(译者注)

[3] Kriegel (Annie), *Aux origines du communisme français*, Paris, Flammarion, 1965, p. 125.

能愿望的粗暴反抗"①。社会党必须作出选择:"要么赞同威尔逊,要么赞同列宁,要么赞同产生于法国大革命、历经一个世纪的洗礼、得到美国共和国进一步发展的民主,要么赞同俄罗斯原始的、粗暴的宿命论的方法。"

莱昂·布鲁姆从11月15日开始在同一报刊上作出回答。他拒绝用这种变革替代革命的说法。1905年,他在这场辩论中旗帜鲜明:

> 我们依然是革命的社会党人。……谁不希望省略掉革命?但是,我们一直说的是,社会主义的最终胜利只能通过革命的行动才有可能获得。

他总结说:"我既不选择威尔逊,也不选择列宁。我选择饶勒斯。"对此,阿尔贝·托马斯反驳说:"这不是问题所在。"

布鲁姆清楚,只有拒绝修正理论和伴随运动,才有可能避免分裂,分裂只能孤立变革派,使拯救饶勒斯综合论的希望落空。但是,这样一来,也阻止了以布尔什维克为理论基础的反对派的建立。那么,他对保持统一的运气还有信心吗?不过,如同饶勒斯在他那个时代,布鲁姆坚决反对修正主义,并且只要他认为是统一所必需的,他都赞同。然而,在这个时代,卡尔·考茨基打着马克思主义的旗号,已经完全投入到反布尔什维克主义的斗争中。他于1918年出版了《无产阶级专政》一书,引来列宁的愤怒批判。他一字一句地逐一驳斥了多元化、一党制、代议制民主和直接民主,告诫社会主义运动要将"资产阶级民主"②所取得的成就为己所用。

莱昂·布鲁姆和几乎全体法国社会党人,都不愿意真正涉入这场辩论之中。法国社会党拒绝就布尔什维克主义的性质做出坚决的裁定,这种态度主要是由于,随着十月革命的爆发,原来的代议制体系再度复活。法国社会党人是通过他们自己对法国革命历史的解释这个棱镜来看待苏维埃革命的。他们认为,法国大革命与布尔什维克革命呈交织状,因此趋向于在后者中看到实现了1789年开始的历史运动。

---

① *L' Humanité* des 9, 15 et 16 novembre 1918. Parti socialiste SFIO, 6e congrès national, Saint-Etienne, 1907, compte rendu sténographique, p. 3.

② Kautsky (Karl), *La Dictature du prolétariat*, Paris, UGE,1972.

1920年2月的工人国际法国支部大会上,党的大多数人,其中包括莱昂·布鲁姆都投票赞同通过一项议案,议案称:

> 莫斯科国际的根本性声明中,没有任何一项与社会党的原则(例如历届国际大会确立的各项原则)相矛盾,而无产阶级专政的论断,作为从资本主义向社会主义过渡的保证,是进行革命观念的基础。①

这些政党应该像莫斯科国际所做的那样,"谴责与资产阶级各种性质的勾结活动,特别是在战争期间,欧洲大多数国家的政府都结成联盟的时候"。"重建者"领袖保罗·富尔在他的演讲结束时大声疾呼:

> 是的,你们听清楚了,我们就是要满怀激情地向俄国革命致敬。从东方升起的太阳照耀着我们的前进道路,温暖着我们的热情。②

法国党迅速向莫斯科派出鲁德维克-奥斯卡·弗洛萨德和马赛尔·加香为代表,他们于1920年6月16日到达。他们同英国和德国代表所看到的革命不同。工党代表团成员贝尔特朗·卢塞尔在这里看到的是一个"狂热的和压迫人"的世界,看到的是"毁灭和饥饿",是"镇压和暴力",并且认为中等劳动者"感到自己是政府的奴隶",而法国人则"倍加赞叹"。英国工人运动有从事议会和合法活动的传统,对于他们的代表来说,布尔什维克主义是一个完全陌生的现象,而法国人却在这一现象中看到了一个再版了的高呼祖国处于危险时刻、号召民众起来的公共救国委员会,尽管这一现象局限在"莫斯科大公爵领地",并且有垮台的危险。这是因为法国的革命者只有靠恐怖和安全救国委员会的专政才挽救了革命,那么,布尔什维克分子是为了回应反革命的敌人发出的致命挑战而实

---

① Parti socialiste SFIO, 17ᵉ congrès national, Strasbourg, 25 – 29 février 1920, compte rendu sténographique, p. 566.

② Ibid., p. 470.

施了革命恐怖,人们又能以什么名义谴责它呢? 1920 年必不可免地退回到了 1789 年。在这场革命与革命的敌人之间的斗争中,法国社会党的大多数人都毫不犹豫地站在革命一边。因此,马赛尔·加香在图尔代表大会上指出,白军的行动"对布尔什维克俄国构成极为严重的危险,比威胁国民公会的旺代和基布隆的危险更为严重……。确实,布尔什维克者表现出了充沛的精力,他们以残暴的方式捍卫自己,这是事实。我们 1789 年的革命者也是这样,他们精力充沛,对于共和国的敌人毫不留情"[1]。

只有全心倾注于这种象征体系,才能理解为什么这一时期大多数社会党人表现出这一特有的盲目现象[2]。莱昂·布鲁姆本人的行为方式也部分地属于这一现象。例如,他同意让一名不懂俄语的法国人替换了在俄国出生的克里切夫斯基做《人道报》在莫斯科的通讯记者,因为克里切夫斯基的通讯报道越来越多的批评意见,而法国记者则可以满怀良好愿望向《人道报》的读者展示他们预先形成的对十月革命的印象。

然而,莱昂·布鲁姆设计的最后一次妥协机会在图尔大会前夕遭到了失败,这是统一的社会党最后一次代表大会。当莱昂·布鲁姆在 1920 年夏季期间意识到他没有别的选择,只能面对分裂或无条件地接受列宁的意志时,他组织了反抗。统一已经不再可能继续。分裂成为事实,大多数代表都投票同意社会党加入列宁的第三国际。饶勒斯的综合说最终既没有能够在 1914 年挽救国际社会主义运动的统一,也没有能够在 1920 年挽救社会党的统一。一切都要从头再来,但客观条件却远比 1905 年更为艰难。

---

[1] Parti socialiste SFIO, 18e congrès national, Tours, 23 – 25 décembre 1920, compte rendu sténographique, p. 42.

[2] Jelen (Christian), L'Aveuglement, Les socialistes et la naissance du mythe soviétique, Paris, Flammarion, 1984.

第三章
让党"回避"权力

图尔代表大会的后果是使法国社会主义出现了深刻而持久的"断裂"。不过在当时,参加会议的人们并没有意识到这是两种完全不同的社会主义观念的对立。"多数派"一方认为,人们对列宁主义的实际认识还是薄弱的,而他们支持的论据并不是要完全与法国社会党传统原则决裂。"少数派"一方则认为,除部分"抵制者"外,他们并没有谴责以民主社会主义的名义进行的布尔什维克主义革命。双方还有着共同的法国社会主义传统价值观和信仰。

在党分裂以前,莱昂·布鲁姆对于避免让唯一的参政派右翼离开社会党起了重要作用,后者很有可能组成一个单独的左翼共和小组。列宁在要求将数名推动者从"重建派"中清除掉的同时,使莱昂·布鲁姆得以把他们中的一部分人同反布尔什维克的"抵制派"联合起来。这样,即使图尔代表大会的分裂使力量减弱,但工人国际法国支部还是保留了原有的特点,即在党内同时存在着各种立场不同,甚至对立的派系。统一永远是那么脆弱。一些人如"抵制派",希望充分在议会和选举中发挥作用。另一些人如"重建派",他们人数最多,首先关注的是阶级政党斗争的意义。希望守住"老宅"的少数派们见解比较分歧,他们集结了以约瑟夫·保罗·邦儒尔和皮埃尔·勒诺代尔为首的参政派和追随保罗·富尔的新盖德派这两个极端派别。就这样,图尔会议分裂后的社会党按照1905年的模式重新组合起来。

为了回应布尔什维克的挑战,法国社会党人——那些愿意忠于"老宅"的人——却不得不共同决定如何使他们有别于共产党人。不仅如此,他们还必须在重新定位与共和关系的同时,确定他们对政权的态度。拒绝布尔什维克主义可能需要修改党最初的理论,从而使法国社会主义汇入共和的潮流,那么,法国社会党基本上可能要成为一个改良的和政府的党。社会党部长入阁神圣同盟政府,就是走的这条路。在阿尔贝·托马斯的推动下,军工的生产情况表明国家与私人企业的合作是完全可能的。然而,法国社会党却选择了另一条不同的道路。对于1920年追随莱昂·布鲁姆和保罗·富尔的少数派来说,这条道路就是要坚持图尔代表大会所表达的、此后长时期强调的两个拒绝:既要坚持拒绝布尔什维克主义,又要坚持拒绝修正理论。为了回应共产党的挑战,社会党实际上瞄准的是可以从饶勒斯的"综合"中汲取的各种资源。在图尔,社会党之所以将自己本来的身份与共产党理论对立起来,就是认为,只有坚持这一身份,党才有决心开展重建工作。由此而造成的后果是重大的。社会党想尽可能长时期地避免执政,而且从更大意义上讲,保持其在政治体系以外的活动。

然而与此同时,在图尔代表大会上,少数派所作的选择至少部分地出于不希望与法国社会党的共和根源、共和的合法性、议会民主彻底决裂。图尔代表大会后最初的立法选举活动中,社会党人多次面对支持激进党还是让右翼取胜的抉择。他们在议会活动中潜在的重要性使社会党成为左翼两大政党之一,给党创造了许多机会和责任。这样一来,参与政治体系与保持党的统一之间的这种紧张关系在1914年以前就成为法国社会党的一个特征,到了1920年以后进一步加剧了。一方面,党越来越多地影响选举,热衷共和从而使党越来越明显地融入政治体系之中,而另一方面,共产党的发展壮大加剧了自己的脆弱性,也使社会党比过去更加害怕这种融入。1914年以前阻止社会党就这一主题采取明确态度的那些根本方面,在图尔代表大会后更为突出了。

工人国际法国支部在法国政治体系中的地位实际上被削弱了。"民族阵营"在执政,自己对左翼的概念方面没有一个足够明确的战略定义。法国社会党处在左右两翼之间,也处在动荡的激进党人之间,还要面对一个孤立、自负的布尔什维克党,它在制订自己的行动计划时遇到了极大的困难。在1919年的选举活动中,社会党与分裂前的1914年相比,获得的选票均有所上升(1700000∶1380000),但是由于投票方式的改变,社会党失去了将近半数的议席(68∶102)。毫无疑问,由于1919年当选的68名议员中仍有58名依然忠于"老宅",使社会党在分裂后还能保持选民力量。但是,社会党人却再不能像战前所想的那样,指望工人国际法国支部可以轻易地成为法国左翼大党。在工人国际法国支部的右翼,激进派始终是"共和阵营"的主导力量。在党的左翼,赞同加入第三国际的少数派刚刚建立了共产党。这个新建立的党拥有无可置疑的革命合法性,并且力图成为一个工人阶级的唯一政党,其发展前景深刻地改变着当时的形势。一战前,社会党拥有90000多一点党员。战后,党员人数只剩下15000多。1918年至1920年期间,党的活动分子人数曾有明显增加,党员人数也超出了战前的数字,达到180000人。图尔的分裂则大大削弱了社会党。当时,社会党只有50000名党员。

一、饶勒斯综合的复活

正是在这种艰难的环境下,工人国际法国支部在自己原来模式的基础上进行了重建。莱昂·布鲁姆为了达到自己的目的,对他的长者和朋友饶勒斯提出的"综合"进行了重建,并且希望像他一样,首先确保党的统一。工人国际法国支部与其他社会民主党不同,由于党内缺少一个社会民主性质的结构,又要考虑拒绝全面承担起执政党的角色,因此,它基本上是一个由活动分子组成的党,一个首先"向自己"开战的党,甚至有时过于夸大了党内问题的重要性。人们经常指出一点,即在1920年12月召开的图尔大会上,没有一位代表提到春季发生的几次重大罢工运动。对后来几次代表大会所作的报告进行的研究也表明,社会党并没有对社会现象给予更大的关注。他们在分析社会运动时最常用的方法,就是运用一些抽象的词汇。再后来,在人民阵线党执政时期,1936年5月31日至6月1日召开的党代表大会上把"人民群众"纳入到了党的理论思考之中,然而,不论是让·契伦斯基,还是马尔索·皮韦尔,党的左翼领导人都没有对罢工做过具体分析①。

因此,我们可以很容易理解为什么理论要继续扮演重要作用。由于党的多元性依然明显,用马克思主义学说系统描述社会主义理想的理论

---

① 33ᵉ congrès national, Paris, 30 – 31 mai et 1ᵉʳ juin 1936, compte rendu sténographique.

成为组织全党的纽带①。鉴于在实现理想的方法上难以达成一致,那么只有理论可以将各种不同的、有可能随着政治体系摇摆不定的东西整合起来。理论原则实际上赋予了其活动分子区别于他人、因而也得以生存的手段。没有这些原则,图尔大会后党的活动分子就不可能重新建立起一整套共同的参照系。但是,随着继承了这笔遗产,又因为要不断地依靠它,所以,他们就必须把它传承下去。只要阅读一下历次代表大会的报告就能看出,党的活动究竟要在多大程度上依据理论观念来确定和评判。尽管他们中间对马克思主义有多种解释,但是布尔什维克主义的出现和激进派的影响,迫使社会党人为保持自己的身份而忠实于他们的理论及其马克思主义内容。如果说工人国际法国支部总是避免作出除了革命没有其他出路的任何理论解释,那么相反,中间派则总是依靠左翼来否决任何理论修正,因为这种修正有可能纵容那些希望把工人国际法国支部首先看做是一个议会党和政府党的人乱来。确实,在防守的时候,捍卫共和的面孔表现得十分突出,比如在人民阵线时期。但是,对于活动分子来说,最基本的依然还是体现出自己的"进攻"特点,一旦条件允许,就要通过革命夺取政权。为了这一天,党要保持足够的纯洁。共和的人道主义深深地浸入到了社会党人的意识之中,不过,在活动分子看来,这种影响不应该达到可以威胁党的革命身份的程度。

在两次世界大战期间,直至1938年,保持统一和忠实于理论充分表现在两个人物身上,莱昂·布鲁姆和保罗·富尔,他们在很多观点上都持不同立场,但在基本问题上却有高度的一致,如强调党的第一重要地位、关注马克思主义的末世说,尤其坚持改变所有制的核心目标。莱昂·布鲁姆主管党的新日报《大众》,也是议会党团的主要发言人。保罗·富尔是党的终身总书记,向活动分子传播通俗的马克思主义,体现着对正统理论的忠诚。莱昂·布鲁姆的政治领导层因此受到保罗·富尔活动者领导层的平衡。毫无疑问,他们的马克思主义在很多方面都是不一样的。尽管布鲁姆自一战以来就积极接受了马克思主义的信仰,但骨子里却仍然浸透着启蒙时代的普世主义者的人道主义。在他看来,尽管必须与合法性决裂,接受无产阶级专政的说法,但是,社会主义首先是一种伦理道德。

---

① Judt (Tony), *La Reconstruction du Parti socialiste* (1921–1926), Paris, FNSP, 1976.

他不宣扬暴力。他在1919年撰写的一本宣传册中写道：

> 社会主义是一种伦理，而且就理论而言，社会主义几乎是一种宗教。我再说一遍，它将道德和宗教逐渐建立起来总体普世的情感不折不扣地运用于当今社会。

但是，理论还是保障党保持统一的指南，有了党的统一才会有共同的生活。布鲁姆和富尔都是以自己的方式代表这种"革命的寂静主义"，这一理论曾经在战前鼓舞了考茨基领导的德国社会民主党。

实际上，正如社会民主党的认识一样，热衷于革命对于直接的政治行动并没有意义，因为革命必须要等待条件成熟，而这一前景还遥遥无期，但是，无论是面对非社会党人的共和派还是面对共产党，要保持社会党的身份，关心革命就起着关键性的作用。

马克思主义研究在法国的演变，也在一定程度上进一步强化了对理论的重视。马克思主义作为一种理论无疑是社会党知识分子的一个重要依据，但是，这种依据相对比较遥远。一方面，不论党的知识分子还是其他人，对马克思主义研究都不多，也没有什么人对马克思主义作过特殊的研究，即使是修正主义的分析也如是。20世纪30年代初，《建设性革命》的年轻的计划经济学者受到了亨利·德曼分析的影响。另一方面，知识分子继续坚持价值论。然而，在此期间，共产党似乎渐渐掌握了对马克思主义的合法性解释权。自20世纪20年代末起，共产党吸引了一些年轻的哲学家，如乔治·普里泽尔、亨利·勒菲弗尔，虽然人数不多，但他们开始从马克思主义的分析出发进行自己的研究。无论怎样，由于共产党人对彻底革命坚信不疑，建立在这一认知基础之上的马克思主义的威信要远比只有少数人关心的理论更有基础。从这时起，工人国际法国支部的马克思主义内容则显得更贫乏些，尤其是没有过去那么具有合理性。但是，即便如此，这种马克思主义还是把社会党同正在变化的左翼文化联系在一起。我们看到，法国社会党活动分子对布尔什维克革命的理解总体上是认为她实现了马克思主义理论中所预见和期待的无产阶级的解放。而更深层次的理解是，这场革命的原动力来自于法国大革命。从这个角度出发，我们看到，俄国革命是透过法国左翼文化的总体图解而被接受和理解的。这正是为什么新生的法国共产党能够在这种左翼文化中找到一些非常具有合理性的论据,而延续下来的社会党既不能放弃也不能全面地直接同十月革命作对。

　　1920年以后,许多因素都有利于维持法国社会党从19世纪继承下来的政治变革模式这个遗产。世俗社会——这里不仅指教师工会,也指由共济会和相近的组织、特别是人权同盟等组成的总体——显然对任何涉及教育问题的东西都持有高度的警惕。当学校问题已经到了能够整合一种思想体系以反对另一种思想体系的时候,那么,这个问题所占的分量就比它本身更重要了。教师在工人国际法国支部(在其他左翼小党内也同样)起着某种保守的作用,其地位越发重要起来。社会党因此在世俗社会受到维护,也就没有向少数接受共和的天主教活动分子敞开大门[①]。

　　世俗社会主张的一些价值是社会党身份的核心内容:博爱和平等的理想社会、文化要为这个社会的所有人服务、唯有有价值的才会得到公认、所有的人都应团结在对理性的同一的信仰之中。从根本上讲,"教师社会主义"是左翼共和传统的一个翻版。要实施他们的原则,大多数教师都主张由国家采取行动。他们热衷公共服务,但出于所接受的教育原因,他们对企业界了解不多,所以,对于金钱特权有碍于让所有人接触文化的这类论题,他们比其他人更加敏感。20世纪初,费尔迪南·布伊松在思考教师工会的性质时就指出,出于职业原因,教师们会站在原则一边,而不是首先站在现实一边,他们站在未来一边,以他们的信仰促进进步事业,在政治辩论中,他们经常号召现实的左翼要帮助真正的左翼,真正的左翼应该体现出理想的境界[②]。左翼教师倾向于身体力行,他们的这种表现往往影响着社会党朝这同一方向努力。他们在1924年坚决支持左翼联合,在1934—1935年期间,他们经常倡议组织统一运动,他们积极参加了人民阵线。无论与工人国际法国支部意见一致还是不一致,他们自己也都没能避免战前的分裂,重要的是在法国社会党理论形成期间,他们对维护业已形成的基本价值方面发挥了作用。

---

　　① Girault (Jacques), *L'Implantation du socialisme au XXe siècle. Partis, réseaux, mobilisation*, Paris, Publication de la Sorbonne, *Histoire de France aux XIXe et XXe siècles*, 2001.
　　② Aubert (Véronique) et alii, *La Forteresse enseignante. La Fédération de l'Education nationale*, Paris, Fayard, 1985, pp. 27–29.

知识分子对社会党保持自己的身份也有影响。自发生德雷福斯事件以来,他们就拥有公认的影响力。首先,社会党本身就吸引了大批著名知识分子,他们直接参与党的政治活动,莱昂·布鲁姆本人或波拉斯克-德卢索就是证明。其次,"同路人"现象并不仅仅影响到共产党。对于社会党来说,这一现象不是那么轰动,但也并非不那么引人注意。例如,在人民阵线时期,让·格埃诺就是他们当中最显赫的一员。值得注意的是,在大多数情况下,对社会党感兴趣的知识分子一般都忠实于伦理的号召,愿意站在人民的党的一边。他们更注重把自己与价值世界联系在一起。与共产党的同路人不同,他们认为,不应该以为社会党服务来表明他们的政治选择,他们更认为自己赋有某种坚守价值、呼吁道德伦理的使命,他们大多把自己树立为评判社会党人行动的法官。左翼知识界的报刊在主题和立场上都反映出了某种重要的继承性[①]。反对殖民主义和裁军一直是左翼知识界十分重视的主题,即使在"慕尼黑协议"之后。他们对政权也始终持不信任态度。像《星期五》这样一份在1936年让人感觉与莱昂·布鲁姆政府保持着有效政治和谐的周报,都可以不带偏见地评价社会党的政策,就反映出这样一种重要特征[②]。可以说,知识分子对社会党的支持总是很警惕的,而且大多会引起政界里社会党人的重视。社会党的知识分子极少"为党服务",他们大多认为,自己首先是知识分子,然后才是社会党人。

左翼政治文化既深受革命传统影响,也被十月革命焕发出活力,正是这种政治文化使得社会党无法以现实主义和建设性方式提出党的联盟以及与此相关的执政联盟问题。像过去一样,人们只是在讨论理论问题时候才会涉及这些联盟问题。这也正是为什么,而且尤其应该从这里去理解为什么不与激进党保持任何持久的联盟关系。布鲁姆认为,激进主义与社会主义存在着本质上的差别。激进派想的是相反的东西:激进党主席阿尔贝·萨罗在1927年1月31日《巴黎杂志》上发表的一篇文章中这样写道:并非存在着某种"不兼容性,而是一种深刻的分歧,分歧主要关系到我们激进党人对现实的这一含义的理解。但是,社会党人和激进党人

---

① Estier (Claude), *La Gauche hebdomadaire* (1914-1962), Paris, Armand Colin, 1962.
② Leriy (Géraldy) et Roche (Anne), *Les Ecrivains et le Front populaire*, Paris, FNSP, 1962.

追求的是同一个目标,雇用制的消亡"①。

相反,社会党人在回答激进派时却否认理论目标上的任何共性。1927年2月6日,莱昂·布鲁姆在《大众》杂志上回答阿尔贝·萨罗时,正如塞尔热·伯斯坦指出的,表现出的是一种"对盟友略带傲慢的蔑视,他认为联盟的时代已经过去,盟友需要重新认识他,并将遗产交给由历史指定的继承人"②。布鲁姆强调,虽然同样使用消除雇用制和无产阶级的消亡这类词汇,但"激进派和我们所指的对象却根本不同"。"理论的对立"是两党对立的原因。由于不愿探寻任何现实的趋同性,他补充说:

> 我们要创建一个新的社会,而他们的作用是修改和改善目前的社会。他们不能替代我们完成任务。而我们则可以帮助他们,激励他们完成他们的任务。③

布鲁姆认为,激进党人提出变革依然会使"工资作为报酬的基础继续存在,其结果是当今社会的雇主和雇员之间、资本家和无产者之间的分工将继续存在"。

> 他补充说,我们不认为人们可以通过一系列几乎麻木的、每况愈下的过渡就能从今天的所有制过渡到新的制度。我们相信,我们终有一天能够看到广泛的连续性解决办法。而且我们已经下定决心,一定要越过鸿沟。

这种划清界限的决心是同保持政治身份的考虑联系在一起的,由于担心左翼与右翼对立的法国传统政治倾向会弱化左翼特有的不同点,这一决心就显得更为坚定。在1929年12月21日和23日发表在《大众报》上的两篇文章中,莱昂·布鲁姆强调了混淆激进主义和社会主义危险的历史原因,并且总结出政治后果:

---

① *Revue de Paris*, 31 janvier 1927.
② Berstein (Serge), *Histoire du Parti radical*, op. cit., t. II, *Crise du radicalisme*, p. 35.
③ Blum (Léon), *L' Oeuvre*, t. III, 1 (1914 – 1928), p.445.

在法国,激进党一直忠于过去共和的、倾向社会化的和国际主义的传统。他们把自己同1789年和1848年的伟大先人联系起来……。在欧洲所有其他国家,除英国外,对普选的争夺是与社会主义宣传密切相关的……。在法国,普选源于共和,在近半个世纪的时期内,是老共和党(如今激进派成为其合法继承人)代表了普选的斗争……。因此,国际的任何一个其他支部都没有任何一个"自由"或"民主"的政党比激进党更接近我们……。毗邻性或样子的相似性必然会加重混淆的危险。[①]

那么,社会党拒绝修正理论清楚地表明,它不想成为一个混同于其他政党的共和党。但与此同时,它又宣称其革命理想与列宁主义不同,可以不经过革命就能实现,这使它处于不可能令人满意地处理执政和共产主义问题的境地。

二、抵制权力的召唤

工人国际法国支部重组后,经历了一个插曲,即神圣同盟,这段历史受到许多社会党人的指责。此后,它再次转向首先面对自己。如同1914年以前,首要合法性是党的合法性,也是斗争活动机构的合法性。党的存在本身就是目的。当选者继续被看做是党的代表,党也可以取消其资格。工人国际法国支部的党章第10条甚至原则上规定,当选者可以提交空白辞呈。这一规定从未被使用过,但却让人看到了其活动分子的优势地位。1920年分裂后,党保留了传统的反入阁路线,1914—1917被看成了一种离谱的行为。1921年2月13日召开的全国会议上通过了一份宣言,确认:

> 无论整体左翼阵营还是入阁派……,都不会在我们的队伍中寻找到哪怕最微小的成功机会。工人国际法国支部的社会党还将是一个主张阶级斗争的政党,一个在野的政党,只要任何一种经济和社会体系还没有承认和宣布劳工界的彻底解放,它就

[①] *Le Populaire*, 21 – 23 décembre 1929.

会与之展开激烈的斗争。①

这种再次强调过去第二国际时期立场的做法表明,工人国际法国支部决心忠于它最初的模式。神圣同盟令社会党人不堪回首,共产党又成为强劲竞争对手,这两点可以部分地解释社会党为何一再强调,拒绝承担任何入阁责任。社会党人尤其担心,一旦卷入入阁活动中,有可能会失去自我,失去自己革命的"纯洁"。这种担忧成为"单纯"主张变革的一个政党的心态,也使他们备受折磨。

然而,重新回到这种传统立场,其背景与1914年前有了很大差别,因此,坚持这一立场越来越难。实际上,即使工人国际法国支部入阁神圣同盟可以被看做是属于特殊情况,那么,社会党人与其他"资产阶级"政党一道承担政府责任这一事实,就可以改变党的性质。这个党希望首先做一个代表工人阶级特殊利益的革命党,但在宣战之后,其表现却像是一个维护国家利益的共和党。毫无疑问,法国社会党可以从本国的历史中、从大革命中找到许多理由来说明,进而证明这两种说法、这两种态度并不是矛盾的。然而,执政问题却再也不能够回避,更何况社会党的选举和议会势力已经使这个政党成为法国的一个主要政党,特别是在图尔大会分裂之后。事实上,工人国际法国支部是以议员和地方选举为核心重组起来的,为了展示党的影响,它就不可避免地更加重视党在议会和市镇选举中的活动,也因此要让自己拥有获取选举胜利的手段。1935年市镇选举之后,党领导的市镇达到了1376个。议会党团的规模使党得以在议会中起到举足轻重的作用。选举联盟的问题也就不可避免地提了出来。

1919年的议会选举活动中所采用的投票方式,是可以对多数票做较大修正的比例代表制,这使社会党免于在第一轮选举中就实际遇上可能退出选举的问题。但是,在提出候选人名录上拒绝与激进党结成联盟,使党在议会的代表性上被明显削弱。1924年选举时,由于在比例代表制或继续维持1919年的投票方式的斗争上工人国际法国支部没有获得完全胜利,使党必须在以下两者之间做出抉择:要么争取在小区选举中被迫争取尽可能多席位,要么光荣的孤立。实际上,让联合会自己选择,这一做

---

① Parti socialiste SFIO, 19ᵉ congrès national, Novembre 1921, Paris, rapports, p. 57.

法使党可能再次回归到战前采取的争取尽可能多席位的方法。由于党在许多省份与激进党和独立社会党人组建了共同的候选人名册,使党能够以与1919年持平的票数明显获得席位占优势的骄人成绩。之后在1928年议会选举时,社会党人像1914年以前那样遵照区域选举制的多数票规则,实行"共和纪律",与社会党右翼结盟。争取尽可能多的票数和席位的策略使社会党人在这一时期成为一支重要的选举和议会力量。

尽管如此,社会党不能想象与激进党可以有持久的联盟。社会党不愿意商讨一项真正的联盟战略,更不愿意与激进党缔结执政契约。党的实际目标是避免出现任何错综复杂的局面,以导致让少数派入阁激进派政府。1929年12月6日,莱昂·布鲁姆在《大众报》上发表的一篇文章中对此做了这样的说明:

> 党以最为郑重的方式明确规定,在它同意结成选举卡特尔(联盟)和提供相互支持时,无论如何没有任何意图要借此制造出一种赞同入阁的先见,甚至是偏见。党首先要维护自己,为此,它要破除一些貌似有理的、试图把与政府协作看做是党的选举或与议会策略的必然结果或补充的思维逻辑。①

由于受计票方式的牵制或是因为反动势力不时让共和受到威胁,党只能考虑策略的趋同,只能不得已地改善关系。

因为,像1919年那样选择孤立政策代价太高,当时布拉克要求在工人国际法国支部大会上投票通过了一项议案,议案规定,排除与"资产阶级政党"搞任何结盟,社会党人与激进派和独立社会党人只能考虑缔结有限的协定。因此,在1924年与激进派结成了"一分钟卡特尔",用贡贝尔-莫雷尔的话说,是"灵魂之死"。

党有时会给予依靠左翼多数派的激进政府以议会支持,例如在1924年和1932年。这里也需要政府的行动与社会党的纲领不相矛盾。1933年曾出现过这样的情况,结果导致工人国际法国支部拒绝对政府投赞同票。然后,"新社会党人"出现了分裂。其实,工人国际法国支部的意图

---

① *Le Populaire*, 6 décembre 1929.

是反对任何没有纲领性协议作基础的入阁行为。然而,它提出的条件却使缔结协议事实上变得不可能。说到1932年5月党代表大会通过的"于让备忘录(于伊冉 Cahiers)"时,保罗·富尔本人也承认了这一点①。在这些条件中,尤其出现了"大量减少军事开支、军工工业国有化、在不压缩社会开支和不减少工资的情况下平衡预算、对铁路和保险业实行国有化、40小时工作制"等②。激进派拒绝了这些条件。

总而言之,这一时期两党的关系一直不是太好。当激进党与右翼或部分右翼入阁时,这种关系便成为冲突关系。当民族阵营在1919年至1923年成为多数派,之后当激进派在1926年至1928年支持莱蒙·彭加勒,并在1934年和1935年先后支持加斯东·杜迈尔格和皮埃尔-埃蒂安·弗朗丹时,情况就是这样。1934年2月6日过后,当工人国际法国支部在谴责激进派的"放弃"(即他们从政府撤出)行为之后,两党关系甚至到了特别紧张的程度。

对激进派采取的这种插曲式和解和缺少政治内容的政策最终妨碍了社会党在这一时期去扮演主要的政治角色,也使它无法提出有效的政治建议。也正是在这些问题上,党的议会党团后来越来越强烈地指责党的领导层。在革命的前景渐行渐远的时候,社会党如果不是一个变革的政党,如果拒绝执政,那它还能干什么呢?更何况工人国际法国支部并没有完全放弃变革的行动。1921年在同一份文件中,既郑重宣布放弃"入阁主义",又补充道,议会党团"不一定非要一贯坚持枯燥无味的否定立场,而应最终形成一些最有利于工人阶级各种利益的措施和变革方案"③。

因此,入阁问题自1923年起必然成为内部争论的焦点并且导致出现严重分歧。不过,直至1936年,大多数人都不赞成入阁。工人国际法国支部于1924年、1926年和1932年好几次都采取的是"支持但不参政的政策"。不过,即便是这样,它还是在融入政治体系过程中迈出了关键的一步。1924年6月,左翼联盟选举胜利后,党代会不再要求议会党团无

---

① Parti socialiste SFIO, 29e congrès national, 29, 30, 31 mai et 1er juin 1932, compte rendu sténographique, p. 207.
② Ibid, p. 208.
③ Ibid.

论如何必须投票反对整体预算方案①。11月,针对盖德派对这一例外的狭隘解释,莱昂·布鲁姆让全国委员会通过了一项议案,该议案指出,如果拒绝投票有可能对右翼有利,特别是当"党和议会党团的行动有可能使预算中有足够的一部分用来进行基本变革,而实现变革正是党参政的目的的话,那么,对预算投赞同票就是必要的"②。这样的表达方式其实是允许党完全融入议会政治斗争。虽然参政还是一个有保留的问题,但是直到1936年,工人国际法国支部的立场却决定了左翼多数派的存在。尽管工人国际法国支部还不是一个执政党,但党也已受到了一些约束。实际上,党如果收回支持,就有可能成为引发政治危机的一个因素,成为削弱共和体制的一个不稳定原因,因此,社会党人不得不开始考虑他们的责任。

然而,如果说他们希望不要削弱体制,准备在议会为左翼多数作贡献,那么反过来,在没有出现真正的社会转变前景的情况下,他们中的大多数人也会尽力避免使自己身不由己地一步一步地向权力靠拢。参政有可能给保持社会党人的身份带来危险,莱昂·布鲁姆就曾表达过对这种危险的担忧,而且首先说明了这种危险。正是由于这个原因,1942年在里扬(Riom)诉讼案中,面对维希的法官,他做了这样一种非同寻常的忏悔:

> 我在公共生活中的角色有些特殊、有些不同寻常,从这个意义上说,我从来没有寻求权力,我甚至尽力避免像别人那样极尽全力和心思去靠拢权力,而且只要在我看来是可能的,我始终让我的党尽可能长久地远离权力。③

一个政党的领导人能作出如此令人惊奇的供词,说明了社会党人这个问题的普遍性:他们一直痛苦地生活在与权力的这种关系中。害怕让活动分子失望和法国革命传统的作用,使他们害怕执政,执政并不能在本

---

① Parti socialiste SFIO, 22ᵉ congrès national, février 1925, Grenoble, rapports, pp. 39 – 40.
② Ibid.
③ Blum (Léon), *L'Oeuvre*, t. V, 1940 – 1945, p. 324.

国的历史上留下深刻的印记。因此,即使到后来,当布鲁姆开始认真考虑在现有体系框架内组成一个由社会党人领导的政府的时候,这种担心依然很强烈。保罗·拉马迪埃在战争期间所写的回忆录中,提到了1932年春季激进派与社会党人取得议会选举胜利后莱昂·布鲁姆的态度,并提出了鲜明的见解:

> 他曾期待(这次成功),他预期获取权力,但并不希望长久地把持权力,他提到了推翻了权力的那些强大联盟。然而,他花了好几个月的时间去思考的一件事,就是如何进行一次可以留下耀眼痕迹的变革。①

"执政"这一表达方式不会让人误解,社会主义前景离学会如何执政的要求还相距甚远。现在的执政,首先要考虑的是为了无产阶级实施有效变革。1947年5月,在一次题为"执政与夺权"的会议上,莱昂·布鲁姆引用了他与英国工党联系时与R.麦克唐纳的一段对话,对谈话中问及为什么1924年在尚无有利条件的情况下而组建一届少数派政府呢,他回答说,必须"打破贵族对政府的偏见",布鲁姆通过引用这段对话,释怀了自己的深刻思考:

> 您谈到,我们大概夺取政权是为了向英国表明,我们在掌握政权之后,一切都不会改变。恰恰相反,在我们看来,必须要表明的是一切都变了。贵族对政府的偏见在法国并不存在;也有一种偏见,但完全是另外一种;自一个世纪以来,人民参与了国家的治理,应该最终表明,我们的存在会带来实质性的变化。②

执政因此被理解为摆脱常规的一种可能性(或然性)。这种感觉可以使人们理解社会党人以怎样的情怀对待人民阵线。布拉克的一句名言"困难终于开始了"很好地概括了社会党领导人如何敏锐地意识到他们

---

① Archives Paul Ramadier, manuscrit portant le titre《Léon Blum》, p. 10.
② Blum (Léon), L'Oeuvre, t. VI, 1945 – 1947, pp. 431 – 432.

所面对的考验，这种考验在等待着他们，他们不应该再推迟接受考验。

一方面要呼唤责任，另一方面，直到在资本主义向社会主义让出位置之前，要考虑保持党的"纯洁"，处于这对矛盾之中的莱昂·布鲁姆被迫开出了一个用来治理没治的事务的药方。况且1925年入阁派几乎在党内占了上风。党的领导层共有1400人任职，他们就集结了1200名同意接受由保罗·潘勒维向工人国际法国支部提出的参政邀请。1926年1月10日，在美丽村庄（Bellevilloise）大厅召开的工人国际法国支部大会上，莱昂·布鲁姆在演讲中对执政和夺权进行了非常著名的区分。夺取政权指"完全掌握政治权力，它是进行所有制改革，也就是进行革命的前奏和必要条件"。夺取政权可以通过合法或非法的手段来完成。不过，如果某一天因为党获得多数地位而必须承担起在资本主义制度框架内领导政府的责任，那么，党就不再有权利将执政变为夺取政权，这样做将是一种诈骗行为：

> 布鲁姆解释说，"在夺取政权方面，我不是严格守法的人，但是在执政方面，我可以明确宣布，我是一个严格守法的人"。

毫无疑问，这是一种花招，其目的是引导党同意在现有经济和政治制度中执政，同时也能够挽救不灭的革命灵魂。正如乔治·勒弗朗在回顾时所说，这种立场没能征服入阁派[1]。以罗诺戴尔和他的周刊《社会党生活》为首的党内右翼派认为，入阁是逢场作戏的事情，不属于理论问题。后来发生的事情证明他是对的。无限期地拖延参政有可能令许多共和派当选者感到失望，而且，由于没有具体政治观点，很有可能把大批劳动者推向共产党。赞同参政的人也是有充分的理由的：实施深刻的改革，不要把激进派推向右翼，学习如何执政。他们代表着一支重要的力量。1929年10月，全国委员会拒绝了爱德华·达拉第提供的参政机会，但却只以1590名代表中1450人同意"参政派"的结果，通过了保罗·富尔还在强调正统理论的议案[2]。参政派最终没有能够战胜活动分子对社会党独立

---

[1] Lefranc (Georges), op. cit., p.247.
[2] Le Populaire, 29 octobre 1929.

性的深厚感情,在他们看来,党的独立性是一种组织需要。社会党左翼当然是这样想的,他们只憧憬工人的统一。莱昂·布鲁姆身后的中间派也很清楚这一期待,但是他们原则上不反对参政。他们只是认为,除了向激进党政府提供议会和选举支持外,党还没有做好准备承担其他责任。

至少,直到1933年,党内主要争议的参政问题,往往反映在围绕常设行政委员会,即由代表大会选举的党的执行机构和议会党团之间关系展开的辩论。在数年内,莱昂·布鲁姆维持的是一种不稳定的平衡。但是从1933年起,党在这个问题上的分歧太深,以至到了无法挽救党的统一的地步。这还不仅仅是因为有些雄心勃勃的、急于履行政府职责的当选者失去了耐心。欧洲历史上一个新的时代开始了。议会主义、经济自由主义已经受到质疑,在民族框架内更愿意看到强有力国家的倾向主导着越来越多的人的思想,无论是在左翼还是在右翼。在工人国际法国支部内部,人们积极寻找介于资本主义与社会主义之间的中间解决办法,共同谴责政治上的观望主义和理论上的墨守成规,交织着野心和愿望这种心态以及这种不满,是党内发生严重危机的根源,危机最终以驱逐新社会党人而告结束。

组织向"新人"进攻的主要人物都在议会党团内,而布鲁姆没能阻止对预算的投票。保罗·富尔身后的左翼派要求处分不守纪律的议员。1933年7月召开的大会上,绝大多数代表投票赞成给他们处分。安德利安·马尔盖和马歇尔·戴阿特则针锋相对,他们每人都以自己的理由说明为什么同意参政,他们深刻地指出了工人国际法国支部处理参政问题的方式问题。马尔盖还对党的哲学本身提出质疑:

> 我在想,我们是否已经进入了一个新的历史时代,那些还在以19世纪的意识形态为生的人今天是否还能理解什么和干点什么……19世纪思考的是如何组织起建立在自由和平等基础上的世界。我们的理论家和我们伟大的宣传者都相信,可以在这些情感方案基础上建立起国际关系。按照他们的说法,各民族国家都会达到全面发展的鼎盛阶段,并构成一个和谐的和和平的人类社会。但是目前,各民族国家不是正在走向一个新的

蓝图吗?①

他由此提出了三部曲式的建议:"秩序、权力(专制)、民族。"布鲁姆深感震惊,他反驳道:

> 马尔盖,我一直在想,这难道不是一个国家社会主义专制党的纲领吗。

而戴阿特所反对的是政治上的观望主义和墨守成规:

> 你们在等待资本主义经济的长期动荡吗? 你们在等待权力会像成熟的果实一样掉到你们手里吗? 你们在等待一切接班工作都准备就绪,而你们只要坐在椅子上领导整个经济就行了吗? ……我们要行动起来。我们要改变我们所处的世界。

11月,全国委员会投票将戴阿特、马尔盖、勒诺代尔、蒙塔尼昂和其他三名社会党领导人驱逐出党。但是党的领导层并没有因此减少对越来越缠人的"中间形式"问题的烦恼。"计划主义"之争就清楚地表明了这一点。

大量的失业、1933年1月德国社会民主党的胜利、法国大众对专制运动的关注,令人产生了一种紧迫感,而各种修正主义倾向都在这上面做文章。新社会(主义)党和计划(主义)派的策略目标不同,倡导人不同,其命运也因人而异。但是在对社会党观念的演变有举足轻重作用的一个主要观点上,他们却是一致的。他们认为,由于公共部门和私营部门的长期共处,因而资本主义与社会主义之间有一种"中间制度"的存在,即后来人们常说的混合经济既是可能的,也是必需的。应该承认这一点,这样才能让一些有能力帮助进行社会改造的力量在资本主义制度中存在。②

这种思潮反映出20世纪30年代的人们在共同探索"第三条道路",

---

① Voir Lefrance (Georges), op. cit. p. 247

② Bernard (Georges) et alii, *Léon Jouhaux dans le mouvement syndical français*, Paris, PUF, 1979.

但是这种探索的基础也是战时社会主义运动局部社会化时提出的建议和点滴的实践经验,对这种思潮感兴趣的主要是茹奥领导的全国总工会。从1934年开始,全国总工会就设计出了它的方案,并且分别在1935年和1939年公布了两种版本。但是,全国总工会的"劳动方案"并没有引起工人国际法国支部的真正兴趣。1936年,莱昂·茹奥在犹豫之后,没有接受向他建议的入阁责任,全国总工会保留了自己的要求。

进入这些方案的细节、研究方案引起的政治冲突都是很有用的[1],但重要的是要看到,所有的人都会或多或少提出某种工程浩大的政策,如集中的有影响力的协调机构、对一些关键性工业实行国有化等等。这些孤立性的措施已经出现在社会党人的建议之中了。例如,自1932年开始,樊桑·奥里奥尔就考虑由国家来控制主要投资系统,以便实施"国家的工艺装备工程"。所有人都会遇到的问题是,社会党变革派面对的是一种新格局,而修正主义派认为这种新格局应该就是今天的社会主义。然而,在资本主义制度下进行结构改革进而向社会主义过渡的思想,还是给人们的普遍心态造成了冲击。工人国际法国支部的领导人害怕理论核心受到质疑。1934年5月,在图卢兹代表大会上,工人国际法国支部总书记保罗·富尔断然否定了计划派的主张:

> 方案的研究和规划并不会使党继续这种部分地和逐渐地在被保留下来的资本主义内部分阶段实现社会主义的疯狂幻想。[2]

在大会上,他引用党的正统理论,直接抨击计划主义的捍卫者:

> 在做出任何计划之前,应该首先夺取政权,靠社会党夺取完全的权力。……当社会党人掌握了政权时,他们不会在乎你们事先想规定什么。到了这个时候,社会主义就会通过各种手段得到实现。

---

[1] Voir : Lefranc (Georges), *Histoire des doctrines sociales*, Paris, Aubier, 1966.
[2] Parti socialiste SFIO, 31ᵉ congrès national, 20-23 mai 1936, compte rendu sténographique.

末世说再一次取代了分析。以前,莱昂·布鲁姆在一系列以《越过变革》命名的文章中,在1935年也还提到过,自己在分析国有化时特别指出,只要所有制没有社会化,国有化就不是社会主义的。他认为公共部门和私营部门之间不可能有持久的平衡,认为资本主义剩余价值分配的不同,并不能实现对资本主义制度的改造。最后他认为,国有化属于社会主义就像执政出自夺权。保罗·富尔则强调传统理论,拒绝对理论作任何修改。布鲁姆由于首先考虑保持党的统一,因此尽力不让实现社会主义的愿望受到伤害。他在1933年就已经对新社会党人说过这一想法:

> 社会党不应该在这些中间形式中莽撞行事,不应该连累自己。它不应该把自己可以拥有人民群众的信任、压力的东西压在这上面。它应该竭尽一切可能来保证党的组织和理论不受伤害,也就是说,保证党的真正统一。

三、最低和最高纲领

莱昂·布鲁姆在图尔大会上以及后来多次解释说,革命不能仅仅意味着改造所有制,它是社会长期动荡的结果,一切为之作出贡献的都被革命本身证明是正确的,成为革命工作。1927年,莱昂·布鲁姆在明确规定工人国际法国支部对共产党的立场时承认:

> 变革不仅改善了福利和无产阶级的现有条件,而且,由于有了组织,也提高了无产阶级的集团和机构的发展和影响力,也就是说,提高了它的革命能力,总之一句话,变革就像是社会改造的尝试。[1]

所以,只要别变成纯粹的变革主义,改革工作就是成立的。而变革主义是歧途,它以为事先不夺取政权就能全面实现社会改造。这样一来,社会党人对最高纲领和最低纲领的关系重新作了调整[2]。

---

[1] Blum (Léon), *L'Oeuvre*, t. III, 1 (1914-1928), pp. 455-456.
[2] Biard (Jean-François), *Le Socialisme devant ses choix, La naissance de l'idée de plan*, Publications de la Sorbonne, 1985.

不过,保持平衡做起来很难。工人国际法国支部已经成为一支比1914年以前更加强大的议会力量。它的基础在全国迅速恢复,这在很大程度上归功于党的当选者传播的影响。议会和市镇活动的基本特征可以解释一种反常的作用(后果)。即使在融入议会制度的过程中,其重要性在理论上长期得不到承认,而与此同时,人们的注意力越来越投向制定一项能满足全体选民各种可能期待的最低纲领。经过研究1924年议会选举的各项建议,对法国社会提出的各项改革的性质得以确定下来[1]。首先让人吃惊的是它举例的形式。这种形式表明,选举纲领并不是一个争取从内部改造资本主义制度的整体性方案。纲领提出了六大方针。预算平衡是作为一种必要性提出的,但是,争取预算平衡的手段却与右翼不同:要达到预算平衡,首先必须进行税制改革,其中主要包括"在大力减免基础性税收的同时,征收资本税"、征收"财富税"、扩大累进所得税差、对税收采取垄断。

纲领随后列出了一个国有化名单,但是,除了"夺回所有公共部门、夺回国家送给贪婪的资本主义企业和公司的所有国有财产"这一句话以外,并没有对国有化做具体的说明。名单中例举了铁路,重要的海运、河运和陆运部门,矿山,大型冶金工厂,水利,燃油,提炼业,银行和保险公司等。用全国总工会在1919年就使用的说法,工人国际法国支部所讲的只是国有企业的"三方管理"。

再往下才是纯粹意义上的社会改革,如社会保险应覆盖所有风险、实行8小时工作制、建立以生活费为基础的最低工资制、制定移民条例、根据生活费实行工资自动调节、适用国际劳工组织通过的公约:提高养老金、实行保护母亲和儿童的政策、实施由国家建设住房的政策、严格限制抬高租金。有一段专门涉及农业工人,提出要对农业工人实行完全的社会保障、改革地租制、促进小所有者实行合作。最后,关于教育,社会党人宣称要重组机构,以便在各个级别全面实行国家统一的免费义务教育,之后选择和从事专业化服务,使个人在各个方面的才能可以最好地用于社会利益。

---

[1] Parti socialiste SFIO, rapport pour le 22e congrès national, 8 – 12 février 1925, Paris, Librairie du populaire, 1925, le programme du parti, pp. 19 – 25.

纲领的撰写者显然没有考虑到如何协调这一系列改革。社会党人主要针对右翼提出了一些社会要求。但他们却没有纯粹意义上的经济政策,也就是说,没有提出具体的和相互兼容的一系列干预生产、贸易和金融活动的整体措施。的确如此,在同一时期,民族阵营政府只是实施了一种较为分散,但主要集中在预算和货币上的经济政策。如何看待工人国际法国支部的改革呢?应该说它还是属于压力集团的、主要是社会方面的改革,这种改革几乎没想弄清楚应采取什么样的手段才能使经济得以落实这种或那种措施。行动纲领并不能让党真正承担起政府责任职能。社会主义的逻辑是社会,而不是经济。另一个特点是:几乎全部改革措施都要等待国家采取行动,只是在农业合作方面勉强脱离了国家的范畴。

20年代社会党的改革本身没有明确的目的。20年代末,就劳动合理化进行的辩论很能说明问题。一些年轻的知识分子和议员认为,合理化带来购买力的提高是有益于工人利益的好事。"有组织的资本主义"是同一时期在德国被鲁道夫·希法亭(Hilferding)理论化的一种观念,他们想用这一观念说明,资本主义从此不得不接受一些集体的组织形式,而这些组织形式可以靠工人运动实现对经济制度渐进式的改造①。但是相反,包括莱昂·布鲁姆在内,大多数领导人从这种合理化中看到的是资本主义制度的又一个矛盾②。同样,1929年危机爆发前夕,在选民看来,直接纲领想说的是,更多的福利、更关注税收、扩大公共部门、教育民主化、减少军费等等。在活动分子看来,对资本主义社会可以做一些修修补补,但社会主义是从本质上不同于这种修补的另一种现实。他们不能想象资本主义有被持久改造的可能性。

1929年危机最初的表现并没有改变社会党的观点。工人国际法国支部把这一危机理解为生产过剩危机,只要消费调整到生产水平时,危机就会过去。它提出的建议主要是提高购买力和建立失业补助制度。所以,这些还不是社会主义的解决办法,而是一些局部的措施,用来缓解危机造成的最痛苦的后果。党内左翼已经在思考资本主义最终危机的前景。多数人持更谨慎的观点,他们多少还是认为,只有造成危机的各种条

---

① Philip (André), *Le Problème ouvrier aux Etats-Unis*, Paris, 1927. Moch (Jules), *Socialisme et Rationalisation*, préface de Léon Blum, Bruxelles, 1927.

② *Ibid*, préface de Léon Blum.

件消失了,危机才可能消失。莱昂·布鲁姆在 1932 年对这种态度从理论上作了分析。不应该说:

> 我,作为身处资本主义体系内部的一个社会党人,我要向你们展示我将怎样解决这种或那种矛盾,我将怎样战胜这种或那种困难。不过,反过来说:我要向你们说明,如果充分发挥精神、想象的作用,牢固树立了社会主义观念,那么,不仅各种困难会迎刃而解,而且困难甚至会变得难以想象的了。①

这大概比饶勒斯讲得好多了! 语言可以解决矛盾。事实上,所谓的政策在很大程度上是夹杂了几项经济监督措施的一种社会政策。

最低纲领和最高纲领之间的区别,直接出自执政与夺权之间的区别。这种区别的一个最大弊端是后来党在履行入阁责任时削弱了党:最高纲领对党没有任何帮助,而最低纲领不是一个真正能够指导政府行为的执政纲领。工人国际法国支部在执政平台上的特点是,既缺少创新、又缺少协调和设身处地,是党表现软弱的一个重要因素。而恰恰在这个时候,例如斯堪的纳维亚各党,开始严肃对待资本主义框架内社会党长期执政行为问题,取得了重大成就,这使他们得以构建起广泛和忠诚的选民基础,深刻地改造了他们的社会。

四、抹掉图尔吗

执政问题之所以特别难以解决,还因为它与共产党问题紧紧地联系在一起。

图尔代表大会造成了法国工人运动不可挽回的分裂。这次分裂的根本原因是人们对社会党行动和党本身的性质存在着不可调和的看法。布鲁姆在这次大会上的发言清楚地表明在什么问题上与布尔什维克是对立的,并导致党的少数一部分人拒绝了列宁提出的二十一个条件。布鲁姆的论证围绕两点。第一点关系到党的性质。布尔什维克党的模式是建立"民主集中制"、组织秘密活动、工会服从党、组织有纪律的和严格清一色

---

① Blum (Léon), *Pour une analyse socialiste de la crise*, conférence du 5 décembre 1927.

的革命小组、经常搞清洗活动和盲目服从中央,即莫斯科,这一模式打破了社会党的传统。

第二点关系到布尔什维克对革命的看法,并且也对布朗基主义的十月革命提出了质疑①。布尔什维克的错误在于他们拒绝等待真正成熟的因资本主义演变和对无产阶级的教育而产生的革命形势的到来,他们的错误还在于用代表着无产阶级的先锋队的一种持久性专政替代了无产阶级的一种暂时的专政。1927年,布鲁姆又一次提出这样的批评:新的劳动制度应该依靠牢固的工会和合作基础。如果这些基础不存在,社会改造就是不可能的②。毫无疑问,社会党人和共产党人都同意对所有制进行全面的和国际范围的改造。但是,社会党人不认为夺取政权,既是必要条件又是充分条件。这第二个论据又同考茨基以及"两个半"国际的一些政党、特别是奥地利党的某些批评不谋而合③。莱昂·布鲁姆还更加彻底地批评说,他完全理解共产党的原动力。这里是指暴力问题。他在图尔代表大会上认定,"你们不再把恐怖主义看做是对革命生死攸关的一种必要性,而是看做执政的一种手段"④。他在1927年《大众报》上发表的文章中,强调了布尔什维克主义与社会主义的非兼容性。

> 对于社会党来说,暴力和武力是它尽力不去使用的终极手段。对于布尔什维克党来说,它们是向被压迫的无产阶级开放的争取解放的唯一手段。

从此,实质上的一些分歧把社会党和共产党永久地分割开来。但是莱昂·布鲁姆以及在他之后的大多数社会党人,都不想由此而从理论上谴责共产党。实际上,在图尔大会的发言中,莱昂·布鲁姆并没有以代议制民主和普选的一般原则的名义指责布尔什维克革命。他没有像英国工

---

① Kriegel (Annie); Le Congrès de Tours, op. cit., pp. 101 – 136.

② Voir sur cet aspect l'ouvrage de Georges Lefranc, Le Mouvement socialiste sous la Troisième République, tome 2, Petite Bibliiothèque Payot, p. 271.

③ Bergounioux (Alain), "Théorie et partique de la social-démocratie", in Nouvelle histoire des idées politiques (dir. Pascal Ory), Hachette, 1987, pp. 461 – 462.

④ Kriegel (Annie), op. cit. p. 130.

党当时所作的那样,把共产党看做不符合民主社会主义的因素而否定掉。无论在任何时候,他都没有设想过这次分裂是决定性的,但这次分裂后来导致了彼此越来越陌生的两种运动的分野。在工人阶级的唯一政党行使专政(只要专政不是个人行为)问题上,他难道没有向他的对手让步吗?他在结束图尔大会的发言时难道不是这样说的吗:"即使分开了,两方也不过是因恶吵而分开的兄弟,这毕竟是家庭纠纷,家在就可以把他们聚集在一起。"[①]

莱昂·布鲁姆在图尔代表大会发言中如此清楚地解释了他采取的路线,基本设定了工人国际法国支部会是什么样的党以及它后来对待共产党的态度。社会党人不愿意把为工人阶级的解放而斗争这一阵地交给共产党人,认为这个阵地理应属于他们;这种斗争不能完全同议会和政府行动混为一谈。站在他们左翼的这个新党声称只有它是唯一代表工人阶级愿望的政党,这是不能接受的。此外,社会党实际上处于激进派和共产党中间,但它不想把这一新的地位理解为中间地位;为了对这一新局面做出回答,党在"饶勒斯综合中"找到了理论资源。把无产阶级的革命行动这一阵地让给共产党,很有可能会使党重新确定与激进派的关系,还会使党承认这两个党在性质上不再有根本区别。

毫无疑问,社会党人知道布尔什维克党的首要目标是让民主社会党消失(它不是承认过它想"拔掉社会党的羽毛"吗?),但是,社会党想做革命的党,而布尔什维克党则可以炫耀说只有自己干过革命。社会党要组织一个工人党,但布尔什维克党在"工人阶级"中吸纳了越来越多的活动积极分子。社会党首先把自己看做是斗争的党,而共产党的基础则更加明确地建立在这一模式上。法国社会党不想把这三块阵地中的任何一块让给共产党来垄断。它继续认为,主要分歧是马克思主义的工人党与其他政党之间的分歧。因此,它与激进派的关系和与共产党的关系之间不存在对称性。正如莱昂·布鲁姆后来写道:"从理论上讲,布尔什维克党人和我们所追求的最终目的,例如依靠无产阶级的行动改造所有制,在这方面存在着无可争议的共同点。"[②]

[①] Kriegel (Annie), op. cit. p.136.

[②] *Le Populaire*, 18 avril 1922. 10. Blum (Léon), *Bolchevisme et Socialisme*, Librairie du Populaire, 1927, p.5.

在社会党的观念中，布尔什维克现象被理解为社会主义运动中的一个内部问题，属于马克思主义内部理论争论中的一种异端邪说。行动的必然需要一定会使"一切无产阶级力量在不可动摇的社会主义理论基础上团结起来"，莱昂·布鲁姆几年前就写道，"而且毫无疑问，正统理论会利用这种暂时的分歧进一步澄清、纯洁和丰富自己"①。

共产党则相反，在经历了1927年的转折和共产国际同意采取"阶级对阶级"的策略之后，强调两党之间存在根本性质的不同：

> 社会党尽管在工人阶级中还保留着一部分影响，但是由于其修正主义和改良政策，由于其社会构成成分，已经成为一个激进的小资产阶级的政党，是维护其利益的政党。因此，社会党不再是一个反对党……它把自己列为无产阶级和革命的公开敌人。②

共产党得出了更为严厉的必须进行区分的推论，在1927年，共产党决定不再适用"共和的纪律"。中央委员会在1927年10月10日致中央委员会成员的信中阐述了理由，同莱昂·布鲁姆在处理与激进派关系时所担心的一样，这些理由也是来自同一种担忧。为什么用"阶级对阶级"代替了"红色对白色"的说法呢？中央委员会回答说：

> 这样一种说法是必不可少的，更何况党在很多劳动者眼里是一个"最左的政党"，而且对于共产党活动分子面前排位最好的"左翼"候选人来说，机械论的放弃策略，会让人以为共产党看上去是"左翼卡特尔中的极翼"，或者属于"新卡特尔"的成分。然而，从根本性质上讲，共产党是一个反对一切资产阶级政治形式的政党。③

---

① *Le Populaire*, 18 avril 1922.

② *Cahiers du bolchevisme*, juillet 1928, PP. 569 – 570, cité in Bodin (Louis) et Racine (Nicole), *Le Parti communiste français dans l'entre-deux-guerres*, Paris, Presses de la FNSP, 1972.

③ Cité in Bodin (Louis) et Racine (Nicole), *ibid.*, p.76.

面对以极端方式表示出敌对立场的共产党人[1],社会党人既不能最终接受工人运动分裂的现实,也不能把两党之间的关系看做简单的联盟关系。因此,与共产党的关系必然是受激情支配的关系。工人国际法国支部不可能把共产党看做与社会党身份对立的现象,也不可能把布尔什维克革命看做原则上应该完全否定的东西。正像尼古拉·拉辛指出的那样,社会党人针对共产党人的批评,即使十分猛烈,主观上也更多的是反俄、反斯大林,而不是反对共产党人[2]。工人国际法国支部一般不想表现为它是任何反共军团的一个组成部分,即使它有时向反共派提供武器和理由[3]。因为社会党忠实于饶勒斯的综合,不想把分裂解读为革命派与改良派、无产阶级政党与人民政党之间、马克思主义政党与修正主义政党之间的分野。社会党的意识中一直隐藏着"抹掉图尔"的愿望,只要局势显得有利时,这种愿望总是随时准备显露出来。社会党人多次证明他们已经做好准备与"对立的兄弟"恢复对话,并试图减少、甚至消除与他的分歧。

这种态度对于工人国际法国支部在第三国际建立之后的国际社会主义运动中的行为方式产生了重要影响。国际社会主义运动中的反布尔什维克右翼派于1920年召开了两次大会,以准备恢复社会党国际[4]。社会主义工人国际就是在这一年恢复机构的,恢复工作以一些毫不暧昧的文件作为基础,文件按照伯恩施坦21年前提出的原则,在社会主义与民主之间画了等号(建立了等值关系)。7月20日的决议对于应该如何理解民主做出了明确的定义:"这些任何民主的合法制度包括:言论和新闻自由、集会权、普选权、议会制或可以保障协调与人民决策的制度、结社

---

[1] Kriegel (Annie), *Un phénomène de haine fratricide : Léon Blum vu par les communistes*, in *Le Pain et les Roses*, Paris, PUF, 1968 ; Lavau (Georges), *A quoi sert le Parti communiste français ?*, Paris, Fayard, 1981, et Sadoun (Marc), *Les socialistes : des faux frères qui mènent double jeu*, in Azéma (Jean-Pierre), Prost (Antoine) et Rioux (Jean-Pierre) (éd.), *Le Parti communiste français des années sombres*, Paris, Ed. du Seuil, 1986.

[2] Racine (Nicole), *La SFIO devant le bolchevisme et la Russie soviétique (1921 -1924)*, RFSP, vol. XXI, n° 2, avril 1972.

[3] Berstein (Serge) et Becker (Jean-Jacques), *Histoire de l'anticommunisme en France*, t. I, 1917 - 1940, Paris, Olivier Orban, 1987, particulièrement pp. 87 - 107.

[4] Voir Bergounioux (Alain) et Grunberg (Gérard), *L'Utopie à l'épreuve. Le socialisme européen au vingtième siècle*, de Fallois, 1996, p. 106 sq.

权……。对于无产阶级来说,它们同时也是阶级斗争的工具。"社会党人不喜欢依靠暴力夺取政权。社会党人的历史使命是实现民主。决议同意搞混合经济,社会党人应该分阶段地进行,只要还有一个私营部门存在,就必须要有补偿。苏联的防御问题之局限在对形势的一项分析中:干预将导致"国际反动派"取得成功。该文件本来可以成为民主社会主义面对布尔什维克主义的纲领性文件。但它没能如此。1921年2月,"留下来的"工人国际法国支部与奥地利、瑞士党、德国统一社会民主党和英国独立工党结为联盟,创建了一个"社会党国际工人共同体",绰号为"两个半国际"。共同体与社会党国际相反,希望自己是正统的,在它的章程中强调致力于"用革命的阶级斗争手段夺取政权来实现社会主义"。这对后来的影响很大,特别是当这两个国际在1923年合并时,依据的是两个半国际在民主和共产党问题上立场都十分含糊的一份文件。共产主义制度的社会主义特征得到了承认。在这种模糊状态下,由于在民主的首要地位上没有取得明确的一致意见,因而没有任何有说服力的东西来替代原来肯定的东西,因此,马克思主义被重新确立为国际运动的正统理论。社会主义运动面对共产主义没有能够坚持自己的身份,法国社会党人对这次失败负有重大责任。

然而,自1927年起,工人国际法国支部与法国共产党之间的桥梁似乎完全被切断了。社会党态度强硬起来,而且还分别用罗莎·卢森堡和卡尔·考茨基在《恐怖主义与共产主义》的论据明确阐述了与布尔什维克的不同观点①。布尔什维克无产阶级专政的实践、第三国际行动给工人运动造成的分裂,是社会党批评的核心内容。法国共产党对莫斯科的顺从也受到了指责。1929年至1934期间,莱昂·布鲁姆的一个朋友,奥莱斯特·罗森菲尔德在《大众报》发表了许多文章,批评苏维埃的计划经济经验②。但是,当希特勒上台、德国共产党被摧毁后,共产国际战略在1934年发生转折时,工人国际法国支部立即表示同意首先向共产党靠拢,随后,当它确信了共产党的愿望时,便旗帜鲜明地开始改善两党的关系。1934年6月5日,法共向社会党建议实行反法西斯的统一行动。常

---

① Kautsky (Karl), *Terrosisme et Communisme*, trad. fr., Paris, Pvolozky, 1919.
② *Cahiers Léon Blum*, n° 10, décembre 1981, *Le Populaire et le premier plan quinquennal soviétique*, articles d'Oreste Rosenfeld du 25 février au 8 mai 1931.

设行政委员会立即作出回应:

> 社会党始终做好了号召工人阶级统一行动的准备,因为它从来没有放弃过无产阶级完全统一起来的希望。①

不过,社会党要求停止论战,是接受在讨论中走得更远。共产党的重大转折出现在 6 月 26 日伊夫里全国代表大会上,莫里斯·多列士在会议结束时发表演讲之后,7 月 15 日,工人国际法国支部接受了"反法西斯和反战共同行动"的建议。7 月 27 日,两党签署了"统一行动协议"。对于工人国际法国支部,特别是莱昂·布鲁姆的态度可以有多种解释。从自始至终激励着社会党行动对手的双重模式角度看,形势对于社会党人来说是理想的,因为攻的模式(无产者的党的联盟)和守的模式(保卫共和国反对法西斯)好像异乎寻常地重合了。社会党人完全投入统一行动和在选举胜利的情况下接受参政最有利的条件好像都已经具备了。

然而,统一的方式以及后来的辩论,再次暴露出了两党在追求的目标方面存在的矛盾。工人国际法国支部执意要赋予这次和解以一种最大化的战略和意识形态意义。它愿意相信有可能重新、至少部分地回到工人运动的分野这个问题上来,对于它来说,这是考虑与共产党改善关系的唯一方式。但是共产党首先关心的是建立起一个广泛的反法西斯联盟,对理论讨论毫不关心,它认为,在党甚至没能形成一个与社会民主达成实质性妥协的思想的情况下,理论讨论是毫无意义的。不过,当共产党于 1935 年 11 月 25 向工人国际法国支部致信时说最近的共同行动可以是"通向组织统一的道路"时,工人国际法国支部第二天就作出了回复:

> 社会党从来不甘心无产阶级的分裂。它从来没有把这看做不可挽回的事实。当社会党有希望看到工人阶级可以再一次通过政治组织的统一而统一起来时,怎能掩饰自己的愉悦心情呢?

即使共产党不寻求理论上的妥协,而只是希望或者社会党无条件地

---

① Parti socialiste SFIO, 32ᵉ congrès national, Mulhouse, 9–12 juin 1935, rapports.

接受投降,或者想证明他们根本不是革命者,而不想统一的时候,工人国际法国支部还是更愿意相信这种和解。社会党人,首先是莱昂·布鲁姆本人在这些讨论中所作的大量让步,相当清楚地表明,不仅社会党人有强烈的统一愿望,而且工人国际法国支部纯粹从策略方面也会考虑与共产党人改善关系。在工人国际法国支部—法共—人民联盟党三方会议上[①],社会党的谈判者因此接受了一份谅解和综合方案中的一个重要思想:无产阶级的唯一政党应遵循民主集中制的原则。一份大部分由莱昂·布鲁姆于1936年1月9日撰写的共同文件,标志着社会党人的让步走到了极点。他揭露了"总是乌烟瘴气搞分裂的资产阶级民主",并宣称,无产阶级专政来自"国际革命、而且尤其是来自苏维埃革命的经验"。

不过,共产党人不妥协的态度再一次保住了社会党。当人民阵线于1936年5月取得选举胜利时,谈判已经失败。1936年7月,一份由工人国际法国支部的常设行政委员会起草的新文件被该机构自行推延。保罗·富尔和盖德派越来越反对统一的努力。鲁贝市市长让·勒巴可能向莱昂·布鲁姆提议,用契伦斯基和乔治·勒弗朗引用的说法:"几个星期以后,社会党就将被布尔什维克化了。"从这时起,莱昂·布鲁姆开始组织后撤[②]。然而,再度统一的希望却在这时出现了。尽管这一希望受到了削弱,但在后来的晚辈中继续存在。不过,这和社会党人在1936年,包括后来在1945年没有真正意识到统一可能会带来什么有关系。他们的状态有点像弗洛萨德的朋友,他们在参加第三国际时还在想,强加的条件不会就这样执行的。实质上,社会党人对统一向何处演变并没有具体的看法;他们首先对工人统一的思想很敏感。这样一来,他们处在了必须否定他们看上去想要的东西这样一种尴尬的局面。

五、执政不可避免

社会党人和共产党人对于改善他们之间关系的政策所赋予的意义是矛盾的,这种矛盾直接反映在他们对1936年人民阵线的目标和纲领各自

---

① Parti socialiste SFIO, 33ᵉ congrès national, Paris, 30 – 31 mai et 1ᵉʳ juin 1936, rapports, pp. 90 – 137 ; PUF : Parti d'unité prolérarienne.

② Lefranc (Georges), *Essais sur les problèmes socialistes et syndicaux*, Payot, 1970, p. 103.

所持的态度上。社会党对激进派的要求停留在于伊冉文件中提出的那些要求。工人国际法国支部希望制定一个规定一系列"社会化"措施的真正反资本主义的共同纲领。在商讨人民阵线纲领时,社会党提出了一整套致力于改造经济结构的国有化措施,但是,出于各种不同的原因,遭到了共产党和激进派两方面的反对。工人国际法国支部只同意将提出的措施局限在改革法国银行和军工企业的国有化上。尽管法国总工会的计划主义者一再坚持,但社会党在为结构改革辩护时,仍不想毁坏人民联盟的统一,而且不认为结构改革是首要的。再说,莱昂·布鲁姆是从"执政"框架角度设计人民阵线政府的:

> 选举胜利十天后,他说,问题在于,应该知道是否有可能从这种社会制度中开发出它可以给劳动群众和生产者带来的广泛的秩序、福利、安全、公平。[1]

社会党的政策强调社会优先;社会再分配能够振兴经济活动。从共产党方面看,他们不想让中产阶级忧心忡忡,而且还没有接受在资本主义制度下的国有化原则,所以,对于建立一个大多受激进纲领启发的平台,他们发挥了自己的影响作用。任何人也不会怀疑共产党的革命性质,但是出于策略方面的原因,他们可以不费力地维护纯粹改良主义的立场。而社会党为了保持其革命身份不肯这样做。讨论最终于1936年达成了一项有利于激进派和共产党立场的妥协。令工人国际法国支部唯一感到满意的,是在文件的前言中加进了下面这句话:

> 人民联盟要补充一点,这些迫切的、而且正因为此是有限的要求如果对现行经济体系造成伤害,那就应该采用更加深入的补救措施,以便使国家最终摆脱工业和金融的统治。[2]

---

[1] Parti socialiste SFIO, 33e congrès national, 30 - 31 mai et 1er juin 1936, intervention de Léon Blum, compte rendu sténographique, p. 186.

[2] Lefranc (Georges), *Histoire du Front populaire (1934 - 1938)* , Partis, Payot, 1965.

社会党的荣誉挽救了。但是,从社会党的战略角度看,人民联盟的协约最终表现出很强的模糊性。这个协议既可以看做是一种无论如何属于传统格局、最终以激进派改良纲领为基础的执政手段,也可以看做是与共产党改善关系、开始走向革命的社会主义运动联合道路的开端。这种模糊性在1936年选举胜利后产生了负面作用。它使社会党在并没有显得脱离原来身份的情况下向执掌权力跨越了一大步。奇怪的是,正是国际共产主义运动在这一时期的政治机会主义,促进了社会党人的政府与激进派第一次联盟,也使他们因此最终考虑执政问题。人民阵线获得了胜利。工人国际法国支部第一次以20.5%有效票的成绩跃居左翼党派之首。因此,社会党人再也不能回避执政。

MENGXIANG
YU ZHUIHUI

第二编
追悔执政(1936—1971)

1936年翻开了工人国际法国支部历史发展新的一页：党开始执政。这一阶段随着社会党1971年重组而结束。在此期间，社会党多次领导政府，其执政的总体结果值得重视。不过，这个执政过程对社会党却总体上是一个非常痛苦的过程。在政府最初的几个月的活动中，党的改革要求都能很好地得到反映，之后，很快看到的就是幻想的破灭，然后就是对执政意义本身不断地提出疑问。

　　社会党组成第一届政府刚刚一年后，1937年6月6日就遇到了一些麻烦，莱昂·布鲁姆就在活动分子和社会党的同情者面前大声自我考问：

> 如果我们失败了……我们不得不自问，难道真的没有一种更深层次的缺失，一种先天的缺陷吗？难道我们还继续相信可能的东西真的不可能吗？难道在合法的框架内，通过各党派的联合、依靠民主制度、不去超越一个符合当今社会原则的共同纲领，就真的不可能给这个国家的人民群众带来他们期待的进步、正义的改革吗？[1]

　　20年之后，社会党人依然沉浸在人民阵线的痛苦回忆之中。1956年1月4日，共和阵线在议会选举取得胜利后的第二天，1946年以来就担任工人国际法国支部总书记的居伊·摩莱在领导委员会上就明确指出，不同意工人国际法国支部考虑组成政府的问题，为的是"避免人民阵线的政府行为同社会党的纲领混同起来"[2]。1956年1月25日，工人国际法国支部罗纳河口的"老板"加斯东·德费尔也声称：

> 我要对你们说，党面临的形势将是灾难性的，不论我们是否担任领导，或者不论是否参政。我认为，有些事应该现在就说，因为，如果我们在目前的条件下执政，就非常有可能重蹈人民阵线的覆辙，反之，如果我们只是支持或者即使我们做反对派，我们都会有更多的机会保证党免受伤害。[3]

---

[1] *Le Populaire*, 7 juin 1937, p.552.

[2] Comité directeur, séance du 4 janvier 1956, compte rendu sténographique, archives OURS.

[3] Comité directeur, séance du 25 janvier 1956, compte rendu sténographique, archives OURS.

第五共和国的建立加剧了社会党人保持"守势"的倾向。工人国际法国支部最后一次参政是在1958年5月13日以后,并于年底撤出。保罗·拉马迪埃本人在1961年是这样评价的:

> 在1958年法国宪法的制度下,至少是今天实践的这样一种制度,除非共和国总统和议会多数同意,否则,我实在看不出社会党怎么可能执政……毫无疑问,面对国内外某种危险时,社会党依然有可能参政,但是执政是不可能的。①

1969年工人国际法国支部消失后,新的社会党给了党与政权关系一个新的定义,可以说这个定义与1936年以前社会党的定义如出一辙。1969年7月12日,在伊赛-穆里诺召开的新社会党建党大会上通过的政治决议中,我们可以读到这样一段话:

> 只有在参政可以使国家向社会主义迈进时,社会党才有可能考虑参政,才能使自己不同资本主义的代表势力结成任何形式的联盟,包括不寻求与中间派组合……党不认为获取政府职务是实现党的各项目标的绝对先决条件。党知道,一个社会主义政党可以作为反对党发挥重大影响,而以无原则的妥协为基础的参政,只能孕育失败、失望和幻想。②

社会党再次留给人们一个吹着反资本主义号角在城门前安营扎寨的印象。居伊·摩莱在1971年召开的埃比内大会(这次大会上工人国际法国支部最后解散、新社会党宣告成立)上就讲道:

> 现实是,在资本主义框架内再没有解决办法了。③

---

① Ramadier (Paul), op. cit., pp. 121–122.
② Parti socialiste, congrès d'Issy-les-Moulineaux, 11–13 juillet 1969, compte rendu sténographique, archives OURS, p. 284.
③ Mollet (Guy), discours du congrès d'Epinay, Ibid.

获取政权的问题不再作为一个紧迫的问题被提出了。建党66年之后,这种回归本源的行为不再给人带来希望,也不再能给人以政治前景。

1964年,加斯东·德费弗尔用批评的方法分析了过去的观念与实践,以试图驱逐关于社会党与权力关系的咒语:

> 他在一目了然的一本书中写道:"我们再也不应该满足于防御性的战斗,不能满足于在危险过后只顾喘息。左翼不仅应该为它有权利做反对派而斗争,也应该为它有权利执政而斗争。靠好运气取得政权是不够的,人们以后庆贺的只是短暂的幕间休息瞬间,因为它会'让富人害怕',会给他们敲响警钟。我们明天要做完全正常的、属于整个民族的政府。"[1]

加斯东·德费弗尔于是提出了一个核心问题:为什么社会党,一个在1936年就成为法国政治体系核心因素、多次执政的政党,在它能够持久地成为"完全正常的、属于整个民族的政府"的这样一些条件下,竟然没有能力确定它与权力的关系呢?为什么在整个这一时期都忍不住长时期地追悔执政呢?

当然,有一部分答案应该在社会党执政的环境中去寻找。这一时期算得上是法国当代历史上最黑暗的时刻。社会党受到了令人生畏的限制,也多次遇到很可怕的进退两难的抉择:法西斯上台、战争一触即发、共和制度被摧毁、国家重建、冷战爆发、非殖民化悲剧,最后还有1958年5月13日和第四共和的终结。还必须考虑到第三和第四共和制度上存在的机能障碍,这方面的障碍创造了极不稳定的政府,也使戴高乐将军长期与"政党制度"进行斗争。

就算是这样,我们认为,不管这些理由多么重要,社会党与权力之间的倒霉关系,并不仅仅是这些就能解释的。还应该在社会党自己内部去寻找原因。工人国际法国支部既有共和主义又有集体主义的双重血统的特点造成了党结构性的压力,而这一时期的相关的压力更加的厉害。一

---

[1] Defferre (Gaston), *Un horizon*, Gallimard, 1965, p. 173.

方面,党在 1921 年重建时就是以忠实于原本的身份和饶勒斯的综合为基础的,党希望在它的历史方案中保持真正的社会主义政党身份。也正是为此,党一直避免修改任何理论,并形成助长了对政府职责的长期怀疑态度。党长时期拒绝执政也使它没有做好承担政府职责的准备。但是另一方面,社会党在法国政治体系中越来越核心的地位,使它对共和制度的认同度不断提高,并且成为一个执政党。尽管第二次世界大战严重中断了正常秩序,先后出现了三种不同的政治制度,但是,直至 1971 年埃皮内大会上弗朗索瓦·密特朗掌权以前,这种模式基本上被保留下来了。

忠实于理论增长了党对资本主义制度下执政的怀疑,与此同时党却越来越融入法国政治体系,这种矛盾状态造就了这一时期社会党与政权关系的重要特征:改良主义贯彻不利、缺少真正可以为政府行动提供稳固而持久的基础的联盟战略,这就难以使党自身成为有效的执政工具,难以适应不断变化的形势,难以扩大到法国社会的不同部门,而且难以具备实力和必要的统一以成为法国政党体系中的核心力量。

第四章
拒绝修正

一、维护正统理论

1936年以前,莱昂·布鲁姆反对工人国际法国支部走上混合经济的道路。然而在人民阵线上台前夕,修正主义派一经失败并被排除之后,党对国有化方案的研究就越来越具体。1934年由朱勒·模什成立的社会党技术人员联盟准备了一些档案和立法文件。但是,这方面的思考还比较分散。不过,1936和1937年社会党政府失败带来的后果是,工人国际法国支部内部有关混合经济的思考更加深入了。如果说在1936年后,社会党人对政权问题的总体思考没有明显的进展,那么,辩论的内容已经不再是1936年以前的内容,在工人国际法国支部内部对这一初次经验也存在着不同的解释[①]。人民阵线不可否认地成为社会党政治的一个转折点,然而其重要性没有立即引起人们的注意,因为战争的危险自1938年起分散了人们的注意力。人民阵线引发了精神状态的深刻变化,这种变化最终导致中断了最低纲领和最高纲领的二元政治。这些"技术人员"——可能今天人们称之为专家出身的高级官员——的影响,由于他们在政府的总秘书处、财政部或国家经济部的作用,推动了这方面的发展。他们使人们接受了一个观点,即有可能围绕结构改革进行协调。乔治·布里斯(Boris)1938年3月在莱昂·布鲁姆短暂政府中任内阁主任,他在1936年8月就写道,现在社会党人的任务就是具体地制定"可以向既保障民

---

① Parti socialiste SFIO, 31ᵉ congrès national, 15-18 mai 1937, Marseille, compte rendu sténographique.

主又改造经济体系的社会主义演进的那些中间形式"①。在社会党人不得不接受或承受种种限制的情况下,人民阵线首先使他们得以实现了一些让他们可以忘记政治和经济失败的重大改革。其次,人民阵线本身的失利越来越被归结于没有完全实施结构性改革,使社会党政府没有能力很好地推行一项经济政策。

布鲁姆本人在党代会上总结人民阵线时承认:

> 应该更进一步,应该制定一项具有更强有力和更广泛基础的纲领,以抵制那些攻击民主政府的势力……我不想说这里是指结构性改革。我不会这么说,因为,我还没有说服自己可以用这个词……不过,在我看来不管怎样,这种表达方式最终还是最接近我们完全赞同的许多积极的改革。②

这无疑是一种转折,因为,社会党在承认了其执政经历是在现有政治框架内进行的之后,工人国际法国支部也就含糊地萌生了混合经济中的社会国家观。对凯恩斯思想以及对他的思想给社会政策开辟的前景的逐渐认识,成为坚定党所探寻的协调观的一个重要因素。1936年秋季,罗伯特·马若兰在《大众报》上分析新政时就指出:"人们通过预算赤字手段就可以有效地与危机作斗争。"③1938年3月,莱昂·布鲁姆在试图从议会获得金融全权时,提交了一份由乔治·布里斯和皮埃尔·孟戴斯·弗朗斯准备的一份计划,该计划显然从凯恩斯原则那里获得了灵感,除其他措施外,纲领尤其强调应采取轻微通货膨胀刺激经济的政策。从此,提高购买力、结构性改革、积极的财政政策,这些从经验得出的三个方面的内容,便成为社会党纲领的主要内容。1938年,这三个方面没有引起理论争论就成为社会党的话语体系。然而,这也使社会党人承认,在长期的混合经济制度中,依靠改革,使国家能够监管经济,就有可能向社会主义逐渐过渡。社会党人从此要捍卫的"成就"也促使它接受了这一认识。

---

① *La Lumière*, 26 août 1936.
② Parti socialiste SFIO, 34e congrès national, 10-13 juillet 1937, compte rendu sténographique, pp. 479-480.
③ *Le Populaire*, 23 septembre 1936.

确实,人民阵线取得的社会"成就"改变了法国社会的面貌,也促进了工人融入社会。而1938年的"反复"以及维希政府的放弃,都使这些改革变得更为宝贵。

此后,社会党人有了一笔需要捍卫的遗产,这又可以使他们的参政合法化。关于未来,他们中的大多数人得出的结论是,只有加强国家的职能、更多的结构性改革而不是人民的行动,才会使新一轮执政富有成效。少数社会党人,如1937年大会上一位代表大胆直言说,对工人阶级"不应该使用蛊惑人心的语言",而应该"使用有意领导工人阶级走向解放,但却不想被工人阶级拖入险境和灾难的领导人的语言"[1]。总之,大多数人从此都信服一点,即国家可以是开展严谨的改革行动的地方。结构性改革构成了一个足够的条件,使改革行动在社会框架内变成可能的事情。

之后几年发生的悲壮事件改变了党对理论的考虑。正是抵抗运动最终使党实现了对混合经济态度的转变。1943年6月,在秘密刊物《大众报》上发表的纲领就是围绕计划和国有化原则制定的。为把国有化写入1944年3月全国代表大会通过的纲领,社会党代表起到了主要作用[2]。安德列·菲利普是这样强调他的信念的:

> 我们进入了一个经济和社会的制度过渡阶段。这个过渡制度可以持续半个世纪、或者可以是更长,即整个旧资本主义结束与社会主义建立起来之间的时间内,这个制度的特征是同时存在着两种部门。[3]

布鲁姆本人也不再有更多的保留,他承认:

> 现代国家逐渐从资本主义分离出来,这正是为什么各国社会党有可能在运作现代国家时不为资本主义所利用。[4]

---

[1] Parti socialiste SFIO, 34e congrès national, Nancy, 1907, op. cit., p. 385.
[2] Andrieu (Claire), *Un Programme commun de la Résistance*, Paris, Ed. de l'Erudit, 1984.
[3] Philip (André), *Les Problèmes économiques et financiers*, conférence aux ambassadeurs, 6 mars 1946.
[4] Blum (Léon), *L'Oeuvre*, t. VI, 7 (1947-1956), p.433.

不过,法国社会党这一新观念的定义一时还不很清晰。1944 年 11 月党代会上通过的《致法兰西人民宣言》公开宣布,"没有经济各主要领域的社会化,如能源、原材料、重工业、运输、保险以及头等重要的引导和哺养一切经济活动的信贷等,所有改革都将无法实现"[1]。但是在具体实践中,党对国有化的重要意义明显有些"犹豫"。国有化一会儿被说成是反对资本主义的措施,一会儿被说成是振兴经济的工具,一会儿被说成是社会化[2]。时代的局限、联盟的游戏可以部分地解释这种现象,但也是因为社会党人自己对于今后所要主张的这种"中间制度"的确切性质有些拿不准。这也是为什么解放时期从各个方面讲对社会主义是那么重要,却没有能从理论上确定社会党行动的意义到底应该是什么。问题在于要弄清楚,在新时代来临之际,社会党是否做好了修改理论的准备,使党的理论与党接受混合经济的实践一致起来。党要重新确定它与法国社会的关系,而且还要确定议会政党逻辑与活动积极分子政党逻辑之间传统的紧张关系与法国社会的关系[3]。戴高乐将军离任后,党在新政治体系中的重要作用,以及它在政治体系中的支柱地位促使它必须要这么做。

莱昂·布鲁姆似乎下定决心引导党向这个方向发展。他可能想把他的新实践理论交给社会党。他的方案从本质上讲不是修正主义的,不管少数社会党人怎么想,他还是想重振社会主义的人道精神。他对资本主义依然持批评态度,他强调国有化的"社会主义良性扩张",建议对"遗产"进行改革。不过,他比 1940 年以前更加确信,民主的思想是根本性的。抵抗运动表明,社会主义可以为民族的整体利益作贡献,这一时期使民主国家的结构性改革变为可能。莱昂·布鲁姆建议从中得出一些结

---

[1] *Manifeste du peuple de France*, Paris, Ed. de la Liberté, 1944.

[2] Berstein (Serge),《Le discours socialiste sur les nationalisations》, in Andrieu (Claire) et alii, *Les Nationalisations de la Libération*, Paris, Presses de la FNSP, 1987, pp. 168 – 184.

[3] Sadoun (Marc),《Guy Mollet et Léon Blum, le camarade et le citoyen》, in *Guy Mollet, Un camarade en République*, op. cit., pp. 1 – 17, et Bergounioux (Alain)《Léon Blum, le socialisme et l'idée de République》, in *Cahiers Léon Blum*, n°19, 1986, pp. 15 – 16.

论①。但是他的步骤比较谨慎。他依然热衷于区分夺权和执政。自 1946 年 2 月起,在他提出的原则声明中,他用"劳动界"概念代替"无产阶级"一词,扩大了党的社会基础。同样,他认为,今后应该讲"阶级行动",而不再讲"阶级斗争"。他尤其关心翻新社会党的文化基础。如果能够保证进行一次重大改革,其具体后果一定是十分重大的。然而,社会党没有时间将辩论进行到底。工人国际法国支部自 1945 年秋季选举失利以来的苦恼、许多联合会内因议会党团严格整肃造成的不满、对共产党的恐惧、人民共和运动挑起的愤怒,这一切使赞同居伊·摩莱议案的大多数党员,在 1946 年 8 月工人国际法国支部大会上取得了胜利。居伊·摩莱是阿拉斯市市长议员,战前是党内左翼活动分子,他从马克思主义传统看到了社会党身份的基础②。自 1944 年起担任总书记的达尼埃尔·梅耶和莱昂·布鲁姆一起都败下阵来。社会党人再次选择不修改理论和保持理论的完整性。毫无疑问,有关国有化的说法、公共部门与私营部门的共存、有控制的投资政策等,是党的纲领的核心内容。但是,这种说法与保持传统的词藻是相辅相成的。居伊·摩莱几乎一字不差地使用了饶勒斯 1914 年以前就捍卫的革命性改良这个概念:

> 是的,我们是改良派,因为改良是革命的手段。我们是一个改良的政党,同时也是一个社会改造和社会革命的政党。③

莱昂·布鲁姆可能愿意看到,通过让社会党首先融入政治体系来改变过去的平衡这种方法来减少党内两极的紧张关系。党的利益能够也应该是民主国家的利益。相反,居伊·摩莱希望把重点放在斗争的政党的组织和逻辑上。他在 1946 年 6 月全国委员会上通过的议案,再次说明了政党的规则和包罗万象的规则"这个两种活动分子想调和的规则本质是分裂的,或者更不如用毫不妥协地承认自己的身份来补偿工人国际法国

---

① Blum (Léon), *L'Oeuvre*, t. VI, 1 (1945 – 1947); *Revue socialiste*, n°3, juillet 1946,《Note sur la doctrine》, n°13, novembre 1947,《Exercice et conquête du pouvoir》. Et Bergounioux (Alain),《Léon Blum, le socialisme et l'idée de République》, art. cité, pp. 15 – 16.

② Quillot (Roger), *La SFIO et l'Exercice du pouvoir*, Paris, Fayard, 1972.

③ *Le Régional de la Banlieue-Est*, 8 – 14 *novembre* 1946, archives Guy Mollet (OURS).

支部命中注定地融入社会之中"①。不过,他也因此与大多数活动分子的愿望相汇。党不应该首先把自己定义为执政党,更不应该是属于(资本主义)体系的党。居伊·摩莱的胜利重新确定了党对议会党团的最高领导地位,虽然承认和接受当选者可以有双重身份。尽管工人国际法国支部完全融入到现行制度中,但它不想在政党体系中以一种从根本上完全不同于战前的方式构想自己的立场和行动。它与共产党理不清关系,又认为激进派和人民共和党不向往真正的社会改革,所以首先只能依靠它自己。从此,参政只能从两个方面找到理由:为了实现有利于劳动者的重大改革,或者为了保卫共和②。这两个方面,一是防御性的,一是进攻性的,但是不论是哪一种,过去却都以幻想破灭而告终。

工人国际法国支部拒绝对理论进行真正的修改,而国内形势和经济对政府的种种制约又严重地限制了它的改良主义。解放时期过后,多项重大方案得以实现,福利国的一些重要机制也建立起来,改革却裹步不前。冷战使得第四共和国首先必须捍卫既反共又反戴高乐派的共和体制。从1948年起,除防御外,工人国际法国支部看上去不能赋予"第三势力"什么别的内容。它要守护解放的成果:国有化、社会保障、世俗化。1951年再度成为在野党后,工人国际法国支部逐渐采取了代表选民利益的一个压力集团的姿态。1956年1月选举之后,在阿尔及利亚战争困难重重的条件下,为了组成由居伊·摩莱主持的联合政府,工人国际法国支部只能利用它的相对多数,继续坚持在社会方面的改革意愿。

总的来讲,社会党人的行动是在解放时期的混合经济框架内进行的,只有国家有能力推动的③。他们把"最合理地分配国家财富"放在首位,其手段主要是购买力政策、社会保障改革,还有税收改革。1951年还没有引入计划经济,1956年选举纲领中采用了这个说法。但是,使用的是一些不很明确的用词:如"将国民收入交给最高层","满足人民的各种需

---

① Sadoun (Marc), art. Cité, p. 10.
② Ramadier (Paul), *Les Socialistes et l'Exercice du pouvoir*, Paris, Robert Laffont, 1961, p. 114.
③ Voir notamment les rapports, les résolutions, les débats du 43ᵉ congrès national, Paris, 11 - 14 mai 1951, du 47ᵉ congrès national, 12 - 15 juin 1955 ; voir aussi *Bulletin intérieur SFIO*, n°81, juillet 1955.

求","各产业和各地区的和谐发展"。如果说国有化相反一直受到保护（国有化过程中遇到的困难一般归结于自由主义政策造成的局限），那么，对国有化的扩张却没有作明确规定。1955年6月大会提到了冶金业的情况。但是1956年1月的政府纲领中却没有任何一项新的结构性改革。

> 居伊·摩莱指出，目前没有增加国有化名单的可能……我们向权力的过渡并不是反映在对社会进行社会主义改造上，而是实现工人阶级最直接的愿望。①

因此，在第四共和制度下，工人国际法国支部只是推进了社会政策。1958年12月，为反对一项歧视性的金融政策，党脱离了戴高乐政府。

这些年中，工人国际法国支部虽然只是简单地实施了一些社会政策，但这一实践对党内的理论思考并非没有影响。首先，正是在这一时期，凯恩斯的原则真正被同化和接受了②。执政时期也培训了一批社会党精英，他们熟悉了货币和金融工具。1951年的大会上，阿尔贝·伽奇埃就承认：

> 我们曾经告诉听众，由于过度使用分期付款，由于无序投资，资本主义靠剥夺工人阶级本该属于它的东西获取利润，但是，我们也是这样做的，我们没有可能，我再重复一遍，我们不可能有别的选择。无论是在分期付款政策、投资政策，还是确定物价和成本与收益概念方面，我们一边一如既往地予以谴责，一边如法炮制。不过，当这些企业被国有化之后，它们也要计算成本，它们也要着手分期付款和投资。③

儒尔·马克在许多文章和讲话中都试图说明一种与社会党的实践和

---

① *Le Populaire*, 16 janvier 1956, et congrès extraordinaire de Puteaux, janvier 1956.

② Parti socialiste SFIO, 45e congrès national, 2-5 juillet 1953, intervention de Christian Pineau, *Revue socialiste*, n°34, janvier-février 1950.

③ Parti socialiste SFIO, 43e congrès national, 11-14 mai 1951, compte rendu sténographique, p. 323.

理论相协调的东西。他在《对峙》一书中系统地梳理了有关的思考①。他在坚持自己观点的同时,也依然忠实于马克思主义在解释资本主义发生的变化时的分析。由于受"经济增长"的最初表现形式和让·弗拉斯蒂思想的影响,他明确阐述了资本主义如何借助某些社会主义手段促进了生产力的巨大进步。

利润依然存在,但它已经不再用来调节经济的一切形式。众多的部门已经成为资本主义世界以外的。不论在产品市场还是在劳动力市场上,竞争不再任其自由发展。技术不断进步,自由主义制度特有的低消费危机不再是命中注定的,危机不再是复杂的了。②

他重新采用了上世纪30年代计划经济学派的论点,按照这种论点,所有制比权力重要。然而,阶级斗争既然在混合经济社会中依然存在,因此,应该缩小不平等、给予"劳动者完全的安全、分散的责任"。他提出"自由中的计划经济论"和把国有化的部门、合作部门与自由部门组织起来:"只有积极和持久地努力实践权力下放和分权才能实现自由中的社会化。"③儒尔·马克交给工人国际法国支部的任务是,在与资本主义制度的斗争中,不要试图首先摧毁它,而是让社会主义在资本主义社会内部更快地成熟起来。

这些想法既无太多独特之处,也不够大胆。它们只是重新强调和梳理了已经有人描述过的欧洲社会主义演变的脉络。与1951年社会党国际在法兰克福通过的决议相比④,这些想法甚至有些倒退;它们还遭到了工人国际法国支部马克思主义者的抵制。《社会党杂志》⑤彬彬有礼地否

---

① Moch (Jules), *Confrontations*, Paris, Gallimard, 1952, et intervention au 42e congrès national, 26-29 mai 1950, pp. 136-146 du compte rendu sténographique.
② Moch (Jules), op. cit., p. 99.
③ *Ibid*, p. 403.
④ Devin (Guillaume), *La Renaissance de l'Internationale socialiste*, mémoire de DEA, 1982, Paris-X.
⑤ *Revue socialiste*, n°68, juin 1953; articles de Pierre Rimbert,《*Confrontations avec Jules Moch*》.

定了儒尔·马克的分析,公开支持他的只有像保罗·拉马迪埃这样主张从实用主义角度看待问题的人。党内大多数人并不真正反对其说法的合理性,但是他们不想重新思考党的理论。1950年,居伊·摩莱把欧洲政党划分为重视"道德伦理和民主"的党和像工人国际法国支部这样追求"废除资本主义和获取生产和交换重要手段"①的党。这一时期,主要领导人中或多或少都有过与之类似的阐述。这就难免给人一种理论比较混乱的印象。莫里斯·杜维尔热在他承担的工人国际法国支部研究中,提出了他的"理论虚无"说,但他只能证明工人国际法国支部是"停留在双臂的马克思主义"②。在1951年3月的代表大会上,阿尔贝·伽奇埃很不情愿地总结了这些困难,提出:"我们要把自由作为原则,把共和民主作为基础,把经济和社会革命作为目标。"③不过,这些目标的兼容性本该得到更加深入的分析。的确,从1956年开始,阿尔及利亚吸引了所有活动分子的注意力。但是,在一些根本性问题上,步骤一直比较迟疑:要不要继续国有化和以什么形式？计划应该起什么作用？ 在1958年,阶级斗争意味着什么？不论在德国、英国,还是在欧洲,社会主义正在就根本性理论问题进行辩论的时候,社会党的知识分子开始对如此多的问题提出疑问④。

确实,十年的经济发展使欧洲接受了他的理论⑤。1959年德国社会民主党在哥德斯堡代表大会作了最著名的一次修正:"尽一切可能向前推进,将一切必要的都纳入计划。"奥地利、比利时和瑞士各国社会党虽然在形式上还没有得出这样的结论,但是他们都对党的纲领作了与其意思相同的修改。工人国际法国支部没有承诺对其理论进行这样的修改。不过,由儒尔·马克、罗歇·吉奥特、皮埃尔·伯纳尔、雅克·热尔曼等一些

---

① Rapport de la conférence socialiste internationale de Copenhague, août 1950, archives de l'Internatioanle socialiste, IIHS, Amsterdam.

② Duverger (Maurice),《SFIO : mort ou transfiguration?》, in Les Temps modernes, n° 112 - 113, mai-juillet 1955, p. 1872.

③ Parti socialiste SFIO, 43ᵉ congrès national, 11 - 14 mai 1951, compte rendu sténographique, p. 323.

④ Revue socialiste, n° 97, mai 1956, archives de Roger Quillot,《La mort des idéologies》, et de Pierre Bonnel,《Où est la doctrine ?》.

⑤ Bergounioux (Alain) et Manin (Bernard), La Social-Démocratie ou le Compromis, Paris, PUF, 1979, et Le Régime social-démocrate, op. cit.

知识分子的带领下,开始了一次理论辩论。1958年秋季建立了一个理论研究小组,其明确任务就是制定党的一部新章程。小组经常在《社会党杂志》①上展开预备性研究。这一次,小组只从马克思主义中保留了分析方法,总体上认为马克思主义的某些论点:危机理论、优先考虑法律上的所有制、无产阶级的贫困化等等已经过时。讨论历经3年,直至1962年。从政治上讲,皮埃尔·伯纳尔对马克思主义本身也提出质疑;罗歇·吉奥特明确提出了民主选择必然要求妥协的问题。对欧洲现实的研究使他这样写道:

> 就与我们有关的而言,目前可以设想的唯有斯堪的纳维亚类型的演变形式。诚然,什么也不能阻止我们将产业国有化,不能阻止我们鼓励搞合作社,不能阻止我们创立计划经济的成分和启动工人对企业的监督。但是,除非国际形势出现动荡,否则我们不能走得太远。②

从经济和社会方面讲,理论研究小组的真正想法是优先考虑计划经济,而不是集体获取生产手段,而国有化不过是其他各种手段中的一种。这一切显然并不新鲜:在社会主义运动中,人们就此至少讨论有30年了。但是,有一点十分重要,就是在工人国际法国支部的原则声明中第一次承认,把改良主义确定为社会党的身份。不过,研究小组的步骤并不一致,而且无论如何它也不代表党内的某种倾向。儒尔·马克重新考虑的是他在两战期间表达过、在1952年成形的想法。他也保留了由莱昂·布鲁姆规划的理论思考框架。皮埃尔·伯纳尔和罗歇·吉奥特则希望走得更远。

居伊·摩莱希望限制这次讨论的影响,因此保留了1945年通过的原则声明,并把研究小组准备的宪章作为基本纲领定位,介于原则声明和本意上的纲领之间。在一次研究日活动中,他明确指出:

---

① Bergounioux (Alain) et Manin (Bernard), *La Social-Démocratie ou le Compromis*, Paris, PUF, 1979, et *Le Régime social-démocrate*, *op. cit.*

② *Ibid*, p. 136. octobre 1960.

社会主义思想所依据的基本想法,整体上依然是有效的……。不应该存在修正的问题;我们不是修正主义者。[①]

1962年5月在全国委员会上,居伊·摩莱让会议通过了一项对基本纲领的修正案,就是要强调,应该用利润而不是简单的私有制来定义资本主义[②]。最后,基本纲领对"坚持不懈的目标"作了若干具体说明。目标始终是建立起一个"没有阶级也没有战争的、完全民主的社会"。社会主义既反对资本主义,也反对苏维埃体系;尽管它们之间有重大的差别,但是它们有一个共同点:剥削劳动者。废除资本主义所有制将不再以这样一种方式。民主地把握经济更重要。计划经济可以要求将生产和交换手段转给集体,哪里有"经济上的压迫",哪里的转让就是合理的。不过,这种获取可以有多种形式:全国范围的、地区范围的、当地合作形式的。作为这一"突破"的代价,纲领用了整整一个章节来强调无阶级社会这一最终目标和社会党既是改良主义者又是革命者的双重特征[③]。理论"修正"总体上很少。更何况,尽管事先进行过讨论,但纲领却只字未提有关法国社会和工人国际法国支部确实可以依靠的社会阶层的任何具体分析。修正部分仅限于在文本中标明一点:这个混合经济在战后已经成为工人国际法国支部实用的正统理论。

从1962年秋天起,创意不再属于社会党左翼中的工人国际法国支部。随着遇到越来越多的困难,工人国际法国支部的大多数党员向越来越明显的理论僵化的方向发展。居伊·摩莱在1965年解释说:"不应该用更少的社会主义,而是要用更多的社会主义武装自己来取代戴高乐派。"[④]

1963年春天的代表大会将这一决心具体化了。大会完全恢复了传统词汇。只有在"党取得结构性改造、使党更接近其最终目标时,才能在

---

① Journée nationale d'études, Puteaux, 11 mai 1959, compte rendu sténographique, p. 89.
② Conseil national de Puteau, 19–20 mai 1962, compte rendu sténographique, p. 112.
③ Ibid.
④ Conférence nationale d'information SFIO, Clichy, 3–4 avril 1965, compte rendu sténographique, pp. 2 à 4.

资本主义制度下承担责任"①。大会通过的纲领提出了实现新的国有化要求。1964年与共产党重新"对话",社会党的召开研讨会都是推动工人国际法国支部朝这个方向发展。加斯东·德费尔希望以他参加1965年总统选举为契机革新左翼,这是工人国际法国支部内部最后一次进行修正的努力。马赛市长提出的纲领绝对是改良主义的,反映了1960年以来"现代左翼俱乐部"的首要关切。纲领致力于减少资本主义社会的"浪费、非理性、非正义"现象,大力支持与"拘泥文字的革命派"决裂的"管理左翼"上台。纲领几乎没有谈及国有化,只是提到对信贷和商业银行的监管,以改善其结构。计划程度大概依然是促进社会增长的指标②。居伊·摩莱极力反对这种做法,加斯东·德费尔在6月选举中失败,这也是改良主义的彻底失败。

最终,工人国际法国支部在这一期间只是以捍卫体制的名义推行了改良主义,而这种改良主义与理论从来没有什么关系。在这困难的时期里,活动分子们希望有"一种肯定的、永恒的理论,用来保障因力量对比关系而做出的那些让步具有过渡的性质"③。毫无疑问,从改良主义思想的角度看,也有一些创新。但是这些创新从来没有被作为未来的目标,也没有导致人们对党的核心目标真正提出质疑。居伊·摩莱和他的追随者自始至终紧紧抓住的是一种过时的模式。但原来的模子不再有可操作性。缺乏修正使社会党无法看清执政目标。它只能被动应付,而不能主动控制。1969年病入膏肓的工人国际法国支部无论在它的改革目标还是在它的理论方面,再也不能,激发起活力。

二、非共产党左翼激进特点与意识形态演变

统一社会党成立于1960年,主要成员有工人国际法国支部的一些老党员(他们从1956年就不再接受居伊·摩莱的政策并于1958年秋季成立了社会党),社会党左翼联盟的活动积极分子(其中主要是左翼天主教

---

① Textes votés par le 54ᵉ Congrès national SFIO, 30 mai-2 juin 1963.
② Defferre (Gaston), *Un nouvel horizon*, op. cit. ; et Andrieu (Claire), *Club Jean-Moulin, un parti pour la gauche*, Paris, Ed. du Seuil, 1965.
③ *La Pensée socialiste contemporaine*, Actes des colloques socialistes de 1964, Paris, PUF, 1965, pp. 24-25.

派),还有二三百名《共产党论坛》的原共产党党员,他们既想回归社会主义本源,又希望对法国社会现实作出回答①。他们或多或少刻意提出了"革命性变革"存在的问题。其章程第一条就指出:

> 统一社会党根据如下原则建立:国内和国际劳动者的和睦相处与行动;从政治和经济方面将劳工界组织起来,成立阶级政党,目的是夺取政权和实现生产与交换资料的社会化,也就是说,将资本主义社会改造成为社会主义社会。②

这些定义再经典不过了。1961年的第一次代表大会,强调了向社会主义过渡的概念,它是由保证走向不可逆转的社会主义结构改革的"门槛"确定的③。为了这一前景,统一社会党把计划主义作为自己的传统。在1958年后,孟戴斯·弗朗斯围绕实现计划经济构建了自己的思想,他的影响同第一位把亨利·德曼思想引入法国的安德雷·菲利浦相比,起了更加重要的决定性作用④。1963年,统一社会党通过了一项"反计划",在它看来,该计划应该是向社会主义过渡的基本因素。1966年在格勒诺布尔研讨会上,米歇尔·罗卡尔介绍了反计划的逻辑,确定了目标等级,并且希望能够在应时的经济政策与结构性改革之间建立起和谐关系:避免通货膨胀、实现一个混合经济型社会,这样可以过渡到社会主义。

与此同时,对苏维埃类型和资本主义类型官僚主义的批评,使得统一社会党人把此前社会主义思想曾经提到过,但是却阐述不多的一种因素放在首位:劳动者参与经济管理。赛尔热·马莱言简意赅地这样总结了统一社会党的步骤:"社会主义就是计划经济加上整个有组织的社会全体劳动者的自治。"⑤统一社会党的贡献还不止这些。它以新的方式尝试分析20世纪60年代的社会现实,重新划分了工薪阶层。它把分权的前景

---

① Kessler (Jean-François), *De la gauche dissidente au nouveau Parti socialiste*, Toulouse, Privat, 1990.

② Cité in Nania (Guy), *Un parti de la gauche : le PSU*, Paris, Librairie Geldage, 1966, p. 260.

③ *Le Courrier du PSU*, 11 - 12 novembre 1961.

④ Mendès France (Pierre), *La République moderne*, Paris, Gallimard, 1962.

⑤ La Pensée socialiste contemporaine, op. cit., p. 36.

交给左翼进行辩论。1967年,米歇尔·罗卡尔提出了"分权到省"的格言。他就健康、教育、住房、运输等方面建议的政策,展示出相当多的否定资本主义发展逻辑的具体方案。这一切不可避免地造成了"现代派"与更看重马克思主义的"原教旨主义者"之间的严重分裂。因此,对统一社会党的社会主义也有多种解读。不过,重要的是应该注意到,不论是现代版还是传统版,统一社会党的纲领完全没有脱离至少1945年以来就被承认了的计划社会主义前景。

1968年的危机的作用令人十分诧异。一方面,危机曾经一时毁掉了左翼的联合,使战略理论的矛盾显现出来,让工人国际法国支部内部的中间派再度活跃起来;但是另一方面,夹杂着对自由的渴望和马克思主义分析的1968年5月精神,颠覆了所有纲领。对资本主义的批判更加激烈,而且针对的是日常生活的各个方面。对于社会党左翼而言,自治是概括了当时所有希望的一个概念,倒不是因为这一思想以前不曾存在,统一社会党,还有工人国际法国支部都研究过南斯拉夫的经验,而是因为它从此显得更加突出了。1968年5月之后3年时间内,策略性的离异尤其引起了人们的注意。不过,也应该支持一点,而且这一点对于理解20世纪70年代并非不那么重要,各种纲领明显地出现了同一化趋势。一件耐人寻味的事情可以证明:各政党都非常小心地拒绝了社会民主思想本身。伊赛-穆里诺代表大会上,新社会党还没有完全组成,在会上,马科斯·勒热内提出在社会党名称中加上民主一词的建议受到了广泛的抵制。评委诺埃尔·尤塞夫明确指出:"民主社会党这两个词和在一起,太容易让人想到社会民主党。"[①]社会党的行动方案于1970年出台,讲的是"不可逆转的变动"。居伊·摩莱于1968年秋发表了题为《社会党的机遇》一书,他在这部总结性著作中阐述了走一条完全独特的第三条道路的可能性:"社会党人希望建立的社会,并不是像许多人喜欢这样讲的介于两种体系(资本主义与社会主义)之间的半途社会。这个社会与资本主义和社会主义这两种社会处于矛盾状态,更准确地讲,是完全不同于这两种社会的社会。"[②]自1967年担任统一社会党全国总书记的米歇尔·罗卡尔,几乎使

---

① Congrès d'Issy-les-Moulineaux, 11–13 juillet 1969, compte rendu sténographique, p. 234.
② Mollet (Guy), *Les Chances du socialisme*, Paris, Fayard, 1968, p. 30.

用了完全相同的词语,略有不同的是,在他看来,工人国际法国支部是社会民主性质的党:

> 统一社会党承担起了一项任务,那就是首先建立起骨架,然后再给它填充血肉,我们认为,社会党与共产党不同,因为我们不再相信苏联的集权制社会……。我们也明显地不同于社会民主传统,后者最终放弃了在我国建立社会主义的组织结构。①

统一社会党曾考虑可以回避这类选择,提出一种新的替代选择,但是,统一社会党一贯的弱点使它最终没能为社会党用不同的话语阐述与权力的关系问题。事实上,如果说,1969年总统选举时,米歇尔·罗卡尔的得票结果吸引了人们注意力的话(占有选票的3.67%),那么,这也是由于工人国际法国支部本身存在着弱点,而不是源于统一社会党的实力。况且,统一社会党在执政问题上也没有取得一致的立场。在最初的几年中,统一社会党因为承认更赞同议会制,因此也就同意以普选方式选举总统,尽管这遭到皮埃尔·孟戴斯·弗朗斯的坚决反对。1965年,统一社会党展开了秋季宣传活动,支持弗朗索瓦·密特朗。一些人主张优先考虑左翼结盟,认为统一社会党只是一个过渡性的政党,另一些人,这些人居多,更希望革新左翼,因而主张把统一社会党变成左翼的一个新的政党。1967年,阿兰·萨瓦里萨瓦利、让·伯普兰、皮埃尔·贝雷戈瓦,所有这些不想远离社会民主左翼联盟(FGDS)的人离开了统一社会党。米歇尔·罗卡尔同一年在书记处当选,1968年5月风暴又引起了一股"颠覆风",在这之后,统一社会党以两种十分矛盾的方式提出了执政问题。第一个是重新恢复1936年以前法国社会党的传统理论:

> 人们可以从1969年3月通过的党的17点主张中看到,执政是议会多数争夺权力的偶然结果,这种执政不能与真正的夺取政权相混淆。民众的力量不能采取社会民主党实践与理论,

---

① Rocard (Michel), *Le PSU et l' avenir socialiste de la France*, Paris, Ed. du Seuil, 1969, pp. 142 – 143.

它使社会主义改造仅仅取决于体制和传统意义上的政治行动。[①]

统一社会党更重视"群众运动",再次赋予执政与夺取这一原来的划分以生命力,但与此同时,又不放弃1968年以前在重新定义方面的努力。米歇尔·罗卡尔竭尽全力维护这份遗产,特别是反计划的主张,可是,尖锐的派系斗争妨碍了人们找到一种体系。自治的概念虽然成为占主导地位的根据,却过于含糊了。尽管1969年的总统选举活动给人的印象是由米歇尔·罗卡尔领导的,选举活动吸纳了有关政治体系的新论据,也允许使用现代左翼的语言,但是统一社会党没有能够抵制后5月风暴的激进化:老的战胜了新的。1971年,统一社会党失掉了赌局:在法国社会党只是部分地革新了与权力的关系。统一社会党也没能成功地建立起新的组织规则,以成为一个新型的政党。不过,它曾经是一个十分可贵的培养一代政治家的组织,其中许多成员后来又激活了20世纪60年代革新的潜力。

第五共和国带来的局面,给所有人提出了革新左翼的问题。统一社会党希望以取代工人国际法国支部的代表身份来证明自己的存在。各种性质的俱乐部,其中有些已经很古老,如雅各宾俱乐部,其他一些是新成立的,如让·穆兰和60公民俱乐部,它们成为一种政治现实。其政治战略严格地控制着随后几年发生的演变。各种纲领本身往往被作为战术武器。然而,尽管有不同点,要确定这个10年结束时取得的成就达到什么程度,重要的是看它们存在哪些共同特征。

1965年10月,社会民主左翼联盟在原则宣言中承认:

> 不能继续轻易地让无控制的机制随意处置这些设备,或者让它们受强势私人利益的影响。民主社会党建议改革投资的组织机构,特别建议成立一个国家投资银行……。要使生产合理发展,也必须进行重大的结构性改革。建立公有企业,或者必要时在主要经济活动部门让公有企业替代大型私营企业,尤其是

[①] *Le Courrier du PSU*, 11–12 novembre 1961.

在商业银行部门。①

在1968年2月的文件中，社会民主左翼联盟在列举与共产党的不同点与共同点时指出：

> 社会民主左翼联盟认为，当前，对商业银行应该实行国有化，应该成立国家投资银行，以这样的方法防止钻信贷空子阻碍各项计划目标的实现。希望用适合的核心措施，把事实上享有垄断的产业如钢铁工业，或紧密地依赖公共基金的产业如信息或医药业，置于国家的控制之下。它希望通过制订反托拉斯法来补充这些深刻的改革。②

这些措施遵循的是混合经济的逻辑，与工人国际法国支部鼓吹的措施没有太大的区别，但是，与统一社会党的纲领相比，这些措施比较收敛。
弗朗索瓦·密特朗不否认改革的概念，但是，1970年由共和制度大会党建立的"社会党契约"明确规定，要"用另一种体系，另一种社会模式代替这个资本主义体系"。弗朗索瓦·密特朗在1969年12月开展的运动基础上，宣布：

> 社会党的任何一项实验都不可能脱离对某些部门（军工产业、医药业、航天、原子能、信贷等）实行国有化。相反，既然我们目前主张的是一种混合经济社会，那么就要清楚地确定公共部门和私营部门的界限，不要无端地在私营部门将继续发挥作用的那些地方散布恐怖。③

读到这些文件，很难否认弗朗索瓦·密特朗有理。1970年，至少从基本情况看，并不是意识形态主张真正分裂了社会党左翼。

---

① *Le Populaire de Paris*, 2-3 octobre 1965.
② *Ibid.*, 27-28 février 1968.
③ Mitterrand (François), *Un socialisme du possible*, Paris, Editions du Seuil, 1970, pp. 47-48.

图尔代表大会距今已有近50年,这是一段跌宕起伏、富有戏剧性,但是总而言之深刻震撼了法国社会的50年历史,法国社会党人至今保持了意识形态的不变。毋庸置疑的是,饶勒斯和布鲁姆在伊赛-穆里诺代表大会或者在1969年第戎代表大会上肯定不会有陌生感。唯一真正称得上出新的一次是在1930年,当时社会党开始接受了社会主义与资本主义之间没有绝对的对立、指导性经济"这种中间制度"可以是社会主义的思想。从这时起,社会党的所有纲领(不管是工人国际法国支部的纲领、统一社会党的纲领还是各种俱乐部的纲领),不论以什么面目出现,都或多或少地含有强调国有化的内容,有的主张大量国有化,有的主张全部国有化,有的强调部分国有化,总之,主张计划经济,考虑分散管理责任,实现社会再分配。然而,那些模棱两可的问题却依然存在。确实,在混合经济中,结构改革究竟预示着一种持久的状态还是只能标志着很快就可以超越过去的某一时刻的特征?这个问题或多或少成为社会党活动中大多数辩论的主要内容。1970年,这个问题还是没有得到解决。

1969年社会党的重建说明,即使工人国际法国支部部分地年轻化、放弃了它的缩写形式,也还是保持了原来的身份。新社会党通过的一项原则宣言直接出自1905年的文本,以此完全恢复了其理论的可靠性。但是,只有它暂时放弃把执政问题放在首位时,才能做到这一点。阿兰·萨瓦利,居伊·摩莱的继承人,自1956年以来一直对后者持反对意见,也没能解决这一初始的矛盾。1970年,他在回答让·拉库图尔时指出,新一代活动分子对人的评价是"根据他们对党所要求的、对党所说的和对党所规定的忠诚度,根据他们对党的行动所作出的贡献"[①]。

1970年,法国社会党的分析工具尽管常常受到质疑,但是继续影响这些分析工具的,要么来自有些机械的马克思主义,要么来自备受人文科学的社会批判锤炼的新马克思主义。从这里就可以看出,1970年与1920年一样,社会党对改革建议的衡量标准仍然具有"革命"性。

三、左翼文化与社会党

不分析左翼文化对非共产党左翼各政治组织的影响作用,就无法理

[①] Savary (Alain), *Pour le Nouveau Parti socialiste*, Paris, Ed. du Seuil, 1970, p.167.

解工人国际法国支部意识形态的僵化和20世纪60年代非工人国际法国支部社会党左翼的立场和演变。

自法国解放以来,工人国际法国支部比过去更加受左翼文化的束缚。随着斯大林战胜希特勒并在东欧建立了共产主义制度,共产党问题便成为知识界关心的中心议题。《现代》与《精神》[①]杂志没完没了地探讨与共产党的关系。显然,马克思主义异乎寻常地扩大了影响。正是在这些年,形成了以马克思主义为基础的进步主义,左翼大多数知识分子,不论"大""小"知识分子,都以它为分析标准,成为他们做出政治判断的试金石。

自1920年起就遇到的困难(但是由于莱昂·布鲁姆在1946年试图用人道主义定义社会党没有取得成功,此后变得极其困难)是,社会党人也把自己的合法性定位在马克思主义中。但是,与共产党的平衡关系被打破了。工人国际法国支部的马克思主义看上去更贫乏,进入冷战时期显然对此没有任何改变。然而,共产党强加于人的"冷战的马克思主义"价值更是靠不住[②]。不过,党处在第三种势力的重重矛盾中,不得不为自己选择大西洋主义作辩护,左翼一部分有影响的知识分子却维护中立主义,因此不可能从中获利。进步主义派的知识分子正是以马克思主义的名义反对工人国际法国支部,而工人国际法国支部自己却只是想更进一步维护理论原则。于是,它永远处于被谴责的处境,而它在为自己作辩护时,还要使用谴责它的同样语言。

自1956年起,当苏共20大进行"揭露"以及布达佩斯危机发生之后,苏联模式的公理开始真正受到质疑,知识分子与共产党之间出现了明显的分化。但马克思主义本身看上去并没有因此而受到伤害。正在发生的非殖民化运动和第三世界的形成,使第三世界运动与"帝国主义"之间的对立变成了无产阶级与资产阶级之间新的对立,因此继续把这种对立作为意识形态参照体系。相反,即使马克思主义分化为好几个派别,有存在主义派(让-保罗·萨特的《辩证理性批判》发表于1960年)、《论据》杂志的修正主义派、亨利·勒费弗尔的持批判精神的共产党人、进步基督教

---

① Sirinelli (Jean-François), *Intellectuels et Passions françaises*, Paris, Fayard, 1990.
② Verd2s-Leroux (Jeannine), *Au service du Parti*, Paris, Fayard/Minuit, 1983.

第二编　追悔执政(1936—1971)

派,等等,每一个派别却都以不同的方式深化了理论的潜在性,使马克思主义在20世纪60年代获得了更多的威望。而且正是在60年代,马克思主义真正进入大学课堂,特别是进入了那些年来体现知识分子氛围的人文学科课程,并且影响了越来越多的大学生。从量的方面看,阿尔都塞及其信徒的影响非常有限,但是对巴黎的知识界却影响深刻,这在一段时期反映了文化与社会学这两种现象的交织。因此,1968年5月(风暴)最初似乎强化了马克思主义的思维方式。一方面,马克思、列宁的著作受到新一代青年人的青睐,用以表达新的渴望和诉求。这就不难理解为什么左翼组织、托派组织和毛主义派组织能控制一场绝非极端自由主义的但可能是个人主义的运动[①]。这些组织传播了马克思列宁主义的主要论点,这些论点当时并不被人接受,之后往往被抛弃,但是,随着变革的渴望日益强烈,逐渐使人感受到一场新的革命的到来,随之而来的是对马克思主义经典理论再次产生兴趣。与此同时,对法国民主工联和统一社会党有影响、与共产党毫无关系的基督教社会党,也毫不逊色地从中找到一些接近极端自由主义的马克思主义言论,他们还用自治的概念来表示,他们既批判共产党也批判被揭露为"社会国家主义"[②]的传统改良派。

意识形态的这种演变趋势最终使法国社会党在意识形态上持坚定的保守主义态度。因为工人国际法国支部在阿尔及利亚战争期间以人道主义为名义受到批评,也因它的改良主义受到以马克思主义为名义的批评,实际上工人国际法国支部是想以坚持刻板的理论来维护自己的身份。统一社会党在认真分析新的社会现实的同时,希望重新找回社会党的纯洁性,最终推行了一种左翼马克思主义的解读。例如,可以看到很能说明问题的现象:那些在1956年以后追随孟戴斯·弗朗斯向社会党靠近的知识分子,有时为了被承认为完整意义上的社会党左翼成员而参加极其严格的"升级考试",这时,他们不得不把传统的马克思主义作为参照[③]。

[①] Pour le débat sur la nature du mouvement de Mai 68, voir, entre autres, le n°39 de la revue *Pouvoirs*, 1986 et Hamon (Hervé) et Rotman (Patrick), *Génération*, t. I, *Les Années de rêve*, t. II, *Les Années de poudre*, paris, Ed. du Seuil, 1987 et 1988.

[②] Hamon (Hervé) et Rotman (Patrick), *La Deuxième Gauche. Histoire intellectuelle et politique de la CFDT*, Paris, Ed. du Seuil, 1982.

[③] Martinet (Giles), *Cassandre et les tueurs*, Paris Grasset, 1986.

维护法国左翼文化的主要特征,显然并不能仅仅用马克思主义的影响来解释。党经历的历次考验的性质是另一个关键因素。冷战毁灭了解放时期的所有希望,不得不在自由和"捍卫工人阶级"的党之间进行抉择;欧洲防务共同体则要求,为了自由欧洲必须在很大程度上放弃民族主权;阿尔及利亚战争是对人道主义的极大讽刺;1958年的政治制度确立了行政权的主导地位:所有这些事件都把左翼舆论拖入严重的矛盾状态,使左翼远离了工人国际法国支部推行的"现实主义政策",并且工人国际法国支部每一次都不得不牺牲掉左翼的部分价值。因此,左翼舆论多次因对激进派的思念而受到撼动。共产党在这一时期维护了自己的影响力,非共产党左翼在20世纪60年代作了种种努力因而越来越有影响,而且他们同工人国际法国支部一样,也在试图重新确定一种理论,最后是工人国际法国支部自己缺乏良好的意识:这一切都说明为什么人民阵线和解放时期推行的理念还会残存下来。如果说革命前景只不过停留在象征性的修辞状态,那么,在上世纪60年代末,它还是有相当的吸引力,以"与资本主义决裂"这种较为缓和的形式出现在各左翼政党的所有纲领之中。

特别是由于极右翼长期以来一直是一种威胁,阿尔及利亚战争和第五共和国的专制性质延长了反法西斯主义的文化模式。保卫共和、反资本主义、人民的团结统一,这是20世纪30年代和抵抗运动中反法西斯主义的三部曲。这些内容到了60年代又被重新发现,而且有可能再次发挥左翼"真正的"政策作用。除这些内容外,还有反殖民主义,在上世纪50年代前,反殖民主义在左翼意识形态财富中还只占很小一部分。毫无疑问,它影响的主要是青年知识分子。不过,恰恰是青年知识分子赋予了60年代特有的风貌,也保留了对政治家们一种难以消除的埋怨,在他们看来,这些政治家在阿尔及利亚战争期间没有尽到职责。阿尔及利亚战争结束后,随着越南战争的发展,谴责"美帝国主义"的呼声渐起,这种反殖民主义又逐渐变成了第三世界主义。

与两次世界大战期间相比,目标已经发生了变化,但是,30年过去了,左翼的政治文化直至1968年以前基本上没有改变。5月事件是左翼政治令人困惑地出现意识形态僵化的时刻。随着时间的推移,5月事件的意义更多的是文化方面的,而不是政治方面的。今天,人们很容易看出,对自由的渴望战胜了马克思主义的启示。但是,在当时,各左翼政党都把经历的这些事件当作一种与意识形态要求有联系的事情。反资本主义在纲领中重新占有重要位置。反资本主义甚至具有了额外的内容,还添加了其他"斗争领域":学校、司法、监狱等等。但是,从根本上讲,所涉及的无非是一种加法,而不是用一种政治模式替代另一种政治模式。

我们在研究社会党知识分子与工人国际法国支部的关系时发现,连续性同样是占主导地位的。对党出于不信任而保持距离,只有在解放后的几个月里曾经被消除过。《社会党杂志》当时似乎有能力组织一些著名人物的稿件,也能在知识界的辩论中获得一席之地。但是,这种形势没有持续多久。如果说工人国际法国支部可以在自己的阵营里有好几位有价值的知识分子,那么,他们中的大多数都采取的是一种独立的立场,而且很快变成了批评的立场。这种态度与共产党知识分子的态度形成强烈的对比,共产党知识分子是党的知识分子、党的同路人,他们注定要么捍卫党的立场,要么就是"背叛"。左翼知识分子的刊物、杂志或周报,可以在很大程度上证明这一点。左翼所犯的错误,最经常的是把责任抛给工人国际法国支部。社会党知识分子可以继续作知识分子,然后才是社会党人[1]。只有孟戴斯-弗朗斯在50年代、统一社会党在60年代才得以在一段时期内掀起精神上入党的潮流,尤其是在年轻一代人中。工人国际法国支部经常成为被批评的对象。1955年,《现代》发表了关于左翼的一个小册子,莫里斯·杜维尔热的文章是这样开头的:"说工人国际法国支部已经'资产阶级化'了,越来越保守了,它的一些领导人腐败了或没有能力了(甚至两者皆有),说它既没有理论也没有纲领,说它的影响在下降,说它不能再更新其干部,而且年轻的选举人都弃它而去,那是一点没有错的。"[2]阿尔及利亚战争进一步削弱了它,雅克·朱利亚在1968年出版的《第四共和国史》一书中这样写道:"总有一天会回忆起这些,会拒绝乱七八糟的标签,还会把法国社会主义这具散发着恶气的僵尸扔进垃圾堆。"

这种形势所带来的后果,特别是与知识分子难处的关系,使我们得以明白为什么工人国际法国支部的社会党没有能够从共产党在知识界丧失

---

[1] Estier (Claude), *La Gauche hebdomadaire* (1914–1962), op. cit.
[2] *Les Temps modernes*, n°112–113, mai-juillet 1955, pp. 1863–1864.

霸权中得到好处。党外都在广泛地寻求革新。只有统一社会党因此获得了部分好处。不过，批评工人国际法国支部造成的后果是矛盾的。居伊·摩莱的党受到指责后，远没有采取一种与其实践相符合的政治变革模式，而是趋于强调其理论的马克思主义特点，目的在于揭露"小左翼"的修正主义。而从统一社会党方面看，它的愿望在于证明，找到社会党原本的纯洁性。20世纪70年代，法国社会党一直没有能力真正地搞定一种理论和执政纲领。

第五章
执政考验与难以解决的联盟问题

一、一个共和大党

社会党人在第三和第四共和国体制下曾三次在较长时间领导政府,即1936年莱昂·布鲁姆政府,1947年保罗·拉马迪埃政府和1956年居伊·摩莱政府。社会党人虽然长期拒绝承担执政责任,但一旦上台执政便如同共和党人一样,不折不扣地遵守代议制民主的所有原则。在1936年同意组阁时,莱昂·布鲁姆就以纯粹议会制的逻辑为这种选择做辩护,指出:"社会党已成为最强大的党团,不仅是多数,而且是整个议会的多数。"① 他在就职演讲中也一再申明,要把人民阵线载入共和传统之中,同时还强调要坚守社会党对选民所作的各项承诺:

> 我们的目的不是要改造社会制度,甚至不是落实社会党的特殊纲领,而是实行人民阵线的纲领。……我们是根据宪法的约定和合法体制执政的。我们不会滥用权力。②

从这个日子开始,工人国际法国支部领导或参加了数届政府,而且在执政中总是本着同样的共和精神。然而,直到1940年,社会党还是不能完全认同法国现实的政治制度,因为尽管制度的原则是共和的,但实际上也继承了1875年的遗产:"妥协",而且这一制度明显与雅各宾和社会

---

① *Le Populaire*, 5 mai 1936.
② *Ibid.*

党人的共和观有所差别。法国社会党希望这一政治制度能继续发展下去。在抵抗运动中,共和国重新显示出战斗者的姿态,从而必须不顾一切首先捍卫共和的"思想"重现并具有了现实意义。在里荣诉讼案(1942年)上,莱昂·布鲁姆在维希政府的法官面前就强调了他要承担和体现共和传统的决心:

> 在生死攸关的严峻时刻,我们代表并且复活了我们国家真正的传统,即民主与共和的传统。……我知道,我们并不是这个国家历史上某种恶魔般的势力,因为我们是人民的政府,我们遵循了这个国家自法国大革命以来的传统。我们没有中断这个链条,我们没有打碎这个链条,我们更新了这个链条,我们让这个链条更结实了。[1]

所以,抵抗运动再一次把共和国与社会党联系在一起。战争和纳粹主义的悲惨经历,使社会党人重新审视了民主的思想。在1945年工人国际法国支部大会上,流放回国的莱昂·布鲁姆铿锵有力地表示:

> 社会主义与民主之间有一种不可分开的联系。没有社会主义,民主就是不完善的;没有民主,社会主义就没有力量。这一基本真理是用鲜血换来的,世界上任何人都不会再忘记这一点。

从此,社会党人不再只想在他们这个党产生之前建立的体制框架内执政。他们希望作为一线人员参与新制度的设计,他们可以把新制度作为自己的制度。既然这样,他们加快了融入法国政治体制的过程。那些没有经历第三共和国诞生的人希望建立第四共和国。戴高乐同意重新建立一种共和制度,社会党人承认他的首要关切,但是,他们希望能够让他们的立宪观点取得成功。自1942年起,安德雷·菲利普为内务部委员,让·皮埃尔-布洛克负责反间谍安全工作,莱昂·布鲁姆和皮埃尔·孟戴

---

[1] Blum (Léon), *L'Oeuvre*, t. VI, (1940 – 1945), *op. cit.*, 《Le procès de Riom》, p. 349. Sur l'attitude de Léon Blum au procès de Riom, voir Lacouture (Jean), *Léon Blum*, Paris, Ed. du Seuil.

斯-弗朗斯的密友乔治·博里斯，给将军作顾问。当戴高乐为了面对吉罗将军，强调自由法国的共和与民主价值时，这种影响越来越强大。在全国抵抗运动委员会，达尼埃尔·梅耶和安德雷·特罗盖代表了重建的工人国际法国支部。

在阿尔及尔，社会党人感觉到他们的立宪观点受到了重视。因此，樊尚·奥里奥尔在1944年2月2日写道，制宪委员会同意把社会党的方案作为讨论的基础①。尽管工人国际法国支部在正式重建时相对比较弱，但是在1944年11月代表大会时，已经占据了举足轻重的地位。儒勒·莫什和爱德华·德普勒，两人后来都担任过内务部部长，他们在大会上都明确主张，必须同与省行政权力平行的任何权力作斗争，必须同任何"用抵抗蛊惑人心"的做法作斗争②。在提出重大结构改革建议并将这些建议付诸实施的同时，工人国际法国支部认同了"共和秩序"。它与人民共和运动和共产党一道，代表了解放时期政治的革新。而且，在戴高乐1946年1月退出政坛后，它还利用"三党制"的中间地位，承担起了国家所有重要职位。樊尚·奥里奥尔任第四共和国第一任总统，莱昂·布鲁姆担任第一任委员会主席。这种局面似乎标志着工人国际法国支部与权力达成了妥协，解放时期人们的期待让他们接受了这一现实。莱昂·布鲁姆在《全人类》一书中指出，战争标志着社会党执政的曙光③。新的民主可以由表达社会各种不同阶级真正利益的"正规的和严肃的政党"来保障。但是，工人国际法国支部并不能完全按照自己的观念强行推行一种制度。特别是人民抵抗运动党的反对态度，阻止了建立单一议会的制度。不过，1946年10月，通过社会党议员，特别是工人国际法国支部新任总书记居伊·摩莱在制宪委员会讨论中的行动，使妥协成为可能，他们甚至可以认为，制度建设与自己的想法差不多了。莱昂·布鲁姆在全民公投的当天晚上就指出了这一点："结果是我们的，我们有权利为此而感到些许自豪。"④社会党因此成为"体制内的党"。

---

① 《Les socialistes sous l'Occupation, 1943 - 1944, Correspondance : Paris-Londres-Alger》, L'OURS, n°168, mars-avril, p. 25.

② Ibid. , n° 170, juillet-août 1986, pp. 6 - 9.

③ Blum (Léon), A l'échelle humaine, Paris, Gallimard, 1971(1re éd. , 1945).

④ Le Populaire, 14 octobre 1946.

在整个第四共和国期间,社会党人感觉自己负有维护体制的使命。有些人甚至认为,这一使命重于其他任何事情。在社会党人保罗·拉马第埃身上尤其体现出这样一种态度:

> 他在1950年5月的大会上指出,事实上,我们同第四共和国是联系在一起的。是我们创建了它。我们必然对它和它的命运具有重大的影响力,如果我们放弃了它,那么,它经历的危难就会相应地加重我们的党必须沉重地承担起来的责任。[1]

直至第四共和国结束时,社会党人一直以制度的捍卫者自居;居伊·摩莱直到最后,都在试图说服戴高乐,不要在1958年危机中毁掉议会制度,后来又接受他重返政坛,以"拯救共和国"。在此期间,社会党所作所为一直都是这样,就像议会传统中的共和大党那样。因此,应该从这一根本性的融入角度来评价它的执政行动。

第四共和国那些年,也是社会党在国家性质上不再犹豫的时刻,甚至在莱昂·布鲁姆政府期间,还成立了由儒勒·莫什负责的政府总秘书处这样的事情。一方面,解放时实施的结构改革使社会党看到,国家拥有具体落实社会改造方案的主要手段。另一方面,社会党在高级公职内构建的社会党人的网络关系——这与1940年以前的情况不同——也有利于在社会党精英内传播某种行政文化。到20世纪60年代,在以强势国家为中心构建的戴高乐派的第五共和国制度下,这一现象更加明显。因此,社会党人用了20年时间就从对国家心存疑虑过渡到决意"占领"。此后他们的批评更多的是针对如何改善国家运行效率。

主要由社会党执政的三届政府,当然可以炫耀自己所取得的重要成就。但是,三次执政都失败了,执政时间也很短,每一届基本在一至两年。社会党人在开始时,既没有一个协调一致和牢固的联盟体系,也没有一个真正的执政纲领。他们很快就失去了政治创意,并被迫考虑退出政府。然而,既然认为捍卫共和的必要性迫使他们必须参与执政、其政治又离社

---

[1] Parti socialiste SFIO, 42e congrès national, 26-29 mai 1950, Paris, compte rendu sténographique, p. 182.

会党的目标越来越远,他们的不适感便越来越强烈。面对权力的分割,他们无能为力,在如何采取行动问题上又有严重分歧,最终在离开政权时,已经到了身心疲惫、孤立无援、士气低落和看不清重返政坛前景的境地。

此外,三次执政都是在危机气氛中,有时是戏剧性结束的。第一次执政结束(1936—1940)是因为大多数社会党议员1940年7月10日投票赞同赋予贝当元帅全权,随后共和国被推翻,然后很快社会党自己要求停止执政。第二次(1947—1951)执政以戴高乐冷战刚刚开始后的1946年1月退出政坛开始,又以一些社会党人回到反对派阵营、与共产党联盟破裂和温和右翼派获胜而告结束。第三次(1956—1958)执政于1958年阿尔及利亚发生严重危机的时刻结束,当时部分军队已经进入内战状态,制度本身都受到威胁,大多数议员投票赞同授予戴高乐将军权力,其中社会党议员以42票对48票赞同,这次投票标志着第四共和国的灭亡。在面对所有这些具有戏剧性的特殊重大时刻,工人国际法国支部总是被事件所左右,几乎从来拿不出什么积极倡议。毫无疑问,所涉及的问题确实极其难以解决,而且失败的并不只有这个党,但是,社会党的确缺少必要的王牌以给自己一个机会去对付这些问题。它的初始模式令它做不到这一点。

社会党这一阶段历次执政的失败,都不仅仅是因为它拒绝修改理论,使它有可能在历史方案与被迫采取的改革政策之间找到某种协调方法。还因为,在它要捍卫共和制度的愿望与它的政治联盟观之间存在着矛盾,这种观念总是让它去寻找共产党,而在共产党深受斯大林影响的时代,除非在特定情况下和以极为短暂的方式,否则不可能与它分享共和目标。

二、第一个循环:1936—1940

莱昂·布鲁姆领导下的人民阵线政府,标志着法国政治和社会史上的一个重要时刻,也在各种集体想象中留下了持久的痕迹。这届政府建立了带薪休假制、决定了每周40小时工作时间、对战时工业实现了国有化、创立了小麦局并且改革了法国银行地位。最初执政时,工资大幅度提高,还建立起了一套现代的集体谈判制度。

第一届社会党政府的组成既标志着反法西斯联盟的鼎盛时期,社会党得以将共产党与它的选举联盟战略绑在一起,也标志着它开始与共产党出现新的困难。共产党人拒绝参政同时又给自己保留"大众部"的做法，给社会党人造成了第一个忧虑。自秋季开始，共产党人开始批评政府，其中更多的是谴责"不干涉"西班牙，而不是批评内政。

在社会党人思想中，只有通过他们参政能够让人民大众的生活条件取得明显和持续的进步，他们参政才是有意义的。从资产阶级手中夺取每一次胜利，都应是一次新的胜利取代。然而，社会方面取得最初胜利后，政府不得不开始长时期后撤。自1936年9月起，发生了第一次货币贬值。1937年1月，显示出"停歇"的迹象。莱昂·布鲁姆清醒地分析了社会党人当时面临的两难处境：

> 经验证明，像我们这样作为执政党的政治组织，必须面对具有很大风险的抉择：要么对工人阶级漠不关心和离心离德，要么拒绝像部分中产阶级和资产阶级那样走向反动。工人阶级正在后撤和固步自封，而它还没有看到迅捷而大胆的改革事业的成功。当社会进步在努力表现出具有偏向性和暴力性的时候，一部分中产阶级和资产阶级开始惊恐不安，开始向政治反动派求援。[①]

到这个时候，他认为还可以找到某种平衡。但是到了3月份时，这种想法似乎就是幻想了：日常生活费用上涨，老龄劳动者的养老方案一再被推迟，实施重大工程的政策被消减，发放的汇率保障贷款也违背了人民阵线的原则，等等。于是，政府选择"向左倒"，提出了一些前一年没有提出的措施：监管汇率和全面掌握金融权力。保罗·富尔解释说，这是为了"粉碎资本势力紧紧套住我们的紧箍咒"[②]。危机已经公开，1937年6月，政府被参议院推翻。激进派参议员的领头羊，老政客卡伊奥发起了攻击。布鲁姆政府的倒台使社会党人和共产党人在发表了一些引人瞩目的言论之后分道扬镳。

初次失败给活动分子的思想意识留下了深刻的印记。1937年6月，

[①] *Le Populaire*, 23 janvier 1937.

[②] *Ibid.*, 10 juin 1937.

布鲁姆政府提交了辞呈,这件事令活动分子极为失望。他们很难明白,为什么没有号召动员广大人民。政府辞职后,一种难以言状的不适一直让他们感到压抑。1937年7月大会上,大多数人的发言中都流露出了这种情感,皮埃尔·布洛索莱特对此作了清楚的表述:

> 我们,我们对我们的党曾怀有狂热的信仰。我们以为党可以驾驭执政命运,但一而再、再而三的温良恭俭(彬彬有礼、机智灵巧和感激),却使这一命运似乎不可避免地走向政府让位。我们以为,千千万万劳动者授予党的权力,会使党获得比其他政党更多的权利和义务,使党负有了不要让自己像其他政党那样投降的权利和义务……,然而现在,党给人留下的印象是,它与其他政党别无两样,它也会像其他政党一样倒台,也和其他政党一样玩弄小小的议会游戏,我们所希望的是大会能够说不……,说党从此再也不允许自己表现如此软弱。[1]

由于社会党领导的政府已经承诺了一些深深违背社会党人良知的决策和行动,这种失望感便愈加的强烈。这的确是人们的亲身感受,特别是当莱昂·布鲁姆决心不干预西班牙战争的时候[2]。这一决定在活动分子内部产生了最为深刻的分歧,也揭示了反法西斯愿望与和平主义之间存在的矛盾。不干涉政策得到了和平主义者,特别是保罗·富尔周围的人的赞同,但是让·契伦斯基集结了来自左右两翼的知名人士,以谴责这样一项对于许多活动分子来说不容接受的政策。与此同时,维护秩序的需要最终使政府的形象黯然失色。1937年3月,社会党人马克斯·多莫阿任内务部长时期,在法国社会党召开一次会议的时候,维持秩序的武装人员向游行的左翼活动积极分子开枪,造成了5人死亡,数10人受伤。

布鲁姆政府的倒台让社会党人面对的是充满矛盾的诱惑:为挽救人

---

[1] Parti socialiste SFIO, congrès national, Marseille, 10-13 juillet 1937, compte rendu sténographique, pp. 472-483.

[2] Girault (René),《Les relations internationales et l'exercice du pouvoir pendant le Front populaire》, et Renouvein (Pierre),《La politique extérieure du premier gouvernement de Léon Blum》, colloque *Léon Blum, chef de gouvernement*, Paris, FNSP, 1967, pp. 329 sq.

民阵线的分裂维持参政,或者否定参议院投票;还是通过引发政治危机,重新做反对派。工人国际法国支部既不能选择前一种解决办法,也不能选择后一种解决办法。对于社会党来说,1937年7月标志着混乱局面的开始,混乱的原因是它受到相当矛盾的压力,一方面党希望不要否定自己,另一方面,在国际紧张局势使政治较量尤为加剧的时期,党不愿意放弃自己的责任。所以,工人国际法国支部接受了它在1937年以前一直拒绝的东西:参加激进党领导的政府。莱昂·布鲁姆在党的全国委员会以特殊情况为由争取同意参政:

> 他在大会上辩护说,我请你们谨慎权衡一下目前的局面,也就是说,我们国内的自由状况和世界的和平状况。①

与此同时,为了能"使财政摆脱国家的控制,为了通过这一步骤本身能够保证其改革行动的连续性和富有成效"②,他积极要求重新讨论纲领。然而,政治条件不允许他这样做,领导人都知道这一点。这时,他们左右为难,又想保住人民阵线,又希望再找到一种更符合理论的立场,结果,只能在许多充满矛盾的话语中左右摇摆。

人民阵线的失败出自许多原因,而且工人国际法国支部又是处在十分艰难的国内国外形势之中。但是,正如雅克·莫罗指出的,拒绝任何修正和不肯明确地推行协调的和现实的结构改革计划,给政府带来了严重后果③:"为了确保自己对末世学的信仰不受伤害,党没有能够开展符合自己政治身份的改革行动……。由于工人国际法国支部无法用富有创意的方式回答人民群众向它提出的问题,既削弱了自己,也助长了共产党的宣传。此外,由于它关闭了任何革新的大门,否定计划经济就间接地鼓励了这一信条的某种膨胀。"左翼运动让人以为革命已经提上了议事日程。工人国际法国支部内的"革命左翼"派领导人马尔索·皮韦尔的"一切都

---

① Parti socialiste SFIO, congrès national, Marseille, 10–13 juillet 1937, compte rendu sténographique, pp. 472–483.

② Ibid., p. 552.

③ Moreau (Jacques), Les Socialistes français et le Mythe révolutionnaire, Paris, Hachette, 《Pluriel》, 2003.

是可能的",代表了"人民阵线革命派"的普遍想法。

随着卡米耶·肖唐领导的政府组成,社会党人看到,那些曾经对人民阵线表示怀疑的人又回到了前排,尤其是乔治·伯纳掌管财政。工人国际法国支部白白提交了一份重新制定的改革制度结构的纲领,几乎完全被似是而非的东西笼罩了,而激进政策的发展却离这样一种前景越来越远[①]。1938年1月13日,当议会主席向共产党人"还回他们自由"时,社会党撤回了自己的部长,并由此引发了政府倒台。1938年3月,莱昂·布鲁姆在试图重振人民阵线样板时并没有抱什么幻想。他组成了一个与议会直接对着干的政府,并用资本税计划构筑起"钱墙"。4月10日,这届政府不得不在与1937年6月一样的情况下辞职。工人国际法国支部再也没有别的出路,只好重新做反对派,随着达拉第政府对人民阵线政策再度提出质疑,它成为越来越坚定的反对派。共产党在离开肖唐政府时,不但不感谢社会党人向他们作出的团结一致姿态,反而抨击社会党人对1938年的离去,对"抵抗反动派的进攻"表现得软弱无力。莱昂·布鲁姆于是要求奥莱斯特·罗森菲尔德在《大众报》重新发表批评苏维埃联盟的文章,为了不影响政治关系,这类文章曾被停止刊登。他本人于1938年5月8日发表了一篇谴责莫斯科诉讼的文章。1939年,苏德和约的签署明显引发了两党关系彻底破裂。尽管莱昂·布鲁姆持比较保留的态度,社会党人还是参与了法国政治界反映出来的反共产党人的情绪[②]。在他们看来,这件事证明共产党首先考虑的是莫斯科的利益而不是维护国家利益。因此,尽管在莱昂·布鲁姆同意之下付出了许多努力,两党之间和解的前景却越来越渺茫。工人国际法国支部走上了艰难的和充满风险的参政道路:在它的左翼,保护它的是永远那么坚定地要削弱它的"敌人兄弟",法国工人运动处于深度的分裂状态;在它的右翼,工人国际法国支部没有能力与激进派结成一种真正的联盟。它是孤立的、薄弱的,精神上遭遇巨大打击。正是在这个时候,它开始面对扩军和战争问题。

面对外来的生死威胁和日益严峻的纳粹危险,作为回答,人民阵线提出了反法西斯主义的口号。这个口号明显的好处是,可以把这一时期同

[①] Berstein (Serge), *Histoire du Parti radical*, op. cit., p. t. II, *Crise du radicalisme*, notamment chap. VIII, pp. 505 – 590.

[②] Berstein (Serge) et Becker (Jean-Jacques), op. cit., pp. 336 – 380.

情社会主义的三股力量:和平主义派、保卫共和派和属于共产党同盟的反资本主义力量团结起来。这个口号看上去似乎能够调和社会党往往比较矛盾的身份特征。总之是一个有些神奇力量的口号。革命的思想也因此保留了下来,因为它属于孕育了它的文化结构。反法西斯主义在这方面起了关键性作用,也深深地影响了人民阵线这一代人。当然,反法西斯主义也有好多种派别,和平主义者的反法西斯主义与共产党的反法西斯主义就不是一回事,反法西斯知识分子的警惕委员会很快发生危机就非常说明问题①。但是反法西斯主义具有某种确切表现左翼文化的特别作用。反法西斯主义使得保卫共和的思想重新抬头,同时也满足了反资本主义的情感。它是共和文化的产物,自饶勒斯开始,共和文化天然成为社会党的文化,从1935年起,又得到共产党的支持。反法西斯主义再一次使人民团结一致反对少数特权者、捣乱者(最通常的做法是同时与这两种人作斗争)成为公理。靠近共产党的周刊《注视》在1936年7月14日就用这种口吻宣布:"这是民族和解、团结一致共同与两百个家族作斗争的节日。"②这和一年前,莱昂·布鲁姆说的别无二致:

> 金融和银行垄断寡头到处召唤、招募和资助法西斯分子。是什么东西给了这些寡头以力量?我们还是知道一些拿破仑的人对待金融的做法。他们的力量在于他们所经营的利益。③

后来发生的事情显示出,在必须进行重大政治抉择的时候,反法西斯主义概念具有一定的模糊性。这个口号在执行中提出了两方面的问题。一方面同盟者深层次的目标是不一样的。尤其是面对德国扩军备战和霸权野心时,这个口号并不能回答应该采取什么政策这一中心问题。它并不比饶勒斯过去解决国际主义(对于许多人来说成为反法西斯主义旗号下的和平主义)与国防之间矛盾的做法好多少。

工人国际法国支部以"特殊情况"名义再一次出现在"奇怪的战争"

---

① Racine-Furlaud (Nicole),《Le Comité de vigilance des intellectuels antifascistes (1934–1939), Le Monvement social, n° 101, octobre-décembre 1977.

② Regards, 9 juillet 1936.

③ Le Populaire, 4 août 1935.

时期的政府中:六名社会党人进入1940年3月21日组成的保罗·雷诺政府,还有两名在贝当元帅6月17日组成的政府里。1940年7月10日,社会党团在工人国际法国支部上台的时候画上了抹去它的一笔:只有36名议员追随莱昂·布鲁姆拒绝投票赞同贝当元帅的制宪权力,而90名议员都投了赞同票。

1940年7月9日议会党团开会时,由于莱昂·布鲁姆为了避免加剧分裂甚至不想表达自己的意见(他后来承认了这一点),工人国际法国支部对事态的发展已经失去任何控制能力了。实际上,社会党人的不适首先是由于缺少坐标用来评价参政的合法性。领导人一味地强调特殊情况,而活动分子越来越难以将政府政策转向他们希望的方向,这是一种鲜明的比照。在各种事件的牵制下,社会党人不再相信他们有能力控制局面,他们在战略上完全行不通。

三、第二个循环:1947—1951

社会党政府第二轮真正执政是随着保罗·拉马迪埃得到任命后从1947年1月开始的。不过,为了更好地了解事态的进展情况,最好考察一下党如何在抵抗运动中、之后在解放时期得到恢复,以及它在法国政治体系中的位置。

对于社会党来说,它在法国被占领时期的前两年极其艰苦。首先它要在秘密活动中求生存,而当时,社会党的力量已经被削弱,又很分散,有时甚至由于靠近维希政府而得不到信任。1941年3月建立的社会党行动委员会,对于重新组织社会党抵抗运动起到了关键性作用,不过,只是到了1942年年末,社会党才得以从"简单的干部组织"过渡到"重要的、自信的、有条件准备在解放时提出权力诉求的政党"[1]。参加抵抗运动的社会党人希望重建一个政党而不是把党员组织到纯粹的抵抗运动之中,这一选择无疑限制了他们的影响力[2]。但是,这一选择具有决定性的意义。无论社会党人在抵抗运动中可以发挥的作用如何,他们一下子把党的重组,让它的运行机制像战前那样,放到了绝对的首要位置。他们与现

---

[1] Sadoun (Marc), *Les Socialistes sous l'occupation*, op. cit., p.219
[2] Ibid., pp.277-283.

代议会制的没有政党就不可能运转的逻辑完全融为一体,并因此得以在第四共和国的政治体系中扮演了中心角色。社会党人尽管接受了戴高乐的主导地位,但还是更注重党与党的关系。莱昂·布鲁姆认为,政党是保证民主制运行的基础。他在1953年3月15日给戴高乐的一封信中强调了这一点:"武断地否定政党就是否定民主。"[①]采取这种态度遇到了两方面的困难:一方面戴高乐总体上对政党持敌视态度,另一方面共产党有意要在抵抗运动中产生的组织之前控制它们。社会党人在处理与戴高乐和共产党的关系中,不断申明他们属于自己的党。新的总书记达尼埃尔·梅耶,以及社会党抵抗运动其他重要人物,如爱德华·德普勒、罗伯特·维蒂埃、安德雷·菲利浦和儒勒·莫什对社会主义运动进行了严格的清洗,再度赋予了社会党以合法性和效率。

这样一来,工人国际法国支部把自己的命运同即将重建的制度又联系起来。然而,在解放时期,它还不能独占共和的合法性。当时,建立的共和国要获得抵抗运动的认同,而社会党在抵抗运动中并不是最重要的角色。戴高乐将军和共产党似乎都以自己的方式更合法地代表着抵抗运动的共和国,而他们对共和的看法与社会党人并不相同。为了能够在建立新制度的进程中发挥作用,受到削弱的、没有强大组织的社会党人再一次从饶勒斯的综合中汲取资源:他们希望在保持战前党的特殊性所具有的那些特点的同时,重建一个具有独特基础的统一党。因此,他们竭尽全力在戴高乐和共产党之间表明自己是一个大党。社会党的主要人士,特别是莱昂·布鲁姆、达尼埃尔·梅耶和保罗·拉马迪埃非常清楚地意识到必须开放和更新社会党。

1944—1946年期间,他们考虑是否可能进行工党式的政治组合。这种组合要求必须与抵抗运动中成立的属于中左翼的新基督教党、人民共和运动党(MRP)改善关系,但这的确是一个很难与之合作的党,还要和抵抗运动社会主义民主联盟改善关系。战争期间对基督教派的成见还没有消失。1943年达尼埃尔·梅耶曾这样写道:"我们在战争期间看到了一些我们昨天与之斗争的基督教派人士,我们觉得,他们好像不仅是真正的爱国

[①] Blum (Léon), *L'Oeuvre*, t. VI, 1940 - 1945, *op. cit.*, p.397.

者,而且就像是革命者。"①然而,人民共和党的基督教派与社会党人之间事实上不可能真正改善关系。1944 年 11 月的大会上,少数代表已经强调了反对教会干预政治的现实性;大会表决通过的一项议案这样写道:

> 无论考虑组成什么样的联盟,社会党当然都要把完全尊重世俗化作为一个基本条件。社会党确认,由国家掌管教育是社会党统一的必要条件。②

社会党身份的世俗性太强,以致不可能在社会问题上真正达成某种妥协。戴高乐离开政坛和三党联盟组成之后,工人国际法国支部再一次强调了区别于人民共和党的愿望。于是,在 1946 年 2 月 5 日领导委员会召开的议会党团共同会议上,在谈到有关继承的一项方案时,莱昂·布鲁姆确定了工人国际法国支部在"三党联盟"内的特殊立场:

> 这一次,必须明确地、毫不含糊地表明我们的立场,我们的立场既不同于共产党、也不同于人民共和党。我们代表的是民主社会党人,我们需要证明我们是法国最好的既能体现社会主义又能体现自由的政党。人民共和党可能会说:"我们和你们一样,也是社会党人。"我们非常希望如此。我提出的方案在很大程度上就是这方面的证明。③

社会党按照原来的模式重建党,并把保持原有模式放在首位,其后果是,不仅不再可能与民主基督教党人改善任何关系,也限定了社会党与来自抵抗运动的其他成员的态度。自 1944 年初开始,社会党人与抵抗运动联盟组合起来、建立一支新党派的努力之路被堵死了④。抵抗运动联盟对这次联合提出的条件是,在解放时,"不再重新组建带有宗派思想和排斥

---

① Sadoun (Marc), *Les Socialistes sous l' occupation*, op. cit., p. 219.
② *Ibid.*, p. 223.
③ Comité directeur, séance du 5 février 1946, archives OURS.
④ Pour tout ce développement, voir l' ouvrage de Sadoun (Marc), *Les Socialistes sous l' occupation*, op. cit., pp. 216–226.

性的老的工人国际法国支部"。然而,自 2 月起,相对比较开放的达尼埃尔·梅耶认为,"只有本着平等和开诚布公的精神,在各组织委派的代表之间进行协调和有益的对话,才有一定的可靠性"①。这种态度也反映在与全国解放运动组织的关系上。达尼埃尔·梅耶同樊尚·奥里奥尔和安德雷·菲利普一样,都希望借助外部因素的支持更新社会党。但是,许多活动分子却坚持保持组织的完整性。马克·撒督恩曾对这一时期作过重要的研究,他从一种略为不同的角度分析之后得出的结论是,如果莱昂·布鲁姆还在,他"一定会鼓励继续与全国解放运动组织进行谈判,不会修改党的组织原则"②。但是当时占主导地位的意见是把非社会党人纳入到工人国际法国支部内部来。

>莱昂·布鲁姆在 1945 年 5 月 20 日声明,我们既要给人留下保持连续性的印象,同时也给人留下更新的印象。我们既要表明我们始终是社会党,同一个社会党,也要表明我们同时还是一个焕然一新的、年轻化的、经过改造的党。③

由于 1945 年 10 月选举落空和法共的胜利,保持党的连续性的愿望在工人国际法国支部内部占了上风。自 1945 年秋季开始,工人国际法国支部就与民主和社会主义抵抗联盟 UDSR 分道扬镳。达尼埃尔·梅耶发出了民主和社会主义抵抗联盟 UDSR 内部分裂,"让那些社会党成员重新回来的信息"④。所谓"工党"尝试的这一章节就这样结束了。显然,无论何时都没有考虑过建立一个真正的新组织。

抵抗运动以来产生的这种要区别于其他党派的愿望,并不是只有整合力量以体现自己特点和愿意继续这样存在下去这一种解释。共产党的问题也让社会党人感到担忧。对于他们来说,1945 年的选举是产生严重

---

① Pour tout ce développement, voir l'ouvrage de Sadoun (Marc), *Les Socialistes sous l'occupation*, op. cit., pp. 222.

② *Ibid.*, p.226.

③ Blum (Léon), *Les Devoirs et les Taches du socialisme*, Paris, Ed. de la Liberté, 1945, p.5.

④ Cité par Jaffre (Jérôme),《Guy Mollet et la conquête de la SFIO en 1946》, in *Guy Mollet, un camarade en République*, op. cit., p.24.

担忧的重要原因,因为共产党第一次超过了他们。法国共产党无可置疑地成为一个工人的、有参选实力的和活动分子的大党,这是社会党人过去一直想要的东西。我们后面会看到,他们无疑比战前更加关心如何平衡共产党的实力。但是在他们看来,为避免平庸化,必须始终让自己有别于非共产党人同盟者,他们认为可以在这上面和共产党赌一把。

尽管以前曾有过节,社会党对于共产党还是保持着战前的目标。社会党行动委员会自1942年重新打出了1938年的口号:"全国人民团结在人民阵线周围。"社会党人的眼睛一直盯着共产党人。正如皮埃尔·布洛索莱特1943年2月6日在写给皮埃尔-布洛克的信中所言,正是由于法国共产党的活动再度活跃,才使莱昂·布鲁姆选择了迅速重组社会党①。1943年3月,他写信给戴高乐,告诉他希望将法国共产党重新纳入国家共同体和将苏联纳入国际共同体。1943年共产国际解散后,社会党建议共产党缔结一个优先联盟。但是,共产党的目标相反,它是要阻止社会党作为一个打头阵的政治力量复出,通过他们对抵抗运动的影响发展自己对国家的控制能力。"他们在回答社会党人时说,以工人的团结为幌子,再次回到已经过时的老掉牙的左右两派分歧,既是危险的,也有悖于法国利益。"他们还补充说:"只有在抵抗运动中工人阶级才能更好地实现团结统一,你们建议的行动委员会远不能有助于加强抵抗运动的统一,却很有可能分化爱国力量。"②谈判再一次中断。同战前一样,与共产党结为优先联盟的任何可信的条件似乎都不存在。不过,这并没有阻止1944年大会投票一致通过了一项关于"劳工界团结"的决议,决议中又一次郑重地提出统一可以秘密进行的建议③。

在部分社会党人看来,采取这样一种立场纯属大会仪式性的,在改善关系的机会、尤其是在再次努力实现组织统一的问题上,党比1936年时

---

① Voir la série des Cahiers et *L' OURS* n° 141, mai 1983, et n° 149 mars 1984, et Sadoun (Marc), *Les Socialistes sous l'occupation*, op. cit.

② Cité in Verdier (Robert), *PS – PC, Une lutte pour l'entente*, Paris, Seghers, 1976, pp. 318–319.

③ Parti socialiste SFIO, congrès national extraordinaire, Paris, 9–12 novembre 1944, compte rendu sténographique. Pour cette épisode, voir Becker (Jean-Jacques) et Berstein (Serge), 《Modernisation et transformation des partis politiques au début de la IVe République》, in colloque *La France en voie de modernisation* (4–5 décembre 1981), Bibliothèque de l'IEP à Paris.

意见更加分歧。当工人国际法国支部吃惊地得到法共对统一的提议给与了积极答复时,社会党内的讨论非常激烈。那些原来与共产党往往不和的联盟领导人非常顽固,持坚决的反对意见。安德雷·特洛盖宣称,布尔什维克主义是社会党人最坏的敌人。但是,达尼埃尔·梅耶和儒勒·莫什反对不执行大会的决定。莫什认为,只有"在非常清楚的理论问题上"①的分歧才会导致可能的"中断"分裂。于是,工人国际法国支部又一次"谨慎地和光明正大地"开始讨论组织统一的问题。这一努力很快就夭折了。两党的关系已经很糟糕了。1945年1月,工人国际法国支部继续试图阻止法共控制的全国解放运动组织与民族阵线合并。之后否定了共产党提出的在1945年市镇选举时建立统一的抵抗运动名单的建议。达尼埃尔·梅耶声称,"统一的名单,统一的党,这是违背民主的,是我们在专制国家见过的滑稽的模仿品"②。1945年6月12日,《人道报》发表了自己关于"工人阶级统一宪章的方案",该方案除个别词作了修改外,完全同1935年的内容一样,该方案发表后引起社会党人几乎一致的愤怒。1945年夏,莱昂·布鲁姆投入到坚决让实现组织统一的努力失败的战斗③。他认为,社会党总是要"面对一种不堪忍受的外国民族主义党干扰政治生活的不正常状态"。在他看来,法国共产党依然在"情感上和精神上依赖苏联"。因此,这方面的讨论再一次中断了。

然而,如果说以1945年10月选举为标志,法共胜过工人国际法国支部引起社会党对共产党的不信任的话,那么法共的这种优势也同时强化了法国共产党内部既不放弃理论阵地,也不放弃反对党阵地的趋势。他们总体上希望共产党参政,而且在戴高乐于1946年1月20日下台后,他们提出了三党制的说法,三党制可以通过法共参政来平衡人民抵抗运动党的参政,相反也是一样。1946年8月,工人国际法国支部召开代表大会,大会标志着"布鲁姆主义"的失败,居伊·摩莱担任总书记似乎标志着那些希望与共产党紧密联盟的人取得了胜利。但是,大会的最终决议却明显表现出一种把全党集中在中间立场上的妥协,既回到过去的目标,但是也强调实现目标的必要条件。决议尤其规定:

---

① Compte rendu du comité directeur du 21 décembrer 1944, Archives OURS.
② Cité in Verdier (Robert), *op. cit.*, p.136.
③ *Le Populaire*, dix-huit articles publiés du 5 juillet au 15 août 1945.

无产阶级的组织统一始终是社会党的一个基本目标。但是，不得不看到，只要国际上各国共产党没有解除俄国对他们政治和精神上的奴役，组织统一就不可能实现。①

法共"外国的民族主义党"的特点似乎使两党关系日渐疏远，面对这个问题，两党的那些共同点显得越来越模糊了。

该决议的用词集中表现了社会党对共产党一贯的含糊态度。自第一次尝试组织统一的失败已经过去 10 年了，但是这十年并没有真正改变过去的一些趋势，然而，形势的变化已经使社会党的努力完全失去了意义。从本质上讲，社会党人并不希望两党合并。但是维持这种前景反映出某种一贯性的否认：在改造社会的条件下，否认社会党可以与共产党设计出不同于目的在于夺取和行使政权的联盟宪章。

工人国际法国支部既没有深入地修改其理论，也没有改变它处理与其他党派关系的方式。但是，它在新的制度体制中的角色和在政党体系中的立场，使它一下子要承担起执政责任，首先是和戴高乐将军一道承担这样的责任。当时它必须面对的矛盾使得参政再一次成为一个问题，而且这种情况从它 1945 年担心起戴高乐将军缺乏坚定的经济和财政政策就开始了。1945 年 1 月 25 日，领导委员会直截了当地批评了现行政策。儒勒·莫什指出，实际上有一条界线，超过了这个界线，党就不再可能表现出团结一致②。各个支部都提出动议，指责供需部部长保罗·拉玛迪埃。康布雷支部坚持认为他"对北（部）省糟糕的形势负有责任"③。尽管所罗门·格鲁巴赫是莱昂·布鲁姆的一个密友，他在 1945 年 4 月 11 日仍然指出"党处在一种不真实的形势下"，而且，最重要的是"党要能够开诚布公地解释清楚，为什么党的人应该继续执政而又不觉得他应该对他执行的政策负有责任"④。

---

① Résolution sur le rapport moral et la politique général du parti en vue congrès national d'août 1946, p.1. Archives OURS.
② Comité directeur, séance du 25 janvier 1945, *Ibid*.
③ *Cahiers et Revue de l'OURS*, n°170, juillet-août 1986, p.15.
④ Comité directeur, séance du 11 avril 1945. Archives OURS.

1946年1月20日戴高乐将军离开政坛后,工人国际法国支部、人民共和党和法国共产党,三党签署了三党联合执政宪章。这不是一个真正的协定,而是为了保证政治体制能够在特殊情况下继续运转而达成的临时协议。每个党都害怕与其他两党中的一个党进行面对面的对话,而是更喜欢这种平衡形式。社会党人费里克斯·古安是三党联合执政的第一任总理,执掌政府到6月结束。工人国际法国支部于是参加了一届由人民共和党领导的乔治·皮杜尔领导的政府,在1946年10月13日全民公决通过新的体制之后,莱昂·布鲁姆组成新一届政府,由于法国共产党和人民共和党之间的争执,这次组阁非常困难。他只能推出清一色的社会党人组成政府,这届政府只持续了几周。樊尚·奥里奥尔竞选共和国总统后第二天,第四共和国的首届"正常"政府于1947年1月成立,由社会党人保罗·拉马迪埃领导。这届唯一真正三党联合执政的政府并没有进行大规模的变革。不过,社会党人的确曾参过政,与戴高乐一道在战争结束时进行了一些重大的改革:社会保障、国有化、企业委员会。由于樊尚·奥里奥尔选择保罗·拉马迪埃并没有征求党的意见,这令居伊·摩莱很不高兴。保罗·拉马迪埃是一位独立的人,和他的老师饶勒斯和布鲁姆一样,是一个人道主义共和党人。他不觉得党有什么神秘,"政党之所以存在,只是因为它们有为国家带来好处的热情"。国家的形势当时恰恰非常艰难。从1947年1月起,各工会中心再度掀起了要求提高工资的运动。不过,身处政府中的共产党人支持法国总工会。6月4日,共产党人由于没有对政府投信任票而成为在野党,但是,尽管发生这样的决裂,政府在议会还是得到了明显多数的支持。当时,核心问题是要知道社会党人会采取什么态度。他们会不会排除共产党继续执政呢?这样做会不会结束三党联合执政并同共产党人发生新的危机,或者会不会拉马迪埃要辞职呢?在得到樊尚·奥里奥尔和莱昂·布鲁姆支持后,保罗·拉马迪埃解除了共产党的部长,并且要组成新一届政府。工人国际法国支部并不希望出现这次分裂①。领导层认为,共产党部长的离去会导致政府辞职。居伊·摩莱要求这次辞职的理由必须要与1936年以前莱昂·布

---

① Pour cette épisode, voir Bergounioux (Alain) , 《Guy Mollet et la rupture du tripartisme》, in *Guy Mollet. Un camarade en République*, op. cit. , pp. 381 - 400.

鲁姆使用的理由相近。首先是要保留党。百姓对政府的行动支持率很低,而政府又没有可能采取足够的行动。

> 首先应该拯救党,居伊·摩莱说,这是因为一旦某一天国家不再信任党,共和国也就不存在了。①

但是议会党团表示保留拉马迪埃政府,而且,为了解决这一分歧召开的全国委员会最终以微弱多数:2529 对 2125 通过了拉马迪埃的倡议。莱昂·布鲁姆本人在 5 月 7 日的《大众报》撰文弱化了左翼两党发生分裂的性质:

> 全国委员会已经中止执行它在前几次会议上制定的一项规则,该规则要求社会党当选者无论在任何情况下都不要在没有共产党的部中任职。委员会之所以这样做,不是要改变方向或斩断某种绳索。不是为了开始一项新的、有可能在世界上建立起反苏阵营的政策。②

过去模棱两可的东西还是没改。居伊·摩莱则在做着各种努力以确定保留拉马迪埃政府的条件,例如最终可能让他辞职的条件。7 月,全国委员会声明实行"真正的经济统制,按需分配而不是按财产分配尚不充足的生产"③。根据当时的力量平衡关系,这项政策已经不再有可能实现,居伊·摩莱对此心知肚明,保罗·拉马迪埃也同样。8 月份,代表大会通过了一项要求领导委员会对社会党部长进行实际监督的议案。拉马迪埃的权威因此大打折扣,他向总统奥里奥尔递交了辞呈,但是奥里奥尔拒绝了他的辞职并批评"社会党极端轻浮"④。被各种事件搞得精疲力竭、又被社会党纠缠不休的拉马迪埃最终于 11 月辞职。各联合会发给工人国

---

① Pour cette épisade, voir Bergounioux (Alain),《Guy Mollet et la rupture du tripartisme》, in *Guy Mollet. Un camarade en République*, op. cit. ,pp. 390.
② *Le Populaire*, 7 mai 1947.
③ *Ibid.*
④ Auriol (Vincent), *Le Journal du septennat*, t. I, Paris, Armand Colin, 1970, p.397.

际法国支部总书记的信表明,活动分子从感情上基本都支持居伊·摩莱,他们首先关心的是党在劳工界的听众问题[①]。

这次失败对社会党的影响非常严重。在要不要与共产党共同执政问题上的犹豫不决说明,社会党并不认为自己拥有足够的左翼合法性。在处理联盟以及与权力的关系方面,社会党表达的立场总是模棱两可,充满矛盾。在居伊·摩莱的领导下,党对那些优先考虑政府行为的人进行了报复。但是,从这时起,他已经没有能力提出倡议和控制局势。如同在1937年那样,他已经不知所措,在整合自己的组织与保卫共和制度的义务之间左右为难。1947年也是社会党历史上出现转折的一年。社会党希望通过认同新的制度,最后获得某种平衡,使它既可以在体系中占据核心地位,又能够推行某种社会改造的政策。但是,接连发生的事件、与法共的决裂和戴高乐将军建立的法国人民联盟 RPF,使社会党再一次处于守势。

像1946—1947年冬季那样组成一个由莱昂·布鲁姆领导的、主要由社会党组成的政府就可以改造大多数的幻想很快就破灭了。人民共和党、激进党还有"温和派",都不愿意接受社会主义的主导地位,主张回到自由主义,这与工人国际法国支部实现统制经济的愿望完全背道而驰。这也正是为什么莱昂·布鲁姆没能组成一届自己的政府的原因。

保卫制度的决心和与法共的决裂,使工人国际法国支部再一次处于困境,它在人民阵线之后已经遇到过这种困难局面,当时它还以为在解放时能够摆脱这种局面。在那个时候,工人国际法国支部既强调它与其他新的政党组织如人民共和党与民主和社会主义抵抗联盟的不同点,也强调与旧的激进党的不同点。然而从此时起,它别无选择,只得正视它们,既无法抛弃它们(出于保卫制度的必要性考虑),又不能吸纳它们(因为它们的身份各不相同,且各自都想保持自己的身份),最后也不能把它们拢在一个强有力的专一的联盟里(因为人民共和党内部向右滑的趋势已经加深了不和)。

然而,工人国际法国支部选择走最后这条道路,也并非不无遗憾。1947年秋季,危机更为严重,致使社会党人——居伊·摩莱和大多数成

---

① *Cahiers et Revue de l' OURS*, n°175, mai-juin 1987, pp. 15 – 17.

员都追随了莱昂·布鲁姆和保罗·拉马迪埃——同意"第三种势力"参政,他们的立场是认为这股势力参政是必要的,但不能让它真正发挥效力。

10月份,共产党情报局的成立加剧了人们对苏联的畏惧,年终时发生了严重的游行事件,这两个事件之后,与法国共产党的决裂也就顺理成章了。内务部长儒勒·莫什的行为、工人力量工会的成立及与法国总工会的分裂,在两党之间创造了一种持续了十多年之久的对立氛围。在居伊·摩莱看来,共产党不再是左翼党,"而是东方党"。

1947年决裂后的那些年代里,两党之间的紧张关系达到了顶点。《人道报》不断地抨击"美国亿万富翁的党"。社会党人则深化了他们对民主社会主义与共产主义之间分歧性质的思考。儒勒·莫什尤其在《面对》杂志上把社会主义看做是防止共产主义威胁的最坚固的防线,并提出了与之相对的"自由、民主和人的全面发展的论点"[1]。奥古斯汀·洛朗,强大的北方联盟领导人,就统一党、红军在东方国家中的作用以及法国共产党无条件同莫斯科紧密联系在一起的问题发起了公开的辩论。尽管1946年莱昂·布鲁姆失败,但是,作为社会主义意识形态,共和的人道主义成为比任何时候都重要的抵制共产主义的支柱。

由于危机的加剧,社会党人选择了让第三种势力继续参加1947年冬季以后的历届政府。这种无论如何维护体制的选择,基本上得到了党团结一致的支持;一直持保留和犹豫态度的居伊·摩莱,此时亦开始把布鲁姆和拉马迪埃开辟的前景作为自己的事业[2]。"他在1948年解释说,如果党成为在野党,就没有可能组建政府。"[3]正是对政治危机的忧虑和社会党可能要承担责任的考虑,可以对工人国际法国支部在这一时期为什么采取这种态度做出解释。

就像三党联合执政一样,第三种势力也不是一个真正的执政联盟。捍卫者(卫道士)的模式又一次恢复了活力。第三种势力的目标是含糊不清的。布鲁姆给的定义是卫道士性质的:"共和党人为了自由、为了正义、为了和平联合起来。"[4]其目的首先是支持制度,以反对戴高乐主义和

---

[1] Moch (Jules), *Confrontations*, Paris, Gallimard, 1952, p. 200.
[2] Bergounioux (Alain),《Guy Mollet et la rupture du tripartisme》, op. cit.
[3] *Cahiers de la section d'Arras*, Archives OURS, 25 septembre 1948.
[4] Blum (Léon), *L'Oeuvre*, t. VI, 1947 – 1950, pp. 125 – 128.

共产党的同时进攻。社会党人似乎想把这种联盟反映在组织上。但是，他们操作的方式并不明确。总而言之，他们可能的合作伙伴是持保留态度的。勒内·普利文以民主和社会主义抵抗联盟的名义表示，他不希望与法国人民联盟完全脱离关系，而人民共和运动拒绝与工人国际法国支部有任何混淆之处。人民共和党总书记在1948年2月10日发给各地联合会的一份通报中明确指出，参政者之间应当尊重各自属于自己的原则①。人民共和党希望完全保留自己的纲领和独立性。由于它强调自己的身份，即忠于基督教传统，也因此关闭了与社会党保持密切关系的道路。所以，第三种势力是以选举和议会联盟的形式存在的，这就如同1951年的竞选联合和市镇选举一样。

从1947年冬至1951年春，在这不到4年的时间里，工人国际法国支部有能力推翻政府，但是却没有能力对历届政府施加决定性的影响力。当然，它承担了一些重要的职位。儒勒·莫什是舒曼政府的内务部长，因为他镇压了1948年秋季的罢工，被共产党人取绰号为"法国的诺斯克(Noske,镇压了斯巴塔克斯起义的德国社民党领导人的名字)"。大多数活动分子并不否认共产党对制度的威胁这一现实，但是，他们对于关乎自己的党失去信誉的问题一直很敏感，倒不是因为共产党的批评，而是因为物价上涨给日常生活带来的困难。在这些年里，党的领导层必须要对活动分子的担心做出回答，要不断地为参政进行辩护。副总书记乔治·布卢戴尔在回答Isere活动分子措辞极为严厉的一封信时这样说道：

> 我们应该离开政府吗？在这危机四伏的时期，我们每时每刻都要对自己提出这个问题。从过去的实际情况看，如果我们是在野党，我们的行动又会有什么结果呢？你们自己也知道，如果反动派可以为所欲为，那么，只有工人阶级自己来承担我国目前所处的困难形势带来的沉重负担；无论我们的部长同志、议员同志在某些方面遇到什么样的敌对行为，他们的努力从来没有白费。②

---

① Archives du MRP, cité in Sa'adah (Anne),《Le Mouvement républicain populaire et la reconstitution du système partisan français (1944 – 1951)》, *RFSP*, vol.37, n°1, février 1987, p.50.
② *Cahiers et Revue de l'OURS*, n°177, septembre-octobre 1987, p.4.

工人国际法国支部活动分子的减少证明,这些辩护词是有局限性的。领导人完全意识到了这一点。居伊·摩莱自1948年3月就这样声称:"在议会联盟中,我们,我们社会党人是受骗者。"①在政府政策的重点问题上,工人国际法国支部不得不做出妥协,这使它走向了经济上实行自由管理,实行影响"国际第三种力量"方案的大西洋主义一体化和采用尽管完全是保守主义的殖民政策的道路。

只是因为担心给制度带来严重危机,才使社会党人避免回到在野党,但是,自治的倾向在党内占了上风。1950年2月末社会党部长第一次离开政府,不过他们7月又回来了。爱德华·德普勒在《社会党杂志》上的一篇文章中从理论上分析了活动分子深切的愿望,同时指出,参政并不一定标志社会党的影响。在提到饶勒斯时,他得出的结论是:"这就是为什么自治,独创性,不断地宣传、吸纳社会党员,这些都是拯救民主的必要条件。"②

1951年议会选举后,右翼逐渐强大,尤其是鼓励私立教育的玛丽和巴兰热法案的通过,将工人国际法国支部明显地转为在野党。卸掉了政府职责的社会党感到了解脱。但它已经是一个弱党,它对自己都缺少自信,它不是自己选择了在野,而是不得已而为之,它已经没有可替换的政治选择;这还是一个深感尴尬的党,因为它不得不在经济、社会和殖民等方面实行了它在很大程度上不赞成的一些政策。从某种情况看,当然不像1940年那么具有戏剧性,社会党又回到了原地,没有盟友、没有前途、孤立无援且屡弱不堪。这次失败使它更加倾向于把履行政府职责看做是某种危险而不是某种机会或本身就是某种目标。它没有能够建立起任何巩固的联盟体系。与右翼的联盟此次似乎已经被排除了。至于"统一"法国工人运动,这一前景似乎显得从来没有那么遥远过。

四、第三个循环:1956—1958

为了说明这一新的轮回是如何开始的,我们在看一看社会党人在什

---

① Cité in Quillot (Roger), *La SFIO et l' Exercice du pouvoir*, op. cit. , p. 287.

② *La Revue socialiste*, n°42, décembre 1950,《Le vrai problème : l' autonomie socialiste》, p. 473.

么样条件下重新领导政府之前,很有必要回顾一下他们对1954年皮埃尔-孟戴斯-弗朗斯激进党政府的态度,这届政府结束了印度支那战争,执政时间是1954年6月至1955年2月。

直至孟戴斯现象出现之前,工人国际法国支部从来没有必要与激进党一比高低。与战前相比,激进派的形势已经不可同日而语。对于社会党来说,激进派只不过是过去的一个影子,已不再是一危险的竞争对手。但是,在1954至1956年期间,在皮埃尔·孟戴斯-弗朗斯的努力下,它焕发了青春,而且似乎是成功了。结果是激进党重新获得了左翼党的合法性,这些变化给社会党人提出了一个问题。尽管环境发生了深刻的变化,但是社会党人免不了回到他们原来的思维方式。1954年,孟戴斯-弗朗斯曾两次建议社会党人参加他的政府,但是工人国际法国支部却不想支持他[1]。不过,好几位社会党领导人都赞同参政,因为这届政府的主张中含有一些工人国际法国支部纲领中的措施[2]。但是,在1954年11月召开的一次非常代表大会上,居伊·摩莱只是采取了简单的支持这届政府的立场,因为他不能接受孟戴斯-弗朗斯不咨询其他政党就组阁的做法,他尤其不愿意工人国际法国支部与"孟戴斯主义"混在一起。总书记说,孟戴斯-弗朗斯是一位"我们可以想象的最左的人",但是,真正的问题是契约问题[3]。由于条件尚不成熟,他又用20世纪20年代的口气说:"因为社会党不是一般的党。……社会党的使命不是参加管理资本主义社会的事务,即使它管理得很好。"[4]

他强调了在参政事宜上的"标准"问题。有两种情况可以参政:"当民主受到威胁时",或者"局势容许进行深刻变革的时候"。这段插曲很重要。这也说明为什么1955年12月埃德加·富尔宣布解散政府后,当共和阵线在竞选前成立时,社会党人和孟戴斯主义者在既没有宪章又没有契约的情况下投入了战斗。只是因为阿尔及利亚危机和领导人的临时约定,就给了这个阵线一定的可靠性。这件事也令人得以理解为什么

---

[1] Quillot (Roger), *La SFIO et l'Exercice du pouvoir*, *op. cit.*, pp. 516–517.
[2] Parti socialiste SFIO, congrès national extraordinaire, Suresnes, 10–11 novembre 1954, compte rendu sténographique, intervention d'Edouard Depreux, p. 428.
[3] *op. cit.*, p. 393.
[4] *op. cit.*, pp. 389–390.

1956年1月选举后,居伊·摩莱在同意担任议长时犹豫再三。

第三次执政经历并没有了断社会党人前两次参政时建立起来的与权力的不幸关系。居伊·摩莱领导的政府是第四共和国时间最长的,同时也是社会党有史以来最受争议的一届政府。从1956年2月到1957年6月,这届政府其间签订了罗马条约、建立了最低养老金制度并实现了三周带薪休假制。相反,制定劳工冲突规章、扩大企业委员会的权力、更好地承担医药费用等主张没有获得多数支持。已经实现的措施和没能实现的措施都具有改革意图特征。但是,阿尔及利亚战争显然是这两年各种困难中的核心难题。

工人国际法国支部的阿尔及利亚政策反映出法国舆论十分矛盾,它在经历这次考验之后也一直深陷分裂,并且严重丧失信任。由于居伊·摩莱政府选择全力投入在阿尔及利亚的战争——即使有意促进停火以展开谈判,导致该届政府以及在他领导之下的工人国际法国支部大多数人都同意在军事行动中使用酷刑[1]。为此共和阵线几乎难以维继。自1956年5月起,孟戴斯-弗朗斯离开了政府[2]。10月,在会议主席批准运送4位民族解放阵线领袖的飞机改道而行之后,阿兰·萨瓦利也离开了政府[3]。

1957年,当政府执政一年多后辞职时,工人国际法国支部总书记以更高的国家利益的名义,如同莱昂·布鲁姆1937年那样,劝说其政党要参加激进党人莫里斯·布尔热-莫努里和费利克斯·加亚尔领导的内阁。后退30年来看,社会党当时的处境最为尴尬,它要参加的这届激进党政府,其纲领中几乎就没有社会主义性质的建议。加亚尔政府的倒台也在一段时间内使社会党人摆脱了执政的困扰。

---

[1] Thénault (Sylvie),《La Gauche et la décolonisation》in Becker (Jean-Jacques) et Candar (Gilles) (éd.), *Histoire des gauches en France*, volume 2, Paris, La Découverte, pp. 435 – 451, 2004 ; et Rioux (Jean-Pierre) (éd.), *La Guerre d'algérie et les Français*, Paris, Fayard, 1990.

[2] 《On croit que c'est un homme de gauche, ce n'est pas vrai》, disait de Mendès France Guy Mollet aux dirigeants du SPD en 1959. Sur le désaccord entre les deux hommes, voir archives OURS, dossier relatif à la rencontre SPD-SFIO de juin 1959.

[3] Voir *Alain Savary : politique et honneur*, ouvrage coordonné par Serge Hurtig, Paris, Presses de Sciences-Po, 2002, et Prévôt (Maryvonne), *Alain Savary : le refus en politique*, Tournai, La Renaissance du livre, 2003.

但是,第四共和国最终的危机又使社会党人面临抉择。1958年5月13日,正值阿尔及利亚危机爆发之际,他们投票赞同授权皮埃尔·弗林姆兰政府。所有的人都有同样的担忧:必须挽救共和国,但是,解答这个基本问题的方式却不尽相同:戴高乐将军是反击阿尔及尔那些叛逆者的最后一道防线呢,还是他自己就构成某种威胁?他拥护还是反对现制度呢?居伊·摩莱给戴高乐将军写了封信,希望他在行动部署方面不要再模棱两可[①]。告诉他担心共产党人利用危机,在信的最后还不无担忧地号召说,要给与共和最起码的保证。接到将军不置可否的回信后,居伊·摩莱于是担起了责任,并试图就未来的机构设置进行谈判。之后得到了儒勒·莫什、保罗·拉马迪埃和樊尚·奥里奥尔的支持,居伊·摩莱号召社会党议员投票赞同授权:但赞同的只有42名议员,反对者有49人。

第三次执政的经历再一次重复了以前的循环过程:开始时坚决的改革行动,至少在阿尔及利亚政策上反映出来的意图;之后是艰难的"停息",使工人国际法国支部面对种种批评,并且动摇了内部的统一;最后同意支持激进党人的政府,甚至在冷战期间支持中右翼,然后,由于力量对比关系的变化,社会党人不得不中止参政,就像1940年那样,等到制度寿终正寝之后不久再回来参政。此时,他们既不能有所作为,也做不到让多数人同意把制宪权力交给一位有威信的军人。毫无疑问,这位有威信的军人还没有决定废除共和——主要的区别就在于此,但是,他并非不想深刻地改革政治体制。就像20年前在涉及贝当元帅时一样,赋予戴高乐将军制宪权力的投票问题分裂了社会党。

工人国际法国支部的危机进入到了非常尖锐的阶段。居伊·摩莱往往被指责使用两种语言,既是宗派主义的,同时又是背叛性的。事实完全是另外一回事。工人国际法国支部在理论上追求"完整主义",实践中又经常在它越来越强烈地认同的政治制度中承担政府责任,二者的结合最终导致出现了一种社会党人无法驾驭的局面。一方面要保卫共和制,另一方面要忠实于原来的政党身份,这两个调子越来越风马牛不相及。由此给人留下了随波逐流、机会主义、双重语言和自相矛盾的印象。摩莱被

---

① Lettre citée in René Rémond, *Le Retour de De Gaulele*, Bruxelles, Complexe, 1983, pp. 185 -187.

认为对这种独特模式的缺陷负有责任,因为他甘愿成为这种矛盾的化身,而且是他自己来承担,这就造就既是政治的同时又是个人的精神分裂症。1966年1月26日,他在电视上回答记者关于自1946年以来社会党选举失利的原因问题时,做了很好的说明:

让·法兰:您是说选票失利是由于你们当时是不太够格的社会主义者。

居伊·摩莱:不太够。

弗朗索瓦·吉鲁:您也没有捍卫政治体制。那么,这真够烦人的!

居伊·摩莱:不对,我们勇敢地捍卫了体制,而且,甚至可能正是因为过多地扮演这种新大陆的角色,才使我们的形象大打折扣。①

五、再次面向共产党

当社会党被右翼孤立时,它与共产党的关系自1956年开始逐渐有所改善,这种关系的性质问题又被提了出来。

1956年初,已经不能被看做亲共产党的居伊·摩莱从苏联回来后写道,应该让苏联重新融入国际共同体,让共产党融入国内共同体。他尤其强调两党之间在理论上存在着某种共同的目标②。这意味着他再一次使用了这样的悖论:要让社会党人想到应该不顾代价地避开共产党,但是他们又与共产党有着共同的目标。

去斯大林化和后来的缓和或多或少使两党的关系少了些感情色彩。1956年2月,工人国际法国支部向苏联派遣的一个代表团,将讨论的内容部分地转到了两大霸权之间的关系方面。社会党人与共产党关系热情减弱的同时,也有了一个更为明朗的与共产党相对立的认识。1956年5月10日,借社会党代表团结束使命回国之际,马尔索·皮韦尔在领导委员会上表示:"社会党代表团在经历了共产党氛围的洗礼后,从来没有感

---

① Lefebvre (Denis), *Guy mollet, le mal aimé*, Paris, Plon, 1992, p.431.
② *L'URSS à coeur ouvert*, Paris, Robert Laffont, 1956, p.311.

觉到如此的社会党。"①布达佩斯事件和苏伊士运河事件使社会党人和共产党人之间的关系又一次紧张起来。此后,法共不同意摩莱政府的阿尔及利亚政策,后来,特别是在 1958 年 5 月 13 日,分歧再度明朗化。1958 年 11 月选举时,居伊·摩莱认为,共产党的倒退证明了"劳动者走上了戒毒的正路上"②。

自 1961 年起,共产党越来越坚决的对社会党人的开放态度开始得到工人国际法国支部的回应。沙罗纳地铁悲剧发生之后,摩莱允许巴黎联合会参加统一游行。阿尔及利亚战争结束后,动员左翼反对"个人权力"的条件逐渐成熟了。这场运动由统一社会党、一些像孟戴斯-弗朗斯、弗朗索瓦·密特朗这样的知名人士发起,得到了教育界左翼的广泛响应,工人国际法国支部不可能置身于运动之外,"反对者卡特尔"的溃败也从反面证明了这一点。居伊·摩莱出于内部策略考虑,不过也是出于信念,下定决心正面回应共产党人一段时间以来表达的开放姿态。他不能"接受工人运动已经彻底分裂了的看法"③。

1963 年 2 月,在法国共产党全国会议上,多列士指定的接班人,瓦尔德克·罗歇提出,由社会党人和共产党人共同起草一项纲领,"不仅仅为了今天反对个人权力制度,而且为了明天,为了实现社会主义建设事业"④。自 1962 年底,居伊·摩莱任命塞纳地区联合会书记克洛德·富歇负责与法国共产党领导层建立和保持联系⑤。但是,居伊·摩莱要求对这些联系还要保守秘密,据富歇的理解,居伊·摩莱估计,党还没有做好改变战略的准备⑥。不过,他认为,一项纲领性协议只能以一致的意识形态为基础。他又回到了法国社会党的老式思维,"抹掉图尔"。那么,为了达到共同的最终目标,首先要减少两党的理论分歧。

如同过去数次情况一样,尽管共产党从未有过如此强烈的愿望要达成妥协,但是这一努力还没开始就流产了。共产党怎能接受公开放弃恰

---

① Compte rendu du comité directeur du 10 mai 1956, archives OURS.
② Cité in Verdier (Roger), op. Cit., P. 227.
③ Lefebvre (Denis),《Guy Mollet, un unitaire dans les années 1960. 1963, l'année charnière》, in Guy mollet. Un camarade en République, op. cit., pp. 105 – 126.
④ L'Humanité, 5 février 1963.
⑤ Ibid., 5 février 1963.
⑥ Ibid.

恰是它区别于民主社会党的东西呢？尽管这不会危及自己的身份。但是，居伊·摩莱不肯让步。1963年，在这一年期间都在进行着一场辩论，其实是《人道报》和《大众报》合在一起演的独角戏①。共产党人已经准备好在大西洋联盟和共同市场方面作出一定的让步，但是他们认为，已经持续了半个世纪的理论分歧不可能很快得到解决。他们更强调"反对个人权力和垄断"的共同行动。但是工人国际法国支部却对此不以为然，并且借罗歇·吉奥特之笔，要求对"形式上"的自由问题作出保障。讨论进行不下去了，不过，从这时起，居伊·摩莱似乎准备好了推行一种可以恢复"工人阶级统一"的左翼联盟战略。社会民主左翼联盟成立之后，摩莱又回到了自己最初的计划。工人国际法国支部从1963年开始的尚未结束的对话，现在由新社会党重新开始了。1969年伊赛-穆里诺代表大会的决议强调：

> 左翼联盟是社会党人战略持久的核心……。党应该不附带任何先决条件地开始与共产党就反对资本主义势力进行斗争的方式、向社会主义过渡的道路、社会主义社会的基础等问题进行公开的辩论。但是，社会党人不能满足于在例如自由或人民的独立等根本性问题上宣示自己的意图或模棱两可的立场。这不应该是一团和气的对话。②

党不应该"仅仅从保卫共和与民主这个主题出发动员联盟"③。如果说这个大方向是符合左翼占主导地位的倾向性要求的话，那么，从时代的要求来看，与共产党重新开始意识形态对话却似乎要用太长的时间。

1969年12月至1970年12月期间，社会党人和共产党人就"政治协议的基本条件进行了对话"。12月22日，公布了双方共同点与不同点的总结。其中的不同点涉及到军事阵营问题、欧洲问题、对马克思列宁主义的参照问题、替换问题、自由问题以及苏联的经验等一系列重大问题。还

---

① Verdier (Roger), *op. Cit.*, P. 227.

② Congrès d'Issy-les-Moulineaux, 12-13 juillet 1969, compte rendu sténographique, archives OURS.

③ *Ibid.*, p. 383.

能做什么呢？两党就此止步了。左翼联盟战略进入了死胡同。第二年，在1971年的埃比内大会上，居伊·摩莱最后一次为自己的观点作了辩解。他在宣布统一还不成熟之后补充说：

> 我们很想知道我们能否在不影响各自最在意的东西的情况下一起做一点事情。因此，这不是一种理论上的或意识形态方面的对话，而是就我们不可能让步的一个或两个根本原则进行的对话。①

但是，已经太迟了。摩莱主义战略失败了。

现在再来关注一下统一社会党的理论与工人国际法国支部的理论究竟有什么不同，这很有意义，因为，该党的出现源于对右翼联盟和"摩莱主义"的抨击。同样，不论它多么希望革新社会党，左翼的传统倾向还是导致它首先往共产党这边看。1961年11月，在全国委员会上，统一社会党总书记爱德华·德普勒就声称要建立一个不同于社会党传统联盟形式的"社会党阵线"，"因为这个阵线不排除法国共产党，它也不同于人民阵线或三党联盟，因为它建立在团结所有自称为社会主义党的政治力量和只依靠它们的基础上"②。在这一点上，统一社会党与法国社会党最初的身份是一脉相承的。1965年市镇选举时，除在个别城市（如格勒诺布尔，这里它依靠的是"新阶层"的行动）外，统一社会党成为法国共产党的辅助力量。它同加斯东·德费尔一起努力斗争，并且对左翼没有形成一个共同纲领感到遗憾③。

1965年6月4—5日召开热讷维里埃代表大会时，统一社会党表示，希望在下届总统选举时左翼统一提出一名候选人，并且希望"真正的左翼"④通过一个社会主义的纲领。9月5日，统一社会党向所有左翼组织

---

① Congrès d'Epinay, 11–13 juin 1971, *Bulltin socialiste*, n° 275, 15 *juin* 1971, compte rendu sténographique, archives OURS, discours de Guy Mollet, *Bulletin de la fondation Guy-Mollet*, n° 9, janvier-avril 1985, pp. 10–11.

② *Le Courrier du PSU*, rapport de politique intérieure présenté au conseil national à Alfortville les 11 et 12 novembre 1961.

③ Ysmal (Miche), *Defferre parle*, Paris, FNSP, n°65, 1966, p. 55.

④ *Ibid.*, p. 69.

提出了一个共同纲领方案，10月17日决定支持弗朗索瓦·密特朗的候选资格。1967年议会选举之际，统一社会党与社会主义民主左翼联盟达成了一项协议，争得了后者对统一社会党30名候选人的支持，促成4名当选，其中包括皮埃尔·孟戴斯-弗朗斯。但是，当1967年6月召开大会时，统一社会党拒绝与社会主义民主左翼联盟在重组的路上走得更远。吉尔·马尔蒂纳、皮埃尔·贝雷格瓦和让·伯普兰成为少数派。米歇尔·罗卡尔当选总书记之后，试图推行相对于社会主义民主左翼联盟一种自治的战略，其中包括组成"代表劳动者的政治力量之间、而不是建立在共和党和民主党之间默契上"①的"社会党阵线"一类的联盟。

1968年5月风暴事件期间，由于党的作用逐渐不再被看做那么重要，统一社会党的这种自治战略转向一种新的和独特的方向，即"自治的社会运动道路"。然而，它还没有能够完全放弃政党的做法。1969年3月第戎大会通过了17项有关自治的主题，大会之后，米歇尔·罗卡尔在谈到共产党时，阐述了一种类似于新社会党后来采取的立场：

> 我们非常清楚，抵制日益强硬的集权制度的主要力量是由共产党组成的……。我们显然有义务重新考虑图尔代表大会的分歧，同时要说明，目标还应该更具体，要尽最大可能地具有包容性，不过另一方面，这些目标的实现还要依靠有时使用革命表达方式的变革力量。②

但是，米歇尔·罗卡尔认为，应该明确地公布与法国共产党讨论哪些问题，尤其是关于"社会主义制度是否具有集权特征"的讨论。这是社会主义运动中一个真正新鲜的事物，统一社会党责备法国共产党提出的建议既保守，又不适合法国社会的变化，总之是"过时"的。1969年的总统选举，一时掩盖了统一社会党战略的窘境：党的力量太弱，难以发动一场社会运动，也没有能力用不同于传统社会党的口吻提出共产党的问题。

在1971年埃比内大会召开前夕，整个法国社会党陷入一种战略绝

---

① Rocard (Miche), *Le PSU*, op. cit., p. 25.
② *Ibid.*, p. 117 et *Question à l'Etat socialiste*, Paris, Stock, 1972.

境。1971年春季,许多城市的市镇选举都显示了左翼联盟的效率。但是这种联盟并没有任何全国的协议基础。社会党,不论是新社会党还是统一社会党,都比较弱,没有能力在一届政府中构成主要力量以取代当政的权力机构。

毫无疑问,社会党表现出了它的耐力。在它的右翼,激进党遭遇到最明显的衰败:它本该放弃与社会党争夺中左翼空间。战后占据了这一空间的最危险对手基督教民主党,最终也失败了。人民共和运动于1967年消失,由民主人士的中间派组成的民主基督教派曾在1967年和1968年试图阻止围绕戴高乐派和左翼联盟形成的政治势力两极化趋势,但没有取得成功。1970年,让-雅克·塞万-施雷贝尔的团队虽然几个月前在南希取得了"胜利",但在波尔多却遭遇滑铁卢。在社会党的左翼,共产党一直保持了强势,但是,由于是单枪匹马,所以也同样一事无成。

此外,正在进行的重组似乎更有利于基督教派的活动积极分子融入社会党的组织。统一社会党在这方面起了重要作用。它是第一个能够让基督教活动分子和非宗教的活动分子共处的左翼要党。米歇尔·罗卡尔认为,左翼之所以在解放时和1956年接连失败,部分原因在于孤立了基督教群众,因此,他采取了一种开放的世俗观[1]。1970年,阿兰·萨瓦里,社会党新的领导人给了这样的评价:"基督教派归属社会党的问题在我看来完全而且幸运地得到了解决。众所周知,许多省联合会的书记都是基督教徒,也是法国民主工联的成员。我们自然而然地不能要求我们的党员不要有任何形式的任何洗礼证明。"[2]工人国际法国支部从来没有能够做到也从来没想要做的,统一社会党和新社会党开始做了:消减基督教派和非宗教派别之间的隔阂,这就为社会党开启了新的氛围。

因此,社会党在这种动荡中出现了一些重要的变革萌芽,但是,这种动荡还没有成为可以重新铸造政党的工具,使党能够让这些变革萌芽发挥完全的政治效力。

---

[1] Chapuis (Robert), *Les Chrétiens et le Socialisme*, Paris, Calmann-Lévy, 1976, et Kesler (Jean-François), *De la gauche dissidente au nouveau Parti socialiste. Les minorités qui ont rénové le PS. op. cit.*, notamment pp. 283 – 355.

[2] Savary (Alain), *Pour un nouveau Parti socialiste*, Paris, Ed. du Seuil, 1970, p. 163.

第六章
不可能的"社会民主"

不可设想，如果没有1920年的分裂，社会党是否会在第一次世界大战后从组织结构上靠近社会民主党。但是相反，可以肯定的是，法国共产党的建立及其之后的发展，无论如何阻止了社会党这样的发展。工人国际法国支部从来没有能够如所希望的那样，成为一个强大的工人政党。如果说它与共产党的竞争得以维持，但是它却没有能够持久地发展和扩大其选举潜力和活动潜力。随着时间的消磨，社会党最终开始走下坡路。在1969年该组织解散时已经毫无生气。

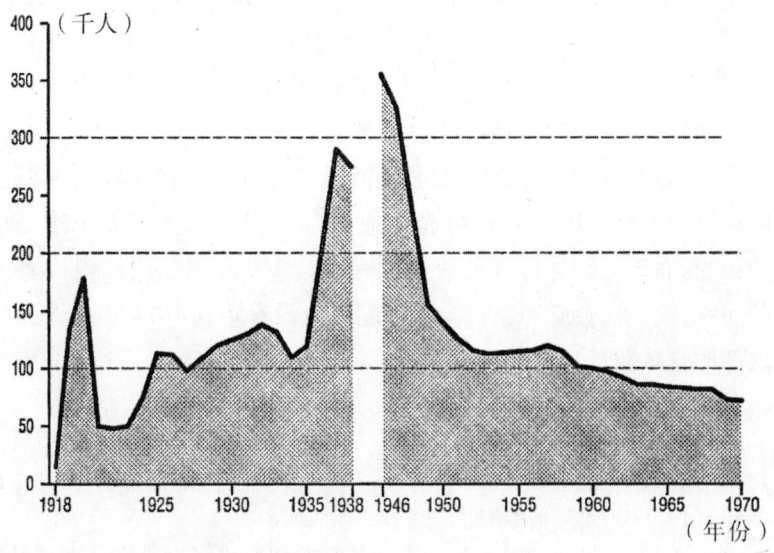

法国社会党
1918—1970年成员数量曲线图

资料来源：1919—1970年历届代表大会报告

一、缺乏党的活动分子

20世纪20年代初社会党重组之后,其活动分子人数尽管在人民阵线和解放时期有明显突破,但这期间的总体变动情况呈下降趋势。1920年发生分裂后,社会党需要重新争取党员支持。开始时相对比较成功:1925年社会党公布的党员人数是111000。工人国际法国支部保留了一个重要的选举网络,其活动分子的努力和许多外省联合会的巡回宣传,使社会党比较迅速地重新组织起来。图尔代表大会后,好几个从地图上被划掉的联合会,如奥布省联合会(Aube),几乎被完全重建起来[1]。但是到了1935年,社会党党员的人数并没有上升。人民阵线时期的好年景使它在1937年拥有了287000名党员。这一时期,共产党的人数是300000。到解放时期,加入工人国际法国支部的人数大增,远远超过了人民阵线时期的总人数:1946年,党员人数在354000上下。党员数量增加似乎证明,社会党活动又充满活力,并且一笔勾销了从慕尼黑到大溃败的污点。然而,形势并非让人感到十分满意。在苏德签订和约之后到1941年8月纳粹长驱直入侵犯苏联时的不干涉政策,使共产党的生存本身似乎都受到了威胁,但是到解放时,共产党却成了左翼政治运动最主要的受益者,1946年,共产党有814285名党员(而1937年只有325547名),也就是说,是工人国际法国支部人数的两倍[2]。而且,自1950年底,社会党党员人数骤降,大约在100000。由于没有足够的新党员加入进来,社会党党员老龄化问题不断加剧。1954年,已退休党员占党员总数的21%,1963年,这个比例达到了27%[3]。阿尔及利亚战争使左翼的一代年轻人远离了工人国际法国支部。1958年的分裂造成的人员损失几乎与统一社会党的人数相当,而该党的党员数量从来没有超过16000名。埃比内代表大会召开前夕,统一社会党和新社会党加起来也没有达到1914年工人国际法国支部的党员数量!

---

[1] Judt (Tony), *Le Marxisme et la gauche française* (1830–1981), *op. cit.*, pp. 127–169.

[2] Buton (Philippe), 《Les efffectifs du Parti communiste français (1920–1989)》, *Communisme*, 1985, n°7, pp. 5–30.

[3] Sadoun (Marc), 《Sociologie des militants et sociologie du Parti, le cas de la SFIO sous Guy Mollet》, *Revue française de science politique*, juin 1988, p. 351.

从一开始，工人国际法国支部就没有能够从地域和社会方面扩大自己的根据地，因此也限制了它重新组建一个由活动分子组成的党。实际上，党重组的真正成功的地方，主要是工人国际法国支部在战前主要恢复的领地。例如，在 1924 年，在 19 个最重要的省联合会中，有 13 个在 1913 年已经是最强大的，尤其是诺尔(Nord)、加来海峡、塞纳、罗纳河口和纪龙德等省份的联合会。除此之外，还有阿尔萨斯、奥德和多姆山等省。如同 1913 年，19 个最强大的省联合会党员占了总人数的三分之二。若按省来比较 1913 年和 1924 年期间的党员比例就会发现，总是同样三个地区势力最强：北部、中部和地中海盆地。到 1935 年，党员人数并没有超过 10 年前的数量。不过，党的人数却一直比共产党要多。

1936 年，在保守的传统势力（往往是天主教势力）较为强大的地方，活动分子的网络始终极为稀疏：西部、中央高原南部、东部，似乎是社会党无法渗透和立足的地区，而在工业化程度较高的地区，工人国际法国支部也遇到了困难。如果我们看一下那些在战后党员人数增加最多的省份，塞纳、加来海峡、下塞纳、罗纳、卢瓦尔以及 1870 年失去的阿尔萨斯和洛林等省份的情况就会发现，1919—1936 年期间，党员人数时有明显的下降趋势，特别是在加来海峡，数量从 12000 人下降到了 6000 人，摩泽尔从 4500 人下降到 500 人。共产党在这些地区获取了工人力量的支持，削弱了社会党的影响，也因此结束了自 20 世纪初以来社会党作为唯一一个政治组织自然而然接纳工人活动分子的局面。

在人民阵线时期，工人国际法国支部继续在北部和罗纳河口地区发展。但是，在工业发展的东部、庇卡底、加来海峡地区，尽管有较高数量的中坚力量，在塞纳海滨省、卢瓦尔和歇尔省社会党则在退却，而共产党却得到了重大发展。共产党在北部地区、塞纳-瓦兹、加尔、罗纳河口的竞争也很激烈，阻止了社会党在这些省份的发展。有力地限制了工人国际法国支部进行扩张的可能性。由于受到共产党力量的遏制，特别是在工人聚集的地区，而且由于传统的保守地区无法渗透，使工人国际法国支部为了发展而不得不继续部分地同原来的激进派结合[①]。社会党的影响出现

[①] Goguel (François), *Géographie des élections françaises sous les IIIe et IVe Républiques*, Paris, FNSP, 1970.

了向南移动的趋势,它在埃罗、奥德、东比利牛斯和上加龙河地区的确得到了强有力的发展。

第二次世界大战后,就在工人国际法国支部总不能在自己履行传统使命的地方长期立足时,共产党的竞争对它的威胁比人民阵线时期还要严重得多。这种竞争不仅大大削弱了社会党在过去的工人营垒,特别是在巴黎地区,还有北部和加来海峡的影响力,而且尤其是工人国际法国支部还遇到了法国共产党活动地区的迁移,伴随着时间差,这种移动循着与势力影响变化相同的线路进行。解放时,尽管共产党坚守住了原来的营地,如巴黎地区、北部和加来海峡、地中海一带和中央高原西部和南部一带(工人国际法国支部早期发展的地区),但还是失去了一些高度工业化的地方:塞纳海滨省和洛林①。相反,在农村地区则出现了一些新的共产党的势力区域。菲利普·庞东列出了1946年共产党在农村起主导作用的省份,在这些地方,平均每10000人就有300人以上是共产党员:科雷兹、下阿尔卑斯、阿利埃、多尔多涅、上维埃纳、克勒兹、德龙、加来海峡、加尔、上阿尔卑斯、阿里埃日和洛特-加龙省。因此,共产党在农业区的人数比例和在工业区的比例变得一样多了。与此同时,工人国际法国支部则遵循着自己在农业区,尤其是南方的发展途径,但是却始终不能在西部、东部和中央高原东南地区站稳脚跟。如果我们比较一下1924—1956年期间党员人数占人口的比例,就会看到向西南移动的现象。而在巴黎地区、阿尔萨斯、索恩-卢瓦尔、奥弗涅和罗纳等地,社会党的位置显然低多了。相反,在塔尔纳、阿里埃日、东比利牛斯、热尔、朗德和多尔多涅,这些地区记录了反向的发展态势。从这里人们感受到,工人国际法国支部的基地在地理的分布上很有局限,要么,它在自己的发展区域内受到威胁,要么,被赶出工业营地(北加来海峡除外),而且一直没有在天主教影响力很大的地区出现过。

第四共和国时,这种演变主要反映在社会党对原来营地地盘的保守。1946年,拥有2000名以上党员的省联合会有66个;10年后,只有10个联合会还是这种情况:诺尔、加来海峡、罗纳河口、塞纳、塞纳-瓦兹、多尔多涅、上维埃纳、索姆、埃罗和东比利牛斯。1969年,拥有1000名以上党

---

① Buton (Philippe), art. Cité, pp. 14 et 15.

员的省联合会有13个,占党员总数的三分之二。1969年,罗纳河口、诺尔和加来海峡这三大联合会就占了党员总数的42%。由于采取了放卡的政策,使正常吸收活动积极分子的渠道受阻滞的状况得到了缓解,马赛、里尔、图卢兹、克莱蒙-费朗、里摩日和阿拉斯这些大城市的市政府负责收存和发放卡。三大联合会庞大和"凑整"的数字好像就是:诺尔和加来海峡联盟宣布的10000名党员,罗纳河口联盟10500名党员。这种在吸纳党员的方式上发生的变化无疑也改变了党内活动分子的行动和作用。巴黎地区联合会的蜕化尤其反映出衰败的进一步发展。1969年,巴黎联合会有党员1240人,巴黎和周边联合会的人数一共不到2000人。而罗纳联合会当时声称只有250人,卢瓦尔和菲尼斯太尔联合会有150人,北滨海省联合会有100人。即使是伊泽尔联合会,人数也下降到500人。

在这个时候,统一社会党却得以在这些联合会里一定程度地激活了自己斗争活动的潜力。但是,除巴黎联合会(1837名党员)和上塞纳(836名党员)以外,统一社会党没有在任何一个省联合会超过600名党员。不过,需要指出的是,如果说统一社会党占据的往往是工人国际法国支部过去的领地的话,那么,在社会党此前50年来积极开展活动的地区已经呈现出更新的迹象。例如,统一社会党联盟在布列塔尼或洛林(工人国际法国支部没有成功地占据这些地区)的优势地位就证明了这一点。但总体上讲,无论统一社会党对工人国际法国支部起了什么样的补充作用(似乎在选举方面也一样),它还是不能指望自己成为社会主义政党的主力。一方面,工人国际法国支部的战斗力日渐萎缩,另一方面,由于统一社会党的发展有限,分裂的社会党人没有能力以现有的组织为基础重新组建起一个社会党大党。

社会学研究证实了地理研究方法让人们隐约看到的东西:分裂前的工人国际法国支部,其特殊性与它在工人和知识界成员队伍中都有重要影响密切相关。但是这种平衡逐渐被打破了。虽然对于工人国际法国支部在两战期间的社会学研究存在着数据方面的不足,但是,只要观察一下1936年工人国际法国支部那些议员的职业出身,就不难从这个角度看到一种明显的变化。1906年,35%的议员是工人,到了一战以后,这个比例已经降到了18%,到1936年只剩下了9%;教员的比例当时占据了25%,而在1906年,该比例只有6%。这种逆向变化说明,至少从精英层面看,工人国际法国支部已经不再是一个代表工人群体的政党。1920—1933年期间,在43名行政委员会成员中,我们了解了其中36人的职业,他们当中有22人是记者、教员或自由职业成员,只有3人是工人。不同的是,到了上世纪20年代末,法国共产党的"布尔什维克化"运动则是趋向于促使工人出身的活动积极分子进入领导层①。

1945年,工人只占议会党团的4%。与之相对应,独立职业(个体)和雇主的总体数量也逐渐下降:1924年占24%,1945年占8%,1962年占6%。相反,公职人员的比例日渐庞大,1924年占11%,1936年占33%,1945年占42%,1962年占52%。尤其是教员,1924年只占5%,到1936年占26%,1951年已经达到37%。在激进党和社会党领导层里,自由职业和记者成员的特殊重要性方面有一些共同之处,而在工人国际法国支部,工薪劳动者的成分始终占主要部分。如果我们比较一下塞尔热·贝斯坦对激进党、马克·萨杜恩对工人国际法国支部两方的分析数据,便不难看到,后者更是中等工薪阶级和知识分子的党,而激进党首先是独立职业和雇主的中小资产阶级的政党。在工人国际法国支部,二战前,联合会负责人的职位有一半由公职人员占据,技术干部、自由职业者各占三分之一。其中几乎没有工人和雇员。解放时,上述比例基本没有什么变化②。皮埃尔·兰拜尔1951年进行的调查显示,被调查的2595名干部中,公职人员占37%,工人占10%,雇员占14%③。激进党的情况则是,农业工人、手工艺者或商人占46%,而干部、雇员或公职人员只占22%④。工薪者与非工薪者之间的鸿沟,更确切地说,两战期间,公职人员与小企业主之间的鸿沟造成了两党之间的对立。结构性的政治态度鸿沟终于导致了激进党和左翼其他两大党派之间在30年代末的分裂。激进党的左翼身份以及越来越缺少能力团结工薪百姓以及店员和小企业的工人,最终使它深陷危机并导致之后走向衰落。相反,工人国际法国支部由于成功地团结

---

① Kriegel (Annie), *Les Communistes*, Paris, Ed. du Seuil, 1968, p.35.

② Voir la série des Cahiers et *Cahiers et Revue de l'OURS*, n°141, mai 1983, et n°149, mars 1984, et Sadoun (Marc), *Les Socialistes sous l'occupation*, op. cit.

③ Rimbert (Pierre), 《Le Parti socialiste SFIO》, in Duverger (Maurice) (dir.), *Partis politiques et classes sociales en France*, Paris, Presses de la FNSP, cahier 74, 1965.

④ Berstein (Serge), *Histoire du Parti radical*, op. cit. tome I, p. 264.

了工薪百姓、知识阶层（他们的人数不断增长）和公职人员，因此载入了法国社会运动史册。尽管有共产党与之竞争，它还是保留了一些根据地，使它有幸免于像激进党那样被边缘化。其"人民党"性质赋予了它许多潜在可能性，只是它没有能力开发利用，不过，换了任何一个政党，即使是以工人群体为核心的共产党，在那样的位置上也没有能力去开发这些潜在的可能性。从某种意义上讲，工人国际法国支部"冻结"了局势。

关于党员问题，可以指出一些可比较的特点。皮埃尔·兰拜尔对工人国际法国支部14518名党员所做的调查，提供了可以使用的第一手材料。工人构成人数最多（占总数的35%，占就业人数的43%），其次是雇员和非工人的公职人员（占总数的23%和就业人数的28%）。与1954年人口调查的结果相比较，这些数字说明，自由职业、其次是雇员和公职人员的代表比例尤其的高。马克·萨杜恩分析了工人国际法国支部1954年和1963年进行的另外两次调查。这些调查使人们看到，在工人国际法国支部衰败的时期，工人的成分大大减少（1963年为27%），手工艺者和商人也是同样（7%）[1]。应该指出，1966年，工人占共产党党员人数的60%[2]。在这同一时期，工人国际法国支部的工人和非工人工薪者之间出现了不平衡现象，后者有所增长。中等工薪阶层成为当时社会党活动分子的中坚。

工人国际法国支部还受到老龄化困扰，上世纪60—70年代更趋加重。而统一社会党却使法国社会党开始焕发青春活力。1970年，40岁以下的党员只占新社会党的23%，而到1961年，统一社会党的这个比例为58%，1969年为55%[3]。统一社会党新党员中大学生的比例也很大。这一发展趋势随着1968年5月风暴更加明显（1968年大学生比例为11%）。统一社会党还在社会党运动中吸收了许多妇女，妇女党员的比例比工人国际法国支部要高很多：1968年占28%，而在工人国际法国支部，妇女党员只占不到10%的比例。统一社会党使法国社会党重新开始吸引知识界职业和中等工薪阶层，而这时，工人国际法国支部已经精疲力竭，做不到这一点了：1968

---

[1] Sadoun (Marc),《Sociologie des militants et sociologie du parti. Le Cas de la SFIO sous Guy Mollet》, art. cité.

[2] Kriegel (Annie), Les Communistes, op. cit. p.35.

[3] Nania (Guy), Le PSU avant Rocard, op. cit., et Rocard (Michel), Le PSU. L'Avenir socialiste de la France, op. cit.

年,统一社会党党员总数的60%是企业管理人员、雇员和教员,不过,农业工人和商人的人数几乎没有或很少,工人则只占13%。

二、有限的选举阵地

由于工人国际法国支部活动分子的发展受到限制,因此在两战期间,选举阵地没有什么发展。1919年分裂之前,党获得了1730000张有效票,占有效投票的21%(见图1)。

图1 工人国际法国支部的票数和席位(1919—1968)

(1958年以前法国本土加上阿尔及利亚,自1958年起法国本土)议会选举

	有效票	在总票数中占比(%)	席位数	在总席位占比(%)
1919年	1728663	21.2	67	10.7
1924年	1814000*	20.2	104	17.8
1928年	1708972	18	99	16.2
1936年	1964384	20.5	129	21
1945年	4561411**	23.8	139	24
1946年6月	4187818	21.1	129	22.2
1946年11月	3431954	17.9	105	17
1951年	2744842	14.3	106	16.9
1956年	3247431	15.2	96	16.1
1958年	3171459	15.5	44	8
1962年 SFIO（工人国际法国支部）	2279209	12.4	66	13.7
PSU（统一社会党）	3638442	2		
1967年 FGDS（民主与社会主义左翼阵线）工人国际法国支部	4231173	18.9	121 其中占76	24.8 其中占15.6
统一社会党	473846	2.1		
1968年 FGDS（民主与社会主义左翼阵线）工人国际法国支部	3662443	16.5	57 其中占42	11.7 其中占8.6
统一社会党	862515	3.9		

* 莫里斯·杜尔维热的估计要明显高于乔治·勒弗朗(1,5)而且甚至高于《大众报》的估计(1,7)。

** 从1945年起,社会党加上联合竞选的党。

资料来源:关于第三、第四共和国部分:M.杜尔维热,《宪法与政治文件》,法国大学出版社,"忒弥斯"系列;关于第五共和国,见A.兰斯洛,《第五共和国的选举》,法国大学出版社,"我知道什么?"系列,1983年。

1924年,工人国际法国支部的票数重新回到了170000左右(占20%),1928年达到1709000(占18%)。在席位方面,由于采用比例代表制,工人国际法国支部在1919年选举中只获得了67个席位,修改投票方式后,1924年上升到104个席位,1928年获得99个席位,即占国会议员总数的16%。不过,1928年的选举成绩只比1914年略好一些。1936年,工人国际法国支部获得了近200万张票数,占有效票的20.5%。如果说它赶上了1919年的水平,那么在战争前夕,这方面的成绩并不突出。

社会党在解放时期的选举局势总体上令人担忧。然而,1945年由于取得了23.8%的有效票和议会四分之一的席位,工人国际法国支部达到了从未有过的水平,并因此重新成为政党体系中的一个主要成员。从选举方面分析,工人国际法国支部对法国的影响在地理上已呈"全方位"特点,因为只有8个省对它的支持低于10%。但是自1956年起,党的支持率则有21个省的低于10%的底线,而到了1962年,这个数字达到了41个!与活动地区减少相对应的是选举结果越来越不如人意。

1945年后的选举与1936年情况恰恰相反,工人国际法国支部不再占据首位。排在它前面的是共产党和人民共和运动。对于工人国际法国支部来说,共产党的选举优势对它尤其是一种沉重的打击。戴高乐离开政坛后的初次选举和1946年7月三党联合执政,都使它感到失望。社会党获得了21.1%的选票,呈下降趋势,但保住了自己的地位,共产党获得了26%的选票,人民共和运动获得23%的选票。1946年11月的选举结果更加糟糕:共产党和人民共和运动取得了突出的进展,而工人国际法国支部却丧失了自己的地盘,只得到17.9%,也就是说,倒退了3个百分点。就在它努力建立的制度趋于稳定的时候,自己的地位却受到了削弱。后来,工人国际法国支部再也没有机会在选举和议会中占主导地位。1951年,衰势已成定局(14.3%),而法国人民联盟以22%的结果取得了仅次于共产党的排名第二的位置。这样一来,接近一半的选民支持的是那些以各自的方式公开反对现行体制的政党。

为了面对这两方面的攻势,工人国际法国支部本该与其右翼的党派(不仅是人民共和运动,而且也有独立派全国中心的独立人)结成策略性联盟,用多数制来纠正比例选举制,即实行政党联合体系。1956年,正是这种选举体系和共和阵线的成立使它以15.2%有效票的成绩略微改善了自己的地位。1958年,由于恢复了两轮多数投票制,它通过靠拢戴高乐身边当时集聚的多数而保住了其票数(15.5%)。但是在国民议会,它却没有能够保持住代表性:只获得8%的席位,而不是1956年的16%。

第五共和国的建立加速了它的衰败。1962年议会选举,工人国际法国支部最后一次完全以自己的名义进入第一轮。12.4%的投票结果是它自1910以来取得的最差成绩。两轮投票期间与共产党举行的关于互相让票的艰难谈判,却使它以13.7%的席位改善了在议会的对比状况。与此同时,统一社会党只有2%的有效票支持,因此还是一支处于边缘地位的政治力量。弗朗索瓦·密特朗建立了社会民主左翼联盟,其中包括了工人国际法国支部、激进党和共和制度大会党,左翼联盟逆转了1967年的选举趋势。通过与共产党达成一些协议,工人国际法国支部获得了76个席位,而在1962年它只有66个席位。社会民主左翼联盟(18.9%)和统一社会党(2.1%)组成了一支可以与法国共产党相比拟的潜在选举力量。当1968年议会选举出现灾难时,工人国际法国支部很轻易地在社会民主左翼联盟内保住了排行第一的位置,但是只获得了42个席位,是自该党成立以来获得席位最少的一次。统一社会党取得的进展(3.9%而不是1967年的2.1%)并不能补偿社会民主左翼联盟席位数量的下降。

1919至1936年,选举的演变轨迹与党开展活动的力量对比关系变化的轨迹是一样的。1919年出现的活力主要被共产党攫取了。1928年,在工人国际法国支部曾经在1919年出色经历了选举考验的那些地区,共产党取得了最好的成绩:如在北部地区,在东部和巴黎地区。而且,共产党在工人国际法国支部最早的一些领地(歇尔、阿利埃、上维埃纳、加尔、沃克吕兹等省)也已经构成了对它的威胁,并且插足到了工人国际法国支部1919年根基不太深的工业不很发达的半个南部地区,例如洛特-加龙省和加龙、科雷兹和多尔多涅。

工人国际法国支部的议会选举团一直集中在三个势力较强的、党在那里有比较扎实的市、镇基础的地区。不过,这也掩饰了一个重要的变化。工人国际法国支部在1929年的确控制了886个市镇,但是,它已经失去了在北部、庇卡底和巴黎大区的市镇,在这些地方,与共产党的竞争非常激烈。在这一年的市镇选举中,共产党从巴黎大区社会党人手里夺走了三分之一的市镇。相反,工人国际法国支部在上维埃纳、索恩-卢瓦尔和南部省份又赢得了一些市镇。此时,它在 7 个省份拥有半数以上的市镇:诺尔省(99)、上维埃纳(98)、索恩-卢瓦尔(47)、加来海峡(59)、加尔(61)、埃罗和东比利牛斯(26)。同样,其省议员合乎逻辑地在这些省份中占有半数。1935 年,这一趋势进一步加强,法国共产党占据了巴黎最大一部分"红色地带"。

1936 年,共产党在工人占 30% 以上的 27 个省份中的 9 个省份中排在社会党的前面。就整个法国而言,工人国际法国支部只比共产党多 40 万票,已经丢掉了 10 万票。从这时起,动员人民选举的活动对共产党而不是对社会党有利。

社会党选举优势越来越"南方化"的趋势是与一定程度的农村化联系在一起的。除诺尔省、加来海峡省和罗纳河口省以外,社会党的领地实际上越来越向农村省份偏移,如奥德、东比利牛斯、朗德、上维埃纳、下阿尔卑斯等省。

由于法国社会党难以深入到那些选举活动原本就比较薄弱的地区,导致它翻新选举的可能地带逐渐枯竭。如果研究一下 1914、1928、1936 年工人国际法国支部从未获得 20% 选票的省份,就会看到,这些省份中大多有天主教教会强有力的影响。

毫无疑问,这种吻合并不是绝对的:无论是维埃纳、夏朗德还是卡尔瓦多斯省,宗教活动并不是特别突出,而且有些社会党始终无法打开局面的省份,却没有能够阻止激进党(洛特省或上比利牛斯省)后来也没有能够阻止共产党(卢瓦尔省、阿尔卑斯滨海省或上萨瓦省)在那里立足。不过,从总的情况来看,还是可以承认一点,这就是直到 1971 年,社会党始终很难在法国大部分地区站稳脚跟,这主要由于其发展总体上是法国左翼的发展逻辑,这受到法国农村天主教势力的广泛抵制。

在解放时,共产党在工人地区的影响更加深入。工人地区和社会党地区之间的距离加大了。除诺尔省、加来海峡省以外,工人国际法国支部已经不再对工人地区有重要影响。当时,法国共产党在工人人数最多的 27 个省份中的 15 个省份中都比它领先。特别是诺尔省、阿尔代什省、罗纳河口省、加尔省和伊泽尔省。在"红色郊区",共产党对左翼的霸权基本上已经实现。被赶出工人地区的社会党越来越龟缩在一些农村地盘上。

工人国际法国支部的议会力量一直与它的市镇发展状况紧密联系在一起。1945年市镇选举之后,它领导着4133个市镇,保持了大多数它战前管理的市政府,但是没过多久,就丢掉了一些市镇,如尼姆、里摩日、阿维尼翁;有时它会在一些城市取得短暂的胜利,如布尔日、波尔多、格勒诺布尔、尼斯、瑟堡、夏隆-马恩。从法国38000个市镇总数看,这样的成绩当然是微不足道的,不过应该指出的是,处于大发展阶段的法国共产党,在这一时期也只拥有1413个市政府,激进党有6400个。尽管社会党后来的状况出现了下滑,但是,直至1971年召开埃比内代表大会时,它在法国城市的影响始终比较强大,使社会党在最困难的时候依然能获得支持。1965年是工人国际法国支部最后一次以SFIO这一缩写形式面对市镇选举,这一年,与共产党改善关系使它失去了一些明显有中间派联盟的大市镇,如亚眠、杜埃、布洛涅-毕扬古尔、佩皮尼昂;但是,在30000人以上的191个市镇当中,工人国际法国支部领导的有39个,大约占五分之一,主要城市有里尔、马赛、贝藏松、图卢兹、阿维尼昂、纳博纳、里摩日、贝基埃、克莱芒-费朗、维勒尔班、米卢斯和蒙托邦。1971年市镇选举后,新社会党在埃比内代表大会召开之前保持着对40个大城市的潜在影响力。虽然失去了阿尔勒、莫城、图卢兹,但是重新得到了布朗,争取到了埃夫勒、纳维尔和波城,保住了埃克斯。1969年选举失败两年后,社会党在地方层次依然有很好的代表性。

总的来看,1945—1968年期间,社会党选举结果的收缩与党员数量的收缩很有共同之处。选举影响农村化的过程并没有让社会党争取到天主教有影响的地方。工人国际法国支部维持了对三个重大地区的传统影响,但是影响程度并不是很大。尤其在巴黎地区、上索恩、罗纳、科尔多、科雷兹、埃罗和加尔等省份,共产党成功地与他们竞争。相反,社会党在朗德、洛特-加龙省和阿维龙省有所进展,并且在北加来海峡、阿利埃日和奥德等省份稳定了自己的影响。

不过,到60年代末,社会民主左翼联盟和统一社会党的选举地盘出现了一些虽然细小但却很有意义的新征兆。在法国社会党一直比较弱的某些地区:如巴黎大区、布列塔尼地区、上诺曼底、卢瓦尔地区和罗纳-阿尔卑斯地区,统一社会党获得的选票超过了4%。更有意义的是,1967年和1968年期间,与全国的总体趋势相反,社会民主左翼联盟与统一社党一样,在4个右翼传统地区——布列塔尼、洛林、阿尔萨斯和卢瓦尔地区——的选票有所增加。因此,社会民主左翼联盟和统一社会党的累计得票结果是,在卢瓦尔地区达到了19%,洛林达到18%,布列塔尼达到16%,阿尔萨斯达到12%,而在1967年,其结果分别是14%、12%和10%。法国社会党的显现出来的变化都隐约地反映在选举结果中。社会党分裂为好几个组织后没有能够带来新的活力。这种分裂弱化了法国社会党,但通过分析可以看出,社会党的潜在作用依然是实实在在的。

三、远离工会运动

我们已经看到,法国社会党从来不是一个人民大众的党。它从来没有依靠大规模的工会、行会、协会组织起网络,它本来是可以和这些组织维持一些组织联系的。与工会运动缺少紧密的联系,导致社会党组织结构非常薄弱。所以,它没有能在各种社会争端中发挥重要作用,也没有能够在雇主和工会运动之间扮演维持社会妥协的角色。

如果说1921年工会分裂3年后就使统一总工会成为年轻的共产国际法国支部的工会延伸,那么,工人国际法国支部和法国总工会之间的情况却从来不是这样。在法国总工会,"主张联盟的人"把工会的独立当做一种武器来同"主张统一的人"进行辩论。社会党人自己在图尔大会时也使用了这个论据,他们只能是从理论上重新强调饶勒斯提出的各自自治的原则,这种自治当然要符合最终目标的一致性。

毫无疑问,这样一种解释在工会界和政治活动分子当中确实存在过,但仅仅是因为工人国际法国支部的章程就是如此规定的。在两次世界大战之间,工人国际法国支部联系的工会只有法国总工会。在盖德派的传统省份,尤其是在诺尔和加来海峡,党与工会的联系甚至相当密切。法国总工会和工人国际法国支部毕竟还是分开发展的。在欧洲其他国家非常通行的合作运动,也的确没有在法国得到真正的发展。总体上讲,除个别情况外,社会党人几乎忽视了这种合作,而盖德派的传统甚至让人们对此产生了猜疑。最后还应该注意到,那些相近的组织,人权同盟、教育同盟、法兰西东部大联盟、青年客栈等,从来没有同社会党人保持过正式的联系。因此,尽管法国社会党有愿望,也多次强调要团结群众,但是却没有聚拢起大量群众。

社会党不只是在两战期间容忍了工会运动而且特别是法国总工会的独立愿望。为了防止工会的观念过于影响党的选择,社会党领导人甚至始终不惜出重拳,坚决打击任何"工党"现象。在莱昂·茹奥领导工会时由于受亨利·德曼文章的影响而对计划经济比较感兴趣,但是党的整体性理论和长期拒绝"组织结构"改革的作法,使社会党在这个时候远离了工会。实际上,法国总工会曾经回到过1919年的理论思考,它在1934年9月制定了一个"法国方案",该方案的思想基础就是,为了清除危机,"经济应该是指导性的,而且只有信贷和关键性产业实现了国有化,经济才能是指导性的"。一些在1934年的法国总工会大会上被排挤出局的人成立了法兰西新社会党,安德立安·马尔盖和莱昂·茹奥是该党的代表性人物,"新派"与这些人的关系以及后来法国总工会的计划经济主义的"再造者"重新采取了计划的思想,使党内问题与同法国总工会的关系问题产生了互动。工人国际法国支部先是谴责"新派",之后又谴责计划经济主义者,它非常谨慎地防止自己与法国总工会同心协力,共同思考一些具体建议。按照乔治·勒弗朗的说法,"对于社会党领导层来说,计划经济主义思潮更加危险,因为它有可能以法国总工会的计划经济思想为依托,并可能导致出现法国工党主义,使工人国际法国支部失去党内部分成员"[①]。在1934年的工人国际法国支部代表大会上,布鲁姆在发言中对计划经济论的谴责令莱昂·茹奥非常不满。在工人国际法国支部与法国总工会之间搭起一座桥的机会就这样失去了。

1935年6月17日组成的人民阵线,除了左翼大党外,也把法国总工会和统一总工会集结在一起。1936年6月后的那些月份中,逐渐形成了本可以作为新的职业关系体系的东西,即建立三党和解程序。儒勒·莫什甚至提出了"现代劳工章程",但是政治力量关系的迅速变化没有允许实现这一进程。维持现状的做法一直持续到1939年。

解放时期,工会权利进一步扩大,工会的影响得到加强,但是,重新团结起来的法国总工会在内部的共产党人取得明显胜利后,却在1947年再次分裂,又一次使工人国际法国支部失去了真正的工会基础。实际上,法

[①] Lefranc (Georges), *Le Mouvement socialiste sous la Troisième République*, Paris, Payot, 1963, p. 310.

国总工会与其他工会运动,尤其是产业界占主导地位的工会运动脱离了关系,成为共产党人在反社会党斗争中掌握的一种武器。1947年秋季发生了导致社会党分裂的罢工运动,1948年又一次发生罢工运动,当时儒勒·莫什任内务部长,在这种时候,工人国际法国支部自然与法国总工会形成直接的对立①。另一方面,社会党不得不注意工会运动中其他组织的独立意愿:工人力量总工会、全国教育联盟、法国天主教工人联合会,都把矛头指向法国总工会和共产党,揭露工会从属于政党这一事实。这种一致的反对意见却没有孕育出任何一种真正的共同战略,也没有因此建立起稳定的与社会党人进行交流的体系。而法国总工会基本上成为法国共产党工会的延伸,而不论工人力量总工会、全国教育联盟与工人国际法国支部,还是后来的法国民主工联与统一社会党,都没有为社会党人起到过这种作用②。1936年以前,莱昂·茹奥的法国总工会与工人国际法国支部各自独立的力量,工人国际法国支部与工人力量总工会之间占主导地位的也是类似的这种关系。不过,这种关系更差些。少数派的工人力量总工会在工会独立问题上表现得更加强硬。它通过这种态度反映出自己与众不同的原则③。如果说工人国际法国支部鼓励自己的党员加入工人力量总工会,那么,在1957年发生分裂时,则禁止加入法国总工会,如果说在政治上曾有过基本共识、反对共产党和欧洲建设,那么在组织关系方面,除个别城市外(主要是马赛和里尔)几乎没有任何共识④。自1948年起,工人力量总工会就要求工人国际法国支部不要再发展企业的社会党小组,以避免出现任何混乱。尽管1951年还在这方面做过一些努力,但是两年后,企业联络人只剩下了几百人。如果说工人力量总工会总书记罗伯特·伯特罗(Bothereau)直到1963年、还有居伊·摩莱都已经习惯于比照他们的分析,那么很少有工人力量总工会的负责人在工人国际法国支部占有一席之地。在社会党历次代表大会上人们不止一次为这种形势而叹息。1952年一致通过的一项决议这样指出:"工会的独立无论多么必要的,无论我们要多么予以尊重,都不应该导致工会孤立地行动,也不

---

① Bergounioux (Alain), *Forece ouvrière*, Paris, Ed. du Seuil, 1975.
② Mouriaux (René), *Syndicalisme et Politique*, Paris, les Editions ouvrières, 1985.
③ Bergounioux (Alain), *op. cit.*
④ Conseil national de la SFIO, Puteau, 14-15 décembre 1957, compte rendu sténographique.

应该导致放弃同社会党这个唯一的工人阶级民主政党进行任何接触。"[1]

同年7月,工人国际法国支部发出了重新集结民主力量的号召,并邀请"各种工会组织、合作组织、互助组织和自由的文化与政治组织团结在一起"。工人力量总工会全国联盟委员会拒绝了在党和工会之间组建民主和社会阵线的这个建议。在居伊·摩莱政府执政的那几个月里,他在制定社会政策时经常征求工人力量总工会的意见,但是,如果说其领导人多次指出与联盟的立场有着重大的共识的话,那么他们仍然拒绝劳动部长阿尔贝特·加吉埃提出的签订合同建议。第五共和国的建立最终加强了工人力量总工会的独立性,同时使它脱离政治的态度更加强硬。一方面,工人力量总工会保持了重组中间力量的偏好,而且并没有作为这样一种力量在社会民主左翼联盟成立时支持重振左翼的努力。另一方面,对于任何收入政策,因而对于任何限制社会合作伙伴的计划性合同,工人力量总工会都表现出越来越明显的保留态度。1967年,工人力量总工会批评与共产党改善关系。如果说,它谴责乔治·蓬皮杜政府为社会保障开出的药方,那么,至少还接受了融入双方代表人数相等的新体系中,并在其中扮演了重要角色。

社会党与全国教育联盟,也就是说,主要从组织上同多数"自治者"建立了更加信任、更加经常的联系[2],社会党人与教育工会分子之间有密切的相互渗透关系。不论从社会学还是从意识形态角度看,他们都属于同样的社会环境。激进党在解放时期的衰落,使工人国际法国支部成为支持学校世俗化的政党。在社会党人的支部里,小学教师的作用在战前就很显著,战后就更加扩大了。根据最近的一项研究,1939年,在社会党的4000个支部中,小学教师领导了近2500个支部[3]。

在这期间,不仅工人国际法国支部,还有统一社会党及所有俱乐部,他们当中都有一部分干部在教育界。在第四共和国时期,工人国际法国

---

[1] Bulltin intérieur SFIO, juin 1952.

[2] Aubert (Véronique) et alii, *La Forteresse enseignante*, *La Fédération de l'Education nationale*, Paris, Fayard, 1985.

[3] Girault (Jacques),《La SFIO et le monde enseignant》, in Berstein (Serge), Cepède (Frédéric) et Prost (Antoine) (dir.), *Le Parti socialiste entre Résistance et République*, Paris, Publications de la Sorbonne, 2000. p.293.

支部议员中的三分之一是小学教师和大学教授[1]。因此,在左翼社会党历史上所有重大时期,全国教育联盟都被牵扯了进去。但是,它毕竟不是工人国际法国支部的延伸,其政治活动都是由自己做主的。它曾号召投票反对 1958 年 9 月的公民投票,而当时工人国际法国支部则持赞同立场,转年它又成为反对德博雷法案联盟的中坚,1965 年,它为击败加斯东·德费尔的努力作出了自己的贡献。由于不同意建立天主教民主党人的大联盟,它坚定地支持了弗朗索瓦·密特朗和社会民主左翼联盟。它试图找到一条政治解决 1968 年 5 月危机的出路,并且在 1969 年 6 月总统选举后,促进了社会党的第一次更新。再怎么说,人与人之间的这种相互依赖性是有一定限度的。即使全国教育联盟的人数随着 1950—1960 年就学人数激增而有所增加,但它还只是一个职业联盟,而且是处于分裂状态的联盟。由于它在 1948 年成立时接受了允许党内竞争派别的游戏规则,因此,面对共产党自 1966 年起日益增强的影响,社会党只得捍卫工会相对于各政党的独立性。

在与法国天主教工人联合会的关系方面,宗教的鸿沟限制了接触。不过,天主教工会派内部的更新是一件新鲜事。围绕重建派的分析组成了法国天主教工人联合会的少数派,他们有意促进世俗的工会运动,希望能够把从法国工会传统继承下来的活动形式与受工党的工会运动启发的活动形式综合起来。这一派系的存在一点点地改变了政治观念[2]。重建派集团希望融入非共产党的新左翼潮流。该集团坚决支持皮埃尔·孟戴斯-弗朗斯,在 1958 年完全成为民主力量联盟的一个组成部分,并且在加斯东·德费尔的 80 年代远景委员会里都有成员。正因为此,也就为社会民主左翼联盟的成立提供了支持。年轻的法国民主工联的一部分领导干部选择了加入统一社会党。但是工会主义的努力一直没有下文。随着法国民主工联越来越赞同社会主义,因而越来越支持工会自治的原则,欧仁·德尚的接班人埃德蒙·迈尔进一步强调了这一点,最终提出把工会当做"社会运动的操作者"。

---

[1] Castagnez (Noëlline), *Socialistes en République. Les parlementaires de la SFIO de la IVe République*, Rennes, Presses universitaires de Rennes, 《Histoire》, 2004.

[2] Vignaux (Paul), *De la CFTC à la CFDT. Syndicalisme et socialisme. Reconstruction* (1946 - 1972), Paris, les Editions ouvrières, 1980.

因此,法国社会主义并没有真正获得广泛的工会网络根基,而这个根基对于扩大其社会影响十分必要。只有全国教育联盟部分地扮演了这样一种角色,但是,有意疏远工人力量总工会的做法削弱了工人国际法国支部。通过组织反对阿尔及利亚战争的活动,各个俱乐部、工人国际法国支部、少数法国民主工联的人、统一社会党、偶尔还有工人力量总工会的领导人建立起了联系,但是他们之间的接触比较有限,往往是个人之间的,而且在1964年加斯东·德费尔总统竞选失败后没有继续下去。至于统一社会党,它过早地被其派别搞得四分五裂,其活动积极分子没有能够在相应的工会组织中开展起某种共同行动。

四、组织薄弱和缺少集中

无论在分裂之前还是之后,工人国际法国支部一直是核心组织薄弱、领导层被内部分歧削弱的一个政党。各省的联合会在党内享有重大的自治权。保持党的统一始终是领导人关注和活动的重心,况且两次世界大战之期,按派系组建起来的党已经得到制度化。

二战后,社会党人除了恢复传统理论外,也曾为统一而试图改变内部分裂的局面,在他们看来,是内部分裂导致社会党人在第三共和国结束之前那个时期处于瘫痪状态。自1944年开始,重新组建的工人国际法国支部放弃了比例代表制。新的领导委员会像战前那样由代表大会指定,不过是以统一候选人名单投票的方式选出。只有那些争取到一定席位数量、排在前面的人才可以当选。在大约十年的时间里,工人国际法国支部再没有出现有组织的派别。但是,由于党的多样性特点,这一决策产生了恶劣的后果。实际上,党的领导层发展到少数派及其代表自己来选择自己。这就不可避免地出现了内部争辩,而且越来越发展成为个人之争,而不是思想之争。以省联合会资格决定的纯粹力量对比关系代替了派别。例如,由居伊·摩莱领导的北部和加来海峡地区的省份组成了联合会联盟,就曾在数年期间领导了工人国际法国支部,与之对立的是由加斯东·德费尔领导的罗纳河口省联合会。但这既没有阻止适时地表达意见,如反欧洲防务集团,也没有能够阻止分裂,1947年年底,"统一论者"被排挤掉,并且同那些在1958年建立自治社会党的人实现了决裂。统一社会党走的是另一个极端:派系繁殖和缺少一个出头的代表,党内的辩论往往与国家政治和社会现实脱节,颇有些超现实主义的特征。

保罗·富尔和莱昂·布鲁姆,之后的居伊·摩莱,都试图加强书记处和党的核心作用。但是,从行政上集中权力的所有努力都或多或少地失败了。1928年,在图卢兹代表大会上,莱昂·布鲁姆曾建议改变领导机构,以一个单一的、拥有广泛权力并由大会任命的中央委员会代替行政委员会和全国委员会(该委员会集中了各省的代表,扮演着小型代表大会的角色)。面对诺尔联合会领导人让·勒巴的批评,1929年南希代表大会重新审理了原来的规定,保留了全国委员会代表各省联合会的性质[1]。这么看来,工人国际法国支部的核心机构不是很坚强也就没有什么令人吃惊的。两次大战之间,秘书处只有三个常务成员,总书记保罗·富尔、副总书记让-巴普蒂斯特·塞维拉克和财务总管,还有几个雇员帮助他们。自1926年以来,在全国发行的《大众报》只有20000个订户。阶段性的财政困难使党的政治领导人莱昂·布鲁姆要拿出自己的一部分收入[2]。1944年工人国际法国支部进行集权的努力也失败了。毫无疑问,解放时期的新发展的确再次使机构重组提上日程。1944年11月代表大会成立了权力有所扩大的领导委员会,代替了全国委员会,但是自1946年2月起,取缔的各省联合会会议又重新成立了。8月份战胜了达尼埃尔·梅耶的居伊·摩莱,虽然没有重新恢复全国委员会,但是却试图明确地树立起领导委员会的领导地位。1947年12月,为他的执政立下汗马功劳的联盟解散后,出于寻找同盟者的需要,摩莱不得不对诺尔省联合会让步,以支持为代价,做出一项妥协决定:

> 在出现无法解决的矛盾态度时,领导委员会的决策地位并不构成一种特权,甚至也不能增加一些权威,而是提高某种责任感,这种压力始终影响着领导委员会的最终决策,领导委员会决不希望看到在全国委员会控制下改变决策的风险,他只对全国委员会负责。[3]

---

[1] Parti socialiste SFIO, 26ᵉ congrès national, 9–12 juin 1929, compte rendu sténographique.
[2] Archives Compère-Morel, CHMRSS, Paris-I.
[3] Lafon (François), 《 Des principes du molletisme》, in *Guy mollet. Un camarade en République*, op. cit., p. 77.

1948年,巡视各联合会的宣传代表制度被取消。1956年,再次尝试通过建立党的省联合会常务助理来加强全国领导层的作用,但是这一制度坚持了不到两年。

与战前相比,工人国际法国支部的核心机构不够坚固并不令人奇怪。在20世纪50年代,在党的所在地,马勒塞布城,大约有15个助理,而在各省联合会,大多数联合会的书记都是自愿服务不计报酬的[1]。统一社会党的设置更简单,负责常务政治的从来只有几个人[2]。社会党的政党机构始终不够发展。就像过去,对于保罗·富尔来说,居伊·摩莱的影响主要反映在代表社会党典型的活动分子的能力上,反映在他与各省联合会干部的直接接触上。但是,同1940年的情况一样,大联合会的分量和独立性一直对党的运行有决定性影响[3]。社会党本身就是一种目的,这比任何时候都重要。在这个封闭体内,一切皆有可能上演。

和居伊·摩莱一样,保罗·富尔的权力主要建立在他与省联合会负责人保持的个人关系上,以及他在处理与活动分子关系时赢得信任的能力。所以,法国社会党政党结构的一个首要特征表现在坚持权力下放原则。1905年的党章把工人国际法国支部定义为"联盟中的一个联盟"。这个特征在图尔代表大会后并没有消失:各联合会的自主性依然很强,在确定竞选策略方面,我们看到各联合会有很大的自主活动空间。联合会和候选人是由各个支部指定的,全国一级的领导层几乎无法控制这些过程。在召开代表大会时,往往某几个联合会代表了很大一部分全国候选人,这一事实使它们在党组织的运行中有着实际的重大影响。更何况这些权力中心几乎就没有什么变化:北部、加来海峡、罗纳河口、塞纳、上加龙、上维埃纳、纪龙德等省。在召开代表大会时,其领导人的意见必然受到重视,而这些省份的联合会联盟在核心机构中有很多代表。

不过,工人国际法国支部的活动分子来路不同,在组织方式、对政治辩论的重视程度等方面都存在差异,这些不同的联盟实际上代表了党内各种派别。20世纪50年代,马克·萨杜恩在对工人国际法国支部所作

---

[1] Archives OURS.
[2] Kessler (Jean-François), op. cit., pp.59 – 92.
[3] Lafon (François), op. cit., pp.59 – 92.

的一项调查中提出,可以把政党划分为四种类型,认为这种划分适用于我们所处的时代①。社会民主性质的联盟,主要是诺尔和加来海峡省联合会,他们人数众多,工人成分高,这些联合会的活动分子比较活跃,有巩固的社会基础,对被选举人的限制比较多。与其相反的另一类型联合会,是所有那些工人成分较低、党员人数和被选举人都比较少、斗争活动不太多的地区,在这里,党内当选者都有比较强的自主性,而且与选举委员会比较接近。农业区联合会是介于这两种之间的第三种类型的联合会,如上维埃纳、纪龙德、勒朗德、奥德等省的联合会,其农民、手工业者和商人的成分比较高,这些联合会中党员人数比较多,对当选人充满信任,当选者可以控制斗争活动,同时政治辩论也比较有限。在谈到这些党时,马克·萨杜恩用的是"社会共和"模式。最后是塞纳省或者说塞纳与瓦兹省,它们具有另外一些特点。共产党的竞争限制了党内的工人数量,不过,雇员、公职人员构成活跃的斗争活动基础,这个基础有要求,注重意识形态辩论。显然,差别可以说还有许多:例如罗纳河口的联合会就形成了自己独特的一种模式。不过,所做的梳理完全可以说明,社会党是由各种不同的政治派系组成的,因此,不可避免地影响着全国的派系斗争。

从1920年党的分裂到1969年工人国际法国支部最终消失,这么长的时间内,该党始终没有成为一个真正的社会民主党组织。这一决定性因素在很大程度上说明了社会党与共产党保持的关系类型,也可以说明维持这种竞争遇到了越来越大的困难。这一因素也说明,为什么工人国际法国支部自己不能成为新社会党和有能力夺取政权的左翼重建的工具。

---

① Sadoun (Marc),《Sociologie des militants et sociologie du parti ? Le cas de la SFIO sous Guy Mollet》, art. cité.

第七章
挑战与危机

工人国际法国支部是在1920年分裂之后重新组建的。同1905年成立时一样,这一次它也是在政治色彩略有不同的派系基础上重组的。在建立社会主义是党所追求的唯一目标,是决定社会党人加入共同体的条件,党应当有大家接受的若干活动准则等方面,工人国际法国支部坚持全党要有一个基本的认同。莱昂·布鲁姆对这些理念尤其有清楚的解释,

> 他说,"社会党每一次实现团结,都是在各种不同力量之间达成平衡,是实力对比关系的某种反映。只有根据当时的派别、理论、环境的状况来寻找一些共识与说法,才能为党的行动、为社会党的共同选举行动提供指导路线。当有时我们被意见分歧、不同政见、宗派纷争'纠缠'时,要做的只有一件事,那就是应该站得略高一些,看一看我们的目标,这时就会发现,我们其实有着深厚的共同点"[1]。

1938年在鲁瓦扬召开党代表大会,在与党的革命左翼发生激烈冲突的时候,他还讲到:

> 我一直在设想着党的统一,我想,我和饶勒斯以及我们的所

---

[1] Blum (Léon), *L'Oeuvre*, t. III, I, 1914 - 1928, intervention au congrès extraordinaire d'avril 1919, pp. 120 - 121.

第二编 追悔执政（1936—1971）

有先人一样，一直把党的统一设想为一部交响乐，这种统一应该可以融合一切思想差异，接受党内以及同一理论内部各种各样气质的人。

这种对社会党"交响乐"式的设想在平静时期是可能的。但1914年8月开始的时期证明，要想保持党在暴风雨中的统一就行不通了。莱昂·布鲁姆本人在1920年夏季也曾不得不承认：分裂已经证明，不可能把所有社会党人集结在同一个屋檐下。对工人国际法国支部来讲，无论其他理由多么重要，在当时极其特殊的情况下首次参加政府，确实是促使党分裂的关键因素。布尔什维主义之所以在1920年12月图尔代表大会上获得胜利，是因为其活动分子提出的对"社会叛徒"的谴责造成了影响。1920年以后重建的社会党，由于必须还要面对党与权力的关系问题，因此，毫无疑问，党内还会出现相关的"紧张"状态。这也正是1933年当参政这个问题再次提出来时人们所看到的情况。分歧再一次胜过了认同。这场危机没有马上威胁到党的生存，但一旦开始执政，工人国际法国支部就必须应对非常重要的各种挑战，结果还是出现了内部危机，从而引发了严重分裂。社会党有三次处于分裂的边缘：第一次危机发生在1938年和1940年期间，是在国防问题，也就是在和平与战争问题上出现的分裂。第二次危机是在1956年和1958年期间，原因出自居伊·摩莱政府的阿尔及利亚政策，以及在对授权戴高乐重返政坛问题上党内出现的重大分歧。最后一次，即第三次危机是围绕面对因1962年建立的制度而日益加强的总统权力应采取何种态度，以及如何革新社会党和如何团结左翼以便为社会党人重新执政创造条件等问题上的分歧。工人国际法国支部没有能力真正应对这三次非常严重的挑战。前两次危机发生在政治制度"垮台"过程中，社会党人大家庭的团结出现问题，受到损害，而第三次危机则阻止了社会党再次实现统一。

一、为和平可以不惜代价吗？

第一次世界大战后，爱国主义价值观并没有在工人国际法国支部内部消失。在图尔代表大会时，布鲁姆就强调了保家卫国的义务：

那些撰写议案和投票赞同议案的人是怎么想的呢？我们不否认在世界上建立国际社会主义是阻止战争的唯一手段……，我们更不否认在经历最血腥的战争之后，国际社会主义应该把选择和创造所有可以通过国际措施、依靠国际力量来阻止任何战争的任何手段作为我们的首要事业，作为关乎人类生死存亡的事业。但是，尽管如此，我们必须承认，即使在资本主义制度下，在社会主义意识中，国际义务和民族义务也是可以共存和结合在一起的。[①]

与此同时，正如引用的这段话说明的那样，人们经历了战争的考验，经受了可怕的恐惧，留下了挥之不去的痛苦感受，因此，即使原来拥护"神圣同盟"的人当中，也有人把和平看做是一种必然的要求。从力量对比上看，以前跟随保罗·富尔（最初主战的少数派之一）的重建派占了主流，但在这个时期，根本没有必要具体地分析各种力量的不同与差异，因为这时，社会党人在这个问题上比在其他任何别的问题上都更希望回到"饶勒斯的综合"上，这一点是再清楚不过的了。1921年的工人国际法国支部是和平主义者，这一点有现实根据是不容否认的。阿尔贝·蒂博代就曾写到，"今天，人们会说，'社会主义就是寻求和平'。今天，只有把和平问题放在首位才能是社会主义者"[②]。但困难在于如何有效地实施一项实现和平政策。1914年以前的遗产是：一种理论观点，即资本主义是战争的根源，社会主义是真正解决战争的唯一手段；一种对和平充满希望的设想，即建立起某种集体安全的国际保障。这两方面的努力不断地产生出党内对最高纲领和最低纲领的矛盾意见。有利的地方是，它可以将各种不同的方法联系起来，而不利的方面是没有勾画出具体的行动框架。

然而，在20世纪20年代，社会党形成一个协调的政策方案似乎是大有可能的，因为，这一时期实际上已经让人们看到了正在形成的持久

[①] Parti socialiste SFIO, 18e congrès national, Tours, 25 – 30 décembre 1920, compte rendu sténographique, p. 272.

[②] Thibaudet (Albert), *Les Idées politiques de la France*, Paris, 1927, p. 203.

和平的某种希望。工人国际法国支部把威尔逊对和平世界的看法当做了自己的观点,强调在未来的和平世界里,强权将受到限制,所有国家都将乐于尊重法律。工人国际法国支部投票反对凡尔赛协议(和约),指责该协议包含了引发冲突的一切潜在可能性。它始终认为应该与德国接近,并且对法国不妥协态度中在它看来任何过分的东西提出了批评。因此,他对民族阵营政策采取了一种彻底的批判态度。1923 年 5 月在汉堡召开的社会党国际代表大会上,莱昂·布鲁姆系统地介绍了社会党的外交政策。认为代表崇高理念和受"文明世界法律呼唤"的国联,也应该进行改革,应该使之朝着普世、民主和超国家的方向发展。认为在对德问题上的错误在于把条约强加给了德国,而不是与其进行谈判。目前,应该剥夺德国的"特权",承认所有国家,尤其是奥地利有权决定自己的命运,废除土地兼并,自由讨论赔款数额[1]。具体讲,工人国际法国支部将全力维护任何符合国际规则的一切努力,以促进现存体系内部秩序的最大化。

在最初的几年里,这种立场使工人国际法国支部内部确实实现了某种妥协。社会党左翼,如"社会主义战斗派",自 1927 年起,对帝国主义列强建立的国联虽然持强烈的保留态度,但大多数社会党人继续把国联看做是一种有利于安全和裁军的组织架构。直至危机发生之前,社会党人坚持饶勒斯的主张,一直应该在强制仲裁的概念上下功夫,认为强制仲裁一旦遭到拒绝,就可以断然确定谁是侵略者,清楚地确定哪些情况属于或不属于履行国防义务。1924 年是国际社会起草日内瓦议定书和最终因英国人的反对议定书以失败告终的一年,这一年也是社会党政策最为协调的一年。裁军不是先决性的,最重要的是建设起某种"国际合法"机制,并由此限制国家主权和实行有效的制裁。一旦通过仲裁程序获得了安全保障,就可以实现平衡裁军(这种裁军并非根据凡尔赛条约规定的维持现状出发)[2]。工人国际法国支部因此会支持亚里斯蒂德·白里安提出的有关集体安全方面的倡议。社会党人可能感觉到他们所有人都在为和平而努力,而唯一的困难在于如何认识国防政策的意义。完全的和平

---

[1] *Protokoll des Internationalen Sozialistichen Arbeiter Kongresse in Hamburg*, 21–25mai 1933.

[2] Blum (Léon), *Rapport sur la politique de paix du socialisme*, devant le congrès extraordinaire de la SFIO réuni du 15 au 18 août 1925.

主义者总体上是继续反对军备和国防政策的,虽然在 20 世纪 30 年代到来之前,马尔索·皮韦尔和让·契伦斯基之间也曾出现过某些认识分歧,前者主张"革命的失败主义"路线,后者认为"失败主义"的结果可能使无产阶级处于"双重压迫"的危险。社会党战斗左翼总体上坚持一种不给资本主义"一分钱、一个人"的立场,相反,党内的右翼在 1933 年以前始终团结在《社会党生活》周围,他们为集体安全辩护,肯定国防的必要性,特别是投票赞同军费预算,认为裁军要服从国际安全的现实。在中间派那里,莱昂·布鲁姆和保罗·富尔之间在 1935 年以前没有发生过分歧,中间派提出的一种不那么随波逐流的综合观点是:一旦国家独立受到威胁,就要"参与保卫国家的独立",但在相关现实政策上,他们采取了不退让的做法。在实践中,他以自己的行动支持相关政策,但是限制国防政策可能带来的后果[①],如限制兵役期限,投票反对军事预算,突出强调裁军的必要性等。国防问题的尖锐性,使党内关于党与参政问题的讨论相对弱化而被掩盖:右翼只是有时加以涉及,左翼则把它作为附带的讨论内容。直到 1931 年,国防问题的分歧还只局限在党内部讨论的范围。后来发生的事件证明,这些分歧反映出在采取和平政策的手段方面存在着更深刻的不同见解。主张国际主义的人提出的和平方案得到了各方面的普遍认同,左派尽管对集体安全行动的努力表示支持,但在理论上有所保留,不同意政府接受妥协立场,不同意国家去冒险,以及不同意把单纯的增加军备国防作为国家的安全政策认为不要停留在似乎可以解决一切问题的仲裁和裁军努力上,而是必须做出更具体的实际选择。党的代表大会把研究"国防、裁军与和平"问题提上了议事日程,在会上,莱昂·布鲁姆的相关指责具有代表性:

> 我在很多方面都相信你们的意见,而且我尽力证明这一点,裁军不得无端受到谴责、不能无端遭受逆转或延误久拖,我相信它本身就是一种安全手段,本身就是对履行仲裁决定的担保,它

[①] Voir les débats du 38ᵉ congrès national, tenu à Tours du 24 au 27 mai 1931, Paris, compte rendu sténographique.

本身就是国家独立的保障。①

也是在这次代表大会上,他在总结党达成的共识时主要指出的是"党同时接受民族思想和国际思想,决心为反对战争而斗争"。可见会议的成果到头来并不很大,因为 1914 年以前的"矛盾"在 20 年代并没有得到解决。只是因为一时出现了重建国际和平计划的机会,矛盾被掩盖了,而在希特勒扩张主义给民主国家带来最初的几次打击之后,这些矛盾便很快又浮出了水面。

自 1933 年开始,面对战争危险,社会党人不能规避这些问题了。有人对于工人国际法国支部的犹犹豫豫和几度分裂的历史进行过细致的分析。我们在此无意重提,不过,我们只是想从中理出几点思考。在《全人类》杂志(l'echelle humaine)上,布鲁姆谈到战前年代时,指出了社会党的不足,但是并不认为错在"陈旧的理论":

> 在国家沦陷的时候,使社会党脱离人民的并不是陈旧的理论和一贯的理论宣传,不是,而是某种更简单的、离我们更近的东西,是社会党自慕尼黑以来对于战争所持的拘泥的、含糊的态度。劳动人民最终没有能够从党那里等到明确的声音,也就是它没有能够开诚布公地表明自己这样或那样的立场和态度。②

非常明显,在后慕尼黑时代,党始终优柔寡断,一次次战术性让步难以掩饰党的无能为力。但是,这种情况与党的理论真的没有什么关系吗?莱昂·布鲁姆长期以来一直尽力维护优先关注裁军的政策,即使是在希特勒上台之后他还是这样做。他在 1937 年 3 月 17 日写道:

> 我们将继续向这个国家表明,希特勒的种族主义倾向越是严重,限制德国的军备扩张就越应成为法国安全的首要条件,然而,不进行普遍的缩减和控制军备,限制德国的军备扩张实际上

---

① Congrès cité, p. 353.
② Le Populaire, 17 mars 1933.

就是不可能的。①

他因此批评路易·巴尔杜在1934年主张的签订双边和约的政策。这毫无疑问只能说明工人国际法国支部低估了纳粹的危险。布鲁姆态度的"转变"似乎是在1935年5月德国公开宣布扩军备战之后。他当时无条件地接受了寻求传统盟友的主张，而且特别支持法苏于1935年5月签订的和约。他的意思十分清楚，就是必须为国防方面的努力提供保障，甚至可以投票支持增加军费开支。不过，从这时起，工人国际法国支部也就不再能够保持统一了。

社会党内的"战斗"在1935年秋季爆发了。让·契伦斯基更希望建立"反法西斯主义国际统一战线"，以便在纳粹失败后实现革命的胜利。马尔索·皮韦尔则坚持和平主义，主张在每一个"不论是法西斯主义专制的还是资产阶级民主的"国家提前发动群众性的革命运动。在这一点上，他得到了大多数主张建设性革命的和平主义青年的支持，其中有一位坚定地说，"我们不想把反法西斯主义变成一种对外政策理论"②。

外来威胁的升级进一步加剧了党内的分歧，这些分歧已经动摇了党的基础，而人民阵线此时也已奄奄一息。1938年3月12日，莱昂·布鲁姆向议会右翼提出了为了面对战争危险，实行民族统一的建议，这一建议引起了党内的强烈批评。他的建议非但没有成功，还加剧了党内的危机。这场危机以1938年6月鲁瓦扬代表大会开除马尔索·皮韦尔和老革命左翼而告初步结束③。然而，慕尼黑协定又引发了更为严重的分裂，从这时起，工人国际法国支部内部各种对立的立场已经不再遵从传统的政治逻辑划分；慕尼黑之后，无论是"改革派"或是"革命派"，"饶勒斯派"或是"盖德派"，都汇集到了一起，其中有人支持采取强硬态度，有人赞同做出让步。

---

① Parti socialiste SFIO, 33e congrès national, 30 – 31 mai et 1er juin 1936, compte rendu sténographique, rapport moral du secrétaire général.

② Boivin (Pierre), intervention au congrès extraordinaire du Parti, 1er février 1936, Le Populaire, 2 février 1936.

③ Parti socialiste SFIO, 35e congrès national, Royan, 4–7 juin 1938, compte rendu sténographique.

危急时刻,冲突并没有马上发生。用莱昂·布鲁姆后来不断使用的表达方式来说,"抵抗者"几乎都感受到一种"懦弱的宽慰"。但是,从1938年秋季开始,蒙特鲁热(Montrouge)代表大会上出现了对立,莱昂·布鲁姆在会议上提出了投票通过一项"社会党人的战斗"的动议。这一次,没有产生出一项"综合"各种意见的决议。尽管"抵抗者"(或者在反对者看来叫"好战分子")原则上取得了名誉胜利,但却没有动摇保罗·富尔及其支持者对待参政的态度。1939年这一年期间,面对面的斗争一直在继续。5月份的南特代表大会也没有解决任何问题。然而,各自的立场却变得更加难以调和了。和平主义者在他们的论据中又增加了一项公开反共的内容。保罗·富尔旗下的《社会主义国家》和《崛起》杂志团结了极端和平主义者,他们用最激烈的语言——有时毫不顾忌个人情面——揭露主张强硬路线的人[1]。苏德签订和约显然是火上浇油。战争爆发后,为了投票通过军事贷款,党曾又一次建立起短暂的统一。但是,这次统一不过是一种假象。无可挽回的裂痕出现在对贝当元帅授予全权的投票问题上,"抵抗者"与"好战者"之间再度出现冲突。在乔治·勒博朗看来,他们之间有一种难以消除的差别:"一方认为,社会党人作为1793年雅各宾派的继承人,应该支持国防,另一方认为,忠实于国际主义的社会党人无论如何都不应该把战争作为自己的目标。"[2]就像在1914年一样,爱国主义和国际主义再一次显示出同法国社会主义的不可兼容性。而饶勒斯的妙语"讲一点国际主义会远离祖国,很多的国际主义会接近祖国"却没有经受住考验。1914年,用安妮·克里热尔的话说,民族问题"是准确确定第二国际失败问题的地方"[3]。对于法国社会党来说,民族问题是一个绊脚石。党的统一没有抵制住外来的挑战。

二、阿尔及利亚悲剧

令社会党内部发生分裂的另一个重大问题是非殖民化问题。工人国

---

[1] Pour la profondeur du pacifisme militant, voir l'exemple du jeune Guy Mollet, qui choisit la Résistance en 1942 : Lefebvre (Denis),《Du pacifisme à la Résistance》, in *Guy Mollet. Un camarade en République*, Presses unversitaires de Lille, 1987, pp. 204 – 207.

[2] Lefranc (Georges), *op. cit.*, p. 390.

[3] Kriegel (Annie), "La IIe Internationale (1889 – 1914)", in Droz (Jacques), *Histoire générale du socialisme*, Paris, PUF, 1977, t. II, p. 567.

际法国支部的理论根据来自1914年以前的国际代表大会制定的理论。马克思主义谴责殖民主义这个资本主义的产物。然而,如果说大多数欧洲社会党主张限制殖民化所干的坏事的话,他们却乐得接受应该让殖民地的人民享受文明进步的思想。饶勒斯曾设计过一幅更大胆的、突显被压迫人民独立愿望的前景[①]。但是在两次世界大战期间,大多数法国社会党人在这个问题上大多持"人道主义"说法。而且,非殖民并不是活动分子很关心的一个问题。对此最感兴趣的人,尤其是主办《马格里布》的让·龙盖周围的人,在承认最终必须要引导殖民地人民走向独立的同时,更多的是揭露殖民化的弊端。即使在这个时候,那些主张尚未被称作"非殖民化"的声音也很不和谐。

海外的社会党人代表着工人国际法国支部内不可忽视的压力集团,他们拥护同化政策,即通过逐步实施改革来保证殖民地人民的政治权利、更好的经济和社会条件、完整的教育。因此,他们强调的是个人而不是民族,具体地讲,他们强调更多的是经济发展而不是政治自由:改良主义可以证明法国在殖民地存在的合理性。相反,一些知名人士,如让·契伦斯基和好几位革命左翼的知识分子,他们都认为民族的独立是必不可少的发展阶段。莱昂·布鲁姆在殖民地人民的民主主义(它可能是压迫的根源)问题上更加矛盾。他承认欧洲文明的使命,但是不认为托管应该是临时的,认为英国人采用的当地自治政策(self-autonomie)是一种好的解决办法[②]。工人国际法国支部在阿尔及利亚战争问题上所持的矛盾态度实际上早在30年前的20年代就已经出现过。只不过当时并没有必须就殖民地问题马上做出选择。

1936年,当工人国际法国支部掌握政权后,希望对殖民政策进行调整改变。在海外,他们全面限制殖民化政策的泛滥。在勒旺任期间,政府特别为叙利亚的独立做准备,把马格里布地区的精英人士团结在法国的周围。由国务大臣莫里斯·维奥莱特提交的相关计划(后来以"布鲁姆-维奥莱特方案"而著称)突出体现了这样的一种政策。该计划声称,一些有官衔和服过役的阿尔及利亚人,在保留个人身份的同时,可以获得法国

---

① Bruhat (Annie), 《Jaurès devant le problème colonial》, *Bulletin de la Société d'histoire moderne*, nov-déc. 1956.

② *Le Populaire*, 17 juillet 1929.

政治公民的资格。同化的目的当然很明显,而且也因此遭到像阿尔及利亚民族主义分子这样一些人的揭露和反对。但是无论如何,殖民者的抵制、缺少对行政管理的认同、政府内社会党部长与激进党部长之间的意见分歧等等都说明,这些政策主张的实际意义十分有限,只能停留在计划阶段。在社会党内部,如果说革命左翼还在为"解放殖民地人民"进行辩护,那么,在战争临近时,工人国际法国支部总体上已经不这样认为。人民阵线政府成员,殖民问题专家,马利尤斯·穆戴就说起过所谓的"利他主义的殖民化"。这种观点在 1937 年底受到革命左翼的抨击,但是却得到社会党全国委员会的好评,后者认为,他为解决问题做出了"巨大努力"。可见,战争爆发前夕,社会党并没有在殖民传统和政策上作出最后结论。

解放后,正式观点依然是主张逐步解放当地人民,但同时认为,殖民地人民的解放事业可以在"与民主的和社会主义的法国更紧密地团结起来"[1]的条件下进行。"自由结成联盟"的主张反映出人们对前途的希望与幻灭。他们当中的一些人,如让·鲁斯、奥莱斯特·罗森菲尔德,或者还有皮埃尔·斯蒂波,虽然明确阐述了殖民地国家民族诉求的强烈程度,但是却没有足够的政治影响力来说服别人。左翼世俗的意识控制了人们的精神,令人们确信,立即独立并不会为当地人带来进步。这就是居伊·摩莱 1947 年在谈到印度支那时的想法,他写道:"唯一可能的解决办法就是社会党人的解决办法,即一方面拒绝法国采取放弃政策,另一方面,拒绝过时的殖民主义。"[2]此时的政策选择,依然以 1936 年的政策为一种暗含的参照模式。在这个时期,拉马迪埃政府负责殖民地事务的部长马利尤斯·穆戴曾经是一位先驱,到了 1947 年,他已经跟不上形势了。

要完全理解这一代社会党人的看法,就应该了解 1940 年法国的"溃败"和被占领时期的分裂状态带来的深刻伤害。抵抗运动的精英们坚信,不仅应该重建法国,而且应该更新法国的实力基础。社会党人同意这一基本精神。拉马迪埃在 1947 年 2 月就曾这样向国会议员提出:"我们现在必须面对这样一种抉择:要么建立一个法兰西联盟,要么不再有法国,

---

[1] Congrès national extraordinaire, 2-4 novembre 1944, rapports, politique coloniale, p. 11.
[2] Le Populaire, 22 avri 1947.

只是有一个不知道被谁、也不知道被什么东西拖着走的小角落。"[1]这不仅是一个"政府的社会党人"的意见;战前让·龙盖的密友,保罗·利维,其所言也可谓是异曲同工:"不应该放弃印度支那,因为这意味着丧失我们很大一部分国际财产。"[2]由此看来,社会党人没有感觉到在保卫法兰西联盟和他们改变国际关系的性质之间有什么矛盾。他们认为,法国会给欧洲带来海外领地,他们会忠实于解放人民的使命,同时创建一个"自由协商的协会"[3]。法兰西联盟赋予法国的物质实力可以继续服务于一种希望超越力量对比关系的世界眼光。社会党身份不同的构成元素,国际主义和爱国主义始终存在,但对待各种问题的立场发生了变化:国际主义的意思是同意放弃主权,爱国主义是给予法国在世界上一种调解人的使命,法国"为了伟大而舍弃伟大"。原则上讲,尽管这一步骤总是缺少对实力国家性质的思考,但是还是比较协调的。更何况许多事情都取决于世界上各种力量对比关系的演变。冷战和非殖民化是社会党人没有预料到的,也持久地乱了他们的方寸。

对于工人国际法国支部来说,矛盾的主要方面的确在于如何看待非殖民化和在阿尔及利亚战争中承担的责任问题。从1956年起,阿尔及利亚事件不再被看做是一个国内政治问题。在第四共和国第一次议会任期期间,工人国际法国支部实行的是"善意"的政策,1947年投票通过了给予阿尔及利亚更多自由的一项法案,在印度支那要求与胡志明开展直接对话。但是,这些决策没有继续下去,有关的方案被改得面目全非,有时是由社会党人自己造成的,例如阿尔及利亚总督马塞尔-埃德蒙·纳热兰在阿尔及利亚选举时姑息弄虚作假的行为,因而使该法规的严肃性受到损害。尽管一直到1950年,政治危机都在可控范围之内,但由于政治危机有可能会毁掉"第三势力",因此,出于恐惧,工人国际法国支部无论在任何时候都没有把阿尔及利亚问题作为一项主要

---

[1] Cité par Ageron (Charles-Robert),《Novation et immobilisme dans la politique française vis-à-vis de l'outre-mer dans les première années de la IVe République》, in actes du colloque *La France en voie de modernisation*, AFSP, 4–5 décembre 1981.

[2] Comité directeur, volume du 21 août 1945 au 21 août 1946. Archives OURS, p.88.

[3] Parti socialiste SFIO, 39e congrès national, 14–17 août 1947, compte rendu sténographique, résolution coloniale.

的政治赌注。

50年代,殖民地国家出现了民族主义要求,此间社会党人的相关分析显示出严重缺陷。工人国际法国支部对民族主义总是持怀疑态度,从两个方面予以抨击,以致掩盖了它的现实性。民族主义既是对过于迅速殖民化的人民的专横压迫,也是苏联玩弄世界政治游戏时的一次运气①。要实现非殖民化国家经济生活的深刻转变,使他们接近工业和民主国家结构,必须保证人民的真正独立。这种有时借助马克思主义理论,借助经济基础/上层建筑之间的对立分析的这种思维方式,最终还是为了坚守第三共和国的经验。这种观念(主要是摩莱多数派的观念)是不是真心实意的呢?很难否定其诚意;不仅因为它是一种惯用的表达方式,而且还因为这种观念影响了行为方式。若不是因为工人国际法国支部领导人把纳赛尔看做希特勒式的人物,人们就无从理解苏伊士运河危机②。

不过,另外一些因素也是不容忽视的。首先反共对于决策选择发挥了根本性的作用。1958年1月,居伊·摩莱这样写道:"民族主义、中立主义、共产主义,这些都是苏联为保证所谓共产主义对世界的统治,故意说成是命中注定的锁链。"③其次应该考虑到对法国强权不可否认的担忧。"民族-摩莱主义"这种媒体用语确实多少有些牵强,因为工人国际法国支部同时在宣扬一个超国家欧洲,但对民族的关切却是现实的。诚然,国际主义会给法国更多发挥更大影响力的机会,承认这一点并不难。像罗伯特·拉考斯特或马科斯·勒热讷这样一些直接牵涉到殖民政策的领导人,他们不可否认地具有民族主义倾向,但是他们不具备真正的代表性。毫无疑问,许多人都像热拉尔·雅凯那样,以为阿尔及利亚需要法国,法国也需要阿尔及利亚,他在全国委员会发言结束时声称:"你们是否可以稍稍想象一下,如果我们同意最终离开阿尔及利亚领土,法国在世界上将会变成什么样子呢?"④

---

① *Revue socialiste*, n°114, février 1958,《Problème de la décolonisation》.
② Conseil national de Puteaux, 9 - 10 juin 1956, compte rendu sténographique, intervention de Robert Lacoste, p. 156.
③ Mollet (Guy), *Bilan et Perspectives social es*, Paris, Plon, 1958, pp. 42 - 43.
④ Congrès national de Poteau, 15 - 16 décembre 1956, compte rendu sténographique, p. 309.

这种矛盾的立场给社会党造成了严重的后果。如果说,在黑非洲问题上社会党能够正确把握1956年德费尔法律框架,在阿尔及利亚能够引导事态的发展,更注重长远眼光,那么,它却不能理解国内的反对声浪。于是,工人国际法国支部的政策最终难以顺利维系,摩莱确定的三步走方案——"停火、自由选举、谈判"——看来不可能得到落实。社会党政府在阿尔及利亚的政策是工人国际法国支部走向衰败、民主社会主义运动分崩离析的重要原因之一。该政策在工人国际法国支部内部形成了决心与总书记展开争论的少数派;这个少数派从1956到1958年就在党内开展了斗争。

1957年1月,爱德华·德普勒创建了社会党阿尔及利亚和平研究与行动委员会。委员会特别包括了罗伯特·维蒂埃、阿兰·萨瓦利、达尼埃尔·马耶、安德雷·菲利普和让·鲁斯。1958年1月,少数派创办了自己的报纸《社会主义论坛》。该派不同意摩莱5月13日与戴高乐谈判的方式,不同意号召大家对新政治体制投赞同票。在1958年9月第50次代表大会期间,两个不同派系形成了对立。少数派坚决维护阿尔及利亚独立的权力,而多数派则否认其独立的发展前景。他们对同意戴高乐将军重返政坛提出质疑,而少数派却说已经挽救了基本局势。少数派脱离了社会党,建立了独立社会党,由德普勒任总书记,萨瓦利和维蒂埃任副总书记。1960年4月,由于原共产党反对派和天主教左翼活动积极分子的加入,该党得到扩充,成为统一社会党。主张社会主义的这个政党瓦解了。这对工人国际法国支部活动分子的影响不算太大,统一社会党也始终是一个人数有限的政党。但是,该党反对阿尔及利亚战争的立场在左翼产生了很大的反响,远远超出了党的范围。工人国际法国支部的少数派,甚至独立左翼社会党把反殖民主义作为其政治的核心内容,不仅把反殖民主义与道德批评联系在一起(尤其是原"布鲁姆分子":达尼埃尔·马耶、罗伯特·维蒂埃等等),而且对于经历了阿尔及利亚战争的这一代人来说,还同抨击西方帝国主义联系在一起。

直到1962年,反殖民主义和反阿尔及利亚战争是统一社会党团结的基础。1960年的统一宣言这样写道:

> 事实上,法国社会主义共和国必将维护各国人民拥有自由

决定自己命运权利的原则。没有对这一原则的绝对尊重，就不可能有力地保证出现符合国际要求的联合与融合过程的发展。与此同时，党将坚定地同沙文主义（不管它是以什么样的形式、不论是以什么样的理由出现的）进行斗争。尤其是在欧洲范围内以及在同殖民地国家或殖民化国家的关系上，支持国际上劳动者团结互助的原则，积极推进这些原则的落实。①

统一社会党因此显示了民主社会主义的新生和活力。工人国际法国支部老化的形象则因此而更加明显，社会党也因此加剧分裂并在总体上受到削弱。

三、戴高乐主义的挑战

尽管工人国际法国支部总会阶段性地发生分裂，但它在1920年和1940年的灾难之后还有能力重新站起来，依然作为一个大党存在。然而，1945年以后，它做了同样的努力，却没有能够真正迎来一场革新。适应议会制度、认同第四共和国、在法国政治中扮演重要角色，这些因素一定程度上掩盖了它在政党革新方面的欠缺。第五共和国的建立显然再一次给面对新挑战的社会党出了大难题：如何使党的组织及其运行适应法国政治的新变化。

工人国际法国支部日渐衰老，社会党60年代面临分裂，对他们而言，戴高乐派的挑战是一个严重问题。要迎接这个挑战，社会党人应该确实表现出有能力回答三个层次的问题：体制层面的、战略层面的和政党层面的。它必须首先在体制问题上清楚地表明自己的立场，其次建立起一个可以给社会党打开执政通道的联盟体系，最后还要拥有某种可操作的工具，即重建一个团结有力的现代政党。社会党人不可能简单地迎接这一挑战。

体制方面的挑战大概是最大的。1962年4月，法国就结束阿尔及利亚冲突的埃维昂协定进行了全民公决，戴高乐将军在取得全民公决胜利

---

① Charte pour l'unification socialiste, citée in Nania, Guy, *Un parti pour la gauche. Le PSU. °p. cit.*, p.258.

一周后就决定趁热打铁,一举完成1958年开始的新政治体制构建。他用自己原来的一位合作者乔治·蓬皮杜代替了米歇尔·德勃雷。在作出此决定的四天前,戴高乐将军和居伊·摩莱进行了一次会面,其间戴高乐说明了自己的决定。居伊·摩莱的回答是:

> 通过这个决定,您表现出您已经完全不是(咱们一起制定的)宪法所规定的仲裁人了。您可以违反宪法委员会的决议撤销总理的职务。①

9月12日,当戴高乐将军将以普选方式选举共和国总统的宪法改革方案递交给部长会议时,这种分歧变成了决裂。居伊·摩莱和产生于第四共和国的各政党都认为,普选共和国总统将使1958年的体制失去平衡,而且将建立起"个人权力制"。

居伊·摩莱认为自己遭到了背叛。从此,这些人之间的政治冲突主要反映在维护还是反对新制度。10月5日,国民议会投票通过了弹劾蓬皮杜政府的议案。戴高乐立刻解散了国民议会。力量的角逐开始了。1962年,社会党再一次激活了保卫共和的传统模式。"反对"如同一个联盟,集聚了所有非戴高乐派和非共产党人。然而,这个"反对"联盟除了反对戴高乐将军外没有任何政治基础。包括居伊·摩莱在内,发起人的想法是,在第一轮选举中,每个人以自己的政治色彩各自为战,在第二轮选举时再通过协议击溃代表"个人权力"主张的候选人。当"赞同"者以62%取得胜利时,议会选举前夕刚刚组成的联盟(社会党人已经准备好与共产党达成相互让票的协议)便"竹篮打水"无果而终了。居伊·摩莱是这样为该决定辩护的:"今天,按照有限的设想,国民议会中是增加还是减少10个或12个共产党人的代表,其实是什么也改变不了的,我们的目的是一定要打败保卫新共和联盟。"②对于社会党人来说,这种完全出于策略确定的安排没有任何政治协议作基础,因为,在他们看来,只要共产党领导人把"法国劳动者的利益摆在苏联政治利益要求之后",就不可能与

---

① Cité dans Lefebvre (Denis), *Guy Mollet. Le Mal-aimé*, Plon, 1992, p. 371.
② Cité in Verdier (Robert), *op. cit.*, p. 234.

之达成协议。但是,这一声明导致了社会党战略的混乱:主张人民阵线还是第三种势力？只提两种战略中的一种,就会使另一种战略成为不可能。11月的选举使戴高乐派的保卫新共和联盟成为绝对多数。在1958年开始建立的两轮多数选举制的框架内,工人国际法国支部尽管因一些人退出选举还是获得了23个席位,但12.4%的得票率还是1910年以来党最差的选举成绩记录。由包括激进党、人民共和运动和全国独立共和党人及农民中心的反对派组成的联盟消亡了。左翼联盟的形成还远没有基础,工人国际法国支部受到了重创。

旧的一页翻过去了。革新和制定真正的联盟战略,工人国际法国支部再也不能回避这两方面的问题了。当然,它也要确定对新体制运行机制而且首先是对总统选举制的态度。

直到1971年,始终有三种战略一直在相互冲突,其中包括了体制、战略和政党三个方面的战略:一个是居伊·摩莱的战略,一个是加斯东·德费尔的战略,一个是弗朗索瓦·密特朗的战略。这三种战略在基本层面有某些共同之处,主要是认识到一个新的时代的开始,而新时代要求一个革新的和采取真正联盟战略的社会党。相反,在对待体制的态度和联盟形式方面,各种战略彼此之间却存在不少分歧。

居伊·摩莱认为(此外皮埃尔·蒙戴斯-弗朗斯也如此认为),在体制问题上不可以接受任何妥协。他提出的议会制度设计实际上是继续利用过去的理论基础来为工人国际法国支部反对现行宪法体制服务[1]。

居伊·摩莱拒绝总统制,但并没有评判引入普选方式选举总统会对政治体制的运作产生多大的震动。他认为,国家领导人应该重新作仲裁人:

> 他说,"对于了解未来的继承者究竟是右翼、中间派,还是左翼人物问题,我当然不会无动于衷,对于了解继承者个人的重大决策也是一样。但是,根本的问题是要知道他是否忠于职守,让最高法律得到执行。共和国需要的不是一个无所不能的超人,

---

[1] Duhamel (Olivier), *La Gauche et la Ve République*, Paris, PUF, 1980, p.159.

而是一个稳妥的人"①。

在他看来,斗争核心直到最后一刻都将是反对"个人权力"。由于他没有看到总统和议会多数选举制的逻辑会导致两极分化的局势,工人国际法国支部也就没有办法有效地对付由于戴高乐派的发展而逐渐强大起来的多数派。建设社会主义的远景思维挡住了党的双眼,无法现实地面对政治挑战。

正是对1962年改革可能给法国政治体系运作带来的后果认识盲目,使居伊·摩莱把总统选举问题置于次要政治位置,首要赌注是推选出一位反戴高乐分子,不管他是来自右翼还是左翼。这就是为什么在1965年他符合逻辑地认定安东尼·比内可能是反对戴高乐的理想候选人,以及1969年他的忠诚助手克洛德·富歇会在《大众报》这样解释工人国际法国支部在第二轮选举中的立场,即用中间派的参议院议长阿兰·博埃去对抗乔治·蓬皮杜:

> 我们和博埃先生之间没有任何政治协议。我们是在选一位能够在实践中去除1958年宪法中个人权力毒素的共和国总统。蓬皮杜先生做不到这一点。而博埃先生可以做到。我们期待他的也就是这些。②

没有什么能够更好地说明工人国际法国支部在新制度中的困境了。居伊·摩莱由于既不想自己参加1965年的总统选举,也不想让工人国际法国支部的候选人参加,因而使党承受了在政治体制中被边缘化的风险,而这次选举恰恰是重大的政治时刻。1963年6月,他对议会新闻协会是这样声明的:

> 我个人永远不会当共和国总统候选人。……我是为信仰服务的党务活动家,而不是人们有时很愿意说的那种国务活动家。

---

① Cité in Du Roy (Alain) et Schneider (Robert), *Le Roman de la rose*, Paris, Ed. du Seuil, 1982, p.36.

② Lefebvre (Denis), *Guy Mollet. Le Mal-aimé*, op. cit.

……我认为,共和国总统不应该是某一政党的领导人,而应该仅仅是一位裁判。①

居伊·摩莱在这个时候似乎完全相信必须对党进行某种革新,似乎相信左翼联盟战略可以重新使"工人阶级统一"起来。但是,他在设想党的年轻化、党的开放和变革时,完全照搬了社会党永恒不变的理论。但是从一开始,总书记新的总体战略就注定要失败,原因有三:不肯真正思考如何在新的体制中执政这一新的战略;主观上希望共产党公开放弃自己的身份之后再达成战略协议;最后,拒绝任何理论革新。

后来,两次重要的政治尝试是提出了两种解决方法来替代墨守成规的摩莱主义:一种是加斯东·德费尔的替代方法,一种是弗朗索瓦·密特朗的方法。前者分 1965 和 1969 年两个阶段实行,后者在 1965 至 1968 年期间实行。

加斯东·德费尔是党在实力强大的罗纳河口地区联合会的"老板",国民议会社会党党团主席。在工人国际法国支部内,他是居伊·摩莱的强大竞争对手。他主张让·穆兰俱乐部的某些思想,相信总统选举可以改变政治隔阂和革新政党体系。1964 年,他想让工人国际法国支部接受新宪法的主要内容,首先是接受总统的选举制度。由于他把执政目标问题摆在首位,并且强调希望社会党人将来最终要组成"整个民族完全正常的政府",因此自然以新的方式提出了社会党的执政问题。党内关于宪法问题的讨论也因此变成了关于执政和执政所需要的条件问题的讨论。这样一来,除政治体制问题以外,必然又生出了联盟问题和社会党的革新问题。

人们讨论更多的不是关于加斯东·德费尔的候选资格,而是支持其参选的战略问题:在参与总统竞选的同时,创建一个将温和左翼和中间派力量合为一个政党的"大联盟"。在他看来,这个战略必然使"从人民共和运动到共产党,从法国总工会到雇主协会"②的所有选民都团结起来。这一行动由让-雅克·塞万-施雷贝尔的《快报》利用媒体来宣传。以中

---

① Lefebvre (Denis), *Guy Mollet. Le Mal-aimé*, *op. cit.*
② Duhamel (Olivier), *op. cit.*, pp. 183.

间派为基础的这种结盟实际上排除了共产党人,这与摩莱主义战略是背道而驰的。因此,除了摩莱非常激烈地反对外,从一开始,该行动就因两个主要原因而受到人们的谴责。首先,该行动忽略了社会这一前提问题,而自二战以来,天主教民主派和社会党人在这个问题上一直持对立立场。其次,该行动违背了在新的背景下左翼出现的社会党与共产党亲密接触的愿望。

居伊·摩莱不赞成工人国际法国支部提出总统候选人,在党内反对加斯东·德费尔的主张,并且客观上与好几个其他相关政党的领导人共谋计策,最终挫败了加斯东。克洛德·富歇认为,"在居伊·摩莱看来,新社会主义的原型,一个工党的方案,和解放时期建立强大联合会的努力别无二致。他根本不可能同意用这样的党去代替工人国际法国支部"①。6月6日,居伊·摩莱对诺尔地区党的领导人奥古斯汀·洛朗陈述了他对德费尔行动的意见,声称要竭尽全力予以反击:

> 这不再是一个拥有有限的但却是实实在在权力的联合会问题,而是向一般意义上的党(包括激进派、俱乐部和天主教社会党派)发展的一个初始阶段。从这时起,这个党就成了一个决策机构,可以有自己的生活、自己的地方结构、自己的资源。②

1965年6月15日,居伊·摩莱与人民共和运动的一位领导人让·勒卡努埃之间在交换意见时尤其反映出天主教民主党人与社会党人对"联合会"认识上的差别:

> 让·勒卡努埃:有社会党参加的民主联合会,有社会党联合会,但是我们与它们毫不相干。
> 居伊·摩莱:这样一来"民主-社会党联合会"就被排除了吧?
> 让·勒卡努埃(还有激进派的莫里斯·富尔):是的。

---

① *Témoignages et Débats sur Guy Mollet et la démarche unitaire*, Fondation Guy Mollet, 1986, p. 15 – 20.

② Lefebvre (Denis), *op. cit.*

*居伊·摩莱:很好,我想要的就是您的明确意见。*①

6月17日,最后一次会谈以失败告终。民主党的方案胜出。26日,德费尔收回了自己总统选举候选人的申请。

居伊·摩莱关于工人国际法国支部不向1965年总统选举提出候选人的决定,以及加斯东·德费尔的退出,给弗朗索瓦·密特朗提供了千载难逢的机会,密特朗也抓住了这个机会。作为左翼的唯一候选人,密特朗于1965年10月,就在总统选举前几周,同居伊·摩莱、激进派和各俱乐部以及共和制度大会党人一起,提出成立民主社会左翼联盟,即"小联盟",该联盟集结了除统一社会党以外的非共产党左翼。弗朗索瓦·密特朗担任社会民主左翼联盟主席,他重新开始德费尔的尝试,不过采用了完全另外一种战略,即团结非共产党左翼的左翼联盟战略。自1962年起,他得出了这样的判断,在政治游戏向两极化发展的背景下,左翼可以独立地构成一种政治替代的现实力量②。同加斯东·德费尔一样,密特朗也认为总统选举是争夺权力的手段③。1965年,当密特朗成功地使戴高乐将军首轮得票未过半数,并在第二轮投票中赢得45%的投票时,便着手把左翼重新组成社会民主左翼联盟。他在《我的那部分实情》中写道,"对于我来说,社会民主左翼联盟不是一次简单的战术行动,而是引导左翼赢得多数进而治理法国的一次战略行动的开始"④。

他的巧妙之处在于,不把支持他的候选资格作为与非共产党左翼组合的先决条件,而是随着动员的成功逐步进行⑤,因而采取了一种与加斯东·德费尔相反的态度。即使弗朗索瓦·密特朗在1964年发表了《永久的政变》⑥一书,刻薄攻击戴高乐的政治实践,但是他却没有谴责以普选方式选举共和国总统的原则。他甚至把该原则作为团结社会党和共和党左翼、与共产党重归于好这些重要步骤的核心杠杆:1968年2月24日,他

---

① Lefebvre (Denis), *op. cit.*
② Mitterrand (François), *Ma part de vérité*, Paris, Fayard, 1969.
③ *Ibid.* p. 126.
④ *Ibid.* p. 213.
⑤ Mossuz (Janine), *Les Clubs et la Politique en France*, Paris, Armand Colin, 1970, p. 80.
⑥ Mitterrand (François), *Le coup d'Etat permanent*, Paris, Plon, 1964.

与共产党达成协议放弃废除第五共和国的要求。

弗朗索瓦·密特朗一经成为左翼候选人,便开始了一个新的力量重组过程。社会民主左翼联盟完全按照另一种战略思考团结左翼力量,尽管左翼联盟中有激进党,但它还是再次制定了一个更接近社会党传统的纲领。弗朗索瓦·密特朗在两年前就指出,他认为,意识形态并不是导致左翼内部分裂的一个原因,左翼仅仅是由于直接的发展前景而被四分五裂。他在社会党研讨会预备会议上声称:

> 我们怎么就成为社会主义者了呢?刚才大家还在说,是生产和交换手段的社会化……说得好!……要研究社会主义是什么,我认为,就要研究各党代表大会通过的纲领……,多年来,总之,自从我达到了公民年龄以来,从各党通过的所有纲领来看,我们之间并不存在分歧。……在选择自己的朋友、敌人、斗争时,在我们设想国家的未来时,是的,我个人确实这样认为,选择社会主义是针对戴高乐主义实践的唯一选择。①

首先社会民主左翼联盟是一次成功经验。1967 年选举标志着非共产党左翼的崛起。但是,弗朗索瓦·密特朗与居伊·摩莱之间的不和却在不断发展。弗朗索瓦·密特朗的行动让居伊·摩莱感到不快,因为该行动趋于朝着与共产党联盟的方向发展,而其重点是要在选举和纲领方面达成某种协议。根据社会党人德尼斯·塞珀德的看法,居伊·摩莱是想避免"有可能发生的单纯地为了行使权力而不是掌握权力而去争取权力"②。难点其实在于,从他嘴里说出来的这种话,不论多么真诚,都缺少可信度。鉴于工人国际法国支部的近期实践,老一套不合时宜的划分夺取权力与行使权力的方法失去了任何可靠性。此外,为了领导左翼,两位领导人越来越明显地处于竞争的态势,而且摩莱十分担心社会民主左翼联盟的成功有损于工人国际法国支部。

1968 年春天敲响了社会民主左翼联盟的丧钟。弗朗索瓦·密特朗

---

① *La pensée socialisme contemporaine*, op. cit., pp. 24 - 25.

② Lefebvre (Denis), *Guy Mollet et la démarche unitaire*, op. cit.

犯了一个严重的错误。他过早地宣布了参加总统选举的候选资格，而社会民主左翼联盟在6月的选举中遭遇惨败，使更左翼的党获得了绝对多数选票。时任工人国际法国支部副总书记的皮埃尔·莫鲁瓦认为，摩莱从"弗朗索瓦·密特朗的困境中看到了摆脱他最难缠的对手的机会"①。弗朗索瓦·密特朗受到指责，当看到自己向左翼提出的战略被抛弃后，便提出辞去社会民主左翼联盟主席的要求。于是，真正把工人国际法国支部、激进党和共和制度大会党结为联盟，甚至造就一个有能力赋予左翼新动力的政党的尝试付之东流了。工人国际法国支部又一次受到孤立，党被其领导人的"完整主义"束缚住了手脚。

戴高乐将军1969年辞职使总统选举提前，居伊·摩莱从中看到了回归"共和"制度的机会，尤其看到了避免使工人国际法国支部融入更广泛的左翼整体中的可能性。他对召开一个新党成立大会设置了重重障碍。但会议最终于1969年4月在阿尔弗特维尔召开，弗朗索瓦·密特朗没有出席，但是，除了工人国际法国支部外，各俱乐部和一些长期持不同政见的代表均参加了会议。这次大会以社会党左翼再度联合遭遇新失败为标志。加斯东·德费尔在会议上被指定为社会党参加总统选举的候选人。随后选举失利（只占有效票的5%），宣告了加斯东·德费尔现代化努力失败，也使居伊·摩莱（只在很短的时间内）获得了对误入歧途的党最起码的掌控能力。6月2日，在伊赛-穆里诺召开的代表大会上，居伊·摩莱被迫接受革新的初次尝试，这是阿尔弗特维尔会议后联合程序的第二阶段，不过，弗朗索瓦·密特朗和他的共和制度大会党却没有参加这次大会。工人国际法国支部与阿兰·萨瓦里俱乐部的合并标志着工人国际法国支部的正式结束和在萨瓦利的领导下一个新的社会党出现。居伊·摩莱更喜欢萨瓦利而不是皮埃尔·莫鲁瓦，认为后者过于特立独行，并且恐怕不会将自己的一位忠实追随者埃尔奈斯特·卡塞尔作为党的二号人物。为此，两人最终分道扬镳。从这时起，皮埃尔·莫鲁瓦成为弗朗索瓦·密特朗的战友。

尽管阿兰·萨瓦利有很多优点，也作出了许多努力，但是，人们很快就看到，新的组合并没有能够使党真正重整旗鼓。居伊·摩莱总是过多

---

① Mauroy (Pierre), *Mémoire*, Paris, Plon, 2003.

地出头露面,尽管党的新领导人确实有变革的决心,但这个党还是太像过去的那个党了①。工人国际法国支部在执政问题上再一次败北。但是这一次不再是执政的问题,而是夺权的问题!从统一社会党方面看,出于严格的理论,也排除了执政的前景。法国社会党四分五裂、频遭削弱,完全处于战略死胡同之中。弗朗索瓦·密特朗时代即将开始了。

---

① Moreau (Jacques), *Les Socialistes français et le Mythe révolutionnaire*, *op. cit.*, p. 216 *sq.*

MENGXIANG
YU ZHUIHUI

第三编
执政梦想(1971—1994)

自弗朗索瓦·密特朗1965年第一次参加总统竞选到1995年总统选举,过去的30年深刻地改变了法国社会。在这期间,社会党曾领导政府达10年之久,而弗朗索瓦·密特朗连任两次7年总统任期。执政已经成为社会党人的正常活动。继反对第五共和国体制、接受第五共和政体之后,社会党人又熟练地掌控了这一政体。与共产党的那种富于激情、又更多冲突的关系已经为一种冷淡的联盟关系所代替。在共产党主导左翼为期30年之后,社会党在上世纪80年代初终于成为左翼的主要政党。

弗朗索瓦·密特朗是主导这些变化的关键人物,因此,思考的注意力不能不集中在研究他的活动上。在1971年6月埃比内代表大会上,密特朗的成功还不甚明朗。埃比内社会党的重建与激进的意识形态相联系,带有许多传统式"重组"特征。之后弗朗索瓦·密特朗便引导社会党人实现了与以往对待执政的态度的彻底决裂。但是,他只是罗列了各种观点,却没有做出一种新的"综合"。认识社会党这些矛盾的演变并对其决裂和继承性做出定位是有助于更好说明和理解本书前两章内容的。

很明显,这些年的历史以社会党长期执政为标志。1981年选举胜利开始了党执政的时代,之后出现了胜利后的"倒退",从中我们可以感受1983年春天的意义,这个时候,弗朗索瓦·密特朗最终选择了长期执政而不是1970年纲领。欧洲一体化是这一时期最重要的现实,其最终的结果就是实现了经济的自由化。社会党人用尽一切办法适应当时的形势和面对各种困难,正是这些构成直到1995年这一时期一系列事件发展的主线。如果说埃皮纳代表大会的确克服了党过去存在的种种矛盾的话,那么党身上某种新的脆弱性却逐渐地演进,并在1993—1995年期间酿成了一场重大危机。

第八章
埃比内的"中断"

一、接受第五共和国体制

1958年,弗朗索瓦·密特朗与居伊·摩莱一道,以新制度的反对者姿态进入人们的视野。但是,作为戴高乐主义的反对者,密特朗没有整体地拒绝新体制。在思考夺取政权这个题目时,他与大多数社会党人不同,他是从体制最初的变化,特别是从总结1962年的宪法改革出发得出一些结论。他要做反对现政府的代表,目的是通过总统选举获得选举胜利。在1969年撰写的《真实的我》一书中,他写道:"自1962年起,也就是说,自从共和国总统将由普选决定之日起,我就知道我会成为候选人。"[1]他在1965年获得的候选资格确实使他成为戴高乐将军的反对派代表。他在第二轮选举中赢得了45%的有效票,在"共和党人"看来,他有朝一日非常有可能掌握政权。

戴高乐将军坚定地抨击"多党制",希望政治体制的运转摆脱政党游戏的干扰。他倡议的体制传统把国家的首要角色赋予给了共和国总统,并且使选举总统的普选活动变成了法国政治生活中心。制度逻辑和赋予行政机构、首先是共和国总统的广泛资源,既容许也鼓励每一位严肃对待这一职位的候选人,面对支持他的(那些)政党,拥有某种相对的独立性。

社会党推举的这位新领导人,其政治合法性很大程度上建立在1965年总统选举的基础上,这就有意无意地使自己陷入了将总统选举胜利作为主要目标的逻辑之中,而这种逻辑与20世纪60年代依然在党内占主

---

[1] Mitterrand(François), *Ma part de vérité*, op. cit., p.126.

导地位的立场是根本不一样的。尽管如此,当弗朗索瓦·密特朗得到党的领导地位时,社会党人对第一领导人的主要关切既不在总统选举,也不在体制。因为即使弗朗索瓦·密特朗上台会导致重新确定总统任期,他们对制度的敌对态度也不会消失。那么,他们的注意力主要放在了与共产党一道起草一份共同执政纲领上,对于党内新的多数派而言,这是政治路线的核心。这一主要关切耗费了社会党人的时间和精力,让他们的新领导人把总统选举作为其根本大事。

为了营造良好的总统选举条件,弗朗索瓦·密特朗必须拥有足够的自主权。这时,他是唯一具备四项必要条件,可以实现这一目的的社会党人。他在1965年参与竞选,得到了必不可少的合法性和可信度[1]。他在埃皮纳代表大会取得胜利后,获得了必要的组织战斗的权力。1972年签署的共同纲领也把这一点纳入左翼纲领性协议的政治框架之中,在社会党活动分子看来,这使纲领有了真正的意义。最后,弗朗索瓦·密特朗还远远没有明确表示接受现实体制提供的框架并不断与之协调,相反,他表现出的是对该体制一贯的保留态度。他一直是"持久政变"说的坚决反对者。对于体制的解读,他与戴高乐将军的解读谨慎地保持着距离和某种模糊性。他汲取了共和传统中的内容,将其用作诋毁"戴高乐制度"言论的主线。他不直接地谴责总统制特征,而是揭露该制度的精神实质和社会基础。首先在精神方面,体制体现了某种"原罪",他在1964年写道:"1830—1958年期间,路易·菲利浦和戴高乐,这些觊觎权力的人,不断炫耀自己的背景和特殊的素质以表明自己的合法性,但他们注定要被命运嘲笑,他们必须靠篡权来执政,来进行统治。"[2]"在戴高乐和共和党人之间,首先会有,而且永远会有政变发生。"[3]继承了波拿巴主义的戴高乐主义首先应该定义为"个人独揽权力":"如果不是一个人独揽权力,第五共和国又是什么呢?……我称戴高乐主义制度为专制。"[4]对该制度的谴

---

[1] Sur la campargne de François Mitterrand, voir les contributions de Roland Cayrol, Jean-Luc Parodi et Colette Ysmal in CEVIPOF, *L'Election présidentielle de 1965*, Paris, Presses de FNSP, 1970.

[2] Mitterrand (François), *Le coup d'Etat permanent*, op. cit., p. 34.

[3] Ibid. p. 73.

[4] Ibid. p. 85.

责最终是说:这是一个事实上的君主制!"戴高乐将军没有用比首席执行官(指拿破仑)从执政府搞出个帝国更多的时间就把第五共和国变成了君主制。"①16 年后,他向瓦莱里·吉斯卡尔·德斯坦提出同样的指责:"我所质疑的,正是君主制。"②

随后是棘手的社会现实。制度的非法性并不仅仅出于独裁性质,也是出于该制度所代表的社会现实。得知蓬皮杜总统去世的消息后,他遗憾地说"两种法国已经互不相识了。戴高乐按照自己的幻想,把这种抽象尊严(在今天不过是旧加沙)给了卷土重来的银行和商业资产阶级,正是因为他,在 5 月 13 日的行李车上,戴高乐在本国内部流放了二分之一的法国人"③。

在弗朗索瓦·密特朗看来,他的总统之战双重合法性基础,一是必须把共和国还给主张共和的人;二是,如他后来在 1981 年所说,最终要让社会多数与政治多数形成一致。以这两个目标为基础,左翼可以追随其候选人。弗朗索瓦·密特朗因此让社会党人以为,总统选举是合法的,可以把总统选举作为夺取政权的重要杠杆。在现有体制框架下,执政也就成为一种本质上合法的目标。

事实上,这一演变是 1965 年提出竞选资格的逻辑发展。如果说左翼自 1962 年起就一致摒弃"戴高乐主义体制"的话,那么,1965 这一选举之年,支持弗朗索瓦·密特朗竞选资格的事实多少标志着左翼与新体制关系的一种调整。正如奥里维尔·杜哈迈尔根据《左翼与第五共和国》一书指出的,这样一来,"左翼也就接受了宪法文件的主要内容、多数制原则、总统选举的政治机制,甚至几乎接受了总统的政治权威"④。

从 1965 年竞选活动开始,左翼候选人弗朗索瓦·密特朗就做出了保证,不主张对宪法文件进行深入的修改,他说:"除赋予共和国总统专制权力的第 16 条外,保障政府稳定的任何一项条款都不会被修改。"⑤ 1965 年 10 月 10 日,他在共和制度大会党的一次演讲中明确地排除了重新质疑

---

① Mitterrand (François), *Le coup d'Etat permanent*, op. cit., p.93.
② Mitterrand (François), *Ici et Maintenant*, Paris, Fayard, 1980, p.120.
③ Id., *La Paille et le Grain*, Paris, Flammarion, 1975, p.269.
④ Duhamel (Olivier), op. cit., pp.254.
⑤ Allocution télévisée de François Mitterrand du 22 novembre 1965.

共和国总统选举结果的问题:"不应该劫持本该属于人民的权力,也就是说,选择行政首领的权力。"①而且,如果说他还希望回归到总统是国家仲裁人这一观念的话,那么,他还相当宽容地赞同给这样的总统以许多便利:

> 我始终坚持国家裁判这种国家元首观,我因此会尽力让这个裁判在全面履行自己角色的同时,一定注意遵守诺言并促进根本性决策的实施。②

弗朗索瓦·密特朗尽管对新制度的确始终充满敌意,但是他却不同意回到以前的议会制。他的想法与莱昂·布鲁姆 1941 年开始的思考如出一辙。按照这一思路,"议会制或代议制并不是完全适合法国社会的民主政府形式"③,他没有一股脑地完全抛弃新体制,特别是以普选方式选举共和国总统。

的确,大多数社会党人大概并没有意识到 1965 年总统选举创造出来的活力。如果说当时多数人还处于这种无意识状态的话,那么,主动支持这种做法的人无疑就更少了。因此,接受现实制度并没有得到普遍的明确认同。不过,左翼候选人在第二轮取得的骄人成绩激发出了这种活力。此后,社会党人必然尽力促进选举的进行。正是弗朗索瓦·密特朗掌握了社会党的领导权之后才出现了这样的局面。

1971 年后,第一书记逐渐使党步入了第五共和国的逻辑。他同时追求两个目标:一方面,相对于支持候选人的党来说,必须扩大候选人的自主权,另一方面,要建立未来权力的基础,最大限度地削减左翼改革派修改体制的愿望,即维护好宪法赋予行政权力的"武器"。为此,他必须明确阐述普选法则以及从中可能产生的各种结果。

虽然社会党人很久以来就同意尊重普选,因而接受可能出现的替代后果,但是他们从来没有正式放弃这样一种观点:右翼政权和左翼政权的

---

① Cité par Olivier Duhamel, *Le Monde*, le 12 octobre 1965.
② Conférence de presse du 17 novembre 1965, *Le Monde* du 19 novembre 1965, cité par Olivier Duhamel.
③ Blum (Léon), *A l'Echelle humaine*, op. cit., p.59.

合法性是不一样的。后者的使命实际上是要实施一项从人民利益出发对社会和经济进行深刻改革的纲领。在这种条件下,万一右翼掌权,就会逆历史潮流而动。而且1981年胜利后,我们已经看到,某些社会党人(还不是极少数)用"旧制度"来形容上一届的七年任期,从更广的意义上来讲以此定义1958年5月13日以来的政治权力。这种立场有两个方面的缺陷:一方面它为右翼反对左翼竞选提供了论据,另一方面,更严重的是它在思想意识中进一步延伸了旧有的夺取和执政划分,正是这种划分曾在相当长的时间里使社会党与权力的关系受到争议。

为了获取公众舆论的信任,为了表明社会党人在体制问题上的态度转变,他们就必须做出在体制框架内从事活动的公开承诺。因此,与过去相比,弗朗索瓦·密特朗更加正式地表明社会主义运动和左翼完全承认多党制和替代法则。他在1972年介绍社会党纲领时写道:

> 社会党正式宣布,除普选外,社会党不会从其他地方寻找权力基础,而且不会参加任何一个不肯承诺一旦联盟的党派被选举团否定就要退出政权的政治联盟。①

1973年,他在《盛开的玫瑰》中写道:

> 民主替代必须以由普选产生的多数表示接受获胜者为前提……。与替代民主相伴的必然是多党制,必然要承认各党派的作用并保障他们的权利。②

虽然他在形式上做出了许多让步,但也因此抹掉了夺权与执政之间的"布鲁姆主义"划分。他在保留了部分原始末世说的同时,以赋予选举法则完完全全自主权的方式创造了政治世俗化的条件。既然如此,他暗含地告诫社会党,不要再以为他行动的合法性来源还可以在普选裁定之外获得。他还引导社会党减弱了修正体制的热情。1972年的社会党纲

---

① *Changer la vie. Programme de gouvernement du Parti socialiste*, op. cit., p.24.
② Mitterrand (François), *La Rose au point*, op. cit., p.126.

领就删去了对"1958年宪法做总体修改"的内容,认为这一要求不适合即将来临的时代要求。的确,文件声称要侧重用议会去平衡权力关系,表明希望限制共和国总统的权力,并且建议缩短总统任期。但是,除了最后一条外,其他建议都比较含糊。

正如奥里维尔·杜哈迈尔指出的[①],由于弗朗索瓦·密特朗坚持保证左翼政府相对于政党、当然首先是相对于共产党的自主权,党自身也逐步地向现体制靠拢,在这个过程中,关于立法议会(国民议会)任期合同的讨论是一个重要阶段。1968年2月社会民主左翼联盟与共产党达成协议规定,当各左翼执政政党在维系它们之间关系的任期合同上产生裂痕时,国民议会将自动解散,弗朗索瓦·密特朗不想给予共产党决定危机时刻的选择权,他首先让社会党、之后让共产党接受了双重缓和解散议会的原则。所谓双重缓和就是总统可以任命新总理和政府,而且只有他在国民议会没有获得多数的情况下才能解散。当然,他不得不对共产党做出让步,增加了这样一款规定,"左翼当选者应该反对依靠另外的、不是来自普选的左翼多数的政府",但是在1973年,他在《盛开的玫瑰》一书中对共同纲领文件给出了自己的解释:

> 如果总理被国民议会推翻,那么什么也不能阻止国家元首组建一届由新的多数组成的政府。[②]

1974年的总统选举事实上进一步向总体制法则靠拢了。这位左翼候选人在选举前夕声称:

> 如果我能当选,我首先要做的是只有我才能做的事情。这就是任命总理,他应该是一个可以对之抱以友好信任、可以相信其能力、同时又有共同语言的人。[③]

这样一来,他把总统多数的概念作为自己的了("政府的组成将依照

---

① Mitterrand (François), *La Rose au point*, *op. cit.*, p.379.
② *Ibid.* pp. 124 – 125.
③ Entretien accordé par François Mitterrand à RTL le 16 avril 1974.

总统多数情况而定①"），使解散政府具有了更随意的特点，而且希望在选举后，新的选举可以产生出新的"遵守总统大政方针"②的多数派。尤其是，他可以明确要求共和国总统的最高地位："我希望，为了确保法国重大方针政策的实施，总统的任何权力都能够得到支持。"③

  他一时的失利被左翼视为下一次胜利的保证。总统选举同时还被当做最有利于确保左翼选举胜利的手段，而弗朗索瓦·密特朗则成为未来这一胜利的主要载体。奥里维尔·杜哈迈尔说到这件事时指出，1974年以后，他就几乎不再批评总统的最高地位，而是作为一个实事来引证："既然体制需要，那么共和国总统就可以成为绝对掌控所有行政决策的人。"④

  总统制法则不仅要让社会党接受，共产党也应不得不接受其后果。不过，前者属于从中获利，而后者却越来越明确地将这些后果看做针对自己的潜在威胁。共产党曾经强调宪法应该更多一些关于议会内容的目的就在于此。但是与此同时，既然在1974年的总统选举时，共产党从第一轮选举就支持弗朗索瓦·密特朗的候选资格，因此也就承认了社会党在这一时期的领导地位。从此，对于共产党来说，总统选举法则成为一种真正的危险。随着共产党把联盟中领导的角色让给了社会党，它便不能长期地接受这一法则。

  自1974年秋季起，两党之间的关系进入到新的阶段。从此，对于共产党人而言，团结只能是一场"战斗"。1977年重新商讨共同纲领，实际上反映出共产党人只是徒劳地要在1978年议会选举前夕扭转这种局面。透过共产党向社会党提出的许多具体的补充意见，可以看到这完全是在瓜分左翼如果胜利后的权力，当时左翼正在努力赢得这场胜利。奥里维尔·杜哈迈尔不无道理地分析到，实际上，1977年就是在这个问题上产生了分裂。因为，社会党以前反对体制，现在却越来越清楚地感受到，总统的活力对它有着积极的意义：

---

① Entretien accordé par François Mitterrand au journal *Le Monde* le 2 mai 1974.
② *Ibid.*
③ *Ibid.*
④ Duhamel (Olivier), *op. cit.*, p. 280, citant François Mitterrand à l'émission《Cartes sur table》, Antenne 2, 9 octobre 1978.

共产党人想要一个由政党事先预期的政府。社会党人想要一个脱离政党关系的政府。共产党人希望纲领决定一切,政府执行决策。社会党人希望纲领提供思路,政府进行选择。共产党希望在选举前施加它的权力,因为,它担心控制不住权力。社会党则希望在选举之前减少让步,因为它知道,它在选举之后就会拥有权力。[1]

要说社会党人整体上都遵循了这一思维方式,也不是所有人都能接受的。不过,弗朗索瓦·密特朗,还有党内那些担心与共产党的关系首先是力量对比关系的人,很有可能是这么想的。实际上,至少默认总统制逻辑这一事实,似乎是由于社会党内部普遍意识到,这是他们同共产党进行面对面斗争的武器。再说,弗朗索瓦·密特朗并没有准备对共产党让步,在选举获胜的情况下,这种让步会明显缩减行政权的活动余地。至于共产党,它更希望必然导致失败的分裂,而不是首先由社会党赢得的胜利。

1978年左翼选举的失利曾经一时打击了社会党的信誉。1977年左翼联盟的分裂、1978年选举的失利关闭了共同纲领基础上联盟的大门,而且似乎威胁到选举联盟。毫无疑问,在选举方面,弗朗索瓦·密特朗还可以在一段时间内倚靠左翼联盟战略的惯性力。但是,1979年的欧洲选举表明,要成功地团结起来很难。只有总统选举可以扭转这一趋势。1981年,弗朗索瓦·密特朗决定再一次参加竞选,要在竞选上赌一把。从此,总统候选资格不再是左翼联盟的象征,也不再是左翼联盟争取胜利的手段,而是社会党人得以夺取政权,克服共产党阻力的杠杆。

在1981年的竞选活动中,弗朗索瓦·密特朗与社会党1979年通过的纲领和1980年的社会党方案划清了界限。"平静的力量"这个口号表明了他实现没有悲剧、不出现严重紧张关系的更迭的决心。尤其重要的是,弗朗索瓦·密特朗比1974年还要明确地强调总统的最高地位[2]。他

---

[1] Duhamel (Olivier), *op. cit.*, p. 280, citant François Mitterrand à l'émission《Cartes sur table》, Antenne 2, 9 octobre 1978.

[2] A partir de cette période, la chronique constitutionnelle de Pierre Avril et Jean Gicquel de la revue *Pouvoirs* constitue une source indispensable à laquelle nous avons largement puisé.

这样就可以规避共产党可能参加竞选的问题。被问及未来议会多数的组成和与共产党签署协定的可能性时,他回答说:

> 你们搞错了选举。这是在选举一位共和国总统,而不是在新的多数基础上应时组建一届政府的问题。我个人感到,一旦当选共和国总统,多数必然会在5月10日形成。①

从这时起,总统多数的概念就代替了政府多数的概念。这位候选人补充道:

> 当我决定解散时我会解散……。我有意在7月1日前开始选举程序……。我们不能在没有新的多数的情况下实行另外一种政策。②

在回答《世界报》编辑提问时,他的一次回答非常著名,他说:"体制不是按照我的意愿建立的,但是对我来说,这种体制的确很好。"这一答案很好地概括了他后来与第五共和国宪法保持的关系③。之后发生的事情表明,社会党人与体制既保持一定的距离,同时又在使用它们所具有的一切资源④。更迭没有对体制的运行造成任何破裂。1981年5月10日,弗朗索瓦·密特朗当选为共和国总统。他多次郑重地强调总统的最高地位。7月8日,他在给议会的信中是这样解释的:

> 我的承诺就是政府的行动宪章。……既然普选已经作出了第二次表决,这些承诺便成为你们议会的行动宪章。总理将要求你们拿出国民代表可以采用的手段,以便精确地执行自5月10日和6月21日起把我们同法国人民联系在一起的约定。

---

① *Le Monde* du 7 mai 1981.
② *Ibid.*
③ Interview au *Monde* 2 juillet 1981.
④ Duhamel (Olivier),《La Ve achevée》, *Pouvoirs*, n°20, 1982, p.128.

所以，一切都源自共和国总统与法国人民的约定。政府和议会的多数的行动就这样被划定。在这几天之前，总统曾对《世界报》宣称：

> 我将最大程度地行使宪法赋予我的权力……。没有谁不知道，在政府中和在任何地方一样，共和国总统在任何时候都要把表达民族利益的公众舆论放在首位。[1]

这样一来，这个总统逻辑便把1959年开始的总统与总理之间的等级关系恒定了下来，其结果是总理要对总统和国民议会负双重责任。1982年3月22日，皮埃尔·莫鲁瓦在回答议员的一个问题时公开接受了这个事实："毫无疑问，共和国总统和国民议会的主导地位来自普选所赋予的合法性，总理不可自己认为适合继续履行其职能。"稍后不久[2]，他说："我愿意当避雷针。"1982年9月8日，弗朗索瓦·密特朗在与BBC广播公司的一次谈话时按照戴高乐主义的划分方法，更加清楚地确定了两位行政领袖之间的责任。

> 在第五共和国的共和国总统与总理之间，显然，总理如果哪一天需要就应该回避。我的所作所为，为的是那些可以称作大政方针的东西……。总理可以完全按照自己的意愿处理日常生活问题。

皮埃尔·莫鲁瓦、洛朗·法比尤斯、米歇尔·罗卡尔、艾迪特·克莱松和皮埃尔·贝雷戈瓦从一开始就都先后接受了制度运行方面的这些基本规则。1982年1月12日，时任爱丽舍宫秘书长的皮埃尔·贝雷戈瓦公开发表了总统在部长议会上的一次发言，发言中"强调了外交政策由总统直接负责，而且法国在这些问题上用一个声音说话的权力属于总统"。

1984年7月，共产党拒绝参加洛朗·法比尤斯政府的决定没有在社会党内部引起什么争论。毋庸置疑，这在很大程度上是因为社会党拥有

---

[1] *Le Monde*, 2 juillet 1981.

[2] 《Club de la presse》d'Europe 1, *Le Monde*, 9 septembre 1982.

了绝对多数,同时也是因为两党关系继续在恶化。但是,政治制度的性质和实施的总统体制,对社会党人采取这种新的态度不无影响。说到左翼联盟,弗朗索瓦·密特朗在一年前就明白地指出:

就让它自灭吧,我无能为力,不过,我会为此感到遗憾。国家不会因此而治理得更差,您对此不必有丝毫的怀疑。①

这正是为什么路易·迈尔马兹,国民议会议长合乎逻辑地认为,在这次决裂之后,应该"从左翼联盟多数过渡到总统多数"②。任期合同的概念过时了。这个总统多数在未经讨论的情况下就可以把左翼联盟葬送掉。

弗朗索瓦·密特朗并非只想代表这个总统多数。1984年4月4日,他在一次记者招待会上声称:"我是被左翼人民推选出来的,但是,我将是所有法国人的总统!……身份变了,我的义务也要改变。"针对现行的政党分立逻辑,他采用了总统团结的逻辑。1984年2月12日,他在电视一台声称:"我希望在基本问题上——国防、重大外交政策路线,可能还有(至少我希望如此)捍卫基本的自由权利,最后还有社会公正——把法国人团结起来。"在1988年总统竞选期间,这种态度表达得更加清楚,竞选的核心主题就是"联合起来的法国"。在1988年5月21日的就职典礼上,他评价说:"不论是出于良知还是出于理智,法国都渴望在尊重其价值,即共和国价值的基础上团结所有的力量。"他又补充道:"1988年的这个5月份,好人没有战胜坏人。"

在弗朗索瓦·密特朗的两届任期期间,社会党领导政府达十年之久。弗朗索瓦·密特朗两次总统选举取得胜利,也使议会选举随之赢得胜利。正如弗朗索瓦·密特朗早就预感到的,总统选举给了社会党人很大的机会。对于密特朗而言,权力意味着如果不是正式的接受,至少要真正地接受第五共和国的体制,首先是总统选举的优先性。这种优先性对于社会党而言有两大好处,社会党多次使用这一资源来面对党内外遭遇的某些

---

① *Libération*, 10 mai 1983.
② Le 4 septembre 1983.

困难。1981年,在议会选举之前,它使社会党放弃了与共产党举行谈判①。在与共产党领导人会面时,为了把社会党人的立场强加于人,社会党第一书记里奥奈尔·若斯潘在他的开场白中说到了总统多数:"弗朗索瓦·密特朗提出的一些建议得到了全国的支持,也是我们进行各项讨论的基础。为了实施这些建议,必须要坚定地作出团结一致的承诺。"②1983年,让-皮埃尔·舍维讷芒政府下台后,当学习、研究与社会主义教育中心表现出反对紧缩政策时,里奥奈尔·若斯潘在布雷斯地区布尔格代表大会上指出:"如果一定要做出概括的话,那么这种概括必须非常明确。……我们到底同意还是不同意支持共和国总统主张的、政府执行的那些大政方针呢?"③路易·迈尔马兹更为明确地解释说:"目前推行的政策是共和国总统的政策。这一政策就是政府的政策,是党的政策,是议会党团的政策……。对于左翼政府来说,不可能有两种政策。"④与政府过不去,最终就是与总统本人过不去,其后果是显而易见的。

总统的资源也可以使社会党不再提出联盟的问题。就这样,1987年4月在里尔,议会选举失利一年后,即在共处时期,代表大会一致通过了承认左翼联盟战略走进死胡同的动议,排除了与"目前右翼共处时期的这个或那个党"结为任何形式联盟的可能性,最后得出社会党不能由自己一党完成政治更迭。因此,党必须搞团结。如何做呢?

> 我们必须首先依靠总统的力量,因为,如果我们通过团结赢得总统选举(在这种政治时刻,这样的团结力量会模糊以往的选举团或政党界限),那么,就有可能利用总统取得的优势来重新建立一个进步的执政多数。从社会党方面讲,它认为,最好依靠总统的胜利来团结全国一切有能力同共和国总统一道引导议会形成一个团结在社会党周围的、进步的、多数的政治力量。⑤

---

① Quermonne (Jean-Louis), *Le Gouvernement de la France sous la Ve République*, Paris, Dalloz, rééd. 1983, p. 421 sq.

② *Le poing et la Rose*, Spécial responsables, n°84, 6 juin 1981, p. 2.

③ *Le poing et la Rose*, congrès de Bourd-en-Bresse, n°105, décembre 1983, p. 33.

④ *Ibid.* p. 50.

⑤ *Ibid.* congrès de Lille, n°119, juin 1987, p. 12.

所以，由于接受了总统的优先性，社会党人最终成为"非常正常的全民族的政府"。奇怪的是，他们为之奋斗的制度最终成为他们一种十分珍贵的资源。执政时期显然构成了一种全新的局面。人民阵线、三党共同执政、共和阵线肯定孕育了种种不满、遗憾和各种情感。但是，时间那么紧，对手那么多，局势又那么艰难——战争的威胁、重建、非殖民化——以至于种种危机虽然得以度过，但社会主义思想并未真正受到质疑，而且每一次理论的正统性都能得到重新表达。第五共和国的体制在保证了政权的稳定和弗朗索瓦·密特朗再度当选的同时也改变了这种局势。社会党人通过采取多种不同的政策得以由自己实现权力的交接，而这种可能性以前人们从未给与过他们。

总统的优先性和社会党人执政活动的持久性也使社会党在执政时有了某种确定的、延续性的外交、欧洲及防务政策。这期间，所有重大挑战的严重性和悲剧性特征确实不如过去那些时代，所以，除了一些不太严重的影响外，既没有使党陷于瘫痪，也没有打破团结，因为每个人都承认，那是共和国总统权限范围内的事情。

自1978年通过以后，核威慑原则再没有引起辩论；放弃将服军役的时间缩减为六个月的做法引来了不少遗憾，但是并没有受到强烈的反对；弗朗索瓦·密特朗在1983年SS-20和潘兴(Pershing)导弹危机中表现出来的强硬态度得到了支持。而在很大程度上由共产党主导的和平主义运动却没有在社会党中造成反响，况且它在全国的影响也不大。弗朗索瓦·密特朗从1984和1985年起加快了欧洲建设的步伐，这引发了一场真正的辩论，但是，出于由学习、研究与社会主义教育中心，随后是社会主义与共和建立起来的严厉的经济政策与欧洲限制之间的关系，辩论更多的是内政方面的内容。弗朗索瓦·密特朗确立的欧盟东扩为十二国、制定马斯特里赫特条约和统一货币以及共同防务政策方面的决策，都毫不费力地得到社会党的批准。

由于美国和某一第三世界国家是主要反对者，所以，总统在海湾战争这个问题上其实可以采取不同的政策。鉴于弗朗索瓦·密特朗把维护法律作为明确目标、法国在联合国框架内采取行动以及外交应"尽一切可能为了和平"①，因此他的外交立场具有实实在在的力量。尽管如此，当考验真正来临时，共和国总统和他身后的政府却都明确地选择了战争，选择了追随美国的战略，特别是在1990年12月，从实施禁运到发出最后通牒，他们基本上把与西方团结一致放在了首位。自1981年起法国的外交就准备全面出击，按照最初的设计，其中包括：民族独立、维护平衡关系和裁减军备、欧洲建设、维护各国人民自己决定自己命运的权利、第三世界的发展等②。然而，实际作出的重大抉择——欧洲、维护法国在非洲的影响力、最后在海湾战争中与美国团结合作——却表明，共和国总统确定的那些义务与利益是分等级的③。社会主义与共和——在这场危机中出现了分歧——维护的是"另一种政策"，即禁运的政策，并且法国不能接受美国的指挥。国防部长让-皮埃尔·舍维讷芒从1990年底提出辞职，其辞呈于1991年2月2日被接受。不过总体上讲，这已经超出了难以估量的意识上的犹犹豫豫，构成了对立冲突：对米歇尔·罗卡尔在国民议会上陈述的总体政策宣言，包括国民议会代表和参议员在内，只有十一位议员和一名欧盟议员没有投票。

由让-皮埃尔·舍维讷芒引起的分裂最终只涉及很有限的少数人，总统的最优地位和总统毋庸置疑的领导班子使社会党避免了昨日的四分五裂，同时也使总统得以推行他的政策和压制了一些可能会以其他方式引发的辩论。

二、与法共的冷淡联盟

走向消亡的工人国际法国支部、之后是新社会党接受了与共产党人结为联盟的原则。但是，他们却没有由此而确定联盟模式。社会党人既不能"抹掉图尔"，也不能对它抱有想法。他们需要与共产党联盟，但是又向共产党提出了许多条件，而使联盟变得不可行。在这方面，弗朗索瓦·密特朗与社会党文化的外在性使他得以革新社会党人对共产主义现

---

① Alla (Josette) et Clerc (Christine), *La Guerre de François Mitterrand*, Paris, Olivier Orban, 1991.

② Mitterrand (François), *Réflexions sur la politique extérieure de la France*, Paris, Fayard, 1986.

③ Cot (Jean-Pierre), *A l'épreuve du pouvoir*, Paris, Ed. du Seuil, 1986.

象的理解。他对于以50年的"敌人兄弟"这种激情关系为标志的传统并不了解。他初次与共产党有纠缠是在1947年,当时年轻的老战士部部长,并没有什么心情坐在这个位置上①。两个"阶级兄弟党"的和解、组织上的统一和消除图尔分歧,这些从来不属于他的神话。对于他来说,社会主义与共产主义属于两种运动,是完全不同的两回事。这样他就能够以一种实用主义的观点来看待与共产党的关系:

  吉奥特·罗歇指出:"他摆脱了马克思主义的任何异端邪说,摆脱了支离破碎的工人运动,他既没有感觉到有必要号召达成历史性和解,也没有感到必须强调自己固有的独特性。他对共和的信念就像饶勒斯一样,深深地扎根于农村的泥土之中,这些信念在有重大意义的社会主义与民主这两个词中发展到了极致。"②

弗朗索瓦·密特朗看到,共产党代表着左翼一支重要的民众选举力量。只有左翼结为联盟才有可能战胜右翼。在这一点上他与加斯东·德费尔的意见不同,尽管他们对于许多其他问题的分析意见都是一致的。1965年,他代表整个左翼成为总统候选人,而且正是在这个基础上,他才得以把戴高乐将军置于困境。1967年和1968年,他首先成功地进行了一次把工人国际法国支部和激进党同共产党结为联盟的尝试。由于这一联盟可以使他更加接近权力,因此他应共产党的要求,同意就执政纲领进行谈判。对于他来说,最重要的并不在于共产党是一个出自社会党最初模型的革命的政党,不在于它自称的属于布尔什维克革命的政党,也不在于它是一个无产阶级的工人党、一个"群众的和阶级的"政党。自社会民主左翼联盟的尝试之日起,他就非常明确地将纲领问题与理论原则问题彻底分开。正如帕斯卡尔·佩里诺指出的,"弗朗索瓦·密特朗始终认

---

① Giesbert (Franz-Olivier), *François Mitterrand, ou la Tentation de l' Histoire*, Paris, Ed. du Seuil, 1978, p.98.

② Quillot (Roger), *Sur le parvois*, Paris, RPP, 1985, p.46.

为,共产党更值得关注的是它的代表性,而不是它本质上是什么"①。1978年,他确实说过:

> 我们已经注意到,一个政党基本上代表着一些特定的社会阶层……。我们正在与那些代表着和我们同样的社会阶层的政治组织进行谈判和和解,这些政治组织不是我们发明的,它们现实地存在着。尤其是法国共产党。

他提到莱昂·布鲁姆的回忆录,他认为,"在法国,人们不能不要那些团结在共产党周围的人民的力量支持来搞社会党的政治"②。一言以蔽之,左翼联盟是必要的,因为有五百万选民投共产党的票。他事先就对那些担心共产党心存不轨的人给出了答案:

> 建立在关注别人意图的政治战略是没有意义的。重要的是创造一切条件,要让别人做起来好像很真诚一样。③

这种实用主义的理论还夹杂着一种战略观:只有左翼联盟才能实现有利于社会党的平衡。

> 为了从共产党人那里夺回失去的地盘,就应该紧紧抓住左翼,靠近中间派的做法最终会把这些地盘拱手交给共产党人,让他们实施垄断。④

在与共产党人改善关系问题上,埃比内代表大会期间没有形成赞成派与反对派的对立。两大派别都看到,与共产党重建联盟关系是唯一可行的战略选择。只是在谈到联盟的模式时才出现了不同意见。追随弗朗

---

① Perrineau(Pascal),《François Mitterrand et les communistes》, in Intervention, n°14, octobre 1985.
② Le poing et la Rose,1978, n°77, p.24.
③ Mitterrand(François), Ma part de vérité, op. cit., p.108.
④ Ibid. p.90.

索瓦·密特朗的人是大多数,他们认为,与共产党进行辩论,首先应该针对"负有引导社会的社会主义变革使命的政府"会遇到的具体问题。那些与阿兰·萨瓦利和居伊·摩莱意见一致的少数派认为,起码要在意识形态方面达成一致,这需要制定一项执政纲领。弗朗索瓦·密特朗因为是整个左翼的总统竞选候选人,又因为他提出了采取左翼联盟的方式,因此比起他在社会党内部的对手而言,他代表这个联盟更有优势。他的计划是建立起一个以执政协议为基础的联盟,以此来替代与共产党激烈的分歧,这种分歧始终令社会党人寸步难行。在埃比内代表大会上,针对居伊·摩莱和阿兰·萨瓦利,他采取了一种不同的方法:达成协议可以,但是在别的地方,不是在意识形态对话上,而是在执政纲领上达成协议。

> 他在埃比内大会上讲道:"意识形态对话提出的是根本性问题,从现在到1973年,意识形态对话能解决什么问题?两种哲学、两种思维方式、两种对人和社会的看法能靠这种意识形态对话解决问题吗?如果可以的话,我就不明白为什么建立起一个共产党和一个社会党。你们相信从现在起用两年时间人们就能解决这个问题吗?……意识形态对话,这是否意味着,如果我们不能在基本问题上取得一致,我们在选举时就不能结盟?既然没有一个人想这样,那么,这就让我们认识到,意识形态对话毫无用处,因为我们没有取得和解可能,即使这是必要的。或者说这是否意味着,在永久的和必要的实地斗争没有结果之前,就注定不可能有什么联盟,即使是在某种程度上的联盟?在这个问题上,存在着一个深刻的矛盾。这正是为什么,作为结论,我要说,没有选举纲领,就不会有选举联盟。没有多数人的约定,就不会有共同多数。没有执政约定,就不会有左翼政府。"[①]

这种推理使人看到,面对一个只搞谋略或者迷失在太遥远的观念中的领导层,弗朗索瓦·密特朗斩钉截铁地解决了社会党的第二个难题,并且提出了一个真正的战略。由阿兰·萨瓦利和居伊·摩莱领导的胜出多

---

① Id, *Politique, op. cit.*, p.334.

数一旦失利,便与共产党就共同执政纲领进行谈判、争取达成协议的前景就要成为党的主要路线。

第一书记让他的代理人与共产党进行磋商。他有所保留的,仅仅是拒绝签署条款,因为这些条款要么可能使他很难在体制和国家参加的国际联盟框架内行使权力,要么有悖于他对公共自由的深刻信念。1972年,社会党人和共产党人签署了一项共同执政纲领,这是弗朗索瓦·密特朗联盟战略的基石。

这项共同承诺超越了某种战略选择,成为重新定义社会党身份的核心因素,而且,对于埃比内的重建者来说,也是合法性的保证。与共产党人的联盟实际上具有某种象征性意义,它永远超出了简单地指定某一潜在的盟友。面对居伊·摩莱,这个联盟的价值就是对过去的公然放弃和对"第三种势力联盟"的谴责,在许多活动分子看来,第三种势力联盟是一系列摒弃行为的根源,导致了工人国际法国支部的衰亡。正如简短的代表大会方针议案所强调的,首先是"排除了任何第三种势力的战略"。与共产党改善关系是这种公开放弃的后果。公开放弃的做法把埃比内的胜利者们联系在一起了。不论是他们的合法性还是他们的行动框架,都来源于此。

如果说埃比内的胜利者们在基本问题上能够取得一致意见,那么,在与共产党的团结问题上,他们中却同时存在着新旧两种观念。第一种是"融合的"观念,持这种观念的人重温旧梦,总是念念不忘图尔代表大会以来两党的统一,甚至因此念念不忘工人运动:"要抹掉图尔。"这种观念与过去的联系有两种。只有共产党可能成为合作伙伴,因为,只有它可以同社会党一道而且比社会党更多地得到工人的认可,只有它才会要求一项革命的方案。工人阶级政治上的统一是该观念的维护者们最终的目标。但是这样一来,改善关系的意愿超出了简单地实现两党之间阶级联盟的设想。对与共产党联盟所持的"融合"观,大大超出了由让-皮埃尔·舍维讷芒为主导的派别,即学习、研究与社会主义教育中心的局限性,这种观念主要得到该派别的拥护,并且得到了一些接近弗朗索瓦·密特朗的马克思主义社会党人的赞同,如皮埃尔·若克斯。埃比内代表大会后,"融合"观在新的中坚机构中大概占主导地位,它至少是一种怀旧的希望。这种观念所反映的情景是,共产党人和大部分左翼知识分子都把图尔代表大会以来的分裂归咎于社会党:只有与共产党联盟才能保持社会党忠实于自己,才能不背叛自己的价值观和承诺,才能避免误入社会民主这个在它看来是一种自然发展趋势的歧途。按照这种观点,社会党要崛起,就必须在重建和统一工人运动的总体活动中获得它的地位。因此,不应该削弱共产党,而是要创造一种可以使两党同时动起来的动力,要相互接近,各自都要抛弃那些致使他们远离最初模式的特性。共产党和社会党是左翼的一半一半,现在应该联合起来。

与这种充满激情的"融合"观相反,弗朗索瓦·密特朗所持的是去掉激情的观念,即冷淡联合的观念。他主要从力量对比关系来考虑两党之间的关系。在他看来,在即将建立起来的新联盟中,社会党会占主导地位。对于自己的意图,他在口头上作过说明,1972年6月27日,他在维也纳社会党国际代表大会上以最为明确的方式解释说:"我们的根本目标是在共产党占据的地盘上重建一个伟大的社会党,目的是要显示出,五百万共产党选民中,三百万可以投社会党的票。"[1]这种公开承认的做法并不只是出于稳住社会党国际各国政党的用心,这些政党不能理解一种他们为了自己几乎都放弃了的战略;自1969年开始,他就强调"组成一个首先能够平衡,然后能够主导共产党、最好能够通过它并以它的名义取得多数使命的政治活动组织"[2]。

> 我们不是共产党人,我们是社会党人。至少半个世纪以来,我们的传统是不一样的,我们的共同之处是代表同样的社会阶层、同样的利益,我们反映被剥削者、被压迫者、劳动者的诉求,我们的首要责任是保证被特权社会强权所压抑的劳工大众力量团结起来。[3]

对团结的两种看法,激情观和冷淡观,可以说在埃比内大会之后是和平共处的。当时存在着一种较为广泛一致的意见,那就是制定一个大规

---

[1] Cité in Giesbert (Franz-Olivier), *François Mittérand, ou la tentation de l'Histoire*, op. cit., p. 267.

[2] Mitterrand (François), *Ma part de vérité*, op. cit., p. 120.

[3] Id. *Politique*, op. cit., p. 355.

模的国有化计划,在社会党人看来,这是表明与资本主义决裂愿望的最可触摸的征象。尤其是共产党人已经下定决心在结盟上赌一把。

对于共产党来说,与社会党人签署执政纲领确实是一次代价非常沉重的赌注。在这之前,共产党始终拒绝与社会党一起肩并肩走执政道路,这意味着承认社会党在左翼的合法地位。以前与社会党人几度改善关系都是在特殊的国际环境下,而且是由斯大林决定的。这一次,法国共产党第一次以主人的身份严肃地思考了由瓦尔德克·罗歇开辟的,除了出现危机形势,长期与社会党合伙、通过选举夺取政权和治理国家的道路,最初,乔治·马歇延续了这条道路。共产党的部署并非没有私下的算盘。社会党人有可能更多地利用与共产党人的结盟——这与人民阵线时期的情况不同,这种风险被精心地分析过。这一担忧自始至终贯穿在乔治·马歇在中央委员会所作的报告之中,该报告于共同纲领签署之后出炉,直至 1975 年 7 月,一直没有公开:"很显然,社会党在共同纲领中作用重大,如果我们不做我们该做的事情,共同执政纲领的缔结就会让社会党通过努力得到一些根据地,达到加强自己实力、损害我们利益的目的。"与此同时,他认为,共同纲领"是迈出的重要一步,为我们创造了最有利的条件来动员群众接受我们的思想、我们的解决方法、我们的目标"[①]。

在与共产党进行讨论时,社会党内在结盟问题上出现了各种不同的说法,这些不同意见并没有削弱社会党的谈判能力。弗朗索瓦·密特朗把这次谈判的责任交给了全党。组成的四个委员会:安德雷·布洛什和皮埃尔·若克斯领导这些机构;雅克·皮埃特和让-皮埃尔·舍维讷芒领导经济委员会;当时亲近阿兰·萨瓦利的皮埃尔·贝雷戈瓦和皮埃尔·莫鲁瓦负责社会事务委员会;雅克·埃诺克和罗伯特·蓬蒂扬负责国际事务委员会。从整体角度看,当社会主义和共产主义这两种逻辑都以在经济和社会领域对国家进行改革为基础时,它们是并行不悖的。尽管法共政治局有许多保留和担忧,但还是认为,纲领有"足够"的协调性[②]。相反,有三个问题构成了重大的分歧点,但最终达成了妥协。看一看其中的意义非常重要。

[①] Rapport tde Georges Marchais au comité central du PCF, cité in Fajon (Etienne), *L'union est un combat*, Paris, Editions sociales, 1975, p113.

[②] Cité *Ibid.* p.110.

共产党的谈判家所考虑的是如何大规模国有化。社会党则拒绝任何过度要价,尤其反对汽车业和 Hachette(属出版业)的国有化。最终达成了一致意见,对九个工业"集团"(但却没有对集团的定义作出任何说明)、全部商业银行、主要金融持股公司、储蓄银行、经营信贷销售、不动产投资和租赁业务的金融机构、主要私营保险公司等实行国有化,最后,从金融持股直至持有主要股份[1]。这个"最低门槛"已经很庞大了。要接受共产党的所有要求,很可能会破坏混合经济的平衡,无法建立社会化经济的基础。

此外,对共产党人来说,由于他们把"打击垄断"的结构性改革的可能性与"国际行动的自由"紧密联系在一起的情况下,外交政策有着重大的意义,或者说是挑战。乔治·马歇指出,"现政权的溃败,团结在有着先进内容的执政纲领周围的法国左翼势力的上台,这在帝国主义阵营的内部开辟了一条力量对比关系大为改观的道路"[2]。最终文件充满雄心:"全面地、普遍地和有控制地裁减军备"、"同时解散北约和华约","保证政府在共同市场实现政治、经济和社会方案的行动自由"。不过,社会党人得以把法国留在大西洋联盟中并继续欧洲建设。

在制度方面也还是有些不和[3]。这方面的妥协因此显然非常含糊;同时存在着两种解释:一种是密特朗的,更强调行政权的权威,另一种是共产党的,更注重议会。

在艰苦的谈判中,在这三点中有一个共同特征:在每一个可能会直接地妨碍履行行政权力的领域,弗朗索瓦·密特朗都非常在意留出足够的活动余地。

1972 年 7 月,左翼激进派以在共同纲领中添加一份附件为要价加入了联盟,由于这份附件"毫不含糊地"指出,"中小企业的存在、经济在国内、欧洲和世界范围的竞争特征、健康的金融和预算政策等都会得到承认"[4],因而加重了这些方面的不确定性。弗朗索瓦·密特朗一方面稳住激进派的那些人(这些人与激进党分裂后,希望和他一起进行执政尝

---

[1] *Changer la vie*, *op. cit.*, pp. 295–296.
[2] Fajon (Etienne), *op. cit.*, pp. 115–116.
[3] Voir *supra*.
[4] *Changer la vie*, *op. cit.*, pp. 339–340.

试),另一方面还在不断扩大行使未来权力的自由活动空间。正如在1935年和1946年,当被视为主要成分的共产党与社会党结为联盟后,活动分子也就接受了与其右翼的联盟,在一个明显偏向左翼的联盟体系中,右翼只能扮演次要角色。至于弗朗索瓦·密特朗,随着社会民主左翼联盟的成立,他最终成功地赢得了他在1965年没能得到的东西,也就是说,社会党在激进派和共产党人之间占有核心地位,正是这种地位给了他最大的活动范围。

在这期间,弗朗索瓦·密特朗并没有把让社会党人赞同他与共产党关系的现实主义观点作为目标。党内发展起来的有关左翼联盟的神话并不令他担心,只要这个神话不会限制他针对共产党的活动空间就行。把夺取政权放在首位,就要尊重共产党强大力量的骨干们的思想,必然要与他们作出意识形态方面的妥协。里奥奈尔·若斯潘阐述了这一妥协的后果。他在为1975年5月3日和4日达成协议准备了关于两党关系的报告时,与共产党的关系已经进入到走下坡路的阶段,报告清楚地说明,在埃比内代表大会之后的那些年份里,主导着社会党人的是什么样的精神状态[①]。他很干脆地承认,两党各自都遇到了一些与本党的性质无法协调的矛盾。但是此后,社会党有了真正协调的战略和理论,它把自己的使命同它也代表工人运动连接在一起,深化了马克思主义理论,因此才能对共产党使用强硬口气。那么,两个合作伙伴最好制定一部品行规则。社会党人又一次本着好意试图说服共产党人。

然而,面对希望尽可能团结一致地进行选举、建议更多地共同召集会议的共产党,弗朗索瓦·密特朗却在1973年议会选举时开始谨慎地为社会党保留最大的自主权。他希望在联合的框架内,社会党能够与左翼激进派一起把自己当做自由的保障者。他想证明,在纲领方面取得了一致意见并不等于在意识形态方面就能一致,而是只接受了左翼联盟委员会的存在。他拒绝了共产党人提出的将其数名在第二轮选举中以优势胜出的候选人撤回的建议[②]。他在1972年秋季就事先解释过他的策略:"尽最大可能制定共同纲领,尽可能少地采取共同行动。"[③]

[①] *Le poing et la Rose*, n°40, avril 1975.
[②] Verdier (Robert), *PS - PC, une lutte pour l'entent, op. cit.*, pp. 339 – 340.
[③] *Le Monde*, 21 octobre 1972.

议会选举的结果对于社会党来说非常令人鼓舞,加上公民运动党,社会党的得票结果只比共产党略低一点点,明显高出1968年社会民主左翼联盟的成绩。弗朗索瓦·密特朗的地位在社会党内得到巩固。就另一方来说,共产党领导层也可以对其骨干说,共产党依然是左翼的主要政党,同从前的选举相比,与社会党人联盟使共产党获得了更大的进展,"民主的挑战"已经被战胜。从这时起,乔治·马歇开始让联盟升温。乔治·蓬皮杜刚刚去世,法共领导层就通过勒内·皮盖之口先声夺人,建议由弗朗索瓦·密特朗作为左翼唯一的共和国总统候选人。在1973年3月议会选举和1974年总统选举这段期间内,共产党的领导层,至少其中的多数都无疑愿意开展联盟,以便通过打弗朗索瓦·密特朗的牌同社会党人一起夺取政权。这一短暂的时期是左翼联盟的"黄金时代"。而弗朗索瓦·密特朗则完全代表了取得选举胜利的左翼的希望。"令人陶醉的状态持续了整整一个夏季,也波及到了法共与权力的关系。雅克·杜克洛斯坐在官方席上检阅了7月14日的阅兵式"[①],后来他本人在回忆这段时间时写道,乔治·马歇来到比耶夫大街,为的是邀请他参加下一届法共代表大会,还对他说,会议上专门安排向他表示祝贺。

两党之间的和睦关系到1974年夏季以后便维持不下去了,那时,社会党人看到共产党的路线在逐渐发生变化。总统选举无可置疑地使求团结的情感达到了顶点,但是,这次选举也揭示出,只有让社会党占共产党的上风左翼才能取胜。这个现实的确很难被后者接受。对已经建立的力量对比关系持续时间的怀疑说明,在早些时候,联盟的原则并没有受到质疑。然而,从秋季开始,随着一系列的局部地区议会选举的进行,共产党候选人发现,他们在第二轮选举时没有得到整个左翼的选票,而社会党保持了自己的基地,使社会党更加强大,从此,共产党开始紧锣密鼓地批评其合作伙伴,以便再度平衡力量对比关系。

弗朗索瓦·密特朗指出,"9月底,7个局部地区议会选举,社会党取得强劲突破,共产党在全国略有倒退,这使蓝天的一角出现了乌云。共产党召开代表大会,口气强硬了起来,是不妥协和怀疑的口气,等等,等

---

① Mitterrand (François), *L'Abeille et l'Architecte*, *op. cit.*, p. 325.

等"①。1975年初,当社会党在 Pau 召开的代表大会结束时,勒内·安德里厄在《人道报》上写道:"此次大会使人们所说的社会党向右滑具有了正式的特征。"②1975年是展开激烈论战的一年。社会出版社出版了艾蒂安·法蓉的一本书,书名(非常有道理的)立为《团结就是斗争》,书的附录中包括了当时尚未公开的乔治·马歇在1972年6月中央委员会上所作的报告全文。两党重新恢复法国左翼的传统,于1975年就葡萄牙革命这样一个国外问题,相互动起了干戈,共产党人和社会党人各自维护自己的政策。

不过,直到1977年夏季,这种危机一直维持在局部范围。毫无疑问,共产党自己内部的争论尚未得到全面解决;1976年的区级选举、特别是1977年的市镇选举尤其构成了重大挑战,这种挑战太重要了,不能因为过早的分裂而被牺牲掉:选举的必要性赋予了联盟新的动力。1976年5月,社会党第戎代表大会同意除在市镇坚持左翼联盟外,放弃任何其他联盟,并视此为普遍原则。1977年3月,尽管在个别主要城市(马赛、维勒尔班、拉瓦勒、普罗旺斯地区埃克斯)未能成功,在221个有30000人口以上的城市内,联盟在204个城市里获胜。这次选举对于两党而言都是一次巨大的胜利。但是,在共产党看来,这些成就本身更加使它看到其"联盟-敌人"有和它一起——然而占据着主导地位——在1978年议会选举中上升的风险。此外,危机是深刻的:1976年经济相对有所恢复后,似乎很明显,左翼行使政权的经济条件将与经济增长时期的条件有所不同,很可能需要做出艰难的抉择。

让共同纲领更加现代化的考虑也引发了社会党内部的争论。在学习、研究与社会主义教育中心,它在1977年6月的南特代表大会上宣布"既不能像智利那样死去,也不能像葡萄牙那样背叛",弗朗索瓦·密特朗的回答是:"不对,葡萄牙社会党没有背叛。"③

随着重新修改共同纲领于秋季失败,左翼联盟产生分裂,在这种重大考验来临之际,重要的是要准确地抓住社会党的地位。战略方面继续向

---

① Mitterrand (François), *L'Abeille et l'Architecte*, *op. cit.*, p.326.
② *L'Humanité*, 3 février 1977.
③ *L'Unité*, 1er-6 juillet 1977.

纵深构建政治领导的选择:左翼联盟不论从选举角度还是从社会学的角度都是必不可少的。1977年的头几个月里,弗朗索瓦·密特朗明智地坦言:

> 共产党领导人只能把我们当做盟友。历史迫使他们必须这样做。但是,他们却没有坚持下来。他们更喜欢大杂烩,像民族阵线那样,总之是一种更广泛的、有可能让我们淹没在右翼中的联盟,而不是左翼联盟。从他们的全体法国人民团结起来的口号中,就可以看到这样的意愿。显然,他们想避免法共-社会党之间进行对话,对话对他们不利。现在,该我们了,让我们拿出各种方案来阻止他们分裂联盟。①

但是与此同时也不该忽略一点,齐心协力的前景、选举多数,都要以社会党明显的优势地位为前提。

弗朗索瓦·密特朗从一开始就意识到法共提出的修改共同纲领的建议所隐藏的对社会党的陷阱。他希望把再谈判的内容减少到最低限度,因为重新谈判有可能毁掉1972年取得的脆弱平衡关系,更何况他已经预见到危机的可能性:

> 我对当前的危机并不感到吃惊,即使我不知道它会在什么时候到来。要战胜危机,要发挥自己的作用,左翼联盟就必须经历两个阶段。第一个阶段比较容易、和谐,是共产党人还没有想象到力量对比关系可能出现新的平衡的时期。第二个阶段是不平坦的、痛苦的,当社会党人由于联盟和他们自己的再生而成为法国第一大政治势力的时候,它甚至是关乎生死的阶段。我们正处在这样的阶段。②

共产党不断地进行攻击,他们单方面放弃了不使用打击力量的承诺,

---

① Cité par Giesbert (Franz-Olivier), *François Mittérand, ou la tentation de l'Histoire*, op. cit., p.300.
② Mitterrand (François), *Politique*, t. II, Paris, Fayard, 1981, pp. 12–13.

他们对自己制定的共同纲领的评价,他们的行为方式,这一切都表明正在出现一种持久的变化。

弗朗索瓦·密特朗正处在1935年的莱昂·布鲁姆或者说1945年的达尼埃尔·梅耶所处的地位。他在1977年5月19日写道,"对于我们来说,困难在于对要价过高的现实化(指修改共同纲领——作者)究竟在何种程度上胜过了理智的现实化做出准确的评判"[①]。他已经准备好做一些额外的让步,不过,只有在确实有成功的机会时才可以。对这个机会,他几乎不报什么希望。国外发生的葡萄牙危机,加剧了两党之间的关系紧张。8月份,加斯东·德费尔告诉他,他坚信,共产党人的唯一目标就是利用纲领现实化来削弱社会党人,试图消除一部分同情社会党的人和社会党的选民,让社会党在1978年遭遇失败[②]。弗朗索瓦·密特朗同意这一分析。罗朗·勒鲁瓦不就在8月18日声称:"索莱尔、卡拉甘和施密特搞的是一种右翼的政策,他们同弗朗索瓦·密特朗一样都是同一国际组织的成员"[③]吗?共产党一旦看到胜利首先不是自己的,它就要放弃执政,于是再回到对社会党的传统指责,说它同右翼一样。

9月22至9月23日,公民运动党的领导人罗伯特·法布勒,加速了从此不可避免的分裂。讨论最终在(共同纲领希望纳入公共部门的)私营集团下属公司的国有化数量上跌了跟头。共同纲领没有提到对下属公司100%国有化的原则。不过,弗朗索瓦·密特朗还是同意进行讨论,并且同意在方式上让步。他甚至不同意米歇尔·罗卡尔在面对夏尔·菲特尔曼时举法国国营铁路公司SNCF的实例作辩护,该公司由国家控股51%,而这个公司是出色的公共企业。

社会党的第一书记认为,分裂带来的问题非常可怕。左翼联盟是埃比内的根本价值,在许多社会党人眼里,它可以保证党挂靠在左翼。总之,多数票的方式和政治力量状况,都不允许社会党在没有共产党选民提供支持的情况下取得胜利。但是,如果社会党对共产党的要求让步,它也会在即将公开的斗争中失去很多东西,活动余地会受到限制。于是,弗朗索瓦·密特朗重新赌了一把:单独采取联盟的路线和使用联盟的话语,通

[①] Id., *L'Abeille et l'Architecte*, op. cit., p.289.
[②] Ibid. p.309.
[③] Ibid. p.322.

过社会党不断地发言和对左翼选举团做出偏向社会党的裁决来迫使共产党回到联盟上来。他认为,尽管联盟战略已经奄奄一息,但是还是可以通过它已经聚集起来的能量,通过肯定有些减慢但依然可以继续的活动使社会党获得选举胜利。这个赌注比上一次更具风险。1978年的失败,之后1979年的欧盟选举令人失望的成绩,都证明了这一点。的确,在1978年,社会党获得了25%的选票这一历史性的数字,第一次大大超过共产党。但是,这也给了共产党又一个理由让它的选举团不必再考虑联盟,而这种联盟思维很可能对1981年的总统选举再一次发挥有利于社会党的作用。

弗朗索瓦·密特朗曾经宣布,共同纲领"已经过期"[1],但是,他又想挫败共产党的意图。总之,当身后有了多数支持后,他希望能够坚持埃比内的逻辑,也就是自1971年以来推行的逻辑,以至于几乎从这时起,力量的较量成为一种基本现实。不过,这种较量继续被包装在一层意识形态修辞之中,这是与共产党进行辩论必不可少的,也是因为社会党内的讨论发生的变化所决定的。

随着两党关系越来越紧张,关于联盟问题持两种不同观念的人之间的对立越来越公开。埃比内议案曾经视左翼联盟为"社会党人的法则"。然而,从一开始,就不是所有人都以同样的方式对待这一赌注的。在弗朗索瓦·密特朗看来,赌的是重新平衡两党的影响。对于让-皮埃尔·舍维讷芒的学习、研究与社会主义教育中心来说,赌的是相互之间的改造,要让斯大林主义和社会民主主义同时消失。

两党之间的冲突自1971年起已显露出苗头,只不过被团结的词藻或多或少地遮盖了,这种冲突也使埃比内党的一些模糊的东西暴露出来,导致了对左翼联盟各种不同解读的对立。显然,学习、研究与社会主义教育中心的独特之处大多建立在对这种联盟的一种苛刻的观念上,而不同程度的密特朗派左翼,还有亲近让·伯普兰的骨干们却不能接受那种他们认为只是联盟选举和联盟议会的观念。1975—1978年期间,学习、研究与社会主义教育中心旗下集结了大约四分之一的骨干,因此得以迫使人们就它提出一些主题进行讨论。其他派系以及弗朗索瓦·密特朗本人不

---

[1] Mitterrand (François),《La ligne d'Epinay》, L'Unité, n°318, 8–14 décembre 1978 : 《C'est en restan solides sur la ligne d'Epinay que nous disposerons de ce《point fixe》nécessaire, selon Pascal, pour voir et comprendre ce qui bouge, ce qui change.》.

得不就相关主题表明自己的立场。

学习、研究与社会主义教育中心并不否认法国共产党具有斯大林主义的特征,而且从来不能接受只能由共产党代表工人阶级①。然而,社会党总有可能"滑向社会-民主"的偏好,在它看来也是很严重的。

> 让-皮埃尔写道,"有个规律尚未结束发挥其作用,即一个社会党越是推崇民主-社会,它就越使共产党斯大林化,相反,共产党越是斯大林化,它就使社会党人越发地推崇民主-社会"②。

那么左翼联盟应该成为改变两党性质的手段。对未来的看法是共同纲领的基础,越来越多的共同行动,在执政问题上作必要的妥协,这些就是学习、研究与社会主义教育中心在1971至1978年期间一再坚持的论点。其信念倒不完全出于共产党在这一时期的变化,更多的则是出于不断得到证实的肯定,"没有社会党,共产党是软弱无力的;没有共产党,社会党是不会忠诚的"③。因此,学习、研究与社会主义教育中心坚持认为,社会党人应该顾及共产党人的忧虑,做些必要的让步。

对于这种几乎有些神秘的联盟,社会党的其他派别并不认同。在1973年6月格勒诺布尔代表大会召开之际,与学习、研究与社会主义教育中心的摩擦就很明显。弗朗索瓦·密特朗把让-皮埃尔·舍维讷芒称之为"带有真正的小资产阶级思想的假共产党"④。1974年参加总统选举活动的方式,如共同纲领提出的各项措施在时间上被分散开来,限制转移给社会党的作用,事实上将学习、研究与社会主义教育中心排挤出竞选领导班子等,都加剧了不和。秋季,米歇尔·罗卡尔和部分统一社会党(他们与共同纲领的逻辑曾保持距离)的加入,使学习、研究与社会主义教育中心的批评更加激烈,它揭露说,左翼联盟完全有可能被含含糊糊的"主

---

① *Le poing et la Rose*, motions du congrès de Pau, n°37, janvier 1975, motion du CERES.
② Chevénement (Jean-Pierre), *Les Socialistes, les communistes et les autres*, Paris, Aubier-Montaigne.
③ *Ibid.* p.242.
④ *Le Monde*, 26 juin 1973.

张工人自治的战略所代替"。学习、研究与社会主义教育中心与已经改革的大多数之间的分道扬镳发生在1975年2月在波城召开的代表大会上。特别是弗朗索瓦·密特朗明确表态反对学习、研究与社会主义教育中心对"联盟的乐观主义",而且尤其反对其政治后果。他还提出要纵观社会党的全部历史:"我使用的词,是莱昂·布鲁姆1920年在图尔说过的,今天,在1975年波城大会上,我要说的还是这些!这些没有变。"①

如果说学习、研究与社会主义教育中心的观点过于单维度,使党的多数难以接受的话,那么,这个观点当时却收到了超出让-皮埃尔·舍维讷芒朋友圈以外的回应。1975年5月3—4日召开协商大会,在初次辩论正酣之际,里奥奈尔·若斯潘在会上所作的关于左翼联盟问题的报告中一方面总结了与共产党的分歧点(党的世界观、工人阶级的定义、通向社会主义的道路、民主观、东欧国家的政治制度),同时指出,无论如何都应该"超越这些分歧,以便促使共产党和社会党之间互动起来"②。当时,大多数骨干都认为,社会党和共产党各自都是工人运动的合法代表。预期的这个"动",对于不同的党派来说,显然有不同的含义。当时,大多数人希望首先看到共产党发生变化,希望1976年短暂的对欧洲共产主义的偏爱可以预示而不是分享学习、研究与社会主义教育中心的"悲观主义"。

当重新商讨共同纲领失败时,内部的紧张关系更加突出了。学习、研究与社会主义教育中心既想做"埃比内路线"的守护者,又想当"联盟的先锋",他们越来越明确地反对第一书记的态度。认为这种态度过于强硬,同时又过于刻板。他们的目标不是要削弱共产党,而是要怀着坚定的意志努力实现各自的变动。弗朗索瓦·密特朗过于注重选举的左翼联盟观受到了指责:

> 让-皮埃尔·舍维讷芒指出,"如果说法共对联盟的设想确实有些陈旧,而且往往是新斯大林主义式的,那么,社会党没有在联盟中发挥应有的发动机作用也并非不真实。恰恰相反,从1974年到1978年,社会党没有为平息其合作伙伴的担忧做任

---

① *Le poing et la Rose*, n° 38, février 1975.
② *Ibid.* n° 40, avril 1975.

何事情。根据对国际形势的分析制定的主权方面的政治路线,没有任何社会党的特点(约束世界市场和必需达成德美妥协),在与法共一起执政问题上拒绝作任何妥协,它没有帮助共产党去思考另一种未来,而不是反光镜里最传统的幻影"[1]。

1979年梅斯代表大会召开前夕,学习、研究与社会主义教育中心建议重新思考"南特路线",以便回到他们理解的埃比内精神上来,从意识形态和政治方面深化联盟,特别是"必须在执政问题上达成一致意见"[2]。

1978年3月议会选举的失利引发了党内再次调整对待共产党人的态度。对于部分社会党人来说,这次失利表明左翼联盟战略破产。共产党人不再理会联盟,共同纲领的这一套不再可能引导社会党夺取选举的胜利。1979年在梅斯(Metz)召开的代表大会上,出现了三种不同的路线。米歇尔·罗卡尔和皮埃尔·莫鲁瓦主张,社会党在处理与共产党的关系上要有更广泛的自主性。前者始终对共同纲领战略持有怀疑,他认为,议会选举的失利证明了该方案最初就有的一些弱点,方案的基础是政治机器之间过多的妥协、过多的国家主义观、过于民族化,总之过于"陈旧的"社会主义。他希望社会党利用这次分裂重新获得自主权,重新制定自己的方案。米歇尔·罗卡尔和皮埃尔·莫鲁瓦也一定程度地回归到了对两党之间关系更加传统的看法上,但是同时要求,必须重点澄清哪些东西超越了单独的联盟实践问题。米歇尔·罗卡尔反对向共产党作出的让步,他希望给与社会党一种共同纲领和联盟战略都不能保证的新的协调性,同时又能够表达出他在1977年南特代表大会上定义的"反雅各宾的、放权的、自治的、解放的和有点自由的"社会主义文化。他谴责任何防守的态势,这只能"回到简单地达成选举协议的实践上来和持久地巩固共产党对左翼的政治和社会霸权"[3]。联盟应该超越只限于政治党派之间的联盟,应该致力于"同所有为改变社会而斗争的协会性、文化性工会力量

---

[1] Chevénement (Jean-Pierre), préface, in *Le CERES par lui-même*, Paris, Bourgeois, 1978, p. 271.

[2] *Le poing et la Rose*, n°78, janvier 1979, contribution du courant 2 pour le débat au congrès, pp. 8 et 13.

[3] Rocard (Michel), *Parler vrai*, Paris, Ed. du Seuil, 1979, p. 116.

和工人运动一道,达成斗争和目标方面的共识"。联盟应该更具冲突性、更有活力,不应该伪装对各种方案的争辩,它应该比一个执政协议更灵活,比单独的实用主义协议更广泛。

1978年12月12日,米歇尔·罗卡尔在茹安维尔桥市的演讲中,长时间地阐述了他对联盟的看法①。他申明,党有权利在联盟中持不同意见,他呼吁清点一下与法共的分歧点:如对经济危机(他认为,对待经济危机,社会党应该采取紧缩政策)的广度与性质的分析、反通胀、在一个开放和复杂的世界中民族独立的重要性和意义、拒绝民族主义和行会主义、对欧洲和世界开放的必要性、东方国家的性质、社会发展和社会组织模式的确定、关注社会实验与日常生活的程度等。他提议,在不否定左翼联盟原则的同时,至少也要思考一下联盟的基础。

第二条路线是学习、研究与社会主义教育中心主张的,其口号是"为了双方而统一",他们还是相信,社会党人接受一些妥协方案,是重新引导共产党走向联盟的手段。学习、研究与社会主义教育中心反对弗朗索瓦·密特朗的立场:

> 当法国共产党面对身份危机时,社会党却不懂得发挥属于自己的主导角色……,从巴黎到南特,社会党政治路线毫无生气(缩减国有化的范围和作用、以由市场进行神话般的总调节为由被动接受资本主义国际劳动分工的限制、外交政策越来越向大西洋主义倾斜、不论在葡萄牙事件中还是在社会党共同纲领的欧洲经济共同体问题上欧洲主义本质上倒向德国社会民主党(SPD)、总统运作政党化),尤其给人留下了党的领导层是想在以后保证自己不会受到限制的印象。最后而且特别是在1977年,一些人甚至在选举前就因担心以后被当做踏脚板而更愿意与左翼联盟分裂,社会党拒绝与法共在执政问题上达成妥协,只能使社会党内部进一步加强了这些人的作用。

但是,学习、研究与社会主义教育中心抨击最为强烈的是"美国左

---

① Rocard (Michel), *Parler vrai*, Paris, Ed. du Seuil, 1979, p.117 sq.

翼"根基派（ASSISES），一个"对占主导地位的意识形态尤其敏感的派别"，它置"左翼于防守"地位。"在法国存在着一股强大的美国左翼势力，这股势力的存在，妨碍了社会党在联盟的发展中本该发挥的主动作用"，它"在经济方面的解决方法是让法国愈加迫切地融入世界市场，在政治方面，它致力于第三种力量上台"①。

不过，这两种矛盾的路线却都不怀疑与共产党的联盟这个原则本身。米歇尔·罗卡尔认为，左翼在野时就已经分裂，那么即使经过重组，联盟也经受不住执政的考验。但是他不建议重塑联盟体系。实际上，辩论的焦点又一次集中在对左翼联盟的不同看法、对共同纲领的不同理解上。

弗朗索瓦·密特朗针对这两种对立的、同时对其政策持批评态度的路线，他要做的就是让人接受自己的路线，即冷淡联盟的路线。他的操作余地受到了种种的限制。尽管放弃了共同纲领，他却不想恢复左翼联盟战略。在选举方面，政治力量的两极化趋势，使他在议会选举和总统选举的第二轮投票时，不可避免地将眼光转向社会党所需要的共产党的选票。在政党方面，他坚持"埃比内路线"的正确性，反对第三种势力的联盟，主张左翼联盟。面对于像让-皮埃尔·舍维讷芒以及他的朋友们，这些自诩只有他们为联盟的真正缔造者的人，他不想放弃这种正当地位。最后，针对米歇尔·罗卡尔提出的挑战，密特朗必须保持住他在党内的多数地位，为此，他要求树立根本性价值观。于是，他与曾经在1977年保证了他赢得选举胜利的学习、研究与社会主义教育中心达成妥协，这是冷淡联盟与融合式联盟之间的妥协。"坚持到底"是用来表达这种妥协的口号。在意识形态角度看，口号表现出与罗卡尔异端邪说的对立。"坚持到底"也就意味着坚持留在左翼，那么也意味着捍卫左翼联盟，要与那些别有用心地想颠覆联盟的人作斗争。从选举战略角度看，他表现出限制共产党回到联盟的意愿。弗朗索瓦·密特朗在1980年出版的《此时此地》一书中分析说：

> 像1978年这样的打击，共产党领导人绝不可能在不给自己造成重创的情况下第二次得手，不过，条件是，我还要重复一遍，

---

① *Le poing et la Rose*, n°79, février 1979, p. 26.

社会党人必须坚持在他们所选择的梅斯和埃比内的阵地上,哪怕是出于懦弱或出于愤怒,也不要陷入所有的人,不论共产党还是那些统治我们的人,都在向他们招手的那种图阵。这个道理不言自明……。当我们得到 30%,甚至更多的选票时,我们就会赢得政治学者们都十分珍惜的一种形势:强大的相对多数,对于拥有它的政党来说,会产生对它有利的单极化后果。这将在第二阶段出现。①

弗朗索瓦·密特朗让学习、研究与社会主义教育中心继续搞它的防止"两个左翼"的反攻,还把撰写社会党方案的前言部分交给让-皮埃尔·舍维讷芒来做,该方案是党的领导层在代表大会召开之后决定起草的。这个方案肯定和发展了埃比内路线。确实,方案否定了某些套路,如赞扬"人类的改造",让-皮埃尔·舍维讷芒将其视为共产主义制度实现的一个历史性进步,或者说,还有一句连密特朗派都在梅斯议案中提到的话,这就是"法国的安全与欧洲的和平主线要通过莫斯科"。但是,最终的版本基本保留了最初文本提出的平衡说以及反对米歇尔·罗卡尔的主张这个主调。所以,党要"坚持到底",直至下一次选举日期的到来。弗朗索瓦·密特朗保住了对政治战略的控制,而与学习、研究与社会主义教育中心达成的妥协实际上意义非常有限,因为共产党激烈地反对社会党有力地减少了它在党内的反响。冷淡联盟战略一帆风顺。

然而,"坚持到底"的赌注是有风险的,而且,1979 的欧洲选举表明,这一赌注有可能会输。不过,1981 年的选举日程安排和右翼的分裂,提供了实实在在的机会。弗朗索瓦·密特朗抓住了这个机遇。他被选为共和国总统使他能够以胜利者身份处理与共产党人的关系。第一轮投票后,社会党就以 26% 对共产党 15% 的票数获得了在左翼的优势地位。乔治·马歇的得票率对共产党打击太大,共产党已经无法抵制社会党候选人取胜的势头。他只好公开宣布投票支持弗朗索瓦·密特朗。社会党候选人取得胜利后,社会党人在议会选举中势如破竹般的胜利和国民议会的解散(38% 对 16% 的共产党候选议员),使社会党的胜利走得更远。对

---

① Mitterrand (François), *Ici et Maintenant*, *op. cit.*, pp. 44–63.

于社会党来说,总统的逻辑成为必不可少的了。两党之间签署了按社会党提出的条件达成的最低协定,之后,社会党在国民议会又获得了绝对多数,这一切把共产党人逼向了他们自1977年起一直拒绝的境地:参加社会党人占绝对多数的政府。联盟是重建了,但是,它的的确确是一个冷淡的联盟。奇怪的是,"坚持到底"战略的胜利却是在社会党人完全可以实施米歇尔·罗卡尔和皮埃尔·莫鲁瓦主张的独立战略的条件下实现的。1973年到1981年一点点建立起来的力量对比关系,终于使社会党自1920年首次走出了传统的两难境地:"没有共产党一切皆不可能,和他们一起却什么也干不成。"执政前夕,左翼联盟的条件发生了深刻的变化,尽管人们尚未十分清楚地意识这一点。从此,由于社会党人对自己的实力充满信心,且在经历了四年来法共连续不断的批评之后,他们不再赋予联盟什么具体内容。共产党第一次不再占据他们的视野和思想。继弗朗索瓦·密特朗当选之后,1981年秋季召开的瓦朗斯代表大会清楚地表明了这一点:大会投票一致通过的议案,只在引言部分用了几行字来说明"梅斯路线"的成就。

从共产党方面看,他们必须接受在政府中其代表寥寥无几的现实,四位部长分别在:运输、卫生、公职和职业培训等部门。从此,社会党处于强势。它在国民议会中拥有绝对多数,对失去元气的共产党党团不必再有什么担忧。总统多数的概念和这概念的应用,使社会党人免于再同他们的"盟友"长时间地谈判。两极化和多数投票结果、社会党的总统使命,使共产党人走投无路,被迫在两种同样危险的选择中进行抉择:要么做社会党人的补充人员,要么走向没有出路的孤立。这些新的条件促使政府在1982—1983年调转方向。1984年7月,共产党的部长离去,这个举动已经改变不了政治形势,只能说明共产党失去了影响。

弗朗索瓦·密特朗就这样解决了第二个难题。他与共产党人联盟的战略,最终还是他成了赢家,因为这个战略使他当上了共和国总统,扭转了与共产党的力量对比关系,这是因为共产党不情愿地被迫接受参加了第五共和国的第一个社会党政府。这样一来,共产党没有使社会党抹掉图尔代表大会造成的事实,而是抹去了对它的回忆!尽管部分社会党人仍然关注共产党的反应,但是冷淡联盟已经成为与共产党政治关系中习以为常的模式,1991年苏联解体后,这个现象更加严重。

三、追求执政的党

自埃比内代表大会起,弗朗索瓦·密特朗就毫不犹豫地干脆承认这样一种强烈的信念,即执政应该作为社会党人今后的首要目标:

> 现在,我们的党还在,我希望它的使命首先是要征服。用比较技术性的词来说,我们称之为这个政党的多数派使命。我希望这个政党能够夺取政权……
>
> 罪恶的选票主义! 我的开局很糟糕。①

这样,他从一开始就着手解决第三个难题。在整个20世纪期间,社会党经历过种种困难、危机、重组和几度参政时期,在党的骨干眼里,它代表了崇高的价值。党是合法机构,它的活动组织代表着公民政治参与的模式。政府换了一届又一届,而党依然存在。权力腐败,而党依然纯洁。任何人都没有理由反对党,任何政府行为,从长远角度看,都不能凌驾于战斗者舆论之上。社会主义的真理存在于掌握了理论的政党之中、存在于党的活动分子的集体信仰之中。人们不能把选举的合法性与斗争的合法性对立起来,党既是进攻的根据地,也是后撤的防线。它就是这样一个无论以任何代价都要予以保护的党。

执政带来的种种幻想破灭感,一直以来都在焕发起这种共同的信念:真理在党,而不在任何别的地方。行使权力并不能完全实现党提出的计划。毋庸置疑,党可以接受最低纲领,但是党的目标要远不止于此。没有持之以恒的解决办法,不经历革命,也就是说,不经历"决裂",这个目标是不能达到的。只有党代表着这种决裂的意志和工具。这就是为什么,社会党完全遵守多元民主的游戏规则,甚至把自己当做捍卫这种规则的先锋,那么至少,只要这个社会还没有真正得到改变,社会党就不可能在执政过程中完全实现自己,发展自己。在执政过程中,防止社会党散伙、精力耗尽、放弃理想的正是党,而党执政的历史则证明,党不可能真正实现社会党人的期待,也不可能给予他们的行动以某种意义。饶勒斯认为,

---

① Id., *Politique*, t. I, *op. cit.*, p. 332.

党是工人阶级团结一致的表现,是革命的斗争工具,是相信社会主义能够实现的那些人聚会的地方,除议会和革新行动外,党预示着未来在社会党内或由社会党统一起来的社会。为了组建这样一个统一的党,饶勒斯牺牲了一切上台执政的眼前考虑。莱昂·布卢姆保持和坚守了饶勒斯的事业。他做了大量的工作以避免分裂,后来,在1920年之后,他又做了种种努力在"保留下来"的工人国际法国支部恢复饶勒斯综合说。他从政治上考虑入阁只是为了完成好这样一个使命:挽救党的统一,把饶勒斯传下来的工具交给后代。对于他重新建立的"故居",他完完全全充满了热爱,只是在1946年8月的代表大会上,他才保持了一点点距离。居伊·摩莱对党的热爱更刻骨铭心;对党的感情真的成为目的本身。对党的感情没有他深厚的人做不成他"家族"的成员。

到弗朗索瓦·密特朗这里,情况就完全不同了。他对社会党的感情没有那种几乎血肉相连的特征。毫无疑问,他也会在党内说争取代表大会的胜利,要执政。但是,他没有党的精神。他的政治生涯一直在并不属于社会党的民主和社会主义抵抗联盟、之后是共和制度大会党这样的组织结构中度过的。这都是些没有历史、很少有理论、几乎没有什么文化和特殊传统的小党派。他曾经在很长时间里没有任何愿望加入某一大的政党,让他进行学习,从事斗争活动和服从集体纪律。这些小党派可以更好地满足他对议会和政府活动的偏好。他在1971年6月21日是这样说的,"有可能是出于爱好吧,我是一个孤独的人。……不论在民主和社会主义抵抗联盟还是在共和制度大会党,我的活动都以工作小组为基础,而不是以一个人数众多的政党为基础"[①]。他并不在意党内间的交流,例如,对第一书记必须用"您"来称呼。他身边的人是一个认他为领袖的小组,社会党内表面的平等关系从来不适合他。他只是在取得了领导权之后才加入到社会党,他把社会党作为一种为了达到自己的目的所需要的工具。他很少关心理论问题,没有兴趣参加代表大会在这方面进行的长时间的讨论。党在代表斗争的活动中,成为改造社会的和预示未来社会的必要工具,因此他认为,党主要是为夺取政权和行使政权的工具——对此他倒是直言不讳。他在1971年所作的选择,是经过思考和根据以前的

---

① *L'Express*, 21 juin 1971.

经验和失败做出的,做出这样的选择是本着效率的因由。既然居伊·摩莱是一个障碍,社会党显然做不到自我更新,与此同时,社会党又绕不过去,因此,要占领这个阵地。密特朗与布卢姆和摩莱不同,不是某种理论和组织传统的继承人,对于他来说,党首先不是工人运动史的产物:因此,无论活动分子的行动价值和用途如何,都不能胜过选民。这一点是第三个决裂。正是应该从这个角度来理解20世纪60年代他对工人国际法国支部的发难:

> 在工人国际法国支部,以党员数量而不是以党在民众中的听众数量来权衡联盟的重要性,这已经成为规矩。这种做法在一定程度上是有道理的。超过这个度,这部机器就失去理智了。当某一政党的党员数量与相信这个政党的公民数量之间不再有直接的联系时,就会出现一种人为的和危险的形势。长此以往,没有什么比这样的政党更不民主的,因为他的党员在做自己事情的时候,忘记了民主是所有公民的事情。党的使命就是活跃、教育群众,向群众提供信息,而不是替代他们。①

弗朗索瓦·密特朗既没有对工人党的信仰,也不赞同社会党与激进派之间的鸿沟是不可逾越的观点,他对党能够持比较开放的观念。社会民主左翼联盟努力的失败和内部机构的合并已经反映出他更愿意把各种组织联合起来,而不是全面保持其特殊身份。共和制度大会党里不就有许多看不出有什么社会主义信仰的共和派人士吗?他曾经批评工人国际法国支部没能适应法国社会的变动,没有与可能转向社会主义的各阶层人民进行对话:

> 他在1969年写道,"社会主义民主不再属于特定阶级,要寻找使民主再生的社会基础。体力劳动者的数量在减少,第三产业中迅速增加的是大量的科研人员、工程师、技术干部、管理人员。对谁说话?怎么说?因为过于保守,工人国际法国支部无

---

① Mitterrand (François), *Ma part de vérité*, op. cit. , p. 226.

所适从,它把自己收缩在组织机构里,这是唯一的一块能够防止时代的诅咒渗透进来的地方,同时他们使用特殊的沟通方式,对不同的对象使用不同的言语"。①

因此,应该到传统的地盘之外,到共和派、到加入统一社会党或别的组织的那些来自天主教的、有不同传统和关切的人中间去吸收力量。

既然目的是夺取政权,既然同时要面向选民和活动分子,既然已经部分地抹平了夺取与行使政权的"界限",弗朗索瓦·密特朗决定打破最低纲领与最高纲领的两分法,为社会主义运动提出更加具体和可行的目标。

> 对纲领的讨论,是为了消解一下左翼对宗派的过度偏好,可以读一下《我的表白》……。我认为,社会主义的民主政治组织有一种不好的习惯,就是把党的纲领与选举纲领置于不同层次,有时是把二者截然分开。党的纲领不得受任何牵制,各项原则必须贯彻到底。选举纲领则以现实主义为依据,要千方百计地满足任何人,尤其是不要让那些有钱人感到不快。②

而且,他这样断言:

> 在将要到来的时代,社会主义经济,将在以公共部门为主的两种部门的基础上获得发展,在计划占主导地位的条件下遵循市场规律。将由后来的新一代政治家来完成确定社会主义计划新的发展阶段的任务。③

弗朗索瓦·密特朗在将革命的末世说搁置的同时,也非常谨慎地使用社会党的一些核心用语。他只是很有保留地使用马克思主义的经典语言,如"工人阶级"、"革命"、"阶级斗争"。与他的前任相反,他从不将自己定义为马克思主义者。关于他很晚才熟悉马克思主义的情况,他自己

---

① Mitterrand (François), *Ma part de vérité, op. cit.*, p. 226.
② *Ibid.* pp. 230 – 287.
③ *Ibid.* p. 290.

曾说道:"我以前并不了解以生产关系为核心对人类历史进行科学解释的重要性。我以为社会本身是自我革新的过程。"①可以说,他是从马克思主义那里印证从别的思想来源中获得的一些信念,而这些信念中首先的思想就是:国有化是社会主义的武器。而且,当他想把法国的社会主义同国外的社会民主主义区别开来时,他总是提出法国选择了国有化、反垄断、同大的私营企业争夺权力等等。

弗朗索瓦·密特朗尽管决心同"垄断"展开斗争,但是,他还是站在了不同于初始的法国社会主义的立场上,降低了法国社会主义的要求和期待。他在1970年写道,"开始的时候,社会主义可以轻松地许诺一个人间的理想社会,今天,当人们把俄罗斯和英国的经验作为两个相反的例子来展示时,社会主义已激发不起民众的足够热情。因此,应该尽可能准确地确定我们所追求的目标"。后来,他还弱化了敌对观念和两分法的传统认识——为了确保胜利,他自己曾在埃比内表达过同样的观点——,激烈抨击了"那些一再重复阶级斗争是一门斗争艺术、而任何胜利都以彻底地消灭对手为前提的人,而这些人认为,对这显而易见理论的遗忘,是意味着背叛"②。他以此开始了一项让社会党"世俗化"的工作:社会党不再是一个首先用来维护说教和吸引新教徒的教会。它是一个工具,不过,应该学会这一工具的使用方法。

为了使社会党走向执政,弗朗索瓦·密特朗认为应该重建一个大党,一个把不同见解的社会主义者团结起来的社会党。他没能依靠社会党左翼联盟把非共产党左翼派别联合在一起,但这一次,他要在社会党党内将社会党人团结起来。1971年,埃比内的胜利者把此次大会叫做"统一的大会",但实际上大部分自主性组织,如统一社会党、法国民主工联,或那些拒绝加入"埃比内党"有天主教背景的一些团体还是被放在一边。在第二轮总统选举即将进行的日子里,米歇尔·罗卡尔和皮埃尔·莫鲁瓦认为社会党统一的机会已经来临。当被征求意见时,埃德蒙·迈尔也保证法国民主工联会采取积极态度,并考虑让它的部分干部加入社会党。弗朗索瓦·密特朗接受皮埃尔·莫鲁瓦和米歇尔·罗卡尔的建议,在选

---

① Mitterrand (François), *Ma part de vérité, op. cit.*, p. 72.
② Id., *L'Abeille et l'Architecte, op. cit.*, p. 204.

举一周之后,即 1974 年 5 月 25 日,向"所有投入社会主义实验的法国男女"发出了号召,在号召书中他指出:

> 在尊重左翼各政治组织和工会组织的前提下(这些组织应该自主地确立方法和目标),我以社会党第一书记的身份发表我的想法。我希望,社会主义者尽早确定他们的汇合点,以便为了新的任务而一起出发。①

次日,统一社会党做了一个有条件接受的答复。5 月 27 日,法国民主工联全国委员会表示建议"值得肯定"。6 月 11 日,报刊上登出了有近百位工会或各种组织(市镇行动小组、社会党目标、新生活,等)活动分子签名的宣言,号召人们"积极参与和发展一支强大的社会党"。由此产生了党内的"第三种成分",包括由米歇尔·罗卡尔和罗伯特·夏皮领导的统一社会党活动分子和法国民主工联的领导人等,他们参与了最终于 1974 年 10 月 12 和 13 日成立社会主义论坛活动的整个过程。米歇尔·罗卡尔还不能保证统一社会党的大多数追随他。在 15000 名活动分子中只有 3000 人参加了统一行动,而"保留的"统一社会党后来很快就衰落了。总之,1974 年 10 月 13 日,社会主义运动几乎实现了统一。

从政治上讲,社会党内部的社会主义论坛有其含糊的性质,长期以来,"第一"和"第二左翼"的共处一直是冲突不断的。但是不可否认的是,社会主义论坛自存在起被公认是社会党对天主教活动分子开放的标志,它因此,完成了从统一社会党开始的一种演变。雅克·德洛尔曾在马提尼翁(政府官邸),在雅克·沙邦-戴尔马的身边干了三年,论坛成立后,他加入了巴黎社会党的一个支部,他走的道路给人们提供了一个案例,有很强的代表性②。从接受天主教教育,到成为天主教工人青年党成员,又在加入人民共和运动后不久,成为新生活的一名成员,他曾为法国天主教工人联合会的一员,后又是法国民主工联的一名积极分子,以及 60 公民俱乐部的主办者,随后在 1973 年创办了交流与计划组织。他甚

---

① Pour le socialisme, le livre des assises du socialisme, Paris, Stock 2, 1974.
② Delors (Jacques), Changer, Paris, Stock, 1975.

至参与了上世纪以及60年代大部分的辩论,这些辩论使非共产党左翼获得了理论创新。加入社会党后,他很快成为一名备受关注的专家,此后又成为密特朗派成员,他象征着一种"综合"。

皮埃尔·莫鲁瓦、埃德蒙·迈尔和米歇尔·罗卡尔是后来这一阶段的主要开路人。弗朗索瓦·密特朗不肯听从他的朋友中那些反对举行论坛的人的意见,让论坛的行动得以成功。他达到了自己的目的:把社会党大家庭统一起来。在他看来,这种统一的首要目的是要组建一个能够扭转与共产党力量对比关系的人数众多和强大的党。这个党首先应该是夺取政权的工具。从这个角度看来,总统选举的性质对他有极大的好处:这种选举有很强的个人化特点,比议会选举有更少的政党色彩,因此,一旦在总统选举中成为党"自然的"候选人,他便有机会具有独立于党的自主权。他抓住了这个机会:1974年,作为左翼唯一的候选人,他从支持他的政党那里,首先是自己的党那里获得了足够的自主权,去组织竞选活动和起草竞选纲领。相关党派严格地照章办事,从而接受了总统选举的个人化趋势。1974年4月10日,社会党执行局通过了一项决议,指出"必须区分候选人的竞选活动和党的竞选活动"。执行局同意候选人可以在与党的活动地点不同的地方组建竞选活动班子,同意候选人自己选择合作伙伴——很多人都不是来自自己的阵营,候选人可以独立制定沟通战略和竞选纲领。弗朗索瓦·密特朗没有根据共同纲领进行竞选活动(虽然他支持纲领的主要决定)。他对党宣称,"我的作用不是向国家介绍一份共同执政纲领"[1],4月24日在卡恩,他又说:"共同纲领不关我的事。"[2]这样一来,他明确地拉开候选人的抉择与党的抉择之间的距离。

这种设计使密特朗在1981年后依然可以在构成议会多数的政党面前保持活动余地。1981年5月27日,他就在政府成员面前明确指出:"在忠于你们的共同承诺的同时,你们要停止做你们党的代言人,你们代表的是法兰西。"[3]社会党部长是"执政党的代表"的时代已经过去了。1982年秋季,皮埃尔·贝雷戈瓦干脆承认,"共和国的政府不是党派的政

---

[1] Discoursau congrès extraordinaire du PS le 8 avril 1974, *Le Monde* du 10 avril 1974.
[2] *Le Monde*, 26 avril 1974.
[3] *Ibid.* 29 mai 1981.

府"①。因此,就密特朗与社会党的关系而言,他的情况与莱昂·布鲁姆或居伊·摩莱担任政府总理职务时非常不同。作为政府首领,后者首先是社会党人,认为自己是社会党人,外人也把他们看做是社会党人。弗朗索瓦·密特朗的地位就不一样了。

> 他在1981年10月致瓦朗斯代表大会代表的信函中说:"当然,共和国总统,作为全体法国人民的总统,不应该是某一政党的人。"②

他的合法性来自普选。他的权力不是来自社会党或某个政党联盟,是首先来自于总统选举的胜利。总统的这个权力可以使社会党从1981到1986年,而且在1988年后构成政府的支柱,而且还可以不需花费什么气力便于1984年结束了与共产党的联盟,这次分裂没有像1938年、1947年,甚至1977年那样给社会党造成混乱。党内没有一个人反对组成一届没有共产党人的政府,或者反对争取那些在两党之间处于对立状态的选民。社会党下定决心继续走自己的路,无论是否有共产党人;冷淡联盟已经发挥了它的作用。与共产党人的联盟今后要继续存在下去,但只能遵守共和的规矩,只能与"左翼联盟"共同管理,尽管这种共管会有不断的冲突。

总统决定与社会党保持距离,这在1986年议会选举失利,弗朗索瓦·密特朗决定接受第一次左右翼共处的时候最为明显。他在任命雅克·希拉克入主马提尼翁的同时,依然留在了爱丽舍。1988年再度当选后,他在第二轮议会选举的前一天在索鲁特雷发表了一个声明,进一步强调要保持这种距离:"仅由一个党执政是不安全的。……有别的思想指导的组织也应该参与执政。"③他的这种开放态度也表现在1988年6月10日议会选举期间,他在法国电视一台曾讲道:"不太过分的明显多数对我来说非常适合。"1988年6月议会选举后组成的米歇尔·罗卡尔政府,其成员中的近一半不属于社会党。

虽然弗朗索瓦·密特朗是所有法国人的总统,但他毕竟是社会党人

---

① 《Club de la presse》d'Europe 1, 3 octobre 1982.
② Le poing et la Rose, n° 90, novembre 1981.
③ Le Monde, 24 mai 1988.

的领袖。党与新总统之间显然有一种特殊的关系。这种关系相当复杂,既是制度性的、政治性的、个人性质的,甚至也是晚辈与长辈的关系。1981年,弗朗索瓦·密特朗自己选择了里奥奈尔·若斯潘,让他接替自己做党的领袖。社会党按照戴高乐派选举君主的传统,也使自己成了一个总统的党。总统领导党走向胜利,使党重新成为团结左翼的重要一极,让党在国民议会拥有了绝对多数。在他之前,没有任何一位社会党人在拥有如此这般威信的同时,拥有这样的权力。这个胜利首先是密特朗派的胜利,是他们领导着党,控制着议会,路易·迈尔马兹任国民议会议长,在波旁宫有皮埃尔·若克斯,在参议院有克洛德·埃斯蒂埃领导着议会党团,他们占据着主要职位。总统根据宪法任命部长,任命国家的主要领导职位。在最后一届任期的最初几年里,每周二上午早餐时,总统总是习惯于把党和政府的主要领导人召集在一起,在周三的午餐时,聚集的人就增多了。最后到了周四上午,总统便把只属于密特朗派的首要核心层召集在一起,其中包括党的第一书记。由于总统拥有各种权限、拥有他的影响、他的威信,因此,所有权力网络最后都集中在弗朗索瓦·密特朗。奇怪的是,瓦朗斯代表大会,胜利后召开的首次代表大会,不仅用了很长时间分析由政党、政府和议会党团组成的三角关系,也用暗示忽略法(口说不讲某事,实际上已讲了出来)谈到了与总统的关系,它好像是天经地义的和根本没有必要去定义的关系,好像是属于另一种性质的,既不属于制度的、也不属于政治的,而是个人性质的关系……

在第二次总统任期中,政府、政党与总统的关系更为复杂。这主要是因为,自1988年6月开始,密特朗派出现了裂痕。接替弗朗索瓦·密特朗任党的领导职位的候选人洛朗·法比尤斯,被里奥奈尔·若斯潘和皮埃尔·莫鲁瓦的朋友组成的联盟击败,后者当选为第一书记。除这件事外,显然还有任命米歇尔·罗卡尔为总理一事,这一任命的目的是保持"团结的法国",还有可能是为了"消除"他潜在的反对派和去除对其权威构成的"障碍"或威胁。这两件事,使一些人开始疏远总统[1]。毫无疑问,米歇尔·罗卡尔的主要部长们是由密特朗自己选择的,都是亲近他的人,

---

[1] Favier (Pierre) et Martin-Roland (Michel), *La Décennie Mitterrand*, tome III, *Les Défis*, Paris, Ed. du Seuil, 1996, pp. 15-59.

特别是皮埃尔·贝雷戈瓦、皮埃尔·若克斯、罗朗·杜马斯。不过,他还是十分警惕地与总理开始"共治"。随着1990年雷恩代表大会的召开,他与党的多数之间的距离达到了顶点,这次大会以一种更为戏剧化的方式重演了1988年春季的危机[①]。但是,无论里奥奈尔·若斯潘还是米歇尔·罗卡尔,都不想与共和国总统发生争执。弗朗索瓦·密特朗利用艾迪特·克莱松和皮埃尔·贝雷戈瓦重新控制住了政府,通过他们重新建立了信任关系。但是与党的协调一直很弱。1991年1月新当选的第一书记,洛朗·法比尤斯基本不支持艾迪特·克莱松的政策。只是在准备就马斯特里赫特条约举行全民公决时,总统、总理和党之间才有了某种协作,但是,这仅仅是在不到一年的时间里。

奇怪的是,第二次总统任期遇到的主要困难都与总统现象本身相联系。事实上,非共产党左翼中所有相信"社会主义政府的意义",并且希望在这一发展中发挥政治作用的人都自然而然地集结到了党内。在埃比内大会经过再造,党已经是不可逾越的了。如果说党需要好的候选人,那么,候选人从此也需要党。

米歇尔·罗卡尔从1974年选举之前就看到了这种新形势的后果。他停止了在统一社会党的活动,参加了弗朗索瓦·密特朗的竞选活动。1974年10月,他在社会党论坛之时加入了社会党。与弗朗索瓦·密特朗一样,他已经获得了政党活动和选举活动两方面的认可。他在1969年竞选活动中尽管得票率很低,但是依然树立起了个人形象,使他得以多次作为总统候选人参与总统选举;从这个时期开始,他就不再仅仅是统一社会党的领导人。民意调查显示,他在民众中拥有许多的同情者。

在他加入社会党后出现了一种新的局面。尽管弗朗索瓦·密特朗在党内拥有极大的神秘的影响和权力,米歇尔·罗卡尔似乎一下子成为一位可能参加总统选举的候选人。在这之前,所有人显然都无法拒绝让弗朗索瓦·密特朗作候选人。当米歇尔·罗卡尔在1978年议会选举失利的那个晚上坐在前台时,党就面临着必须解决党内多方面的竞争问题,其中包括竞争总统以及这些野心之间形成的冲击。以前,内部争夺的对象是组织领导权和确定政治路线。现在,党要有组织地进行内部竞争来指

---

① *Op. cit.*, pp. 334–350.

第三编　执政梦想(1971—1994)

定参加总统选举的候选人。党还是第一次不仅要裁决党内权力的归属，而且也要裁决国家权力的归属——代表大会成为初选者交锋的舞台。正如里奥奈尔·若斯潘在1981年瓦朗斯代表大会上所言，总统选举将"决定党的生活节奏"。党内的政治生活将围绕总统选举这一决定性日期来组织。党内政治斗争中的个人作用成为占主导地位的因素。

1977年南特代表大会召开时，主要问题还是"第一"和"第二"左翼之间、"雅各宾派"和"自治派"之间的辩论。到了1979年梅斯代表大会时，大会首先是社会党传统的意识形态会议，但同时也明显地体现出向政治对立个人化的演变。米歇尔·罗卡尔第一次决定担任一个派系的头，而在此前，他并不想组织自己的派系，以避免拿自己的主张作抵押。面对这种进攻，弗朗索瓦·密特朗调动起各方面的力量，把他们团结在自己的周围。当时，大会虽然提出了七个不同的议案，但是实际上已经形成了以弗朗索瓦·密特朗、加斯东·德费尔和让-皮埃尔·舍维讷芒为一方，以米歇尔·罗卡尔和皮埃尔·莫鲁瓦为另一方的两个对立的阵营，各方都有自己参加下届总统选举决斗的代表。这次大会后的分野直至1988年几乎没有什么变化，人们习惯地把这两个阵营称为"密特朗派"和"罗卡尔派"。

从广泛的意义上讲，梅斯代表大会的四个派系分别有自己的领袖，这些人在公众舆论中有良好形象，人们或多或少相信他们在总统竞选中可能胜出，他们是：弗朗索瓦·密特朗、米歇尔·罗卡尔、皮埃尔·莫鲁瓦和让-皮埃尔·舍维讷芒。人们往往根据党员属于这些派别的哪一派系把他们划分为：密特朗派、莫鲁瓦派或罗卡尔派。只有学习、研究与社会主义教育中心的成员长期以来一直对这个缩写情有独钟。

总统选举时刻在党的生活中占据的举足轻重的地位又与党在不久将来的执政前景联系在一起，由此带来的一个后果是加速了党的变化：党更加开放。内部对立的激烈程度和严重性成为记者们评论的永恒主题。与此同时，弗朗索瓦·密特朗和米歇尔·罗卡尔在党内和民众中同时展开角逐。电视讲话代替了党内的发言，除大会或一般会议投票以外，民意测验决定着知名度。于是，党并非真正自觉地变成了一个"玻璃房子"。每个阵营向记者讲述的都是自己对事件的解释，党员获取关乎自己党的信息渠道更多的是报刊，而不是内部刊物。既然报界被允许出席党的代表大会，那么党的领导人在发言时就必须在面对党员的同时，也要面对公众

245

舆论,这就大大减少了使用两种语言的机会。从这时起,辩论一般分为两个层次。公众舆论的支持是取得"总统候选人选"资格的重要武器。由于米歇尔·罗卡尔没有较高的知名度,他在梅斯代表大会失利后,无疑很难继续站在政治舞台的前沿。

这样一种局面首先对社会党有利。最为重要的是党学会了如何在第五共和国制度中完成一种核心使命:遴选参加总统选举的候选人。内部对立的紧张程度引起人们的好奇,或者说,引起了公众舆论的兴趣:社会党内发生了什么事?蓬皮杜在1973年还可以说,社会党的缩写PS对他而言毫无意义,而从这时起,这个缩写已经在法国家喻户晓。党证明了自己的存在,获得了"参加总统选举"的党、培养未来领导人基地的形象。但是,与此同时,党再也不能与政治体系保持相对的外在距离。因此,党第一次以民主方式正式改变了总统候选人的确定方式,并于1978年通过了一项新的"内部规则":候选人要通过所有党员投票来确定。

社会党"总统竞选"活动中的最后一个因素具有决定性的作用:党内权力和参加总统选举候选资格的社会党候选人有着千丝万缕联系的特点。弗朗索瓦·密特朗身兼第一书记和总统候选资格的候选人的双重身份,战胜任何一个竞争对手都要同时在这两个层面上展开角逐。虽然下一次总统选举只能在1981年才会举行,内部确定候选人的角逐从1978年就开始了,而且实际上在1979年梅斯代表大会召开时已经有了结果。内部与外部权力斗争完全交织在一起,使得这次代表大会在按照章程确定党的领导的同时,还要进行第二个层次非章程所规定的和暗含的活动,即确定候选人。米歇尔·罗卡尔由于知道由此带来的后果,他在代表大会召开之前就宣布,如果莫鲁瓦-罗卡尔联盟取得胜利,那么,前者应担任第一书记,后者做候选资格的候选人。作为回答,弗朗索瓦·密特朗以个人名义在党内展开角逐,他请党相信他,要让米歇尔·罗卡尔成为少数。米歇尔·罗卡尔在大会结束时的第二次发言中,以个人名义向弗朗索瓦·密特朗保证,在下一届总统选举时,他将不会作为候选人与他作对,这等于是公开承认了自己的双重失败。总统竞选日期变得如此关键,以至于再也不能停留在党内部政治生活上了。社会党不能不把竞选问题提上议事日程了,而居伊·摩莱过去则提出,党应该把它当做次要问题来对待,不该让选举日期搅乱党的日常活动。

因此,梅斯代表大会是党内第一次发生候选人就竞选资格进行角逐的大会。除意识形态方面的辩论外,弗朗索瓦·密特朗和米歇尔·罗卡尔为了在党内找到支持者也形成了对立。内部政治斗争的个人化不可避免了。这就使党在政治体系中似乎扮演着新的重要角色:在确定参加总统选举的社会党候选人的竞争中,党有了裁决的可能性。的确,民意测验和许多社会党人感觉到的来自党外的某种压力,都起着重要作用,也给党员造成了失去特权的印象。然而,与此同时,候选人在完全投入到党内斗争中时都承认,党起着主要作用。弗朗索瓦·密特朗在公众舆论中的排名在米歇尔·罗卡尔之后,他只有靠控制党来让后者听从他的意志。从此,对于一个社会党人来说,似乎只有同时在公众舆论和党内争夺影响力,才有可能参与总统竞选。

这就基本上说明了为什么1988年以后社会党内部会出现危机。继承弗朗索瓦·密特朗的斗争甚至在1988年他再次当选之前就开始了。最初的征兆是总理洛朗·法比尤斯和第一书记里奥奈尔·若斯潘之间在领导1986年议会选举活动上的权限之争。从这一时期起,社会党经历了一个长时期的内部预选阶段。1993年议会选举失利,使预选阶段进入到冲突阶段。主要候选人,洛朗·法比尤斯,米歇尔·罗卡尔,亨利·埃马努埃里认为,要想具备被确定为候选人的条件,就必须控制住党。1994年秋季,雅克·德洛尔因感觉过于游离于社会党多数派之外而退出竞选,正是他的退出形成的特殊形势,使里奥奈尔·若斯潘得以卷土重来。暗含的内部预选变成了公开的了,最后到了要由党员在两名候选人(亨利·埃马努埃里和里奥奈尔·若斯潘)之间投票来决定的时刻。由于一些规则可以随着形势的变化而改变——唯一不可变的是党员投票,在这个时期,社会党成为总统选举不可规避的预选地——任何仅仅依靠公众舆论的战略,都没有成功过。

社会党就这样被总统制化了。也因此,首要领导人也将第五共和国政党化了。乔治·蓬皮杜以自己的方式使戴高乐派党走了同样的道路。各大政党因此都在政治体系中找到了自己的重要位置。在弗朗索瓦·密特朗的努力下,社会党成功地实现这一变化,真正改变了自己的职能。党违心地将第五共和国据为己有。它之所以长期成功地作为一个执政大党,首先是这种变化的结果。

第九章
埃比内的继续

一、重构传统意识形态基础

如果说埃比内的重组打破了党与政治体系和政权的关系,那么相反,从意识形态角度看,这种重组却是循着传统构建的。与从前一样,这次重组首先是要进一步确立党的传统身份和巩固它在左翼的根基。毫无疑问,这次重组发生的条件中没有前几次重组中那些可能造成伤害方面的因素,1920年的重组是"大分裂"的结果,解放时期的重组伴随着党的大清洗。但是,同以前一样,这次重组也是一次追究以前错误,对过去的时期(这些时期,在党的活动分子眼里,党在这些时候或多或少背离了自己的目标和根本原则)做个总结和了断的过程。1920年的重组告别了神圣联盟时代。解放时期的重组对社会党从慕尼黑到维希一系列问题做出反应。在埃比内,主要是声讨"摩莱主义"时代,这个概念对于大多数党员来说,是指此前那些年改变了法国社会党面貌的总体过程:殖民政策、与"第三种力量"联盟、"无原则"的改良主义、5月13日向戴高乐辞职等等。"重组者"同他们的前人一样,为了同各种改良主义派别相协调,放弃了对理论做出某种实质性修改和与右翼联盟的政策,并重新强调党的"革命使命"。

埃比内代表大会简短的最终议案宣称,党的目标是"排除任何第三种力量的战略"和摈弃"左翼有可能夺取政权来实施民主改革,可以在不必触及现有体系核心、企业内权力结构的情况下改善劳动者条件的幻想"[①]。

---

① *Bulletin socialiste*, 15juin 1971, n° 275.

新的社会党党章,以原则宣言开篇,它直接引用了原工人国际法国支部章程的内容。原则宣言指出,"在资本主义社会,不可能存在真正的民主。正是从这个意义上说,社会党是一个革命党"①。宣言确定"投资、生产和交换手段逐步社会化"的目标,认为,"经济民主实际上是社会主义的突出特征"②。宣言最后重复了党的本质和身份的双重特点:尊重选举与民主道路,主张改革但谴责改良主义,指出"向社会主义过渡不可能是一个自然的产物和用来纠正资本主义后果的各种改革的总合,不是调整某一体系的问题,而是用一个体系取代另一个体系的问题"③。与以往进行重组时一样,党内的右翼势力占少数,较少获得认可。从理论主张和声明的目标看,在埃比内代表大会上,对立的双方实际上是两个左翼派别,即以摩莱-萨瓦利-伯普兰为核心的一派和以密特朗-莫鲁瓦-德费尔-学习、研究与社会主义教育中心为核心的另一派。就像1946年图尔代表大会召开前夕那样,主要的对立派别都想充当法国社会党最初身份的捍卫者。他们中没有一个人宣扬修正主义、改良主义,都不主张与右翼联盟,而想同共产党接近。

在党的日常运行中,左翼总是扮演重要角色,表现出拥有真正合法性的样子。1920年盖德派是这样,1946年和1947年居伊·摩莱和《社会主义思想》杂志派是这样,学习、研究与社会主义教育中心、弗朗索瓦·密特朗派别中的马克思主义者,如皮埃尔·诺克斯或伯普兰分子也是这样。马克思主义的正统性像防火墙一样再一次被放在阵前,用来抵御任何"社会民主"的诱惑。学习、研究与社会主义教育中心的领导人之一,皮埃尔·吉多尼在1971年清楚地确立了他的派别的目标。在他看来,危险在于重新回到"社会民主"的老路上去,认为那是"一种尚未完成的社会主义的答案,使自己的生存受到挑战"④,他在代表大会召开前写道:

> 应该期待埃比内代表大会不要成为法国社会民主的哥德斯堡。上交给大会的工作文件就讲的是恢复民主……,对资产阶

---

① *Bulletin socialiste*, 15 juin 1971, n° 275.
② Ibid.
③ Ibid.
④ Guidoni (Pierre), *Histoire du Nouveau Parti socialiste*, Paris, Tema-Action, 1973, p.12.

级民主和社会主义民主的这种含混认识,揭示出选举主义在何等程度上渗透到了人们的思想当中。

学习、研究与社会主义教育中心希望新的党是一个"群众的和阶级的"党。在这一前景中,3000名民意代表要申明自己属于党,在皮埃尔·吉多尼看来,这是"一支强大的力量和一只联系群众的'滚雪球'"[1]。

1971年如同法国社会党历史上1905和1920年的情况一样,由于内部分裂和两极的存在(党员与民意代表),所以在统一问题上争论很大。弗朗索瓦·密特朗作为联盟的代表人物,摆出一副他的前人让·饶勒斯和莱昂·布卢姆的模样,但却有着非常不同的个人经历。

为了弄清楚弗朗索瓦·密特朗为什么会取得成功,我们最好着重分析一下埃比内代表大会时期以及这次大会之后几年弗朗索瓦·密特朗个人、他的路线以及他的活动。

有些政治学者把埃比内代表大会看做是激进主义对真正的社会主义的胜利。雨果·波尔戴里就认为,弗朗索瓦·密特朗的实质是法国共和党人对社会主义的某种"公开收购",而社会党已经具备了向这种诱惑做出让步的条件。许多因素都可以用来支持这样一种论点:这个人过去的政治经历完全不同于左翼的政治文化,并且由于这个原因长期处于社会党的边缘地带;他从事政治生涯的政治组织是民主和社会主义抵抗联盟,共和制度大会党;他身边的人更多的是共和党人而不是社会党人;他在第四共和国曾多次在政府任职;他较晚加入社会党;他组织社会民主左翼联盟的努力,使社会党人和激进党人处于平等地位;最后他的各种信念更多的是共和党人的而不是社会党人的。在不忽略这些分析的准确性的同时,还可以提出另一论据用另一种方法得出不同的结论。

毫无疑问,1944年以后,弗朗索瓦·密特朗是一个共和党人,之后才成为社会党人[2]。他的价值观首先是共和党人的价值观,这种价值观更注重个人自由、更关注民主和议会活动、更注意减少特权和向专制主义作斗

---

[1] Guidoni (Pierre), *Histoire du Nouveau Parti socialiste*, Paris, Tema-Action, 1973, pp. 114 et 119.

[2] Sur le républicanisme de Franois Mitterrand, voir Cayrol (Roland), *Franois Mitterrand*, 1945–1967, *op. cit.*

第三编 执政梦想(1971—1994)

争。在他的个人文化中,他的文学造诣与经济或者社会学不可同日而语。争取自由和反对专制的斗争,而不是经济改革要求,更多地激发着他的斗志。他在讲话中引用马克思主义是比较晚的事情,而且具有个人主义的人道主义色彩。有一点可以确信无疑,在他看来,区分形式上的自由和实质上的自由从来没有什么实际意义。他也从来不能接受马克思主义的辩证唯物主义。他年轻时的宗教和文化信仰,对于他而言无疑也非常重要,他本人在《我坚持的真理》中讲到过这一点。让·达尼埃尔在《一位总统的宗教信仰》[1]中,皮埃尔·皮昂在《一位法国青年》[2]中也都对此做过分析。弗朗索瓦·密特朗出生于外省的一个小资产阶级家庭,深受天主教社会主义影响,战前曾经对接触到的极右翼法国社会党人的观点很感兴趣,他对资产阶级的价值,首先对货币的本质充满了批判精神。正是从这里出发,而且完全根据个人的经历,他才完成了向社会主义的转变。分析他在埃比内代表大会上的发言,人们可以看到,密特朗的社会主义理论貌似统一,实际上是真正的兼收并蓄(大杂烩)。他用"垄断"来指向和抨击金钱逻辑:

> 如果确实从初始的决裂领域看,真正的敌人,我要说的是经济结构唯一的敌人,一切都发生在它身上的要素,这就是起牵一发而动千斤的、起关键作用的东西,就是垄断,从这个词的延伸意义上讲是垄断金钱的势力。金钱可以腐蚀人,金钱可以买通人,金钱可以杀人,金钱可以带来灭顶之灾,金钱甚至可以腐蚀人的意识。[3]

这是他解析资本主义经济微妙机制的关键点,也表现出他使用"垄断"时一种道义上的愤怒。以谴责金钱的名义谴责资本主义,是天主教文化的某种传统。这种信念决定着弗朗索瓦·密特朗如何确定自己的"对

---

[1] Mitterrand (François), *Ma part de vérité*, op. cit., et Daniel (Jean), *Les religions d'un président*, Paris, Grasset, 1988.

[2] Péan (Pierre), *Une jeunesse française, François Mitterrand, 1934–1947*, Paris, Fayard, 1994.

[3] Mitterrand (François), *Politique*, t. I, 1938–1981, Marabout, 1984, oo.326et 327.

251

手"和斗争的矛头：拥有金钱的强大势力，强大的封建金融体系。他在1951年民主和社会主义抵抗联盟代表大会上就号召人们承认集体主义的价值和同"各种瓜分国家的强大势力"①做斗争。这里，他借助共和主义思想，始终把这种斗争同1789年大革命的动因联系在一起。1951年他就曾指出："解放人类的最好方法，就是忠于1789年的大革命。"②他同莱昂·布卢姆和让·饶勒斯一样，甚至比激进主义更胜一筹，都责备激进主义没有在自己的道路上坚持走到底。这样社会党便成为"引导人们为自由而斗争的历史运动的继承者，以1789年大革命的真正继承者自居"③。

此外，马克思主义经典理论也被嫁接到了人道主义批判的大树上。他在1973年写道：

> 四个世纪以来，西方历史占着主导地位。它制造出了我们称之为我们的文明的东西，规范着我们的生活方式。另一种体系，即社会主义，相信某种机械的规律，按照这种规律，只要改变一下经济结构，只要从一种体系上升到另一种体系，就足够了。这个错误导致社会主义混淆了目的和手段。资本主义客观上是一种社会状态，一种真正适合自己发展空间的文化模式。社会主义只有懂得如何用自己的社会、政治、文化和道德标准对付资本主义，才有可能战而胜之。④

弗朗索瓦·密特朗接受了对手主张的产生于共和文化基础的所谓代表性的理念和文化模式，而他在接受这个模式时又被社会党人用人民与阶级结合的概念做了很大的修正。他在1972年社会党纲领的前言中这样写道：

> 社会党"不寻求得到剥削者和获利者这些享有特权的人的

---

① Mitterrand (François), *Politique*, t. I, 1938–1981, Marabout, 1984, p.164.
② *Ibid*. p.167.
③ Id., *L'Abeille et l'Architecte*, op. cit., Paris, Flammarion, 1978, p.165.
④ Mitterrand (François), *La rose au poing*, Paris, Flammarion, 1973, p.233.

赞同。在人民的敌人和社会党之间不可能出现休战。但是，工人、农民、管理人员、工程师、技术人员，几乎全部服务业都受到同样的剥削。中产阶级自己已经明白，垄断的权力建立在他们破产的基础之上"。①

这种社会关系的代表性认识具有相当激进（从该词的本来意义上讲）的特征，使他始终坚持认为法国社会党不能接受含有妥协倾向的社会民主的路线，而在法国左翼文化中，妥协就意味着退让。

> 他在1970年强调指出，"社会党人以改革派自居，最终却与资本主义的价值体系和右翼政治搞合作。这种合作很难摆脱背叛失败的命运。诺斯克（Noske，早年参加德国社会民主党，一战后与政府合作，亲手镇压德国革命，杀害罗莎·卢森堡。——译者注）就是一个典型的例子，而且在考斯基的演变过程中，诺斯克的经历毕竟是重要一笔。从1947年到1965年，法国社会党协调一致维护了资本主义社会。机会主义和背叛行为使改革严重受挫"。②

在这种完全符合法国社会党最初身份的情景定位中，社会党人不能用执政手段和方法来确定自己的身份，而只能像饶勒斯和布卢姆所考虑的，用共同目标来确定。弗朗索瓦·密特朗在埃比内大会上说：

> 无论是暴力还是和平的革命，首先是一种决裂。不肯接受与现有的政治秩序、与资本主义社会决裂的人（方法这时自然而然的是第二位的东西）……，我可以对你们说，他就不能加入社会党。③

---

① *Changer la vie. Programme du gouvernement du Parti socialiste et programme commun de la gauche*, Paris, Flammarion, 1972, p.9.
② Mitterrand (François), *Un socialisme du possible*, op. cit., p.13.
③ Id., *Politique*, t.I, op. cit., p.326.

他无疑强化了党的革命的这个特点。但他在这个时候是否真正地赞同与资本主义决裂？他是否想的是别的事情，如简单地扩大国家的权力问题？这个问题很难回答。这里更主要的是看看当时他面对的是什么样的压力，他又是怎样承受这些压力，同时给出一些使这次重组适用于法国社会主义模式的某些特征的答案。

弗朗索瓦·密特朗希望实现社会主义运动的统一，但呈现在他面前的困难与让·饶勒斯以及后来的莱昂·布卢姆所遇到的困难没有什么根本性区别。问题在于，要在保证政治行动的前景的情况下对党员的期待做出回应。必须要使用"左翼语言"，同时还要使改良派有可能留在党内。像他的前任一样，弗朗索瓦·密特朗也做过分析，根据他的分析，不能减少法国社会党的多样性，而是应该尽力在同一组织内部理顺多样性关系。他在《盛开的玫瑰》中这样写道，社会主义

> 只有在一个统一的党内团结起来时才能获得理性，在这个统一的党内，可以同时存在着各种派系，在这里，各种无序的冲动可以相互对立，但是在这里，基层的决策必然要求在行动中保持持久的和谐。①

他与饶勒斯一样，经历了运动分裂造成的颓势，他想结束这种局面。但是，他也知道，法国社会党的身份要求必须把党员放在首位，要向他们解释，要获取他们的信任。所以，他在埃比内没有犯任何错误。然而，大会开幕时所作的判断是：处于左翼中间派的居伊·摩莱和阿兰·萨瓦利失利的可能性不大，而他的主要盟友是看上去属于工人国际法国支部右翼的皮埃尔·莫鲁瓦，而且尤其是加斯东·德费尔，还有赞同与中间派联盟的领导人。他知道，根据传统，他应该赢得党的左翼，也就是说，要做一些必要的妥协，目的在于看起来像是维护正统理论的卫道士，如同让·饶勒斯、莱昂·布卢姆和居伊·摩莱本人所做的那样。他应该强调大多数代表期待的主题，必须使用决裂、与共产党联盟、反对与中间派联盟这种语言与他们对话。他也必须与党内部分左翼做出妥协（这些人时刻准备

---

① Id., *La Rose au poing*, *op. cit.*, p.32.

抓住一切机会与居伊·摩莱斗争），以加强自己的地位，迫使左翼走向团结统一。阿兰·萨瓦利和居伊·摩莱已经取得了省联合会票数的三分之一，加上让·伯普兰，获得了总票数的46%，加斯东·德费尔和皮埃尔·莫鲁瓦获得了30%。弗朗索瓦·密特朗的派系只得到15%，学习、研究与社会主义教育中心8.5%。让我们看看皮埃尔·吉多尼对弗朗索瓦·密特朗的描述：

> 弗朗索瓦·密特朗作了选择：人们以为他被关在一种无法解决的矛盾的迷宫中不能自拔，任何解决办法都会带来不利的后果。他以革新方法为名，依靠北部和罗纳河口的力量，他也被划归到右翼，最后被看做是坚定的改革派，失去了他统一者的光环。他以左翼团结为名，紧紧抓住领导主题，并且因此不允许自己在一个由同样的人领导的、采用同样的手段、为了同样目标的政党中扮演二流角色。弗朗索瓦·密特朗通过采用学习、研究与社会主义教育中心的论点、签署共同执政纲领，摆脱了多年来社会民主党人纠缠不休的荒诞的两难问题。他自己也赌了一把，在左翼的两种方案之间，少数派必须做出选择和决定天平的导向。[①]

弗朗索瓦·密特朗就这样发动了对左翼的进攻：在学习、研究与社会主义教育中心的坚决支持下，他获得了多数，掌握了实权。党的左翼得到重组。新领导人的战略抉择已经有多年的影响，尤其是决定与共产党签署执政纲领使他在不需否定自己的情况下利用这一时机把少数派置于自己的领导之下。

实际上，埃比内的结盟策略，既团结了学习、研究与社会主义教育中心的亲马克思主义者和原工人国际法国支部的温和派，也使新的第一书记一下子占据了一位社会党领导人的理想地位：弗朗索瓦·密特朗对统一的基础进行了重铸。与前者的联盟巩固了他在党员中的地位，与支持市政社会主义的人联盟，巩固了他的选举地位。他在一定程度上讨好年

---

① Guidoni (Pierre), *op. cit.*, p.200.

轻的左翼马克思主义者,如让-皮埃尔·舍维讷芒或皮埃尔·诺克斯,后来还有朱利安·德莱,所使用的方法与当年莱昂·布卢姆对待马尔索·皮韦尔和让·契隆斯基如出一辙。不过,他也保护党在大选举区的代表,反对不信任骨干党员的传统做法,注意保持党存在的脆弱的平衡关系,使党不要过左,不要让它在组织和职能方面更多地向共产党或左派倾斜,而是向传统的社会党倾斜。

二、党内各派的争斗

总而言之,重组是以一种独特的方式完成的。就像社会党在1905年初建时一样,重建的社会党是一个有着许许多多往往观点对立的派系组成的多元的政党,由不同派别、不同传统和不同的人捏合在一起的,而不是真正统一的政党。党章明确禁止在组织上建立派系。但是,建立在关注点不同、传统不同基础上的联盟和比例代表制的恢复,为各种有悖于组织规则的结构性、持久性派系的组成创造了条件。而且,党内后来在1978年通过的条例,明确规定了"党员行使结派权利的条件",也使党的派系运行正常化了。如果说"排除某一派系拥有自己的活动地点和融资手段"——这一禁令随着时间的延续越来越被公开地绕过,那么,各派只要对所有党员公开(这更多的是形式上的)就可以召集会议。

在埃比内代表大会和社会党进行大辩论的三年时间里,一个为弗里德里克·邦和米歇尔-安东尼·布尔尼埃描述成传统社会民主的运行模式建立起来了[①]。

埃比内代表大会后,居伊·摩莱派迅速边缘化,其主要后果是在新的多数中,使一个有广泛影响的多元的派别(围绕在弗朗索瓦·密特朗周围的原共和制度大会党成员、在埃比内代表大会支持他的工人国际法国支部的成员,如加斯东·德费尔和皮埃尔·莫鲁瓦,还有部分社会党俱乐部的部分成员)同让-皮埃尔·舍维讷芒的学习、研究与社会主义教育中心形成面对面的对立关系。学习、研究与社会主义教育中心的目标是尽可能广泛地占据党的左翼空间。它按照列宁主义模式,致力于组成一个机构严谨、有纪律的、为党的意识形态斗争服务的组织,党以骨干党员的活

---

① Bon (Frédéric) et Burnier (Michel-Antoine), *op. cit.*

动为基础。在1975年波城代表大会时,该派别获得了25%的选票。这次重组和党内主张马克思主义的、独立于领导多数派的一支左翼崛起,创造了恢复传统运行方式的第一个条件。学习、研究与社会主义教育中心想占领毫不妥协地保卫正统和左翼联盟保证人的战略地位,防止任何向"社会民主的偏斜",所谓偏斜的表现主要反映在弱化计划,过于关注选举活动,缺乏与共产党联盟的决心等等。自1973年开始,在格勒诺布尔代表大会上,弗朗索瓦·密特朗和让-皮埃尔·舍维讷芒就在欧洲建设问题上出现了对立。1975年,两人在如何对待葡萄牙革命引发的危机问题上产生了严重分歧。

弗朗索瓦·密特朗和他的朋友按照一贯的思路组织他们的反攻:学习、研究与社会主义教育中心被指责为想要建立一个党中之党,因此威胁着党的统一;他否定其垄断理论的合法性,弗朗索瓦·密特朗在波城代表大会上反击说,"谁允许你们说,我们是选举主义,而你们是'党的理论'?"第一书记求助于社会党传统的合法性,也是他希望代表那种合法性作为自己的根据:

> 我们是一个悠久历史的继承者,我们没有权利忽略或者随意对待共产党的建议。我们要诚恳地和严肃地对待,当然,除非是结果永远不能证明手段是正确的。我在这里使用的是莱昂·布卢姆在1920年图尔代表大会上用过的词,也是我在1975年在巴黎还用过的词。

要扼制学习、研究与社会主义教育中心的进攻,弗朗索瓦·密特朗可以依靠自己在党内的威望和支持他的多数。但是支持系的多元化和党内缺少右翼使他无法占据中间的战略位置。

随着辩论派于1974年秋季加入社会党,开始形成了三足鼎立的局面。辩论派很快被怀疑不太关心左翼联盟战略,而且对共同执政纲领的纯洁性缺乏信心。自1974年6月8日起,让·伯普兰就警告米歇尔·罗卡尔"历史已经对左翼联盟和统一社会党的分裂主义做出了裁决。劳动者已经在阶级统一政策与讲革命空话的机会主义之间做出了选择"。密特朗派的左翼,皮埃尔·诺克斯和安德雷·莱奈尔在1974年9月12日的《世界报》上,责备米歇尔·罗卡尔的朋友,在6月11日对弗朗索瓦·密特朗做出回答时,放弃了"作为社会主义意识形态基础的集体占有重大生产和交换手段"。让-皮埃尔·舍维讷芒出于自己考虑对这场反对米歇尔·罗卡尔朋友的争辩有明确说明,他指出:"在我们这样的党里,没有位置给两个左翼。"[1]从此,对于学习、研究与社会主义教育中心来说,就是要从政治上贬低辩论派,以便在党员看来,取消它的左翼合法性地位。这一派别因此被党的左派们赋予了右翼的地位,并且同将它排除在外的左翼合法性定义对立起来。学习、研究与社会主义教育中心希望表明,"第二个左翼"实际上是"假左翼",也就是说是真右翼。几年后,在梅斯代表大会组织的辩论中,学习、研究与社会主义教育中心找到了"美式左翼"这个称呼用来指辩论派。"美式左翼"的特点是"对于让我们的决策和习俗服从美利坚帝国持默认态度"[2]。在学习、研究与社会主义教育中心看来,主导着"美国左翼"的意识形态是"自由放任主义"的意识形态,是"新的小资产阶级的一种补偿性文化反弹"[3]。

而让·伯普兰责备米歇尔·罗卡尔朋友的是其拒绝阶级阵线的概念:

> 难道应该把整个左翼,有深厚基础的、巩固的左翼都列入到那些从社会学角度介于剥夺者和被剥夺者之间、从政治上介于统治者和被统治者之间、从意识形态角度介于左翼和右翼之间的人的不确定性,列入到他们的矛盾性中吗?……如果说社会民主主义确实往往过于热衷右翼政策,那么它的"新生儿"还是社会民主主义:区别是更少了些民主。[4]

1975年,当波城代表大会上米歇尔·罗卡尔签署了弗朗索瓦·密特朗的动议案时,被排除出多数派以外的学习、研究与社会主义教育中心认为,社会党已经"向右滑",并且不能再抵制中间派的吸引力了。

---

[1] Entretien avec le journal *Libération*, 4 février 1975.
[2] Mandrin (Jacques), *Le Socialisme et la France*, Paris, Le Sycomore, 1983, p.73.
[3] *Ibid.* p.62.
[4] Poperen (Jean), *Nous sommes tous des archaïques*, Robot, 1978, p.23.

于是出现了传统局面。从1975年到1978年,中间派和右翼的联盟打着现实主义和社会党传统旗号反对"宗派主义"和"不负责任"的左翼。弗朗索瓦·密特朗和让-皮埃尔·舍维讷芒在真正捍卫"埃比内路线"的质量问题上发生了争执。

从1978年起,面对不断增强的米歇尔·罗卡尔势力,建立起了第二种可能的三方策略:"左派"与"中间派"联合对付"右翼","埃比内路线"的支持者向米歇尔·罗卡尔的进攻展开了斗争。他们捍卫的主要观点,如批评左翼联盟的理念和实践、重新评价市场在经济调节中的作用,使"中间派"和"左派"得以联合起来抨击罗卡尔主义的异端邪说。让-皮埃尔·舍维讷芒站到了第一线。学习、研究与社会主义教育中心在向梅斯代表大会提交的议案的前言中,号召党员必须在两条路线中做出选择,一条是埃比内路线,一条是由那些"在党内还在遮遮掩掩,但是已经很明显地走向1959年德国社会民主党在哥德斯堡大会上选择的道路:实行资本主义经济的'社会'管理";被指责为修正主义的"右派",必然要被多数所抛弃。大会结束时,米歇尔·罗卡尔和皮埃尔·莫鲁瓦的朋友实际上被挤出了多数,学习、研究与社会主义教育中心成为多数。弗朗索瓦·密特朗在1979年底把撰写社会党的计划交给让-皮埃尔·舍维讷芒,该计划的核心功能是把埃比内路线,即在意识形态上对少数派修正主义的胜利法典化。

在埃比内大会召开之后的那些年,党因此是按照传统的社会党组织的模式运行的。在解决骨干党员的内部政治争论时,理论又发挥了决定性的作用。弗朗索瓦·密特朗可以支配"右翼"和"左翼"(左右开弓),因此,他可以根据当时的需要,或者通过与可以使他保持在国内政治斗争中甚至可能在行使权力时必要自主性的"右翼"联合起来,孤立理论上的"左翼",或者站在马克思主义左翼一边,遏制威胁到他在埃比内建立起来的意识形态领导地位的"修正主义"。因此,运行方式与党内各种思想流派的重叠这种重建结果紧密地联系在一起,而弗朗索瓦·密特朗依靠他的毅力、政治灵活性和个人威望,得以把这些流派联合在一起。

这样一来,各种不同的政治见解逐渐组建成真正的派别。继埃比内代表大会之后,在1973年格勒诺布尔代表大会上,居伊·摩莱派(8%)被边缘化,1975年波城代表大会时他们只获得3%的全国委员的名额,此后便销声匿迹了。在此期间,弗朗索瓦·密特朗和他的朋友,还有皮埃尔·莫鲁瓦、加斯东·德费尔和让·伯普兰的朋友,组成了一个派系,在这个广泛的和多元的多数派内部,各方都保留着自己的组织网络和领地。相反,学习、研究与社会主义教育中心则以更严谨、更独立的结构形式组织起来[①]。面对学习、研究与社会主义教育中心这种组织,密特朗派进一步加强组织结构,党的领头人把关键职务交给了忠实于自己的人,这在一定程度上导致皮埃尔·莫鲁瓦疏远了密特朗派的机构。到了1979年召开梅斯代表大会时,这一过程最终导致了皮埃尔·莫鲁瓦派别的独立,该派别只包括了原工人国际法国支部的部分成员,因为,加斯东·德费尔,罗纳河口地区重要联盟的领导人依然站在弗朗索瓦·密特朗一边。直至1978年还一直对把朋友组织成真正党派持保留态度的米歇尔·罗卡尔,从这时起也改变了战略,组成了自己的"政治见解"的派别。

党是由各种有组织的党派所构成的一个整体,梅斯代表大会标志着这样一种组织形式发展的顶点;直到今天这种组织形式一直起主导作用。每个党派已经习惯于召开自己的会议、组织自己的网络、分发自己的文件、向不同的岗位推荐自己的候选人和选举候选人,以及遴选自己的领导人。梅斯代表大会向弗朗索瓦·密特朗提供了让新一代密特朗派担当党的头等重大责任的机会,包括里奥奈尔·若斯潘、保罗·吉尔,尤其是洛朗·法比尤斯。这样一来,党内横向的运行结构建立了起来,而且一点一点地优先于纵向结构。每个党派都自己制定规则解决竞争、晋升和内部讨论等问题,然后,在各个层次同其他派别进行谈判协调。当代表大会召开时,两派或更多派别联合起来,这些谈判协调就决定着如此联合起来的党内力量对比关系。这个逻辑走得如此之远,以至于此后包括了国内各种不同选举活动候选人的任命都有赖于这一机制产生。各方都根据自己在省联合会或全国的代表大会考虑着可以入选的候选人的数量等。因此,党的运行是根据党内持久的谈判协调过程,这个过程决定着权力的分配。各派别主要领导人聚会[他们每次都要在代表大会召开之前,在领导委员会(今天的全国委员会)即所谓的综合委员会为分析形势、判断路线

[①] Hanley (David), *Keeping Left ? CERES and the French Socialist Party*, Manchester University Press, 1986.

分歧而召开会议之前或召开会议期间聚集在一起]是党内生活的关键时刻。同样,在代表大会上,决议委员会在党员投票后召集的会议对于组织的运作也起着至关重要的作用。因此,如同以前的时期一样,为争夺内部权力而形成的对立是从理论和组织两个方面进行的:动员骨干党员网络和组织意识形态辩论。

三、"与资本主义决裂"

埃比内代表大会基本上确立了某种政治战略。而且,新的领导层哪怕只是为了准备与共产党讨论纲领,也希望在最短的时间内给新的政治组织拿出一种理论框架。在让-皮埃尔·舍维讷芒的领导下,经过五个委员会的研究起草了一份文件,1972 年 3 月,该文件在全国协商会议上通过。该纲领以"改变生活"这样踌躇满志的题目作为答案,很快在三个月后被共同执政纲领所掩盖。这清楚地说明开始时社会党人的观念模子是什么了[①]。

贯穿这个纲领的思想框架,结合了两种观点,一个是人民阵线结束以来的传统观点,即把生产手段持有者的经济剥削作为核心的分界点,因此,号召由国家来控制一部分经济权,另一种也是过去的观点,但是被 1968 年各种思想激发出活力,它强调的是与资本主义不可妥协的价值,号召扩大个人自由。这两种说法的共同点是,抨击处于社会核心的金钱权力,以及金钱造成的各种限制和等级。没有这些,"与资本主义决裂"(这个几乎成为那一时代的关键词)的思想就会让人不可理解。除整体措施外,这种思想也代表了一种基本的立场。这一特征反映在加斯东·德费尔在 1978 年议会选举前夕为做"保证"而写的一本书,他在说到未来的国有化将以私有企业的竞争精神进行时非常谨慎,他是这样写的:

> 从革命与改良这种两难的处境中得不到任何东西。事实上,从我们所处的环境看,向社会党敞开的唯一道路,就是通过不断地向前迈进,使我们能够把共同纲领中提出的各种改革变得不可逆转,反过来,这些改革必将阶段性地创造出新的需求,

---

[①] *Changer la vie. Programme du gouvernement du Parti socialiste*, op. cit.

进而创造出一种彻底变化了的局面。①

这些信念考虑到了社会党人是否相信他们有能力在共产主义的死胡同和社会主义的局限性之间找到"第三条道路"。这种观点在他们的辩论中无所不在。

> 弗朗索瓦·密特朗在1976年坦言,我承认,瑞典还不够社会主义,这是指瑞典虽然实现了无与伦比的社会群体和个人之间的收入再分配,但是,这种再分配还没有触及资本主义的核心,我要说的是权力的核心,重大的生产手段的所有权。但是,苏联也不是社会主义,这是指苏联没有考虑到社会主义民主的各种自由权利。②

今天,这种平行比较法会令人瞠目结舌,甚至无法理解了,但是,这完全说明了上世纪70年代的意识形态现实。

实行决裂的方法明确地写在1972年的纲领中。该方法从这样一种思想出发,即人们可以断章取义地使用甘必大的一句名言:"垄断,这就是敌人。"左翼遭遇"金钱墙",种种困难记忆犹新,大批跨国公司在当今的作用越来越明显,智利人民统一党的政府经历,这一切都强烈激发了一种信念,不事先控制信贷和与国家经济生活生死攸关的企业,左翼执政就不可能长久。因此,一定要实行国有化,国有化成为连接言论与实践的关键环节,社会党意志的试金石,不可或缺的拯救措施,成为让社会再分配不会昙花一现的城防。社会党人却不愿因此为经济国家化恢复名义。1968年的思想使他们将出现在其遗产中的产业民主计划进行得很彻底。人们对接受自治概念(无疑还有些含糊)的偏好,以及这个概念又成为确定社会党身份的方式,说明他们十分关注在企业中实现深刻的社会民主,同时通过真正的地方分权在更广泛的国家范围内创造新的权利。

不过,一个对世界开放的国家的现代经济,其约束性和要求是不能被

---

① Defferre (Gaston), *Si demain la gauche*, Paris, Robert Laffon, 1977, pp. 25–77.
② Mitterrand (François), *L'Abeille et l'Architecte*, op. cit., 1976, p.166.

忽视的。党的领导人中有好几个重量级的人物都在第四共和国政府担任过重要职位——显然有弗朗索瓦·密特朗,还有加斯东·德费尔、阿兰·萨瓦利、阿尔贝特·加吉埃、安德雷·布洛什,而且他们可以依靠许多往往身居高职并被公认有能力的专家的支持。弗朗索瓦·密特朗在他的前言中就着力强调,一个左翼政府必须同时进行五项不可分割的任务:保护货币,防止出现通货膨胀和投机;保障对外金融平衡;避免外债;保证投资;实施严格的产业政策。除此之外,还要通过提高收入、更好地实现财富的再分配、创造新的权利来满足社会期待。纲领最后再次提到传统的社会主义诉求,如实现国民教育大规模公共的、世俗的和统一的服务,纲领还试图承认各种新的愿望的合理性,如妇女的愿望、地方少数人的愿望,还有更不明确些的移民的愿望。

1972年的这个纲领,虽然语言略显陈旧,但实际上集自上世纪30年代以来社会党思想之大成。它既要考虑到也要通过这种考虑来把握住影响了1936年和解放时期的时代。宣布的每一项措施都会对另一项措施具有一定的意义:社会再分配是为了阻止萧条,结构改革是为了重新引导投资,分散权力是为了动员整体能力。必要的不可逆转性的想法在这里有了某种意义:一定不能让左翼的胜利成为"历史发展的一个枝杈"。

> 要迈过的第一道门槛,就是从这时起,社会主义实践将不可逆转。不该迈过的第二道门槛是,像我们这样一个国家,共同市场的成员、位于欧洲西部地区、与美元的货币变化联系在一起,为了生存,必须赢得产业扩张这个赌局,如果不考虑上述因素越过这道门槛,那么,社会主义实践必然会失败。①

弗朗索瓦·密特朗就这样把社会党面临的问题作了归纳。1972年,社会党人认为要坚持可以使他们迈过第一道门槛的结论。关于第二道门槛的定义,他们却表现出更多的犹豫和分歧。

此外,人们最初在外交政策方面也看不到与国内政策同样的一致性。这是因为继承的遗产不同:社会党传统的集体安全主张,使他们支持普遍

---

① *Changer la vie. op. cit.*, p.14.

裁军;反对戴高乐将军的军事政策,使他们反对发展核军备;关注欧洲建设,使他们接受自由的共同市场。这些因素只能使他们确立一些左右摇摆的目标:普遍的但是同时的裁军,欧洲但应是劳动者的欧洲,合作但要在世界新秩序的前景下,批评美国但是尊重传统友谊等等。在前言中,弗朗索瓦·密特朗还谨慎地指出了这些立场的限定性,认为它们有可能影响法国的作用和实力。不过,在1972年,不同政策的并行还是占了上风,而纲领则没有解决这些矛盾。

随着后来遇到的种种困难和内部进行的讨论,最初确定的内容逐渐发生了一些变化,但是,直到1981年,当初的政策仍然依稀可见。要找出个中原委,除了最初的合法性总是很强有力这一事实以外,还应该明白内部进行的、难以区分理论与策略的各种讨论的性质。这十年的情况表明,实质上,1972年确定的思想框架只有两次受到不同程度的质疑,第一次是由学习、研究与社会主义教育中心激进派提出的,第二次是出于罗卡尔主义的修正主义意志。

开始时,学习、研究与社会主义教育中心曾在1966年宣称是工人国际法国支部的合作机构,得到了在埃比内代表大会上战略地位强硬的让-皮埃尔·舍维讷芒周围的几个积极人物的支持,人们希望这个机构能够成为新政党可讨价还价的一翼[①]。该机构的组织者所走的不同路线,汇集起了好几种乍看起来不太可能共存的意识形态:进步的民主主义、奥托·伯埃和安东尼奥·葛兰西解释的马克思主义、明显的新雅各宾主义[②]。1971年,这种多样性本身被认为是可以化解原来矛盾的要素,使他因此被看做是左翼的主要派别。作为埃比内多数联盟的成员,他立即摆出了社会党重新找回的合法性的守护人的姿态,即通过它,可以避免"老魔鬼卷土重来"。学习、研究与社会主义教育中心从这一立场出发,在探索所有真实或假设的歧途原因的同时,大力开展内部讨论,试图通过这个手段来维护或改变最初确定的框架。为此,学习、研究与社会主义教育中心坚定地捍卫三种思想,以便避免滑向它认为已经很危险的社会民主主义。

第一种是有关战略的思想。简单地说:人们已经看到,左翼联盟必然

[①] Hanley (David), *Keeping Left ? CERES and the French Socialist Party*, op. cit.

[②] Charzat (Michel) et Toutain (Ghislaine), *CERES, un combat pour le socialisme*, Paris, Calmann-Lévy, 1975.

会导致各自都存在不足的共产党和社会党提高素质。让-皮埃尔·舍维讷芒 1976 年写道:"除非出于特别充足的理由,任何人都没有权利说历史选择了我们。在 50 年的期间里,各方都以自己的方式保持了社会主义的本来面目。"①就这样,学习、研究与社会主义教育中心成为两党之间的连接符,保证了左翼的"辩证"联盟。尤其突出的是,它也因此赞成更注重共同活动的联盟实践,支持 1975 年反马里奥·索莱尔的军队运动和葡萄牙共产党,在 1977 年秋季,采取了同意与共产党重开谈判的立场。

同一时期的第二个主题涉及在"向社会主义过渡"中的群众运动。作为严谨的"工人阵线"(应该被看做是"工人阶级的霸权")观念毫不妥协的捍卫者,它所维护的是不同于"反垄断战略"的"反资本主义战略"。1974 年,在解释它们之间的不同点时,它是这样解释的:

> 有一种逻辑是把已经明确确定的对手大资本隔离开来,同时要依靠所有那些与其没有直接联系的人,把它减小之后再过渡到下一个阶段,这是反垄断主义的战略。还有另一种逻辑,一种建立在更严格地确定左翼联盟成员中的阶级和社会阶层基础上的、同时也建立在真正动员大众的基础上的运动逻辑。②

为了把自治作为社会主义理论的依据,学习、研究与社会主义教育中心做出了许多努力。但是,它是在没有承认"双重权力"、"自下而上的运动"与"自上而下的运动"相衔接的条件下认识的。这就使它在 1972 年 3 月的苏莱斯恩协议中支持一项修正案,修正案规定,"在劳动者有意让他们的企业进入到集体部门的情况下,左翼联合政府应该向议会提出对该企业实行国有化"。这一修正案得到了多数人的赞同。这也导致它在 1975 年提出了"关于自治的第十六条意见",其论点一反得到党内大多数人支持的"前 15 条过于工会"的观念,对配合政府行动的群众积极性给与了充分肯定。这种观念来自学习、研究与社会主义教育中心骨干们所希望的党的性质:一个积极战斗的、扎根在企业中的而且尤其是在选举胜

---

① Chevénement (Jean-Pierre), *Les Socialistes, les communistes et les autres*, op. cit., p. 232.
② *Frontière*, n°16, avril-mai 1974.

利后要扮演决定性作用的政党。

毫无疑问,识别学习、研究与社会主义教育中心的第三点最为重要,只有它可以经得起时间的考验。在各种不同的构成社会党人的国际政治的选择中,学习、研究与社会主义教育中心从一开始就为民族独立而战斗,认为只有民族独立才有可能在法国实现社会主义发展。因此,它谴责大西洋主义,甚至在1972年建议退出大西洋联盟,无论在何种情况下总是坚定地抨击美国政策和跨国企业的角色,反对加速只能对资本主义有利的欧洲建设。这些思想以不同形式写在学习、研究与社会主义教育中心的所有文件中。主张民族独立的这种立场,其直接后果是使这一思想流派在社会党内主张采取核威慑政策。让-皮埃尔·舍维讷芒和夏尔·埃尔努一道,作了最大的努力来改变社会党在核军备方面的立场。随着组建现代高科技工业分支变得举足轻重,而且在这种前景下,随着争夺国内市场已不可避免,强调民族独立也就加强了学习、研究与社会主义教育中心所赋予的国家的角色。

因此,从意识形态角度看,学习、研究与社会主义教育中心具有社会党内左翼派别的一切特征。它也是被人们如此看待的。彻底贯彻埃比内确定的政治路线的坚定意志和它活跃的组织活动,使它越来越像是一个"党中之党",因此,到1972年后,便威胁到弗朗索瓦·密特朗的政治独立性。他不能接受在管理左翼联盟时受到限制。他也不能接受可能使他的欧洲选择受到深刻质疑的政治前景。因此,巴尼奥莱代表大会后,他不得不限制学习、研究与社会主义教育中心在领导层的影响,并且,当这一派别明显地代表了几乎四分之一党员,想夺得意识形态霸权时,他便在1975年的波城代表大会上否定他们的"综合"。不过,密特朗多数派与学习、研究与社会主义教育中心之间的分歧,主要影响了至少一直延续到1978年的辩论,但基本上还是在对国家行动充满信心的共同思想框架内的分歧。

1977年开始出现与罗卡尔的分歧说明,联系学习、研究与社会主义教育中心与密特朗多数派的共同点多于分裂他们的分歧点。南特代表大会后,学习、研究与社会主义教育中心越来越多地批评罗卡尔分子,他们被怀疑想用一个所谓的自治政策——拒绝社会向社会主义过渡——替代建立起社会党与共产党联盟的政策。

让-皮埃尔·舍维讷芒在 1977 年南特代表大会上针对米歇尔·罗卡尔指出,现实主义不是要事先与对手组合起来,以建立法国色彩的社会民主基础,其历史作用无非是为了国际资本主义的利益来治理危机。①

后来的争论更加激化,而且扩展到了全党。梅斯代表大会后,学习、研究与社会主义教育中心又回到了与多数派联合的立场,再次扮演了它在埃比内代表大会之后的角色,多数派联盟中的左翼刺头的角色;通过它的领头羊,让-皮埃尔·舍维讷芒,学习、研究与社会主义教育中心给了1980 年的社会党纲领以灵感,具体讲,除去弗朗索瓦·密特朗抹掉的几处意识形态色彩过浓的地方,该纲领如果不是完全重复了 1972 年纲领的文字,至少恢复了 1972 年纲领的精神,而且更重要的是,回到了对未来执政的认识上。

总是围绕着米歇尔·罗卡尔及其朋友个人和建议展开的辩论,却代表了对正统的唯一真切的质疑。米歇尔·罗卡尔在离开统一社会党时对左翼与传统政党并肩革新做了一次不成功的努力。他选择了不在社会党内正式建立新派别的立场,目的是要把自己融入该党的多数派中。但是,他的政治路线以及他朋友的政治路线使得他代表了一种特殊的民主社会主义观,不管他的策略意愿如何。米歇尔·罗卡尔在伸张社会主义传统的关键点:抨击资本主义、相信民主的计划经济、必须团结左翼,因而完成了一种综合理论,使他颠覆了传统观念,相信社会变革不能主要依靠国家,并且因此政治行动就应该首先赋予运动和个人必要的手段,使他们自己成为改变社会的主体②。

由于深受两次重大政治经历的影响:一次是阿尔及利亚战争和反殖民斗争,使他产生了对工人国际法国支部和共产党的批评看法,一次是深入的反官僚主义的"1968 年"五月风暴的影响,他希望通过切实关注社会运动来促进左翼的变革。统一社会党最终瓦解了,但是,在 1972 年,其总

---

① *Le poing et la Rose*, n° 61, juin 1977, p.77.

② Rocard (Michel), *Questions à l'Etat socialiste*, op. cit.

267

书记曾宣布谴责共同执政纲领,认为该纲领既过于国家主义,又不够大胆。

米歇尔·罗卡尔和他的朋友一进入社会党——在其他领导人看来,他们的确构成了一个派别,即大辩论派——在第一时间就想用明确说明自治条件的方法来影响党的理论。1975年就这个概念达成的协议就留下了他们的印记。米歇尔·罗卡尔的雄心是把自治计划变成整个左翼的愿景,以此彻底脱离资本主义的组织和社会党的国家主义[①]。

如果说弗朗索瓦·密特朗接受了这一思想——他在协议会上说,一个没有自己的语言、没有自己的观点和自己对历史说明的政党,会是一个什么样的党呢?——那么,它却受到了来自基础的社会党左翼人士的批评。在学习、研究与社会主义教育中心看来,皮埃尔·吉多尼称之为一种"忽略了深刻的结构动荡的必要性的执政观……,只是满足于用更多的伊里奇和更少一点的马尔萨斯来重绘资产阶级社会"[②]。让·伯普兰和皮埃尔·诺克斯强调"生产手段的集体化"[③]这一先决条件。罗卡尔派不正是伪装成左翼的右派吗?这一指责很快传播开来。

显然,自1974年秋季社会党的辩论派发起的讨论,并不都是意识形态方面的内容。弗朗索瓦·密特朗和米歇尔·罗卡尔的权力之争很快就显现出来。然而,回过头来看,随着时间的发展,以及最初竞争的出现与发展,各种思想之争也经历了一个合乎逻辑的发展过程。

第一次规模较大的辩论形成于1976年底,社会党的主要领导人都在《发展论坛》上阐述了他们对取得一次选举胜利后左翼的发展前景。米歇尔·罗卡尔在他的阐述中坚持认为,市场调节将继续具有"全球性",然而,即使长期以来大多数产品的价格显然是由市场决定的,党的文件却还是把计划放在了首位。计划与市场之间的这种对立,尤其蕴含着某种理论意义,因为它决定着"与资本主义决裂"的整个意义。

1977年4月的南特代表大会,见证了学习、研究与社会主义教育中心的论点与米歇尔·罗卡尔论点之间没完没了的对峙。后者肯定是向着

[①] *Le poing et la Rose*, Convention nationale sur l'autogestion, n° 21 et 22, p. 75. Georgi (Frank)(dir.), *Autogestion. La dernière utopie*, Paris, Publications de la Sorbonne, 2003.

[②] *Politique-Hebdo*, 21-27 novembre 1974.

[③] *Le Monde*, 12 septembre 1974.

多数派说话,但是,他对学习、研究与社会主义教育中心的批评也针对社会党的正统理论。更何况在他看来,"两种文化"贯穿于整个左翼,把它们对立起来,有助于就原则问题展开讨论。尽管他提及到马克思的权威性——马克思的"国家消亡"、"联合社会"、"劳动者自决权"——他的质疑是显而易见的。第一种文化,"最典型的,也是长期占主导地位的,是雅各宾文化,一种集权的、国家的、民族的和保护主义的文化。……法国工人阶级完全处于这种逻辑之中:诉求运动、拒绝不完全的责任、求助中央国家";第二种文化是"放权的文化,大区文化,拒绝专制统治——不论是老板还是国家的统治——的文化。这是自由的文化,不论是依赖他人的大多数人,如妇女,还是不为社会接纳的少数人,如年轻人、移民、残疾人。这种文化蔑视规则和管理,更喜欢基层的地方自治和实验"①。

就在南特,而且在随后的两年,米歇尔·罗卡尔尝到了去除这种二元对立的后果。所有这些后果又导致确立了另一种权力和实践观。权力所在的地方多种多样,决策中心越来越多,单一的决裂不可设想,必须考虑多方面的决裂;要谈同它们自己的节奏决裂,要接受社会的复杂性,社会党复杂性就是生活本身的复杂性。在所有制不如生产手段更具影响力的情况下,只进行结构改革是不够的。国家不应该拥有生产的职能,因为,生产行为不同于管理行为;对于任何发达经济而言,惩罚的风险是必要的。"市场或是理性",只有两种众所周知的手段。承认市场调节功能并不违背计划未来和减少不平等的政治意愿。社会党的改革就要求把时代的必要性和对时代的信心、改革需要的决心都包括在内,这样的改革必须达成比一项简单的保守政策所要求的更为广泛的一致意见。米歇尔·罗卡尔在1979年梅斯代表大会上确认,"对于社会主义来说,问题的焦点很清楚,它要去掉理论方面含糊不清的东西,这是法国社会主义过去一直遇到的问题。自由说和无产阶级专政,今天只剩下了国家的专一角色、最低纲领和最高纲领之间的差距、民主要求,但是还是要维护国家集权"。

"它要把时间确定为政治行动的核心变量。它要在政治实践和社会实践之间建立起紧密的联系。它要承认市民社会是政治行动的一个特殊

---

① Discours de Michel Rocard au congrès de Nantes en avril 1977, cité dans Rocard (Michel), *Parler vrai*, *Textes politiques*, Paris, Ed. du Seuil, 1979, pp. 79–80.

领域。它会把骨干定义为社会实践的创造者,而不是一名普通的参加持久的(选举)战役的宣传战士。总之,它要重新给社会党一个强有力的协调一致的完全与最早的历史渊源相符合的身份。"①

左翼联盟的破裂,1978年选举的失败开始了为控制党而发生的对立斗争,这些强有力的因素足以促使骨干党员在两种社会主义观念中进行裁决。的确,两种观念都想实施社会改造,都想超越社会民主主义的局限性,但是,它们提出的是两种有差异的政治变革模式。弗朗索瓦·密特朗利用了所有正统的资源,用来区分出拥护真正社会主义的人和那些停留在整治资本主义社会的人;区分出捍卫左翼联盟的人和那些虽然没有说,但是渴望一条新的"第三种力量"的人;区分出尊重党员选择的人和那些在党内玩弄外界舆论的人,最后,区分出拥护真正世俗的社会主义的人和那些不那么真正拥护的人……

结果众所周知:思想和权力之争转向对弗朗索瓦·密特朗更加有利的方向,他在学习、研究与社会主义教育中心的援助下,组成了一个多数联盟来对抗由米歇尔·罗卡尔和皮埃尔·莫鲁瓦的党派组成的一个新少数派。其后果有着重要意义。梅斯代表大会及后来发生的事情,持久地规定了社会党的内部生活,并且在后来的十年当中深刻地决定了力量对比关系。尤其是我们在此十分关心的意识形态的演变,梅斯的针锋相对,其后果不仅维护了理论的正统,而且进一步强化了它的特征。"我们的目的不是将资本主义现代化或者让它变得更温和些,而是要用社会主义取代它";"与无所不能的市场及其利润法则决裂,必然会引发这种过渡";"我们要避免把仅仅是社会紧缩的东西称为经济紧缩";"在三个月之后达到关键性门槛",等等。从梅斯代表大会多数派的议案中抽出来的这些句子可以证明,皮埃尔·诺克斯所说的这次代表大会是"党一次明显的向左急转弯"②是对的。

第二年,交给让-皮埃尔·舍维讷芒准备的社会党方案,更加广泛地表明了这一点:

---

① Discours de Michel Rocard au congrès de Metz, 5 avril 1979, cité in Rocard (Michel), A l'épreuve des faits, Textes politiques, 1979-1985. Paris, Ed. du Seuil, 1986.

② Le poing et la Rose, congrès de Metz, février 1979, et L'Express, 14-20 avril 1979.

某些话题从右翼转向了左翼,人们可以在这个方案的引言中看到这一点,这种转移模糊了一些人精心树立起来的右翼和左翼常常相遇但不会相撞的界标……。这种模糊由此对某些中间阶层模棱两可的意识形态产生了作用,他们声称要改造社会,反对资本主义,同时又要保留他们的价值和他们相对于工人阶级和人民大众的独立性。……阶级斗争不是在 1968 年开始的。她也不是在 1978 年 3 月结束的。①

关于执政问题的大辩论以"原来的人"战胜"现代的人"而告结束了。除了一些事件可以使人们认识这一现实外,还应该了解党在这些年里形成的一般哲学力量:为阻止危机的社会再分配,减少大资本影响的结构改革和重新引导投资,为动员所有力量而进行权力分配。这种政治变革模式成形于人民阵线,解放后成为社会党正统理论的背景。从那时起一直没有实施;1956 年确实没有提供实施这一模式的条件。1981 年成就了实施它的条件,而且由此经历了现实的考验。社会党人并非忽略了经济的各种局限,他们知道,左翼也会在它管理国家的能力方面受到评判;他们不想让法国孤立于欧洲,但是,他们希望能够化解一切,以构建"法国式的社会主义",他们想有别于欧洲社会民主主义。

四、令人欣喜的权力

1981 年春季总统选举和议会选举的双重胜利,让社会党人充满了希望。然而,利用这两次胜利,走得快些,创造一种不可逆转的局面的想法占了上风。这就说明了为什么在最初的几个月里,就匆忙上马了一些改革措施。左翼选民的沾沾自喜显然是一个原因。还应该提到的是对 1936 年的记忆犹新。最后,无论弗朗索瓦·密特朗还是社会党的主要领导人都意识到,各种抵制很有可能很快形成气候。因此,这一新的"执政实践"是以传统的方式开始的,尽管制度框架不同于过去的时代。

在不到一年的时间内,实施的一系列措施确实给人留下了深刻印象。

---

① *Projet socialiste pour la France des années quatre-vingt*, Paris, Club socialiste du livre, 1980, p. 27.

就主要措施而言,它们都写在以前规划的道路中,在宣布的政治逻辑中,以便在某些领域创造不可逆转的东西,满足左翼选民的期待。

用一种简要的描述可以使人们感受到,"法国式的社会主义"具体究竟意味着什么。首先的决定是重启社会改革,主要措施是用2%的国民生产总值改善最弱势群体的生活条件,促进大众的消费:最低保障工资提高10%,养老补贴增加20%,家庭补贴提高25%,创造数万个公共部门的就业岗位,加大行政开支。1982年,由预算部长洛朗·法比尤斯于夏季规划的预算在秋季被通过,预算选择了以赤字振兴经济的政策。总的算来,公共开支增加了27%,财力明显地投向教育、科研和文化。建立了财产税,还有对高于所得税部分征税10%的特殊税、特殊收入税、最高收入人均日常消费上限,都反映出社会平等的愿望。

1981年秋季,决策出台了一系列社会救治措施,直到1982年中期,才逐渐推行:每周工作时间在不减少工资的条件下减少一小时,因此改为39小时;退休年龄在满37年半工龄后降低到60岁,建立了第五周带薪休假制,假期补贴得到普及,颁布了多种措施帮助16至18岁青年融入社会和熟悉职业,还采取了其他一些促进就业的措施,如向实行减少工时的企业提供财政援助,扩大部分时间工作制,国家与企业签订团结协作合同,以方便提前退休,向中小企业提供参加经营的借贷。

1981年夏还实施了结构改革方案。11个产业集团、36个私人银行和2个金融公司被国有化。除达索和马特拉集团公司外,国有成分为100%,对股东的补偿分4年,总额为250亿法郎。9月,从营业额看,公共部门占国民生产总值的17%、就业总人数的15%、信贷的95%。在启动计划改革的同时,制定了一个1982和1983年的临时计划。雄心勃勃的产业规划出台了。自1982年8月至12月,有关工薪者的新权利写在四部法律文件之中,这些法律加强了企业委员会的权威性,扩大了健康和安全委员会的权限,建立了企业和职业部门内年度义务协商机制,赋予了就劳动内容和劳动组织形式表达意见的权利。1982年夏,吉奥特法规定了保护出租人和抑制租金的事项。

同时进行的是一些重大的社会改革。1981年9月,加斯东·德费尔成功投票通过了有关权力下放的法律,赋予市镇、省和大区以真正的自主权,各级议会从此由普选产生。罗伯特·巴丹德于10月通过了废除死刑的法律,开始了扩大自由权的政策,这一政策尤其以废除"暴力破坏惩治法"、取消国家安全法院、取消"安全与自由法"和军队的常设法院为标志。阿兰·萨瓦利为了使公立和私立教育走到一起开始了谈判。雅克·朗试图构建出左翼文化法案,使1981至1982年期间,文化事业的预算增加了101%;1981年7月的一项法律确定了图书独一无二的价格。其雄心十分明确,就是要建立"自由的"信息和"智慧的"电视,自由电台得到允许,宣布了一系列为巴黎和外省制定的重要程度不同的多种方案。如果说移民没有得到地方选举权,那么,一些新的权利却被列入法律之中。除对30万非法移民实行特殊规定外,对驱逐程序的控制则交给了司法权力机构,结社权被解禁,家庭重组权得到了便利。

执政第一年也是弗朗索瓦·密特朗着手设计重大方案框架的一年,其外交政策要让法国再次拥有自己的影响。他多次表示,即使违背美国的政策,也要让人们更清楚地听到法国的声音。在1981年7月的渥太华首脑会议和1982年6月的凡尔赛首脑会议上,他在发言中据理力争,反对通货紧缩并主张减轻第三世界债务;1981年10月在坎昆,肯定了必须尽快制定更加平衡的国际规则。在行动上,他没有中断与前苏联的输气管建设合作,坚持援助尼加拉瓜,增加了法国对发展的公共救助。

这些改革和措施并没有马上形成与社会的决裂,但是,却赋予国家真正拥有了执政手段,而这个权力看起来已经挣脱了强大金融资本主义的控制。实现了把法国变得"更加公正和更加强大"两方面的抱负,这样的法国就是要在进行社会主义实验的同时,保持对世界的开放。皮埃尔·莫鲁瓦曾在只有几天间隔的时间里清楚地表示了自己的两个抱负:

> 他9月份在国民议会就总体政策发言时宣称,"新的经济增长必将与无政府的自由主义做出了断,后者之所以失败,是因为它让企业和劳动者受市场游戏左右,新的经济增长将更加自觉,也就是说,它依靠的是计划、积极的预算,有活力的和动力的公共部门"[①]。
>
> 他在1981年10月6日说,"重新占领国内市场,并不因此

[①] *Le Monde*, 17 septembre 1981.

意味着放弃我们出口的努力和采取有悖于我们的国际承诺的保护主义措施,把我们封闭在法国六边形的本土上"[1]。

但是,自1982年最初的几个月开始,似乎经济和财政方面的困难要出问题了,而政治和制度的现实则要求必须以不同于过去执政经验的方式来解决。

---

[1] *Ibid.*, 6 octobre 1981.

第十章
矛盾重重

一、1983—1984 年的转折

法国式社会主义的赌注主要是在经济和社会领域。大胆地颠覆所有制秩序,部分地打破保持金融平衡的重大政策,这些措施只有在重新看到经济增长时才能证明是合理的。专家们预计,1982 年第一季度会看到这种局面。重振法国采取的是与其他工业国家相反的政策,当时预期大概要几个月,在良性发展建立起来之前,振兴经济带来的赤字可能会减少。

但是,押在经济增长上的这一赌注的失败,使原来设计的协调性受到了质疑。世界经济的复苏没有按专家们所期待的那样如期而至。各种困难开始让皮埃尔·莫鲁瓦政府如坐针毡。法国的主要合作伙伴采取了一系列紧缩政策,由于法国反其道而行之,加上法国工业结构性的弱点,重振计划首先遇到了贸易障碍:法国实际上促进了进口,出口则遇到了很大的困难。对外贸易情况恶化和日趋严重的预算赤字这两个因素,导致货币疲软,加重了政府负债。出自人们主观意志的政策,其自由度也因此大打了折扣。金融资源枯竭分阶段地改变了以后政策的走向。从 1981 年秋季开始(这也是雅克·德洛尔要求"暂停宣布改革"[1]并立即遭到弗朗索瓦·密特朗和皮埃尔·莫鲁瓦反对的时候)直到 1984 年 7 月洛朗·法比尤斯组阁时期,社会党人在公众眼里已经成为从"与资本主义决裂"走向"资本主义现代化"的人。

---

[1] *Le Monde*, 30 novembre 1981.

这种演变有人做过认真的研究,我们可以粗线条地回顾一下[①]。1981年10月,法郎第一次贬值没有引起人们重新审视经济政策,而持谨慎态度的雅克·德洛尔一直显得孤立。后来,各种坏的迹象使马提翁的专家们终于相信,必须对政策做出必要的修正。皮埃尔·莫鲁瓦也逐渐认识到,如果左翼不想过早地遭遇失败,就应该制止通货膨胀。1982年4月6日,他会见了雇主协会。这次会见使政府下决心规定企业社会负担的上限。尤其是在6月12日宣布了一项应对第二次货币贬值的计划,该计划实际上在春季就制定出来,只是一直推迟到了凡尔赛首脑会议召开之时才公布。计划包括了一些重大措施:冻结价格和工资5个月,把财政赤字限制在国民生产总值的3%,调整增值税税率,国家实现节约200亿法郎和社会保障节约100亿法郎的目标。在走出困境时,不把工资和价格作为指数来计算的决心,无疑是来自1982年6月第一次转折的最重要一项措施。这种意志使人们打破了对过去几十年产生重要影响的通货膨胀预期。事实上重心发生了变化,装备国家和实现企业现代化代替了用消费带动经济振兴的逻辑。

然而,1982年春季的这些选择使政府出现意见分歧,而且这些选择也没有被看做是最后的选择[②]。如果说皮埃尔·贝雷戈瓦代替了负责社会事务的尼古拉·盖斯蒂奥,那么,让-皮埃尔·舍维讷芒则取代了负责工业的皮埃尔·德雷福斯,并且准备围绕雄心勃勃的各项计划来推行一条唯意志主义的工业政策。于是,该工业政策与"受限制的宏观经济政策"[③]之间的矛盾很快便显露出来。这种落差酿造了1982年夏至1983年春政府内部的争论。一方主要以皮埃尔·莫鲁瓦、雅克·德洛尔和爱丽

---

① 对左翼经济政策的研究有很多。我们可以举几例其中最有意思的:Fonteneau (Alain) et Muet (Pierre-Alain),*La Gauche face à la crise*,Paris,Presses de FNSP,1985;Choen (Elie)《L'Etat socialiste en industrie》,in Birnbaum (Pierre) (dir.),*Les Elites socialistes au pouvoir*,op. cit.;《Les socialistes et l'économie:de l'âge des mythes au déminage》,in Dupoirier (Elisabeth) et Grunberg (Gérard),*La drôme de défaite de la gauche*,op. cit.;*L'Etat brancardier*,Paris,Calmann-Lévy,1990.;《La gauche et l'économie dans les expériences du pouvoir》,in Lazar (Michel),*Le Mirage de la croissance,la politique économique de la gauche*,Paris,Syros,1985;Favier (Pierre) et Martin-Roland (Michel),*La Décennie Mitterand*,t. I,*Les Ruptures*,Paris,Ed. du Seuil,1990.

② Favier (Pierre) et Martin-Roland (Michel),*op. cit.*,IVe Partie,《La rigueur》,pp. 438 - 494.

③ Choen (Elie),《Les socialistes et l'économie》,art. cité,p. 81.

舍与马提翁宫的顾问们为核心,他们支持1982年加强企业的努力,希望使法国的政策重新回到与其他工业国家相应的状况,恢复企业收益率,使法国在欧洲发挥作用;另一方以让-皮埃尔·舍维讷芒,当时还有皮埃尔·贝雷戈瓦和洛朗·法比尤斯为核心,他们支持更唯意志主义的政策,希望坚持振兴计划,重新占领国内市场,让公共部门再次焕发活力,其代价则是实行有可能导致离开欧洲货币体系的竞相贬值的政策。

贸易赤字持高不下,政府债务逐渐发展,针对法郎的金融投机接连不断,迫使1983年3月政府做出了一项抉择。这个抉择的重要性在今天还会被公认,但当时做出这一决定时却似乎是有些犹豫[①]。毫无疑问,弗朗索瓦·密特朗对皮埃尔·莫鲁瓦叫做"晚上参观者"的那些人,如让·理布(施伦贝格的总经理)等关于实行产业的保护主义的意见还是很重视的,但应该特别指出的是,自1月份以来,他就批评工业部对国有化企业的过多干预。让-皮埃尔·舍维讷芒因此提出了辞呈,但辞呈只是到市镇选举结果发表后才被接受。最后,总统无疑也出于策略考虑作出改变政策的样子,希望在准备法郎第三次贬值的过程中影响联邦德国的决策。不管怎样,有一点似乎是肯定的,选择"另一种政策"很可能导致法郎出现惊心动魄的浮动(按照专家的估计,至少贬值20%),并且不可避免地要提高利率来捍卫货币,这必将使企业状况雪上加霜[②]。

3月21日,伴随着法郎贬值和马克增值的第二个紧缩方案公布了。压缩消费和促进企业提高效益的政策,无疑要让工薪劳动者和消费者承担整顿的代价。公共开支再一次缩减了250亿法郎,对可征收的收入加税1%,以及对高收入强制借贷政策给国家带来了400亿法郎收入;限制个人在外消费是对这些措施的补充。皮埃尔·莫鲁瓦1983年4月在国民议会对这一总体战略做出了明确的解释:"我们的计划致力于缓和国内需求的演变趋势。我们的做法是依靠两方面的努力。首先是国家的努

[①] 许多著作都对这一关键时期做过描述:la chronique informée de Favier (Pierre) et Martin-Roland (Michel), déjà cité ; l'étude de Pfister (Thierry), *La Vie quotidienne à Matignon au temps de l'union de la gauche*, Paris, Hachette, 1985 ; les Mémoires récemment parus de Mauroy (Pierre), *Vous mettrez du bleu au ciel*, Paris, Plon, 2003 ; et Delors (Jacques), *Mémoires*, Paris, Plon, 2004.

[②] Berstein (Serge), Milza (Pierre) et Bianco (Jean-Louis), *François Mitterrand, les années du changement* (1981 - 1984), Paris, Perrin, 2001, la partie《L'impératif économique》, pp. 329 - 521.

力,从公共开支中取出250亿至300亿法郎。第二是个人消费方面的努力,从中得到大约350亿至400亿法郎。"①议会在7月份讨论的第九个计划,表明发生的变化有多么大。外部的限制被确定为主要问题,而就业在临时计划中占据了首位。

1983年春季的转折,并非像后来的社会党人所理解的那样是一种"暂停",它是政策上根本改变的开始,因为这里不仅改变了1981年和1982年采取的各种措施,而且是与古老的传统的决裂,抛弃了国家生产者的模式,并且由此也与社会党直至20世纪80年代初还高举的政策改革模式发生了决裂。也就是说,左翼政府不得不要去承担管理资本主义演变的责任。

由体制规定的任期,使社会党人能够在三年的时间内继续推行遵循这种选择的政策。1983年9月,弗朗索瓦·密特朗亲自宣布,1985年之前降低一个点的税收,因此给公共开支增加了额外的负担。在皮埃尔·莫鲁瓦的第三届政府任期,洛朗·法比尤斯取代了让-皮埃尔·舍维讷芒任工业部长,这届政府采取了严格的工业重组政策,压低了煤矿和冶金工业过于雄心勃勃的生产目标,同意关闭部分工厂和矿山。国有化看上去并不是社会主义的最终目的,其作用只不过是一种工具。

然而,从1984年7月洛朗·法比尤斯政府采取的政策确定了1982年以来发生的变化趋势。实际上,新总理代表社会党推行了一种史无前例的国家观念,一种首先由国家确定游戏规则的观念,由国家优先创造有利于经济发展的条件,领导实施各部门的政策,以便为未来发展做准备的观念②。经济结构的现代化涉及所有领域,国有化企业从此也要服从效益、自由化的金融市场,要通过谈判变得灵活的劳动法、要管理更好的社会保障、雇主和企业要有保障的升级。的确,这种现代化只不过是政府行动的一个方面,而为了维护社会凝聚力采取的团结互助行动是第二方面的。然而,意识形态的决裂并非不重要,因为反对资本主义依然是左翼的核心价值。如果说对"金钱权力"的批判依旧,那么,为利润恢复名誉则只能引起混乱。总之,失去对公共部门决定性作用的信心,使社会党人放

---

① *Le Monde*, 13 avril 1983.
② Choen (Elie),《*Les socialistes et l'économie*》, art. cité.

弃了传统的行动手段。1985年,弗朗索瓦·密特朗把法国纳入欧洲单一文件政策之中,也因此大大强化了这样的选择。

显然,这本身就足以引发一场关于身份的意识形态危机。但是,时间的安排却非要把经济政策的转变与学校世俗化这个左翼的另一个基本价值的溃退交集在一起①。组建一个统一和世俗的全国教育公共部门列在弗朗索瓦·密特朗作候选人时的建议之中。他的确明确地说,要"经过协商,而不应该是单方面的决定"②加以实施,然而,对于世俗的左翼而言,5月10日就像是一种许诺。相反,在私立教育看起来越来越不像是有宗教色彩的学校、选择的自由被看做是一种价值的时候,舆论看不出两种学制的统一有什么用处。根据这个现实情况,由阿兰·萨瓦利组织长时间的谈判,主要达成了某种平衡,即通过让私立教育遵守公共服务的原则,减少了两种教育体系的差别,不过,要维持竞争机制,以使多元体制一直保留下来③。

1983年底以来,右翼和左翼一样,明显的政治激进化使前途充满了危险。右翼为了捍卫大多数法国人所理解的那种"自由",加强了团结。受经济难题困扰的左翼,在学校问题上大有重新振作的趋势。1984年4月18日,阿兰·萨瓦利提交法案,极端世俗化的社会党议员呈交的两个修改案对其进行修改。皮埃尔·莫鲁瓦5月22日同意了修改方案,弗朗索瓦·密特朗批准了这一法案。实力的考验开始了,考验当前社会党的情况并不乐观。6月24日,主张私立学校的人和右翼政党在巴黎集结了上百万示威群众,因此事实上制造了一次重大的政治事件,加速了正在酝酿中的政治危机。7月12日,弗朗索瓦·密特朗取消了该法案,首先因此导致阿兰·萨瓦利引咎辞职,然后是皮埃尔·莫鲁瓦。7月14日,洛朗·法比尤斯组成新一届政府,他把平息学校争执的任务交给了新任教育部长让-皮埃尔·舍维讷芒。后者通过采取"一些简单和实用的措施",实际上维持了现状。1984年春季的这次考验意义重大。它表明,世俗的思想已经不能再向社会党人提供某种明显的政治资源,传统的政治

---

① Aubert (Véronique) et alii, *La Forteresse enseignante*, *La Fédération de l'Education nationale*, op. cit., IVe partie, chap. II,《Querelle scolaire et laîcité》, pp. 219 - 249.

② Lettre de François Mitterrand du 1er mai 1981.

③ Frost (Antoine), *Education*, *société et politique*, Paris, Ed. du Seuil, 1992, pp. 169 - 187.

世俗化所包含的涉及的利害关系,似乎对舆论不那么适用了。在一个世俗化社会中,世俗化思想本身并没有受到质疑,但是,世俗的左翼主张统一学校体制的计划已经不再符合社会和文化现实。

因此,20世纪70年代重新肯定的表明社会党身份的两个根本点,即相信国有化对于经济增长、就业、社会的效益,以及建设统一的教育公共服务体系的愿望,在1983年5月和1984年7月都遭到了质疑。正是从这个完全应该称之为转折的时候开始(这种转折并不仅仅表现在这两个日期和这两件事情上,因为,1983年1月支持在欧洲部署潘兴导弹,对于外交政策来说并非不那么重要),人们才有可能去分析从此影响社会党人与权力、与他们的政治盟友、与工会以及与社会党人自己身份关系的各种矛盾。

清点这些矛盾,正是本章所研究的内容,目的在于澄清弗朗索瓦·密特朗第二任期结束为标志的危机及各种不同层面的问题。

二、党的执政活动

第一个矛盾与社会党人想确保其长期执政所遇到的困难相联系。1981年的双重胜利实际上为社会党造就了一种全新的局面。社会党议会党团有史以来第一次在国民议会获得了绝大多数席位。议会选举胜利后,皮埃尔·莫鲁瓦组成了第二届政府,之中有36名部长和国务秘书来自自己的阵营。4名共产党部长进入政府,甚至给人留下重新回到左翼联盟路线的印象。社会党人掌握了政权,于是他们可以按照自己的愿望运用各种手段和依靠联盟实施自己的行动。过去还从来没有过如此有利的条件。这种局面使得该党身居政权的各个要职,不论就共和国总统、政府还是议会党团来说都是这样。因此,它不能像在其他时期那样采取一种半推半就的态度。这一次,政府是它自己的政府。不过,在这种情况下,由于党与权力有各种各样的联系,所以与其他时候一样,也由此提出了它在新时期如何扮演特有角色的问题。

社会党人面对的是从人员设置到政治实践基本上都没有转变的一种制度体系和一个国家。因为,尽管有许多社会党人进入内阁,但是,高等

第三编 执政梦想(1971—1994)

公职人员继续构成领导法国行政的主体①。自第五共和国以来就已经开始的高等公职政治化、政治公职化的双向运动仍在继续②。那么,如何处理与权力的关系呢? 应该制定什么样的目标呢? 如何推动改革呢? 社会党人面对权力试图采取双重态度,而里奥奈尔·若斯潘在社会党第一届总统任期期间,以及后来的几任第一书记时都采取了这种态度:首先,支持政府,尤其是支持议会,在总统的选择得到实施的情况下,使之遵守选举原则;其次,避免混淆党与政府和国家之间的角色。自1981年起,里奥奈尔·若斯潘就提出了他对新形势下党的角色的看法。

> 它既不是盲目奉献的党也不是拥有国家的政党;不是没有灵魂、没有批评的党,不是一贯当反对派的党,而是一个自由的政治组织,不能与国家体制混为一谈,是一个与政权并肩逐步改造法国社会的党。③

瓦朗斯代表大会一致通过的议案,用了很大篇幅分析政党、政府与议会党团之间应该建立的关系:

> 在处理与政府的关系时,党应该清楚地表现出它的团结互助精神和独立性。这样,它就应该履行批评的权利,时刻激励政府的行为。④

政府的关系不同于党与共和国总统之间的关系。总统与政府处于同等地位,其合法性与他个人的合法性是同等的。党始终是纲领的守护人。瓦朗斯代表大会达成了一致意见,部长将不再任执行局成员⑤。为了改善党与政府之间的关系和把准备法案工作上移,皮埃尔·莫鲁瓦曾在一篇

---

① Dreyfus (Fronçois),《Les caninets ministériels》, in Mathiot (Pierre) et Sawicki (Frédéric),《Les membres des cabinets ministériels socialistes en France (1981 - 1993)》, in Revue française de science politique, vol. 49, février et avril 1999.
② Dagnaud (Monique) et Mehl (Dominique), L' Elite rose, Paris, Ramsay, nouv. édi. , 1990.
③ Le Monde, 12 - 13 juin 1981.
④ Le poing et la Rose, n°96, novembre 1981, p. 13.
⑤ Ibid. p. 14.

281

题为《换个方式执政》①的文章中建议收回这一决定,里奥奈尔·若斯潘没有同意。在1987年5月召开的一次领导委员会与议会党团共同会议上,里奥奈尔·若斯潘还为这一立场进行辩护,提出了更广泛的社会党与政权关系的组织问题。

> 应当非常清楚的是,如果部长或多数主要的部长,是党原来的领导人,以及总理都是党的领导层的成员、执行局的成员,那么,总理就应该同西方其他民主国家一样是党的领导人……,如果我们将政党与政府的政治领导混为一谈,那么,就应该明白,这样也很有可能改变共和国总统的职能,他将不再是整个行政权的直接领导人。②

他多次重申这一立场,澄清了党最终应该与政府保持何种关系的问题。自从第五共和国的体制让总统成为行政权首领、党的第一书记不能自然而然领导政府之日起,总理就不能对党行使领导权。两个机构是平等的:政府领导要取决于总统的信任和议会党团的信任,并且因此通过它取决于政党本身的信任。它就像是总统内阁中没有直接政治责任的"超级领导人"。

由此,总理洛朗·法比尤斯和第一书记里奥奈尔·若斯潘之间在筹备1986年议会选举活动时形成的对立,也就有了特殊的意义。6月14日在马赛召开的一次会议上,洛朗·法比尤斯在宣布组成一个"共和阵线"时,给人留下了要掌控这次选举领导权的印象。里奥奈尔·若斯潘要充分发挥自己的地位作用,理由是政党在议会选举中要保持自主性③:

> 社会党到底要不要保持一个独立的政党,由被选举出来的领导人来领导呢,或者是否应该由政府首要领导人来掌管,特别是选举活动,是否应该由党外领导呢?某些人说,为了避免出现

---

① Pfister (Thierry), *La Vie quotidienne à Matignon au temps de l'union de la gauche*, op. cit., p. 19 sq.
② *Le poing et la Rose*, n°119, juin 1987, p.30.
③ *Le Monde*, 22 juin 1985.

问题,只要区分多数和社会党、多数首领和社会党首领就足够了。从制度上讲,人们可以就共和国总统还是总理代表多数的问题进行讨论。就个人而言,而且考虑到多数的形成是在总统选举的时候,我支持第一种假设。①

事情已经很明确了:无论如何政府不属于政党,总理把自己当做多数领袖的愿望,相对于总统来说是勉强的,相对于党来说是没有根据的。

在第五共和国的体制和实践中,以往共和体制下政党与议会党团之间的鸿沟,转移到了政府和整个议会党团和党之间。过去,议员们往往被党员和党的纯粹意义上的领导层怀疑过于受外界左右,不考虑党的立场,对入阁太津津乐道。今天,组成这个党外实体部分的是政府,对于政府,最后是既要刺激它,又要控制它。

但是,党没有感到政府完全代表了它。所有的社会党总理无疑都尽最大可能处理好党和议会党团的关系。政府与党举行了数次研讨会,第一次在1982年4月,最后一次在1991年9月。每一次议会日之前,都会让政府和被选举人进行面对面对话。自1988年6月起,米歇尔·罗卡尔都会按照惯例每周将主要部长和党的领导人(即"大象们")召集到马提翁,以协调分析。艾迪特·克莱松打破了这一惯例,但是她每周都正式接待皮埃尔·莫鲁瓦以及议会党团的主席。第一书记的任务就是在执政时期不断地在相对于政府的独立性和一致性之间进行协调。

1982年夏季和1983年春季,新经济政策提出,之后共产党退出政府,使社会党处于一种它很想避免的局面,即由社会党政府实施一种"紧缩"的经济和社会政策的状态。从此,党与政府之间的传统关系因素经常在执政这些年期间发挥作用。确实,党再也提不出真正有个性的纲领。1988年弗朗索瓦·密特朗重新当选总统,社会党人在《致全体法国人的公开信》中阐明了他们各种建议的核心内容,党不得不用密特朗的讲话来评判政府。在党与后者之间开展了一次有关政府行动是否要符合总统明示或暗示的重大决策问题的讨论。弗朗索瓦·密特朗居于裁判的地位。在辨别一项活动是否符合他自己制定的大政方针这个问题上,有谁会比

---

① *Ibid.*, 26 juin 1986.

他做得更好呢？这使他一会儿支持对米歇尔·罗卡尔政府的批评，一会儿抑制这种批评，一会儿又与艾迪特·克莱松确定"新飞跃"计划，与皮埃尔·贝雷戈瓦确定政治发展的条件。因此，政治游戏继续围绕共和国总统的节奏进行。由于党既不像一个执政党，也不像一个政府党，因此，尤其在1988年选举之后的3年里，为了在右翼因削弱和分裂而不能很好扮演反对党的形势下有所作为，同时在两个方面发挥作用，一是从政治和议会角度支持政府，二是作为置身于权力之外的一个可以不断公开批评政府政策的机构。正是这个复杂的支持与批评的双重职能成为困扰党的主要问题。这个问题的处理又同进行这种活动的余地大小相联系，在随后的几年里，这种活动余地是大大减少了，以至在1992年大区和省议会选举失利之后几乎不复存在。

在处理与党的关系时，弗朗索瓦·密特朗面对的局面与莱昂·布卢姆或居伊·摩莱担任政府总理时的形势不同。作为政府的首领，他们还是党员，而且更是党的直接领导人。他们首先是社会党人，他们视自己为社会党人，局外人也同样把他们看做社会党人。弗朗索瓦·密特朗的立场则别无选择，只能不同于此。他的合法性来自普选而不是党。与此同时，他还是法国社会党的"教皇"。他带领着社会党走向了胜利，使它再次成为团结左翼的核心，并让它在国民议会获得了绝对多数。在他之前，没有任何一位社会党人能够在拥有这样一种权威的同时拥有如此大的权力。而且，这一胜利首先是密特朗派的胜利，是他们担任着所有要职，党的领袖、国民议会主席（路易·迈尔马兹）和议会党团的主席（皮埃尔·诺克斯在波旁宫，克洛德·埃斯蒂埃在参议院）。从宪法赋予的职能看，总统任命主要部长，提名国家的重要职位人选。

在第一届总统任期里，曾出现罕见的党反对总统的情况，这时对政府的纪律发挥了作用。"将军事件"是一个很好的说明。1982年，党不想按照弗朗索瓦·密特朗的意见赦免1961年4月军事政变的军人。社会党在国民议会的党团主席皮埃尔·诺克斯，以及里奥奈尔·若斯潘和执行局的支持下提出了反对意见[①]。以社会党名义提交的修改意见在党团内

---

① Lemaire-Prosche (Geneviève), *Le Socialisme français face à la question du pouvoir*, Grenoble, thèse multigraphiée, 1990, t. II, pp. 629 et 630.

得到大多数人的赞同。皮埃尔·诺克斯要求以党团投票方式通过。1982年11月24日法案通过,于是政府承担向议会负责的义务。里奥奈尔·若斯潘从中总结出了两点思考。在21日召开的领导委员会上,他承认"政治体制的粗暴、沉重,甚至专横,但除非改变它们,否则必须与其共生存";两天后,他接受了党不能够也不应该走得太远的意见:

> 社会党执行局的确不能成为第五共和国的一个非成文的机构,不能把自己的法律强加给议会党团并由此强加给政府和共和国总统。①

党员骨干们因此感觉到了某种不爽,他们始终对"总统制"持批评态度,而且大多数人从来也不想让社会党人成为"总统的党",况且长期以来,为了对"有希望做总统候选者"的人造成压力,党始终避免对弗朗索瓦·密特朗进行批评。在第二任总统任期,这一矛盾更加突出。在弗朗索瓦·密特朗的暗中支持下,洛朗·法比尤斯曾在1988年5月和1990年3月雷恩代表大会召开时两次试图获得对党的领导,但都以失败告终。总统选举之后,里奥奈尔·若斯潘放弃了第一书记的职务,总统希望洛朗·法比尤斯代替他。包括在1987年里尔代表大会召开之际加入的皮埃尔·莫鲁瓦在内的密特朗派在这个问题上分裂了,他们的大多数不赞同这种选择。理由很多,主要是有些密特朗的支持者非常担心看到过早地指定继承人,认为一旦指定继承人,他就可能成为下一次角逐爱丽舍自然的候选人,并且进一步强化党的总统特征。当1988年5月13日皮埃尔·莫鲁瓦以63比54票战胜洛朗·法比尤斯胜出时,不管怎么样,密特朗派的大多数在很大程度上斩断了与总统的脐带联系,使社会党内部呈现出更不确定的局面。

事实上,直至第二届总统任期,社会党的生活是围绕着两个"划分"展开的;第一条划分是在梅斯代表大会产生的,米歇尔·罗卡尔被任命为总理后,部分地得到化解,而1991年政府的变化方式和1993、1994年春季的危机都表明了这一点,而这一划分最初是与总统有着很大关联的;第

---

① *Le Monde*, 23 novembre 1986.

二个划分是在密特朗派内部,本质上也是总统性质的,表现为洛朗·法比尤斯与里奥奈尔·若斯潘之间为控制党形成的对立,他们的盟友往往是不固定的。

密特朗的综合尽管成功地使政党逻辑与总统逻辑并行不悖,但这时的确还是遭到了质疑。由于总统化,弗朗索瓦·密特朗组成了他的多数派,他成功地抵挡了米歇尔·罗卡尔的竞争,然而1995年的选举也是因此却摧毁了"密特朗派"这个有组织的派别。社会党的绝大多数人都不想看到一个必须承认的事实,今后党的一个主要职能就是"造就"一位总统。从米歇尔·罗卡尔派、洛朗·法比尤斯派到里奥奈尔·若斯潘派,没有任何派别声称要让党扮演这样一种角色。这种情感包含了要坚持由战斗党员组成的党的意思;更何况党对第五共和国的总统制特质始终还有所保留。1986年关于建立比例代表制的讨论也证明,除了选举方式的改革,社会党人并没有捍卫多数的逻辑,米歇尔·罗卡尔肯定排除在外。皮埃尔·莫鲁瓦认为,比例代表制必然会合乎逻辑地增加议会的地位。至于让-皮埃尔·舍维讷芒的社会主义与共和联盟,他从比例选举制的复归,看到了"向真正的总统制的演进,它虽然牺牲了直接普选共和国总统这一选举活动的领导作用,但却可以使议会更好地行使其基本特权"[①]。1990年里奥奈尔·若斯潘还在批评第五共和国体制的"强硬",并且积极为一种统一的行政权和建立一种与立法权的新型关系作辩护[②]。

另外,应该把党的总统化问题重新放在社会党人对第五共和国理论与实践的态度这一更广泛的角度来分析。1995年,社会党始终没有找到公认的制度理论。党实际上对总统制的实践一直没有被接受。许多社会党人还期待能够重新回到某种议会(也就是党)能够对政策产生更大影响的体系。但是,由于在这14年间始终没有摆脱两难的处境,因而党拿不出明确的答案:如何在不真正违背总统意愿的情况下改变政府的政策?社会党在制度上的修正主义因此只限于作些方案。当共和国总统决定维护这一体制时,宪法委员会的批评——从1981年讨论国有化法案时起就

---

① Ibid. 12–13 mars 1990.
② Ibid. 15 juillet 1990.

第三编 执政梦想(1971—1994)

开始了——一下子就消失了①。

最后,弗朗索瓦·密特朗用社会党政府在资本主义制度中行动的合法性问题转移了党与政权的关系这个老问题。但是,此间免不了犹豫不决和模棱两可。一方面,党总统化是党成功适应新的政治体制的方式,另一方面,这种适应方式本身就无法使社会党人满意,尤其是党和议会党团没有真正感觉到参与到大政方针的制定之中,而后者主要是由总统、其次是由政府给出的。

三、需要反思的联盟问题

自从洛朗·法比尤斯1984年7月组成新一届政府开始,社会党就面对着一种新的局面,党不再有能够起重大作用的盟友,而这一情况为绿党的成立所证明。1月份绿党宣布成立,它表达的首要意愿是同所有传统政治势力决裂。然而,欧盟选举和民意测验表明,党不能指望仅靠自己保持住在1986年下一届新的议会中的绝对多数,因此,似乎到了以现实主义方式重新深刻地审视联盟问题的时刻。结果党却没有走这条道路,其原因既是因为党需要坚持本来的身份特征,又是因为两极政治体系的惯性。为了重新执政,社会党不得不与这种体系完全融为一体。

从共产党方面讲,直到1995年,各种纽带实际上都中断了。党的代表大会上,所有人都就共同纲领战略作了自我批评,该战略被视为党丧失影响和让社会党发展起来的主要原因。1990年的二十七大,尤其在决议文件中强调:"我们从共同纲领吸取了了反面教训。"②自1977年开始,主张左翼联盟的领导逐渐被反对向社会党人靠拢的新一代所取代或者被边缘化,这也深刻地改变了共产党的精神状态。索莱尔在《世界报》上发表的一项调查证实了这种变化③。对于这些领导人来说,签署共同纲领所犯的错误与党没有及时承认斯大林的错误是一样的。1990年12月19日,共产党在国民议会的党团对反对党提交的弹劾米歇尔·罗卡尔政府的议案投了赞同票,标志着这种反目的进一步升级。面对这种新的形势,社会党

---

① Favoreu (Louis),《Le Conseil constitutionnel et l'alternance》, in Duhamel (Olivier) et Parodi (Jean-Luc), *La Constitution de la Ve République*, Paris, Presses de la FNSP, 1988.

② *L'Humanité*, 26 décembre 1990, p.13.

③ Voir Courtois (Stéphane), *L'Etat de l'opinion*, Paris, Ed. du Seuil, 1992.

在这些年期间尽管看到与共产党联盟的道路已经关闭,但是一直在强调左翼的团结,也就是说首先与共产党的团结是其战略的选择。

首先,两极化继续左右着政治游戏,尤其左右着选举联盟的游戏。尽管共产党在走下坡路,但是,选举票数的转移不论对于全国的选举还是地方选举来说一直是它的首要关注点。此外,社会党在它所掌控的左翼联盟的大多数市镇中,积极参与市镇议会活动。最后,从1988年起,国民议会中得不到绝对多数,也促使社会党人尽可能争取让共产党至少保持中立。

但是,另一个原因迫使社会党不能从根本上改变其战略选择。左翼联盟是埃比内重建的核心内容。如果说向共产党领导层倾斜已经失去了动力,那么社会党人却始终不知道如何确定他们的左翼身份,尤其是在没有共产党作为参照的自己的战略。特别要指出的是,拒绝在左翼内部力量对比关系的游戏中,反对"第三种势力的联盟"是左翼的一个标志性的、因而是合法化的内容,很少有领导人能够冒风险放弃它,即使他们甚至承认愿意这么做。在核心机构,拒绝这种联盟要比与共产党人联盟的愿望更强烈。

1984年以后,社会党人显然再也不能一丝不苟地坚持以前的说法。但是,这种说法的某些东西依然保留了下来,尤其是不应该把地盘让给共产党人的思想,这种思想直接来自社会党人对选举的关切。这样,在1985年图卢兹代表大会召开之际,党内的密特朗派和罗卡尔派以一种远比1981年以前冷静的方式重新讨论战略问题时,还是首先把共产党作为对象。里奥奈尔·若斯潘代表密特朗派首先承认:

> 我们的政治和战略立场不应该给共产党领导层提供任何借口。我们不应该对原共产党部分选民的弃权行为或者任其由极右翼的蛊惑宣传所摆布置若罔闻。我们在选举活动中和结果出来后要明确地让共产党面对两种选择:他们究竟要为右翼卖命还是与社会党并肩作战?

这正是以一种较为次要的方式重新提出"坚持到底"的战略。不过,这一次的目标已经不再是推动共产党走向谁都知道不再可能的联盟,而是要获得共产党的选票。这种"联合左翼和把所有关注变革的人都团结起来"的战略,是以传统理由为基础的:"我们看到,在我们的国家,工人、领导者是共产党人,我们是工薪阶层的党。这正是我们为什么拒绝共产党人和为什么与共产党人联盟。"①

在1986年,左翼或右翼可能都得不到明确的绝对多数,对将来应采取何种态度问题,第一书记其动议案(1)中也承认:

> 关于是否会出现1986年左翼联盟的多数这个问题,总有这样或那样一些人搞些投机,社会党不会让自己的战略依附于他们的行为。如果社会党没有足够的席位或者足够的盟友让它从自己的价值出发,根据自己的立场、根据左翼政策去治理,那么它就要成为在野党。

社会党成为"团结民众力量的一极"。在不放弃左右联盟思想的同时,社会党于是转向建立一个大社会党,成为左翼多数派联盟的核心的思想。

罗卡尔派以更加公开的方式考虑议会缺少多数的假设,他们不是首先建议或反对与在野党的这样或那样一部分人联盟,而是提出了任何一届社会党参政的政府都应该遵守的三条要求:不反悔1981年以来实施的基本改革;政府在明确的合同基础上达成协议,合同应通过辩论和议会授权的投票最后定夺;各合作者之间可能出现的争议交国家审理。他们还确定了法律合同应当优先包含的五项内容。由于人们会对确定联盟的可接受性产生疑问,这一考虑因此被否定掉了。最终,里奥奈尔·若斯潘拥护的立场得到全党的一致同意。

社会党人的选择在一点上是清楚的:他们宁可当反对派也不想考虑社会党与中间派结合的多数假设。1986年选举失败后,对于领导层而言,1987年的里尔代表大会成为再度发展这一观点的机会:社会党是"团结所有忠实于人民力量联盟的左翼男女的自然极地",会议还借机强调,

---

① *Le poing et la Rose*, n°113, septembre 1985, p.14.

在1988年之后,"既不会误入中间派歧途,也不会让第三种力量复活"①。

对于党来说,左翼联盟结束后不可能考虑一种新的联盟体系,与此同时,在实践中还有总统、社会党政府与党本身之间的任务分配问题,它们之间的分配得以在一定程度上掩盖其处理党与权力关系方面的问题。弗朗索瓦·密特朗在这个困难重重的时期表现出来的杰出作用已经在前面提到过。由于在1986年的市镇选举中引入了比例代表制,党减少了相关的损失,本来这个被孤立的党很有可能遭遇多数逻辑的严酷考验和损害。这就在一段时间内使党可免于再次提出联盟的问题,同时又因为总统巧妙地处理了共治实践,因此保留了迅速重返权力的机会。在1988年的总统选举活动中,社会党也让总统来确定选举战略和争取建立起"总统多数"。开放的口号和"联合起来的法国"的标语,为他提供了再次当选的必要武器。1988年议会选举笼罩着不确定性,关系着总统提出的政治解决办法和社会党人以及总统多数派在开放中重新建立起相对多数。米歇尔·罗卡尔之所以被任命为总理的部分原因是他的开放者形象,他的处世能力使他在马提翁3年任职期间没有让政府受到弹劾。

弗朗索瓦·密特朗本人并没有想引发颠覆联盟的后果。实际上,从一开始,"开放"只是他在总统选举时所选择的政治战略的一个方面。除了号召"联合起来的法国",还采用了1965年已经使用过的共和动员模式:一方面围绕"民主价值"团结起全国人民,另一方面把对手贬低成某些"团伙"、"宗派"、"家族"。这种模式并不新鲜。自一个多世纪以来,共和派左翼一直在使用这种模式。以社会党为主导的政府的形成,使开放政策的意义一下子大打折扣,因为里面没有任何一个属于过去多数派的政党或团体。进入政府的只有那些过去属于右翼政府的知名人士,如让-皮埃尔·索瓦松、米歇尔·杜拉福或利奥奈尔·斯托勒鲁。

这种开放即使有限,依然引起了社会党人的怀疑。当总统在索鲁特雷公开表示社会党多数派太强大是有害的,希望在解散之后组成一个社会党不太强的多数时,私下已经形成了一些与总统相左的意见。以皮埃尔·莫鲁瓦为首的党的领导层在随后的几个月里公开表达了对这一政策

---

① *Le poing et la Rose*, n°118, 1987, p.15.

的一贯反对态度。党的领导层试图立即削弱开放政策的政治意义。皮埃尔·莫鲁瓦也对此给出了一个最低的定义：

> 开放,从来都是所有那些向我们走来的人看到的一个明确的事实,显然,法国的未来必然要经历不断丰富我们治理国家方案的这个过程。其他人都是反对派。①

面对党内的混乱局面,弗朗索瓦·密特朗不得不自己矫正了准星。他在1988年7月14日所作的矫正使他的朋友们大大地松了一口气,他用讽刺的口吻批评中间派：

> 我对它有些期待,但是我认识到,一个总是与右翼或极右翼一起投票的中间派,一定是一个怪异的中间派。在他们弄清自己的状况之前,我希望我们还在执政。

这不是向多数派,而是向反对派显示开放的决心。此间,左翼多数派还在,左翼政府还在执政。9月12日,皮埃尔·莫鲁瓦借社会党议会日提出：

> 我们还是谈谈联合吧,让我们把开放以及与之相关的是非曲直先放在一边……让那些感到接近总统多数的处于中间地带的人们来进一步开放吧,但是不要指望社会党会成为中间派。②

安德雷·莱奈尔宣称：

> 我们比任何时候都更加坚定左翼联盟前景……。我们绝对不会在明天去支持与随便一个非左翼组织搞某种协议的。③

---

① Comité directeur du Parti socialiste, 25 juillet 1988.
② L'Express, 30 septembre 1988.
③ Ibid.

在实践中,对于提交投票的各项法案,米歇尔·罗卡尔政府采取了不断寻找特定的和各种可能的多数,避免了在议会中缺少有效多数。从总体上看,在议会取得的成绩和成功地否决反对派提交的所有弹劾,是社会党得以不必重启战略讨论的背景。社会党只是在口头上同意团结中间派和拥护政府的激进派,还靠发展"联合的法国"运动来取得和加强多数派的工作。而受制约的政府的性质,无论如何不会要求社会党从真正联盟的意义上提出党与该力量的关系问题。

　　1990年3月雷恩代表大会召开前夕,战略讨论几乎消失,前一年市镇选举期间十分活跃的左翼联盟,最终只是以否定的形式(坚决反对"中间派的联盟")残留下来,而且通过另一种差不多的修辞变成了"人民力量联盟"。

　　这次代表大会是重新探讨联盟问题的机会。然而这一次,各种不同的态度依然含含糊糊,而且在已经约定成俗的左翼联盟这一主题上的差异也在减弱。竞争中的七个议案中大多数都强调拒绝与中间派别的联盟,而且,除米歇尔·罗卡尔的议案外,所有议案都要求组织起左翼辩论。共产党人始终是人们关注的核心,至少在文件中反映了这种担忧。1990年3月21日,领导委员会一致通过的总结文件中强调:"我们不应该忘记共产党的存在,也不该忘记共产党的感受",然而,"左翼联合"概念本身也远不是很明确。该概念之所以取代左翼联盟,是因为谁都承认后者已经寿终正寝,左翼联合意味着,从此以后,社会党占据了主要的左翼空间,而且,处于分散状态的左翼力量,尤其是那些关注人民力量联盟的力量,其中包括"共产党传统的法国人"(罗朗·法比尤斯在议案中使用的表达方式)都应该团结在社会党的周围。首先要做的就是在不放弃等待共产党自己改变态度的同时,收纳那些脱离了主流的共产党人。

　　社会党所期待的是建立一个超越图尔分裂、对各种不同见解开放的、可以广泛地将左翼团结起来的社会党大党。1990年春,当在东方国家民主革命方兴未艾的时候,社会党总体上还没有做好准备以重新审视两党之间的根本分歧这一实质问题,而且还是像过去那样,更喜欢宣布已经做好准备,以应对共产党的任何新的变化。尽管社会党人认为联盟之路现在还没有出路,但是放弃任何其他联盟都会让他们又一次失去真正的战略。

雷恩代表大会上，没有任何一项议案特别提及"联合的法国"运动；只有米歇尔·罗卡尔的议案强调了扩大总统多数的必要性。唯一例外的是生态运动。不过，他们的立场也一样，既不清楚，也不一致，每个人都强调更想看到党能够体现出对生态予以关注的愿望。除朱利安·德莱外，让-吕克·梅朗松也主张"红—粉—绿"的联盟，其他议案则更希望看到社会党自己成为一个生态大党，而不必考虑与绿党联盟的问题，甚至拒绝这种联盟，为的是要求同生态主义者进行某种实质性的对话。1990年11月，共产党对弹劾政府的议案投了赞同票，这个举动招致社会党第一书记谴责这一决定，并且提醒共产党，既然有1989年1月12日的共同宣言，两党应该"反对右翼为重新掌权所做的一切努力"。尽管共产党的"背叛"受到抨击，社会党人还是一再强调，他们将保持联合的航向，不会中断与地方缔结的协议，落实1989年1月12日共同宣言。他们强调其目标是维护左翼的总体状态[①]。而被第一次海湾战争激怒的反对派使其变得很成问题。

米歇尔·罗卡尔离开马提翁前夕，各种矛盾的核心不断集中起来。共产党人似乎做好了同反对派一道推翻政府的准备，而开放政策终究是狭隘的，当新一轮选举来临之际把中间派和右翼聚在一起时，其局限性就显示出来。"联合的法国"运动由于内部紧张关系，没有走出边缘化状态，尽管让-皮埃尔·索瓦松做了许多努力，但他的收获更多的是在议会而不是在国内。直到这时，党、总统与政府之间的角色分配还可以掩饰政治战略的缺位。然而，甚至这个让社会党行动具有灵活性和有效性的体系，也开始有些精疲力竭了。由于总统在与党和政府领导人关系中所占据的地位，因此不想比支持联合起来的法国和在1990年12月由布里斯·拉隆德组织起生态的一代走得更远。而米歇尔·罗卡尔则只能局限于在议会搞一些巧妙的活动，面对即将到来的选举日前，党认为，不应该为了影子放弃猎物：这里是指可能支持中间派和生态主义者的共产党选举人。

面对这种局面，弗朗索瓦·密特朗决定以一种可能看上去像是"突然向左转"的方式扭转形势。1991年5月15日，米歇尔·罗卡尔在马提翁

---

① *Vendredi*, n° 80, 23 novembre 1990, supplément.

的位置被艾迪特·克莱松取代。在后者组成的政府中,主张开放的部长受到极度打压;上任的部长中,只有让-皮埃尔·索瓦松、布鲁诺·杜利约和让-玛丽·罗什留了下来。新总理在任职演讲中,在表示她想与所有人对话的愿望时,她似乎尤其希望同共产党进行对话。

共产党也要面对选举日期将至的前景,如果它从中作梗,那么这次选举就会是灾难性的,共产党似乎首先搞了个策略转弯。共产党在国民议会的党团主席安德雷·拉儒尼宣布:"政府的变化给法国共产党和人民力量开辟了活动领域。"① 6 月 6 日,中央委员会召开会议的第二天,乔治·马歇会见了皮埃尔·莫鲁瓦,并且刻意让这次会见公之于众②。但是,政治路线却没有确定下来。共产党再次打起了弹劾案的主意。共产党领导层支持通过 8 月 20 日到 22 日在莫斯科发动政变以来为建立苏联秩序的努力。政变迅速失败,尤其是苏联共产党在随后数个月之后垮台,搞得法国共产党无所适从。许多对领导持反对意见的人离开了共产党。直至 1993 年春节议会选举时,法共一直处在孤立状态。

绿党中尽管少数人赞成左翼联盟,但大多数环境主义者都坚持独立的愿望。社会党预言的危机并不能使他们改变方向。1992 年春季的地方选举表明,确实存在着支持生态主义的选举潜力。布里斯·拉隆德离开政府后,"生态一代"的成员获得了"解放",促进了与绿党就 1993 年议会选举达成的一项协议。民意测验令人相信,"所有生态主义者加起来",可以达到总票数的 20%。米歇尔·罗卡尔于 2 月 17 日在茹埃莱图尔的讲话,一次惊世骇俗的讲话中,号召团结"生态主义者、中间派、有革新精神的共产党人",但他的号召并没有起到什么作用③。要想在左翼进行一次辩论无论如何已为时太晚了。

1993 年春节议会选举最初的选举结果非常糟糕,加剧了左翼每一个组织的危机。1994 年 6 月的欧盟选举使局面更为艰难,社会党名单直接受到贝尔纳·塔皮的激进生态组织的竞争,只是略微超过有效选票的 14%,共产党比 1989 年的得票率还要低,两个生态党遭遇了新的失败。让-皮埃尔·舍维讷芒的公民运动,这个揭露"自由主义的右翼"和"根深

---

① *L'Humanité*, 21 août 1989, éditorial d'Arnaud.
② *Ibid.* 6 juin 1991.
③ *Le Monde*, 19 février 1993.

蒂固的左翼"的党派,也仅获得刚刚超过 2.5% 的选票。

不过,从这种软弱和极端分裂的局面中却显露出一种新的战略格局的端倪。最初的明朗化来自生态主义者。生态一代迅速衰败。布里斯·拉隆德使他的运动转向了自由主义中间派。分裂是有代价的,1992 年当选的三分之二地方民意代表,在 1994 年底,拒绝支持他们的主席作 1995 年的总统候选人。不过,主要事件是绿党放弃了政治独立。1993 年 11 月,在绿党召开的代表大会上,由多米尼克·瓦奈提交的议案战胜了安托尼·瓦彻特的环境派获得了多数支持。新的领导层没有表明他们更在意与社会党人的关系,而是更多地表现出与"替代左翼"①的息息相通。不过,新的领导层同意参加左翼的重组活动。共产党内也随着乔治·马歇在 1994 年 1 月二十八大离任发生了一些变化,替代他的是选举出来的一位还不太为人所知的罗贝尔·于。法共的政治修辞未变,依然是批判资本主义、揭示法国危机、揭露美帝国主义等等。但是,罗贝尔·于在让-克洛德·盖索和皮埃尔·布罗丹的支持下,一点一点地把元气大伤的党的革新的必要性放在首位。他认为党不可能孤立地实现革新。他在 1994 年最初的几个月里提出了"人民团结契约"的思想,尽管思路还不是很清晰,但是已经含有团结一体的迹象②。

这些潜在的可能性被社会党充分利用,社会党提出了新的左翼团结的基础,这是左翼遭遇危机时采用的新观念。在 1993 年 10 月 22 日至 24 日的布尔歇代表大会上,米歇尔·罗卡尔建议面向所有左翼运动共同展开"社会变革的大讨论"。

> 他在讲话中说,"之所以要进行大讨论,是因为这不能只作为一个简单的策略步骤,而是一项拉近理论距离的工作。之所以要多方的讨论,是因为这是把所有那些以平等身份愿意参加这些连续举行的会议的人团结起来,以便确定对于我们来说共同的目标……要把左翼,一切左翼都团结起来,之后再把左翼能

---

① Sainteny (Guillaume), *L' Introuvable Ecologisme français ?*, Paris PUF, 2000.
② Hue (Robert), *Communisme : la mutation*, Paris, Stock, 1995.

够吸引过来的那些人吸引过来。"①

他把相关的协调工作交给了里奥奈尔·若斯潘,由让-克里斯多夫·康巴代里斯协助与各不同组织进行接触。准备工作由一个领导委员会负责,只有贝尔纳·塔皮的激进党受到冷落,共产党则按时得到通知,而公民运动党在1994年选举后也参加进来。在知名人士的号召下,1994年1月发起了大讨论。从2月到12月,就不同的主题组织了四次交流和对话:"为什么要变革社会?""什么是就业经济?""共生存""现在需要怎样的政治前景?"②这多少有点回到了"意识形态对话"的味道……不同点比共同点更明显。但是,重要的是一个讨论框架得以建立起来。

到年底,新的联盟形式还没有明确。12月4日最后一次讨论只在左翼政党间举行。离总统选举已经时间不多了,德洛尔以向中间派开放的主张参加总统选举,让他作候选人是与更注重批判自由主义和以前政府政策的大讨论相矛盾的。利奥奈尔·若斯潘作候选人和1995年被有效指定为候选人,更有益于左翼的协调。不过,在总统选举结果尚未出来之前,还无法从这两年的战略危机中得出具体结论。

四、社会主义工会危机

工人国际法国支部的一个严重缺憾是,它长期以来与工会运动很少联系,如果不是组织上,至少是缺少经常性的联系,更何况工会运动相对薄弱和分散。埃比内的党曾雄心勃勃地要通过参与社会生活和解决社会矛盾并与工会建立新的关系来改变这种局面。但是,还没到1981年,特别是在1983年后,20世纪70年代的希望就让位于重新强调以前社会党与工会的矛盾,使得合作不可能持久。

1972年签署的共同纲领和1974年组织的关于社会主义的大讨论,曾一度似乎说明人们对前景多少可以持乐观主义态度。与法国总工会和法国民主工联这两个最大联合会的接近,确实使社会党把它们的影响扩

---

① Rocard (Michel), Discours au congrès du Bourget des 22 – 23 et 24 octobre 1993, archives du centre de documentation du PS.

② Amar (Cécile) et Chemin (Ariane), Histoire de la gauche plurielle 1993 – 2002, Paris, Ed. du Seuil, 2002.

大到改良派的世俗工会以外的地方。

然而,这一成就却是有局限的。首先,它付出了远离工人力量总工会的代价。实际上,选择左翼联盟也就疏远了埃比内党的这一中间力量,因为反对共产党思潮依然是这一工会内部的中坚力量。但是,法国民主工联的一些主张逐步扩大了影响,特别是1975年通过的《关于自治管理的14点主张》构成另一个令人恼怒的深刻原因。而且,工人力量工会的社会党人,其大多数人首先是作为工会分子作出反应的,而且为社会党提供的干部越来越少:1973年代表大会的代表中14%是工会会员,十年后,布雷斯地区布尔格代表大会上只有6.1%的比例。工人力量工会的领导人中大多数依然对原来的工人国际法国支部的精神很神往。在社会党派别分布的新版图中,工人力量工会的成员更支持皮埃尔·莫鲁瓦和加斯东·德菲尔。承认自己是学习、研究与社会主义教育中心或罗卡尔派的人很少,后者与工人力量工会的文化传统差别太大了。在70年代,工人力量工会对法国总工会和法国民主工联参与政治持批评态度,说他们是要成为政府与雇主的优先对话者;它竭尽全力推行契约政策。然而,两方的领导层都有意相互尊重:工人力量工会是出于内部平衡考虑,社会党是出于选举考虑,为了避免与工人力量工会发生不和(根据1974年的民意调查,其成员的52%的选票可能投给弗朗索瓦·密特朗,48%可能投给吉斯卡尔·德斯坦[1])。因此,当1974年12月学习、研究与社会主义教育中心发动要求排除安德雷·贝尔热隆出党的运动时,弗朗索瓦·密特朗断然终止了这一运动。他坚决地说,"社会党有责任尊重工会组织自由开展自己活动的权力"[2]。第二年,社会党创建了一个特殊的"工会干部"支部,各不同组织的领导人都可以加入。尽管有分歧,工人力量工会和社会党坚持定期召开公开的或私下的见面会。1976年夏季后,巴尔政府实施的严厉措施,拉近了两方的诉求和立场。但是工人力量工会对共同纲领提出的政策以及后来社会党的方案表示强烈的怀疑。以至于在1981年总统选举前夕,工人力量工会没有表明任何立场,似乎并不希望左翼获胜,在十年的时间里,关系竟那么疏远了。

---

[1] *Le Nouvel Observateur*, sondage SOFRES, juin 1974, n° 50.

[2] Bergounioux (Alain), *Force ouvrière*, Paris, PUF, 1982, p. 100.

相反,在实施共同纲领的年代里,与法国总工会和法国民主工联却有很多共同语言,但是,这两个组织也不是没有含糊不清的时候。且不说法国总工会和法国民主工联之间本身的关系就一直紧张,尽管签署了统一行动契约,但由于各种各样的原因,双方核心层都无意同社会党建立起社会民主党类型的关系。

直至 1977 年秋,法国总工会的活动分子在游戏时还会呼喊这样的口号"唯一的出路,共同纲领",总的来讲,他们的工会反映和实施的是共产党的政治方针。社会党活动分子一直在国家机构中活动,自 1972 年起在专属委员会,1978 年起在联合局,但是他们对组织的决定却不会起什么作用。1976 年,在法共短暂的"欧洲共产主义"时期,亨利·克拉苏琦把法国总工会和法共说成是"工人阶级的两条腿"。社会党人的存在往往被法国总工会的共产党领导人用来表明法国总工会的开放度。但是,即使在"统一"的年代里,在社会党与法国总工会的关系中,还是以力量对比关系为主。1980 年弗朗索瓦·密特朗在回顾 1936 年法国总工会和法国民主工联的合并时就指出了这一点,这次合并是"半个世纪以来我们国内政治的一件大事",并且说,共产党活动分子控制了法国总工会导致出现了"两种平行的说法,一种是抗议法国总工会对工会独立性永久的眷恋,另一种是传播和迫使人们接受党的口号"[①]。

法国民主工联与社会党所保持的关系更为复杂。这种关系具有特殊的重要性,首先是由于党内本身有大量法国民主工联的工会成员,其次是由于法国民主工联这十年来在意识形态方面的影响[②]。它在 1970 年确立的三部曲——国有化、国家计划、自治化——构成了社会主义《圣经》。只是法国民主工联一贯要求为了工会运动实行自治社会方案,拒绝把工会与只是一种劳动分工的政党行动联系起来。因此,它对共同纲领只是采取了一种"持批评意见的支持",继续把社会运动放在首位,确定自己的战略:联合民众力量。然而,因 1974 年总统选举引发的事件,即社会党占了主导地位,似乎得以改变这种局面。由于政治交替从此具有了某种或然性,法国民主工联便可能有机会一方面通过在社会党内表现已有的

---

① Mittérand (François), *Ici et Maintenant*, op. cit., p.128.
② Groux (Guy) et Mouriaux (Réné), *La CFDT*, Paris, Economica, 1989.

同情心来加强政治生命力,另一方面,建立有利于自己的工会力量,既可以平衡法国总工会,也可以限制工人力量总工会的作用。社会主义论坛的活动就有这种含义在里面。作为对弗朗索瓦·密特朗的回应,法国民主工联的一百位左右的领导人(其中有四位是联盟书记,九位是全国政治局成员,三十二名地方和联合会的领导人)在一份共同文件中邀请活动分子准备全国范围的社会主义讨论,围绕共同社会方案进行的讨论终于"组成了一支团结一致的政治力量"[1]。10月,当讨论进行时,法国民主工联与社会党之间却似乎建立不起来某种结构性的联系。实际上,在这两个组织内部都发生了两方面的倒退。在法国民主工联,自治的愿望依然强烈,与联盟大多数对立的人给它捣乱,要更加谨慎地限制领导层:1975年4月,一个全国委员会重申了自治的原则[2]。在社会党,学习、研究与社会主义教育中心和与法国民主工联有联系的密特朗派表达了他们对法国民主工联活动分子入党可能强化改良方向、特别是对米歇尔·罗卡尔及其朋友的影响担心。在后来的几个月里,学习、研究与社会主义教育中心发动了反对任何形式的、可能使政治组织的优先性受到质疑的"新工党主义"运动。社会党和法国民主工联的关系有明显的共同点,但依然保持着距离。在一次共同会议上,弗朗索瓦·密特朗道出了他的感受:

> 出于政治现实主义的考虑,也是出于同情,我们要重视法国民主工联。至于工人力量总工会,我们反对其目前的方针,但是我们的联系依旧。社会党不赞同一个工会组织的政治思想被一个政党的态度抹掉。也不想成为法国民主工联的传送带。如果你们向我们发出号召,我们不会阻拦。但是我们不想被卷入含糊的集团里。[3]

论坛大讨论的结果是加强了社会党在左翼的影响,但却没有重新确定政党工会的关系。

与全国教育联合会的大多数社会党的关系更简单些。最初之所以犹

---

[1] *Le Monde*, 12 juin 1974.
[2] *Positions et Orientation de la CFDT*, Paris, cll.《CFDT Réflexion》, 1978.
[3] Cité in Hamon (Hervé) et Rotman (Patrick), *La Deuxième Gauche*, op. cit.

豫与全国教育联盟的领导人和社会党原领导层,尤其是与阿兰·萨瓦利的关系有关,也与警惕地反共有关,那些出自共和国体制公约的教授们公开表明同情共产党控制下的团结与行动派加剧了他们的这种犹豫,1973年和1974年,社会党人成功地说服了教育界社会党人相信党不仅能制约共产党人,而且还能永久地转变力量对比关系,犹豫现象随之减少。从此,全国教育联盟支持社会党的所有创意。全国教育联盟的大多数和社会党之间的相互独立性是真正的。而且,全国教育联盟也是唯一一个社会党直接参与一个工会组织内部关系的案例。1975年5月,团结、独立与民主派反对由学习、研究与社会主义教育中心建立新的工会派别"团结与改革派",为了回应大多数人的担心,皮埃尔·莫鲁瓦在社会党教员的活动日时要求所有活动分子都加入UID。当时在现场的弗朗索瓦·密特朗,提醒活动分子,"如果全国教育联盟落到其他政治家手中"会是什么后果,而"我们不要忘了,全国教育联盟代表的精神与我们非常接近"[1]。工会和政治的两个网络,通过社会学、文化和广泛共同的前景联系起来,得以相互支持。但是尽管全国教育联盟在公职部门有影响,在工会"外交"方面发挥作用,但它只是一个职业联合体,而且还要受其内部各派不稳定的平衡关系的制约,因此不能提供足够强大的支持。

所以,上世纪70年代工会呈现出一种更有利于社会党人的新形势。尽管社会党人所期待的来自工会组织,主要是法国总工会、法国民主工联的支持并不明确,然而,在这一阶段的后期,工会的形势明显变糟,这使社会党的工会状况再一次成为问题。左翼联盟的破裂和1978年春季选举失败导致法国总工会与法国民主工联团结行动失败,前者尽管在第40届大会时内部出现分歧,但继续执行法共的方针,而后者则想重新把工会行动放在首位。法国民主工联所要的"再工会化",并非真的没有根据,这是前些年人们所说的过于政治化的逆反。法国民主工联因此不加掩饰地与政治行动拉开了距离。埃德蒙·迈尔在1979年12月承认,他的组织不会像1974年那样关心1981年的总统选举活动[2]。与"再工会化"并行的还有改善与工人力量总工会关系的愿望。孤立法国总工会构建改革派

---

[1] *Le Monde*, 13 mai 1975.

[2] *Le Républicain lorrain*, 7 décembre 1979.

一极是与社会党的多数发展背道而驰的。但是,事情的发展还不止于此,工人力量总工会与法国民主工联的文化分歧和利益的对立是不可能克服的,法国民主工联与法国总工会之间的关系疏远使法国工会关系破裂并受到削弱,而此时经济危机已经显露出令人关注的最初后果。1977—1980年期间,实际上不论法国总工会、法国民主工联还是全国教育联盟,会员数量都有所减少。传统的工会社会基础分化、失业率迅速上升、工薪阶层迅速多样化,开始给工会运动造成威胁,尤其使确定统一战略变得更加困难了。

1981年总统选举前夕,三大工会组织提出了不同的主张,或多或少地显示出它们与社会党的距离。法国总工会支持共产党,法国民主工联想摆脱政治化,也几乎不再相信左翼会取胜,工人力量总工会不再担心过多的许诺,惧怕丢掉自己优越的与政府和雇主对话人的角色。莫鲁瓦政府意识到这些困难,想明确地与工会建立起合作伙伴关系,使自己成为政治行动与社会行动之间的一种自然的联结。即使政府着手重新平衡有利于全国教育联盟、法国民主工联和法国总工会,不利于工人力量总工会在公职中的作用的步骤,拒绝在各种联盟中进行选择,就是要加强工会的力量。皮埃尔·莫鲁瓦在1982年承认,"我们的任何行动都致力于维护工会完整的统一战线,让它成为公共权力的一个合作伙伴"[1]。这里存在着与各种各样的组织进行广泛和连续的协调问题。随着奥卢法的出台,进一步发展了企业工作人员的代表制度,规定了每年必须谈判的义务,社会党人认为给予工会确保自己的作用的手段,其愿望是使自己成为"改革的主角"。

然而,社会党人没有得到工会一致的和持续的支持。如果说,最初的几个月政府得到了法国总工会一定程度的支持、法国民主工联的热心帮助、全国教育联盟的信任,那么,左翼的被迫重逢却不能掩盖依然存在的态度暧昧和过去的分歧。法国总工会始终依赖共产党的战略,几个月来一直强调它的支持的关键性。在1982年6月召开的大会上,亨利·克拉苏琦成为总书记,标志着反对派的失败。法国民主工联推荐了自己的一些人选和文件,很快在1982年秋便表现出在核政策上的意见分歧,并且

---

[1] Mauroy (Pierre), *C'est ici le chemin*, Paris, Flammarion, 1982.

在1982年春就曾以工薪人的理解方式揭露说,劳动时间每周缩减到39小时的决定构成了"历史性错误"。全国教育联盟尽管对获得的部门利益感到满意,但面对统一社会网络计划所遇到的困难,越来越担心。工人力量总工会曾对共产党的4位部长进入政府非常担忧,为了区别于法国总工会和法国民主工联,越来越强调它对工会独立性的钟爱。

各工会的战略仍然各不相同,与社会党和政府的关系方面没有根本的变化。更何况十几年前就已经显现出来的工会弱化趋势甚至变得越来越明显。足以看出,1981年的胜利并没有引发任何重大社会运动。与1936、1944或1968年的情况不同,工会没有遇到踊跃的入会运动。经济危机继续在发挥作用,无疑也强化了工薪者的代理态度。奇怪的是,在这种背景下,奥卢法在增强了工会制度化的同时,却没有恢复工会作为一个社会角色的元气。在公众舆论看来,法国总工会、法国民主工联和全国教育联盟与政府亲密,但它们却很少能看到工会取得的成就:1981年以前,有各种斗争的成果,1981年后,有多方协调的成就,但是,这些成就似乎取决于政治决策而不是工会的行动。已经脆弱的工会大厦无非是遇到了更剧烈的撼动。

从这个角度看,1983—1984年对于各工会来说,也代表着某种转折。一方面,1983年春季工薪阶层的状况形势严峻,另一方面,1984年工业现代化进一步发展,这两方面的因素给工会造成了非常紧张的局面。左翼与工薪阶层之间、与主要工会组织之间的特殊关系部分地说明了为什么各种申诉有所缓和。然而,这种缓和并不是通过与社会上的合作伙伴一道谈判、通过就其他性质的改革进行谈判让它们同意在短期内做出一些牺牲,以获得中期手段而取得的。各工会力量太弱,它们之间和组织内部的意见分歧太多,因此无法做出这样的抉择,当然也是因为政府没有长期坚持这种努力。1984年12月,同时就工龄和劳动时间、解雇程序、社会门槛进行的劳动"弹性"问题的谈判失败,该谈判失败意义重大:很想给谈判结果签字的安德雷·贝尔热隆和埃德蒙·迈尔在强大的内部反对派面前不得不退让。一年前,对社会保障的选举表明,似乎与政权过于亲密的工会出现了倒退。

这样一来,每一个工会组织都要继续深入探讨有自己特色的答案。1993年前的历届政府都不得不双管齐下:一方面保持多种形式的协调,另一方面更注重舆论战略,目的在于阐述政府政策选择的理由。社会舞台上的这种两元性说明了工会运动薄弱的原因,尽管工会在制度中有位置并在各级政府有代表,但是也往往身不由己,为了面对集中于自身的部门要求,他们不得不寻求公众舆论的支持。由个性不同的总理领导的历届政府所采取的态度是同样的,这是很明显的特点。由于可以理解的某种悖论,20 世纪 80 年代形成的这样一种社会关系体系,与其说更远离社会民主主义,倒不如说,就是前十年期间占优势的体系[①]。

那些继续把工会看做社会的核心运动的工会分子多次抱怨工会面临的危机。他们多次试图恢复契约政治的生气。然而,在预算限制的作用下,他们只能取得一时的一致意见,正如 1990 年 3 月进行的公职序列改革或者前一年艰难完成的重振教育部门的改革。达成一致意见需要强大的、有能力对短期和长期做出抉择的工会,这必须以事先或多或少解决了问题为前提。

从那时起,重新组建工会的想法被数次提出来就是可以理解的了。全国教育联盟作为冷战的产物,必须服从矛盾的派别游戏,以至于在全国独立工会与全国中等教育工会之间显露出了竞争关系,并且见证了教师职业的这些变化,而联合会的大多数人都知道现状难以改变。曾有两套方案,为了将各部门的工会集结起来的内部重组方案和为了形成强大的改革派的外部重组方案,以使党摆脱法国总工会对它的孤立,1991 年 2 月克莱芒-费朗代表大会则开始了这一进程[②]。法国民主工联曾在一段时间内以浓厚的兴趣关注这一进程。自从 1979 年重新确定了它的"中心"地位以来,它就在寻找工会的共同点。然而,这些却没有得到社会党的明确支持,因为社会党还没有确定清晰的工会战略。

除此之外,他们还遇到了三个性质不同的障碍。首先,全国教育联盟和法国民主工联内部本身存在的分歧,不仅有不同意识形态和文化的对立,也有全国教育联盟和法国民主工联各联合会种种不同工会利益的对立。其次,马克·布隆戴尔从 1989 年起担任总书记,在他的领导下,工人力量总工会作为反对派比安德雷·贝尔热隆时期更为强大。工人力量总

[①] Bergounioux (Alain) et Manin (Bernard), *Le Régime social-démocratique*, op. cit., et Soubie (Raymond), *Dieu est-il toujours français?*, Paris, Ed. de Fallois, 1991.

[②] Brucy (Guy), *Histoire de la FEN*, préface d'Antoine Prost, Paris, Belin, 2003.

工会更注重进行抗争的工会运动——实际上是严格地维护部门要求——,尤其不想成为它还没有确定的某种战略的目标,希望随着时间的推移利用法国总工会走下坡路的趋势。最后,社会关系体系向权力下放发展的趋势助长了分化过程,重组、协调现象只是加剧了这一特征。

总之,在1992年,全国教育联盟的解体,使重新让工会向分工发展的希望破灭了。这一事实还削弱了社会党在工会界的地位。留在全国教育联盟的会员是少数人。1993年被撵出全国教育联盟的14个工会创建了教育、科研与文化统一工会联合会,它在年终职业选举时名列前茅。他们过去是,现在依然主要是由共产党活动分子或共产党的文化所左右(技术教育界的全国教育与技术工会除外)。留下的全国教育联盟,与之并存的还有公共部门的自主工会,特别是主要的几个警察工会,组成了一个全国独立工会联盟。如果说许多领导人是社会党人或接近社会党人的话,那么,全国自主工会联盟与社会党的关系并不如昔日全国教育联盟的大多数与社会党人保持的关系那么重要,更何况自从工人力量总工会过去的活动分子加入后,独立工会联盟试图向私营部门的工薪阶层开放。这几年期间,由于法国民主工联几次发生分裂或离去潮,使互助-团结-民主工会不断扩大,最终分裂了法国工会,给社会党在处理与工会界的关系中添加了困难。

第十一章
未做修正的改革

1984年春,两次危机不仅撼动了社会主义理论两大支柱:反资本主义和世俗化,也不可避免地开启了对意识形态的深入研究和寻找失去的和谐的新阶段。更何况在1983—1985年这几年中,自由主义在世界上盛行,政治讨论中以生态、移民等为内容的新主题层出不穷,社会党人必须在这些问题上拿出一套理论。与此同时,国内的政治现实也发生了变化,共产党的衰败日益加剧,政治生活中出现了民族阵线和绿党运动。在之后的那些年,社会党人一直在尽力克服意识形态方面的混乱,以重新定义其政治身份。

一、对改革的诠释之争

直至1983年10月底召开布雷斯地区布尔格代表大会时,社会党人始终没有就政府政策的变化做过总体思考。在对国有企业的控股份额、身份控制、减少劳动时间,以及脱离还是不脱离欧洲货币体系等一系列问题上,政府内部意见分歧,也只零零散散地搞过一些对话和讨论。这显然是因为社会党要与政府团结一致,尤其是因为与弗朗索瓦·密特朗和党的领导层不主张改变战略。他们试图说服人们:1983年6月以来制定的措施开始了党的另一个行动阶段,其行动目标并未改变。在1982年9月9日的记者招待会上,共和国总统就曾谈到"山路"代替了"平坦大路"[①]。社会党领导人提出了"括弧"的概念,在他们看来,这个概念的好处在于不必否定现实,可以让人们相信5月10日的政治进程会重新开始。1983

[①] *Le Monde*, 10 juin 1982.

年1月,弗朗索瓦·密特朗指出,可能有一条"中间道路"能够"重建社会整体的和谐",然而,他赋予这一概念的内容却没有超出只有公共部门与私有部门共处,才能"重新组织起有竞争力的生产"[1]这一范围。

布雷斯地区布尔格代表大会的说法在党内引发了第一次真正的讨论。讨论的焦点是,既然3月份出台了那些根本性决定,那么对看起来不像是与资本主义决裂,倒像是与20世纪70年代社会主义方案决裂的东西该如何解释呢。简简单单的"附带性"的回答已经不够了。

首先提出反对意见的是学习、研究与社会主义教育中心,他们在执行政策过程中发现了严重的自我放弃的危险。自让-皮埃尔·舍维讷芒1983年3月辞职后,该派就坚定地批评以雅克·德洛尔为代表的经济政策。甚至在这次大会之前,一篇言辞激烈的抨击文章《社会主义与法兰西》就曾强调指出1980年方案的现实性,文章在结论中指出:"只有对法国社会进行社会主义改造,才能保证法兰西作为一个自由和独立的民族而生存、崛起和光大。"[2]学习、研究与社会主义教育中心在其参加和提交的议案中就对政府政策进行社会主义改造的方式方法做了解释[3]。认为外部的制约不能高估,问题的关键不是选择"一边倒还是孤立",而是要通过一项可能的"进攻性"政策赢得经济增长,比如重新就欧洲货币体系规则展开讨论,或是暂时放弃与该体系进行谈判(谈到欧洲货币体系时,让-皮埃尔·舍维讷芒说它像是"现代版的金钱墙"[4]),减少国外供给,实行保护主义措施,通过信贷和预算政策刺激国内生产,并针对物价上涨,对价格和收入的形成机制进行干预。这一国内和政府的步骤必须要通过国家组织结构的改革来实现,要把预算和计划与总理的责任联系起来,把外贸和工业投资与工业部长职责联系起来。只有在这样的条件下,才会诞生一种建立在技术现代化和教育投入基础之上的"新的增长模式"。最后,学习、研究与社会主义教育中心围绕民族和共和这两个主题阐述了

---

[1] *Ibid.* 4 janvier 1983.

[2] Mandrin (Jacques), *Le Socialisme et la France*, Paris, Le Sycomore, 1983, p. 245. "Jacques Mandrin" 是社会主义研究及讨论中心领导人的集体笔名。

[3] *Le poing et la Rose*, n°101, juin 1983, contribution pour le congrès de Bourg-en-Bresse, n°104, septembre 1983; motions d'orientation, n°105, décembre 1983, comptes rendus des débats.

[4] *Ibid.* n° 105, p.46.

社会主义解释：

　　如果说社会主义思想还不能够团结法国多数人的话，那么，这些法国人对资产阶级因危机四伏准备抛弃的那些价值观却十分珍惜。首先是"法兰西"，因为像我们这样的民族对那些空有跨国之名的霸权集团构成了障碍，因为我们非常清楚其神经中枢位于哪个国家；第二是共和国，因为共和国生存的根基，是那些将她视为公共财富的公民。资本主义在全世界范围的重组无非是做做公民爱国的样子，别太在意它就是了。①

　　这些建议代表了几个月前被排挤掉的建议。然而，学习、研究与社会主义教育中心并没有走到正面反对的地步。它得到的18%的委任比例（梅斯大会占14%）使它依然按照党的游戏规则出牌。它只是想让大多数人接受几项表面的修正意见。

　　米歇尔·罗卡尔不想提出自己的动议。当政府修改其政策，而自己又担任农业部长，承担着比计划部长更具体的责任时，他的主要顾及是重新得到梅斯代表大会以来受到质疑的合法性。因此，罗卡尔派提交了一项谨慎的支持政府政策、特别强调社会变革方式的意见。他们尤其希望将瓦朗斯代表大会上提出的妥协概念进一步扩大，使之成为通过谈判和协调进行社会变革的方法。

　　这一策略选择令罗卡尔派中的以阿兰·里查德和玛丽-诺埃尔·列恩曼为首的一部分人感到失望。他们认为，赋予春季开始的政治演变以理论说法、提出新的政治主张的时候已经到来。他们的议案是实行"适当地采用的紧缩政策"。危机是一种动荡，也可以成为攻破社会壁垒的机会，实行一项更高质量的政策是可能的。"新罗卡尔派"把20世纪70年代"社会实验"的整个设计都倾注在他们的文件中：

　　因此，用好紧缩政策，就是要把它作为一种手段，用来满足

---

① *Le poing et la Rose*, n°101, juin 1983, contribution pour le congrès de Bourg-en-Bresse, n°104, septembre 1983 ; motions d'orientation, n°105, décembre 1983, comptes rendus des débats. n°101, p.35.

尚未实现的以另一种方式生活的普遍愿望。……别样的劳资关系,不同的劳动时间观和自由时间观,别样的社会互助和人的代际之间的互助关系机制,别样的服务与客户之间的关系,别样的生产与消费关系……这么多的"文化革命"被重要的(学校、社会)传统体制封锁,实际上,这些体制本身就是封闭的,并且在右翼意识形态的作用下被改变了初始使命。危机,尤其是这些机构面临的财政危机,迫使人们改变其运行逻辑。①

这些前景(多少带点乌托邦色彩,缩减工时的困难证明了这一点)与多数人在提案中强调的国家主导地位意见相距甚远。代表大会一开始,里奥奈尔·若斯潘就把这一观点定性为"危险",并称之为"社会党内现代右翼"②的崛起。然而,由于新罗卡尔派希望成为政府新政策最有力的支持者,他们的说法还是被总综合说接受了。

从技术角度讲,密特朗派的领导人面对的不是一次很困难的代表大会。他们虽然同时受到来自左翼和被他们定性为右翼的批评,但依然占据着中心地位,维护着中间道路。不过他们处事小心翼翼。他们虽然介绍了几点缩小理论与实践之间差距的思考,但却无意提出一项整体性协调方案。最新的观点是承认期限义务,形成了与1924年左翼卡特尔议会选举取胜以来左翼历史上一次精神上的决裂:

> 里奥奈尔·若斯潘指出,面对危机时期和我们在管理中不可避免遇到的经济困难,不能让右翼在一年或两年后接替我们,我们要自己来接替自己。不能满足于某种社会激情,现在我们也承担着把经济搞成功的责任,而在过去,我们在这方面没有受到评判,因为没有任何人想到我们这方面的能力。不要让头脑只想改革,现在我们也要学会管理。③

---

① *Le poing et la Rose*, n°101, juin 1983, contribution pour le congrès de Bourg-en-Bresse, n° 104, septembre 1983 ; motions d'orientation, n°105, décembre 1983, comptes rendus des débats. n° 104, p.33.
② *Ibid.* n° 105, p.32.
③ *Ibid.*, p.30.

但是与此同时,密特朗派的议案却毫不犹豫地指出:"当然,我们没有改变政策。"议案承认社会党人过高估计了他们回应危机的能力,因为,国际经济没有复苏,整个工业机器有太多的部件太破旧了。不过,那只是振兴的一个阶段,相继而来的将是其他的进步阶段。政府要更好地与各种不同经济和社会力量一道制定"游戏规则",总之,改革需要时间。

括弧的说法没有十分明确地再次提起,但却保留了提出问题的方式。这一意图说明为什么代表大会最终文件更多地包含了各种要求,而不是一个整体的观念。特别是,虽然人们同样保留了瓦朗斯代表大会要整顿不要妥协的愿望,但公众舆论则更注意皮埃尔·莫鲁瓦宣布的指向报界埃尔森(Hersan)集团的攻击和同意结束统一学校体系的谈判。

布雷斯地区布尔格代表大会把刚刚开始的确定自己行动意义的任务交给了社会党人。

正是在1984年,社会党人不得不将以更开阔的视角思考意识形态的时间提前了。弗朗索瓦·密特朗在接受《解放报》采访时作过描述,他在回答问题时去掉了决裂一类的词语,强调建立"一个混合经济社会"[①]。这一点看上去是新东西,不是因为他说的什么,而是因为他将制订新政策的努力合法化了。

洛朗·法比尤斯政府的具体行动类似于"扫雷战略",为的是从右翼取得"破坏社会主义"的证据,并把右翼纳入自由主义潮流。该行动的另一个目的是要给出一种新的参考框架。从最初几天开始,洛朗·法比尤斯介绍其行动的两个主题:"团结"和"现代化"。第一个主题是众所周知的共和社会主义和共同政策说。其精力主要放在了第二个主题上,即给政府实践讨个说法。

社会主义应当引领运动,而不该受各种事件的左右。直至此时,社会党的合法性一直建立在反对不平等的资本主义和反对官僚共产主义之间的地位。洛朗·法比尤斯再次摆出了类似面孔,将法国社会两种现代化方式对立起来:右翼的自由主义和专制的(坏现代化)方式和社会党人民主的(好现代化)方式,而共产党人因为不理解正在发生的变化,仍在宣扬备受谴责的某种墨守成规的东西。从这点出发,改革大纲就可以变一

---

① *Libération*, 10 mai 1984.

变,可以规划新目标,寻找新的"现代社会主义"理论综合。不论对于法国或法国人的日常生活,还是对于需要恢复生气的民主而言,经济结构和社会现代化应该说是一种进步。总而言之,国家面对欧洲方面的各种问题使这样的一种努力变得不可避免了:欧洲的选择本身就是一种社会的选择。

这一图案的关键是分享知识,它决定着今后的就业、每个人面对多种权力的自由度和机会的平等。洛朗·法比尤斯是在1984年12月的现代化社会进步公约中阐述了他最初的理论。混合经济应该是一种市场经济,它依靠国家干预和工薪者及公民组成的抗衡势力来纠正[1]:

> 在20世纪末,一个现代国家的现代社会主义应该是什么样的呢?"他问道。"这是已经提出的一个大问题。"传统"国家最关心的是经济、政治和国防。每一个社会正是相对于这些领域定义自己,而社会主义尤其是相对于第一个(经济和政治)方面建立起来的。这些方面还没有失去其重要性。但是,在一个现代国家中,还有另外三个意义重大的领域:科学、行政和媒体。然而,目前这三种权力通通没有面对过真正的抗衡势力。摆在我们面前的任务:现代社会主义的内容,就是除了我们的传统回应之外,还要让人们面对这一切时拥有必要的抗衡力量。我感到,主要的手段在于大力发展培训和扩充知识,在于真正做到知识共享。[2]

这种眼光使洛朗·法比尤斯坚决地再次采用了让-皮埃尔·舍维讷芒提出的必须拥有80%中学会考水平的阶层。需要首先考虑投资、科研、培训和民主,他后来经常将这些定义为"成功的方阵"[3]。

关于社会发展、重要的中间阶层的这种思考,显然会影响社会党性质本身:社会党要面对所有人,不能再声称"自上而下改变公民的现状",而

---

[1] *Le poing et la Rose*, n°111, novembre 1984, et *PS-Info*, suplément au n°228 du 12 janvier 1985.

[2] *PS-Info*, op. cit., p.22.

[3] Comité directeur du 9 mai 1987.

是创造让公民自己行动起来的手段。作为社会中的探索者,党必须抓住新的期待,尤其是生态政策的紧迫性。1987年6月里尔代表大会上,洛朗·法比尤斯在发言中这样总结道:

> 混合经济社会代替了经济集体化。改革、发展能力、欧洲,成为对我们有用的视野。把权力交给法国人,就相当于普及抗衡力量,不仅针对金钱的统治,也是针对各种形式的技术专家体制。[1]

在这些分析中,反资本主义从此首先具有了伦理的一面,成为面对1984年双重危机的第一个应对答案。这些分析移动了重点,肯定了一种新的框架,使讨论的新主题更明确了。这些分析完全吻合弗朗索瓦·密特朗自己实施的隐隐约约的收缩,他在1984年底对《扩张》杂志说:"我的社会主义,就是寻找一条真正的政治、经济和社会民主的道路。"[2]然而,洛朗·法比尤斯的建议力度在于,要伴之以某种修正,政府要将这种修正落实到具体事务中。由于不能准确地把握原来政治变革模式的生死相脉,他们的软肋就是把现代性说得太"无辜",回避明确地梳理存在的不同逻辑。

米歇尔·罗卡尔对这种谨慎很不以为然。1985年4月,他因为不同意下次议会选举采取比例代表制一类的投票方式而辞职。此后,他得以理清自己的行动与之前的理论思路。他决定在秋季向图卢兹代表大会提交一项动议以确保展开讨论。在后来的三年里,直到总统选举前夕宣布参加竞选,他在不断发展和明确地表达他的主要论点。

在他和他的朋友看来,梅斯代表大会各种对立的立场已经由事实做出了了断。选举许诺有过之而无不及。对国家过于信任导致了管理的失误。错误则在于没有及时承认这些失误以维持信任。他在只有自己签名的给代表大会的信中写道:

> 我坚信,如果不是因为我们的公民深深感受到言与行之间

---

[1] *Le poing et la Rose*, n°119, juin 1987, p.41.
[2] *L'Expension*, 10 novembre – 6 décembre 1984.

的差距,我们就不会遭受如此的失败。①

从这时起,便有了一些共识:市场作用不该受到质疑,混合经济是一个明显事实,社会主义要面对所有人。经验证明,在一个竞争世界里,摆脱竞争既不可能也不可取,社会党人尤其应该在各种矛盾的要求之间确定自己的行动:

> 用现代化的关心进步的方式引导我们的社会,就要让利益冲突表达出来,要用能保护个人和集体积极性的有活力的妥协来战胜冲突。在种种矛盾的要求之间,如正义与竞争、安全与自由、独立自主与相互依存,谁能以绝对的方式确定一些看不见的界限呢?②

为此,罗卡尔派提出重新构建社会与党的关系,重新构建价值观和方法,最后重新构建工作重点。

显然,这种核心直觉受益于以前由"第二个左翼"提出的思考和建议。一方面因为看到了代议制的重大危机,国家的困难,体制、政党和工会回答各种不同的和自相矛盾的期待,另一方面因为有来自社会的各种积极性,虽然往往受到限制和打击。"米歇尔·罗卡尔强调,未来就要看公民为一方、干部机构为另一方的二者之间独立的关系了。"③应该公平对待独立的愿望,此时,对于罗卡尔派来说,这个概念已经代替了自治的概念。这需要重新给国家角色一个明确的定义:

> 今天的社会党,这个在我们的理论中形成的党,党既能够重新定义国家的角色,也可以保证国家不是作为生产者,而是经济和社会生活的调节者发挥更大的效率,还能促进社会合作伙伴的独立性和积极性。少一些规章,多一些谈判;少一些法律,多一些契约;少一些监护,多一些责任:这就是为把现代化和团结

---

① *Le poing et la Rose*, n°112, mai 1985, p.10.
② *Ibid.*, p.10.
③ *Libération*, 22 mai 1985.

互助结合起来应该寻求的平衡。①

在社会党的理论中,国家问题确实很关键:这个问题曾经使罗卡尔派和社会党其他派别形成了根本性的对立。米歇尔·罗卡尔多次提到这种对立。回顾1982年的说法时,他强调,国家不是为了生产而建立的,生产行为要求速度和决策的独立性。相反,国家应该管理,也就是说,制定一些保证所有人平等接触社会领域和经济领域的规则,通过国家的权能和预测手段保证未来,通过投资支持必要的进步,订合同以对其他利益采取行动。"从生产者国家到调节者国家,从监护者国家到放哨国家,从强势国家到行动者国家":这些说法总结了米歇尔·罗卡尔所要看到的社会党理论已完成的变化②。

这些年罗卡尔派的独特之处,不仅是确定新的价值,而且在于强调在现实中体现出其价值的相应手段:米歇尔·罗卡尔在《解放报》中声称"社会主义归根结底就是解决社会难题的一种手段,其准则就是始终在团结互助和承担责任之间寻找兼容点"③。与20世纪70年代社会党其他派别一样,罗卡尔派的确出于各种原因放弃了参照过于"国家主义"的社会民主。然而,1981年以后,为了确定现代社会民主变革的手段,米歇尔·罗卡尔认可了对立利益之间的妥协概念。他在1985年秋季时说,"我们的措施,其核心是建立起一种社会调节体系,该体系既不能让社会发展只依赖市场也不能只依赖国家,而是依赖开诚布公的和有契约保证的协商"④。开展谈判、举行辩论、签订契约应该是解决分歧的主要手段。权力下放、制定国家-地区计划契约、制定奥卢法,开始让法国拥有了她所需要的对话组织体系。为了获得新的发展,党自身必然把自己当做这样一种社会变革观念的代言人。

在罗卡尔派看来,要想更好地保证改革顺利进行,必须重新确定社会

---

① Rocard (Michel), *A l'épreuve des faits*, op. cit., p. 55, deuxième discours prononcé au congrès de Toulouse.

② Id., *Le Coeur à l'ouvrage*, Paris, Odile Jacob, 1986, p. 249. Voir aussi《*Forum de L'Expansion*》, octobre 1985,cité in Rocard (Michel), *A l'épreuve des faits*, op. cit., pp. 155–157.

③ *Libération*, 22 mai 1985.

④ Rocard (Michel), *A l'épreuve des faits*, op. cit., p. 55, op. cit., p. 215, discours prononcé à la convention nationale du PS le 9 novembre 1985.

党的理论基础。在他们提出的那些重要问题中,大多数与其他党派是共同的,如就业、教育、与被社会抛弃的现象进行斗争、环境保护和欧洲问题,但他们强调某些观念以及根据他们自己独有的看法推导出来的一些措施是"社会最低收入"来自于团结互助,但是应该以行政权力下放的方式来管理,而且建议个人在回归社会方面做出努力。"培训信贷"可以成为学业失败后的"第二次机会",并以个性化基本状况为基础。"新工资合同"的雄心更大,要通过推广和普及在劳动时间和条件、工资、培训方面的合同政策来改变劳动供给。工资合同必须满足对峙各方利益:为工薪者提供能够获得资质的培训,促进雇主的生产能力,国家利益表现在提高经济竞争力和创造就业。国家要做的是鼓励谈判、消除存在的障碍,发挥提供公共支持的角色。这样一来,罗卡尔派便把混合经济的概念扩大到了整个社会,他们希望把社会的现代化建立在风险/团结互助相结合的基础上,以便在保证集体团结互助的同时,调动各种积极性和个人冒险[1]。

对于这一修正,洛朗·法比尤斯给予了谨慎的支持,而米歇尔·罗卡尔则更加坚定,最终达成一致意见,甚至包括党的传统左翼。不过,就这方面来说,修正意见朝着发生分歧的方向发展,让·伯普兰回到赞同正在发生的民主社会化,让-皮埃尔·舍维讷芒和学习、研究与社会主义教育中心更加强调他们的分歧意见。

前者连同其党派过去是支持密特朗派的联盟,但是保留了自己的特点。关注社会关系的变化和阶级冲突,坚持了马克思主义的社会二元观,自1981年起,在瓦朗斯代表大会上,让·伯普兰就提出了妥协的概念,以确定左翼新的社会战略。"妥协"建立在劳资之间力量对比关系的基础上,针对的是社会民主国家的现实与实践。面对1983年春季的转变,支持这种转变的让·伯普兰要求法国社会党真正向社会民主方向发展。他把党的任务定位在寻找能够使契约政治在全国适用的手段[2]。在国家与市场之间,妥协是工薪人有权利期待的维持劳资分配平衡、确定"缔约方"的唯一可能途径。1985年,他在一部《新契约论》著作中介绍了他在1987年图卢兹和里尔代表大会上主张的观点。

---

[1] Id., *Le Coeur à l'ouvrage*, *op. cit.*, pp. 234–235.

[2] *PS-Info*, n°228, janvier 1985, Convention nationale sur la modernisation et le progrès social.

他在 1987 年 9 月声称"压力首先就是生产力的较量,生产力表现为非常具体的经济和社会现实。社会主义道路——或者更不如说,自避开列宁的假说后我们始终坚持的社会民主道路——,就是寻求如何限制、抵消丛林法则。就是我建议的:在经济和社会合伙人之间商讨工资、利润、投资、公共权力(国家和地方)激励、劳动时间、就业之间的重大相关性"[1]。

在让·伯普兰——可能还有他的党派——看来,这些建议的好处在于,可以为社会党在保持历史传统的同时实行的新政策提供一种解释;可以继续侧重阶级关系的分析方法;可以借此区分"妥协"与"同意";最后,可能是提供了起动员作用的目标,就如同十年前的"国有化、计划、自治"三部曲那样。

正如我们已经看到的,1983 年,为了阻止"国家的衰落",学习、研究与社会主义教育中心已经指出,今后只有恢复共和国家和保障民族独立才是最重要的。布雷斯地区布尔格代表大会勾画的这条路线,在后来的年代中被更加强调。1984 年,让-皮埃尔·舍维讷芒成立了一个新的政治俱乐部——现代共和,而到 1986 年,学习、研究与社会主义教育中心更改名称成为社会主义与共和国。这一政治派别显然在具体事件上遭遇到最彻底的质疑。左翼联盟的破裂已经打碎了他们让两党通过左翼联盟或在左翼联盟中发展的意愿。由于 1983 年所做的选择,对随后所行政策的谴责越来越明显。1987 年 5 月,在一次领导委员会和议会小组为总结 1981 年以来行动而召开的共同会议上,让-皮埃尔·舍维讷芒强调,受到质疑的不仅是 1983 年确定的大政方针,而且还有 1981 年制定的方针,这些方针没有给予人们执行社会党计划的手段。从欧洲的各种制约角度看,社会党经历了"自由的倒退"。呼吁努力的号召有些滞后了。对国家机器的控制是不够的。由于没有划分出一个框架,跨国企业管理的自主性成为保守主义的一种托辞。义务征税额、预算赤字货币比例分配制,成为相当危险的不能谈及的话题。

---

[1] Discours au comité directeurs des 12 et 13 septembre 1987, cité in *Le Contrat que les socialistes proposent au pays*, brochure, impression IDA, 1987, pp. 18 et 20.

贝尔福市长在作总结时说,"如果我们承认社会党内事实上存在着哥德斯堡(波恩的一个小镇),那么我们的命运就是跟着第三种力量,在欧洲,借口无非是要人们表示接受对美利坚帝国依附的情况下,竭尽我们的全力使国家走出危机"。①

学习、研究与社会主义教育中心成为社会主义与共和派了,它坚持了基本立场。但是考虑到新的客观现实,而且为了维护在党内的影响力,该派不得不再次提出了自己的说法,与此同时,把20世纪70年代就已经存在的但与统一意愿相比不那么引人注意的民族国家的地位提到首要位置,因为民族国家是唯一可以制约世界自由主义影响的力量。法国遇到身份危机的同时,政治分野发生了变化,且从此形成了对"衰败"是抵制还是不抵制的两派②。

因此,学习、研究与社会主义教育中心所做的修正不过是在遣词造句上:在1980年的方案和后来的立场之间,存在着明显的吸收借鉴性的继承关系。但是反省其核心借鉴意义时,该派又表现出了一种政治思想固有的,以担忧民族国家衰败为标志的悲观主义。既然民族必然要独立是理论构建的核心内容,那就必须越来越激烈地批评党内其他派别基本上希望看到的欧洲政策。

这四个方面重新定位社会党的努力,到此时虽然只限于党的基本体制,但表明在理论建设方面确实做出了努力。但是从发展前景看,他们的努力是不同的。总体来说,主要是由各方不可避免地所持的立场和战术性的利益不同而决定的,在这些答案中,没有任何一个方案能够做到让全党接受:洛朗·法比尤斯是因为他在1986年立法选举时提出的目标过于个人化,而在1985年与里奥奈尔·若斯潘的冲突表明不能超越的局限性;米歇尔·罗卡尔是因为无论他采取了怎样的谨慎态度,他的方案是以另外一种政治变革模式为基础的;让·伯普兰,是因为他的"真正的"社会民主说缺少具体的实现手段;让-皮埃尔·舍维讷芒是因为他在明确地固守民族国家的同时,越来越背离社会党的欧洲文化,而回到共和并没有

---

① Texte ronéoté de Jean-Pierre Chevénement, *Réussir vraiment*, comité directeur ; *Le poing et la Rose*, n°116, janvier 1987, p. 10.

② *Ibid.*, n°119, juin 1987, p. 24.

带来革新的气息。

但是,某一种革新逻辑之所以难以独占风头,这在很大程度上是因为弗朗索瓦·密特朗不愿意促进整体的修正。在他看来,他以前提出的"混合经济社会"概念足以使各种各样的变量依据形势的变化用来各取所需地强调或者忽略这种或那种特征,以避免发生可能会导致评判过去的辩论(正如图卢兹代表大会已经开始了的辩论)。

如果再考虑到里奥奈尔·若斯潘大概自然会重视党的内部平衡并且曾经希望避免质疑密特朗多数派,如果我们只是考虑整体理论的惰性力量,就有可能理解为什么党自己在1985—1988年的文件中坚持的是一种点线状的修正。这正是为什么里奥奈尔·若斯潘在里尔代表大会上一致同意的政策提案中引入了"新的平衡"的表达方式:

> 社会主义运动在更大意义上是走向社会主义的运动,其中包括改革、产生社会关系的改造、人与人之间态度和行为方式的变化,而不是寻找人类历史的终结。我们的任务是继续这场社会主义运动,在一个由不同成分组成的社会中促生出新的平衡,构建个人与国家之间、个人自由与集体制度之间、私营主动性与公共干预之间的新关系。[①]

这只会带来一些平衡的说法:市场得到承认,但是由国家来确定重大经济优先权,国有化已经证明其作用重大,但是国有化本身并不是终极目的,党不再是"阶级对立"的党,而是"工薪界"的党,改革标志着与"资本主义精神与实践的决裂",等等。

党的总体文件,特别是《为1986年3月议会选举组成的平台》和为1988年总统选举提出的《社会党人的建议》,都反映了这些新的状况。这些文件包括了新的措施——社会最低收入,培训信贷,它们勾画出了重大优先(特别是在预算方面),避免了过去的原则问题[②]。《致全体法国人的信》以其特有的风格写在这些文件的后面。从1986年共处时期起,总统

---

① *Ibid.*, n°118,《Rassembler pour gagner》, p.9.

② *Le poing et la Rose*, les propositions socialistes, n°9120, septembre 1987, et *Le Monde*, 8 janvier 1988.

选举的前景便冻结了1983年至1986年期间出现的对立。但是,由于刀口不太锋利,"现代社会主义"显得有些黯淡,舆论认为它是在事实的压力下制定出来的。社会党人在用词上赶上了社会民主家庭,但是他们既没有真正与该文化结合,也没有构建这样的结构。

二、对改革搁置修正

弗朗索瓦·密特朗的第二总统任期被认为是不合常理的迹象。这本来是法国社会党重新确定意识形态、改良主义得到保障的时刻,但实际上,从1988年到1993年,先后三届风格不同的政府,米歇尔·罗卡尔政府、艾迪特·克莱松政府和皮埃尔·贝雷戈瓦政府,都没有打破1983年以来选择的政策。且不说别的,1989年柏林墙倒塌和1991年苏联解体,使共产主义名誉扫地,事后证实了社会民主主义思想和政策是正确的。最后,由马斯特里赫特条约和1992年全民公决引发的公开辩论(赞同者略占上风)让法国社会党人看到,欧盟建设显然成为一种摆脱不了的命运,也拉近了他们与其他党派如社会民主派和工党之间的关系。因此,一项新的、与1980年的思想完全决裂的社会党方案处于筹划之中并在1991年得到通过。但是,社会党人并没有因此达到足够的平衡。1990年召开的雷恩代表大会充分暴露了自弗朗索瓦·密特朗重新当选总统以来笼罩的某种不适。1993年立法选举的失败在一定程度上再度使社会党人进行了各种讨论。1993年至1994年担任第一书记的米歇尔·罗卡尔和在他的继承者、1995年担任此职的亨利·埃马努埃里之间对立以"对左翼的一次沉重打击"而告结束。弗朗索瓦·密特朗离开爱丽舍宫时,这种不确定性依然存在。我们在下面的阐述中正是要反映这一动态。

"某种政治斗争的形式已经过时。法国社会的演变比政治体系发生的变化要快得多。1981、1986和1988年接连三次政治更迭,已经使事情得到了应有的调整。"①米歇尔·罗卡尔在1988年6月29日国民议会上发表的一般性政策宣言中提出的这个判断,其信心基础是,要想考虑一个复杂社会各种各样的相互依赖性,在对话道路是最可行的一种措施的情

---

① *PS-Info*, n°370, 2 juillet 1988, déclaration de politique générale de Michel Rocard devant le Parlement, le 29 juin 1988.

况下,政府可以采取一种能够广泛团结法国人的政策。

后来采取的措施满足了四种共同愿望:第一,是维护健康的经济条件,这必然要求逐渐减少公共赤字,适度调整价格和工资,把生产性投资放在首位;第二,加强法国经济和社会的现代化,这必须以革新公共事业、实施税费改革、解除因总统的"既不,也不"给国有化公共部门造成的制约[1]和政党资助要道德化为基础;第三,确定更注重法国人日常生活、保障机会平等、致力于在自由愿望与安全需要之间达到某种平衡的社会政策;第四,重视教育和开展经得住时间考验的"重大研究"来为未来做好准备。让法国做好加入欧洲统一市场的准备和减少失业是两个既定目标。

这些方针无疑是弗朗索瓦·密特朗在他的《致全体法国人的信》中描述的,而且使用的大多数措施在1988年的社会党文件中都出现过。但是,落实这些方针的方法和贯彻执行主要改革的方式却表现出一种特殊的风格,以及米歇尔·罗卡尔本人称之为"市场经济中团结互助的社会"[2]的轮廓。支持主动性和扩大团结互助成为一种企业改革哲学。协调,这个在起草文件时并不多见的词在处理社会纠纷时却用得很火,往往最受人们的青睐。注重不同行政部门之间、公共行为体与私营行为体之间的合作,为解决郊区危机的难题,这种愿望被放在了首位。融入社会最低工资(RMI),是自1956年建立老年最低工资以来所决定的最重要的互助措施,在1991年中期就惠及了150万人,使15万份融入社会合同得以签署;教育方面的努力反映在国民教育预算在3年时间内上升了25%(即500亿法郎),还有建立了培训信贷以缓和学业的困难;普及性社会捐费替代了只由工薪人支付的捐费,用对所有收入都征收无上限的捐费取代了只对低于社会保障上限的工资征收的捐费;改革一系列公职部门,预先做好7年期间所有公职人员类别的重新分类;城市政策,特别是法兰西岛,致力于减少市镇之间的不平等以及平衡不动产建设,这些就是具有政府行动特征的主要社会改革。人们可以轻易地看出,这些改革在什么地方保留了社会党的特色,但也看得出在什么地方反映了另外一种社会变

---

[1] 在总统竞选期间,弗朗索瓦·密特朗曾经提出过一个"既不……也不……"的规则,希望冻结关于国有化和私有化问题的讨论,请参见 Lettre à tous les Français。

[2] Discours prononcé devant la Convention du Parti socialiste, le 6 avril 1991, texte ronéoté, archives du Parti socialiste, p.10.

革观念,一种不同于1981年占主导地位的观念。这些改革实际上首先寻求的是"恰当的比例",种种制约之间的平衡,是与时间打赌。"增长的契约"概念是1989年秋季为制定经济增长带来的产品再分配规则而提出的——设置的标准是,三分之一剩余价值分给就业,三分之一用于未来投资,三分之一用于购买力,这个概念反映了一种为解决经济和社会生活决定谈判程序的愿望[①]。

米歇尔·罗卡尔多次明确解释说,这次他不是仅仅向社会党人建议而是要实施政治变革的模式:

> 他在党的领导委员会上指出,"没有必要的手段我们改变不了社会,没有一定的时间我们改变不了社会,没有权力我们改变不了社会。没有手段就无法改变,这里同时存在着管理和改造问题,因为,只有良好的经济才能给运动提供足够的操作余地。没有时间无法实现改变,因为我们社会存在着种种弊端,而且没有任何一种弊端是可以在几天之内消失的。我们开设了最低收入,剩下的就是要帮助融入社会。我们重新评估教育条件,但还要动员学校的所有合作者。最后,没有权力无法实现改变,就是说,没有法国大多数人的信任或者默契,哪怕是相对的。我们不能把震荡和改造混为一谈。忘记这一点,我们很快就会站在对立派一边,坐在对立派一边往往是很舒服的,但是,对立是多么无济于事呀。"[②]

然而,要在法国社会构建持久的社会契约关系,各种困难使米歇尔·罗卡尔在继续寻找契约政治的道路和手段的同时,逐渐地确定了比前些年在辩论中所想到的更为复杂的"行动体系"要素,它是在国家、社会合作者和舆论这种三角关系中建立起来的,他在1990年秋季党的执行局一次发言中承认:

[①] Rocard (Michel), *un pays comme le nôtre*, op. cit., pp. 132–136; *Le Pacte de croissance*, discours prononcé à l'université d'été du Parti socialiste, 1er septembre 1989.

[②] Id., *un pays comme le nôtre*, op. cit., pp. 140–141, discours prononcé devant le comité directeur duParti socialiste, 1er juillet 1989.

这并不是说改革不会自行进行;而是说用别的方式进行改革,而且不会失败。因此我们不要恋旧,更不要悲观。事实上,认真地想一想,政党、工会、选民、舆论之间正在建立起来的新的连接关系,赋予了纯粹意义上的政策一种新的主动和行动能力。社会结构不再简单地反映政治斗争。在特定的形势下,为了获得政治多数,需要由我们来抓住各种有直接联系的分歧点,由我们来活跃公众讨论的空间。[1]

不过,米歇尔·罗卡尔提出的模式并没有真正取得社会党人的赞同。在最初的几年里,鉴于弗朗索瓦·密特朗第二次当选时分裂的右翼几乎看不出有什么危险,社会党几乎扮演了两种角色,即在议会中的执政党角色和语言上的反对党角色。罗卡尔政府3年期间层出不穷各类冲突,1988年秋季的护士罢工、教师为"重新评估"的罢工、1989年财政部门公职人员的罢工、1990年高中发生的运动等,使不少社会党的活动分子甚至领导人表示,他们与罢工者而不是与政府更加团结一致。一位社会党部长在1989年秋就抛出了"社会赤字"的说法。尤其是弗朗索瓦·密特朗,他一再强调的是减少不平等方面的不足[2]。

1990年3月,雷恩代表大会上出现了7份相互对立的提案,为此安排了一场辩论。的确,"社会主义和共和"派的提案要求"结束自由主义搭便车",而社会党新流派,一个正在形成中的以朱利安·德莱和让-吕克·梅朗松为首的左翼派别,则质疑"罗卡尔式的一致同意"[3]。不过,在这次代表大会上,问题的实质还不在这里。而是在密特朗派出现的危机、里奥奈尔·若斯潘和洛朗·法比尤斯之间的对立,米歇尔·罗卡尔试图打自己的牌。而且,三个重大提案中,每一个都获得了30%的赞同票,没有引发真正的意识形态论战。洛朗·法比尤斯诚心呼唤一个"强大的国家",而不是"谦虚的国家",这是批评罗卡尔的一种方式。里奥奈尔·若斯潘

---

[1] Discours de Joué-lès-Tours, intervention de Michel Rocard au séminaire du bureau exécutif du Parti socialiste, le 20 septembre 1990, texte pubié dans la revue *Socialisme du futur*, n°2, 1990, p.7.

[2] *L'Année politique, économique, sociale, en France*, 1990.

[3] *Le poing et la Rose*, n°130, janvier 1990, motions pour le congrès de Rennes.

重新提出"新平衡"的主题,要求"强法郎"政策本身并不是目的,这个警告更多的是针对财政部长皮埃尔·贝雷戈瓦,而不是总理米歇尔·罗卡尔[1]。提案的几个主要人物都在政府里,不容许批评得太过头,否则会引起公开的政治危机。活动分子感到不适的种种原因只能任其存在了。再加上内部的争端,显然使形势更加严重。

党内部和外部的局势都要求进行一次总调整。1988年5月上任的第一书记皮埃尔·莫鲁瓦有意消除雷恩代表大会的不良作用,在做出这一努力的同时提出党要准备一个新的方案。他把准备工作交给了原学习、研究与社会主义教育中心负责人米歇尔·夏尔扎特,他是在海湾战争时与让-皮埃尔·舍维讷芒分道扬镳的。后者组织了一次大范围的、有许多知识分子和专家参加的听证活动。然而,很少有活动分子们赞同那些初步想法。不过,这次行动雄心很大。目的是要重新制定一套"进步思想"[2]的基础理论。

提交给活动分子投票的文件在第一部分中对经济和社会发生的变化做出了说明[3]。建立在科技革命、通讯革命基础上的资本主义全球化,对基本上处于国内层次的变革模式质疑。为了确定新型合作形式,国家不得不与企业保持别样的关系。社会不再像20世纪六七十年代那样受制于围绕集中的冲突。今后,社会的分化决定了政治行动的条件。

社会党将如何给自己定义呢？答案就在方案第二部分的标题中:民主社会主义的伦理与手段。实际上,如果社会党从根本上不再是一个经济组织,如果它只能代表不同的社会利益,那么它原则上就是一种"道德"和一种"手段"。由于把利益多元化放在理论思考的核心,社会主义就不再是一条线路清晰的道路,而是一种邀请,要求反映出事实中多种未表达出来的价值:尊重生命、自由、平等、公正、互助、宽容、责任。1991年的计划既要回到共和人道主义的主题,也是要采取社会民主的实践。

---

① *Ibid.*, n°130, Voir les différentes motions d'orientation.

② 《*Pour un aggiornamento socialiste, Fraire face aux défis de l'an 2000*》, texte de Michel Charzat, archives du PS.

③ 《*Un nouvel horizon. Pour la France et le socialisme*》, *PS-Info*, octobre 1991, Texte repris, avec une préface de Pierre Mauroy, dans *Un nouvel horizon, Projet socialiste pour la France*, Paris, Gallimard, 1992.

"民主社会主义突出阶级、年龄、文化品位、道德和宗教信仰的对立。在一个互动的、开放的、多元的社会里,冲突是正常的、不可避免的和应该得到保障的。它呼唤的是和而不同。以民主的方式接受冲突和和解会使我们把妥协变成最重要的社会和政治调解方式,成为新的权利和自由的创造者。"①

第三部分阐述了"民主社会主义的目标",同时弱化了完整公民性方面可能取得的进展,后者可能会推动"一个运动的党"。讨论最多的一点是用什么方式定义与资本主义的关系。方案的起草工作表明了观念上一定的犹豫②。第一个版本提出的是"与资本主义历史性妥协"的前景,这同1980年的方案中"与资本主义决裂"的观点截然相反。准备阶段的辩论最终让社会党人接受了"与资本主义的危急关系"的说法。文件总体上是以"有利于私营和公共企业关系的混合经济"③的概念构建的。

1991年12月13至15日召开的特别大会,即阿尔什代表大会通过了提交的文件,其重大方针没有受到质疑。文件获得了81.36%的有效票,而社会主义与共和派和社会党左翼的替代修正案只获得了12.31%和6.33%的票数。

因此,1991年本该是法国社会党进行理论修正的一年。阿尔什方案实际上充分考虑到了过去的10年里发生的裂变。文件把社会主义定义为改良主义。但文件很少在活动分子中间得到讨论,而是一直停留在高层的一件事情。尤其是1992年3月地方选举结果不佳,同年9月马斯特里赫特全民公决时社会党选举团分裂,老的传统工业地区的反对者占了上风,1993年春季议会选举遭遇严重失败,这一切使社会党人陷入深深的身份危机之中,也使人们忘记了1991年的方案。辩论重新开始时所针对的是1983年以来实施的政策的正确性。然而,辩论是在弗朗索瓦·密特朗生病、揭露他过去在维希时的"真相"、围绕继承问题引发纷争这样的气氛中进行的,政党资助问题的进一步发展以及因"城镇化建设公司Urba事件"社会党直接受到质疑,使这种气氛更加沉闷了。从1993年4

---

① *Un nouvel horizon*, [...], *op. cit.*, p.134.

② Les versions successives du texte présenté au comité directeur sont consultables aux archives du PS.

③ *Un nouvel horizon*, [...], *op. cit.*, p.247.

月的领导委员会到 1995 年 2 月指定里奥奈尔·若斯潘作为总统选举候选人,社会党经历的是一种内部危机状态,这种状态曾被几次明显的缓解所打破。这很好地说明了体现这三年特征的意识形态出现的波动。

1992 年 7 月 10 至 12 日的波尔多代表大会被转向筹备议会选举和马斯特里赫特条约的全民公决。出于必需,这是一次团结的大会,会议通过了由法比尤斯·洛朗提出的多数提案,提案获得了 85% 的有效票,而左翼社会党的文件只得到 7.26% 的得票率。因为亨利·埃马努埃里原党的财务管理人几天前受到审查,社会党人的团结变得更加不可或缺,为此,这种团结还负有一种属于社会党人的责任。多数人的提案所提出的建议表达了希望代表一种新的"改革精神"[①]的愿望。但是,已经宣布的保障就业、自由、安全、互助、民主的承诺用词比较宽泛,其中的具体措施很少,正如一位社论作者指出的,如果说"那些错误的想法消失了,那么,新的思想还没有出现"[②]。社会党左翼的提案标题为"美好的联盟",提案中的反对意见主要针对的是政治战略,并且要求左翼共同展开辩论,以确定一份政府契约。让-皮埃尔·舍维讷芒采取了退让立场,没有呈交提案。但是,在给活动分子的册子中,还有一份没有经过投票的文件,文件对 1983 年以来发生的整体变化进行了谴责:埃比内党的生气在逐渐消失。所有的选择都坚持下来了:"通过欧洲留下来的自由主义让我们没有任何一点行动余地。"[③]让-皮埃尔·舍维讷芒和他的派别由于在社会党党内被边缘化,对决策不再起作用,因此准备与党本身分道扬镳,1993 年 5 月议会选举后开始落实这一计划。社会党人在波尔多只是采取了一种等待的态度。

1993 年 3 月的失败以及后来领导层发生的危机,使意识形态对立更加严重。让-皮埃尔·舍维讷芒脱离党建立了公民运动党,从 1993 年 4 月到 1994 年 6 月,米歇尔·罗卡尔作为党的领导人试图让大家接受与执政保持另外一种关系的社会主义(社会党)的定义。但是,他这样做的政治条件还不稳固,在没有认识一致的多数人支持的条件下,做了反对洛朗·法比尤斯的联盟带头人,加盟的有里奥奈尔·若斯潘和亨利·埃马

---

① *Vendredi*, n°145, jeudi 28 mai 1992, textes des motions.
② *Le Point*, n°1035, 12 juillet 1992, article d'Alain Duhamel.
③ *Vendredi*, n°145, *op. cit.*, p. 51 et 52.

努埃里的派别,还有直至此时仍不断批评他的左翼社会党。他的继承人亨利·埃马努埃里,在6月的欧盟选举失利后,希望党重新回到更传统的社会主义观念上来。

1993年7月2至4日,米歇尔·罗卡尔在里昂三级会议上建议社会党党员和同情社会党的人积极发言,对以前的各项政策进行一次清查,经历了失败的打击后,他成功地进行了某种集体"治疗"[1]。他因此得以操控1993年10月22至24日召开的布尔歇一般大会,并被推选为第一书记,支持他的代表们达到了80%以上[2]。他相信,"第一"和"第二"左翼之间的论争已经过时,他试图以一种"新的活动观念"、"另一种执政理论"、"彻底改变各种政治势力与公民之间关系"为核心来定义"社会主义(社会党)的新界限"[3]。论争的主题紧紧围绕在减少劳动时间上。这一想法并不新鲜。在1981年的"110条建议"中已经出现过。第二年,劳动时间被减少到39小时。新意也不在于重新回到这一观点,而是在于思考应该以何种不同的方式来组织社会劳动。米歇尔·罗卡尔认为首先要实行"每周四天工作日"。可行性条件必然导致收入问题的提出。他在里昂承认,"必须要说明的是,在一定时间内整体收入的稳定是必要的,首先是资本的收入,以致所有新的生产力收益都会受到创建就业岗位的影响"[4],而在布尔歇,他说:"应该积极面对现实,要提出的第一个问题就是:怎样保证降低收入的公正而且不会伤及低收入者"?[5] 为了能够降低劳动时间,米歇尔·罗卡尔还积极维护谈判优先的方法。在布尔歇大会上提交了两项提案的少数派,当然也是追随亨利·埃马努埃里的部分多数派,他们主张由法律规定"不减工资的35小时工作制"。大会的决议委员会主要围绕着这个问题,但没有做出明确决定[6]。1994年2月达成

---

[1] *PS-Info*, *Le poing et la Rose spécial responsables*, n°553, 14 août 1993, états généraux des socialistes, rapports et interventions.

[2] *Vendredi*, numéro extraordinaire du *Le poing et la Rose*, n°196, 1er septembre 1993, pour les textes des motions, et *Vendredi*, n° 212, 17décembre 1993, pour les débats.

[3] *PS-Info*, n° 553, *op. cit.*, p.21.

[4] *Ibid.*, p.22.

[5] *Vendredi*, supplément du n°206, 28 octobre 1993, p.3.

[6] 缩减劳动时间的问题成为活动积极分子投票的又一个内容;61%的投票针对修改关于收入分配的规定,39%投票赞同实行不减薪水的35小时工作制。

了一项协议以重新讨论这个主题。该问题超出了具体目的,再一次造成两种不同观念的对立。米歇尔·罗卡尔在6月的欧洲选举失利,他本想领导一组社会党人候选人以稳固自己的合法性,但却不得不面对由贝尔纳·塔皮领导的得到弗朗索瓦·密特朗鼓励的激进派候选人,这次失利令罗卡尔派结束了修正意识形态的努力。

在1994年6月19日的全国会议上,成为少数派的米歇尔·罗卡尔不得不把第一书记的位置让给得到洛朗·法比尤斯、让·伯普兰、弗朗索瓦·密特朗的忠诚追随者以及左翼社会党支持的亨利·埃马努埃里。后者力图与以前的政治派别决裂。1994年11月22至24日召开了列文(Lievin)代表大会,在会议的筹备过程中已经出现了"对向左顿感厌倦"的因素,这是新任第一书记所希望的。在对社会党人没有予以抵制的自由主义所造成的颓势,党必须承担"反对的义务"和"彻底批判的义务"。亨利·埃马努埃里把"不可或缺的财富的第二次分配"[1]置于社会党演讲的核心。这其实是以新形式的调节和规章为前提的。公共行动应该再次被放在首位。大会的多数派提案获得了92%的票数通过,提案建议实行经济增长政策,促进消费、实行不减薪的35小时工作制、提高低薪收入。亨利·埃马努埃里在代表大会的闭幕词中强调,"恢复政治上的唯意志主义的时刻已经来到",他还补充道:"应该征税、再分配,但是也应该而且尤其应该转向调节机制。"[2]批评无疑是针对米歇尔·罗卡尔的——即使亨利·埃马努埃里最初支持过他——,但又超越了对其个人的批评,实际上涉及到了1983年以来推行的各项政策。亨利·埃马努埃里是以出席代表大会87%的代表支持当选的;一年前,米歇尔·罗卡尔获得了80%以上的得票率。这再好不过地反映了社会党人的犹豫不定。这种不确定性在列文代表大会,"向左转"的大会上进行的辩论中就反映出来了,因为占据人们头脑的主要问题是知道雅克·德洛尔是否会成为总统候选人。亨利·埃马努埃里徒劳地否定在社会党和潜在候选人之间可能存在"巨大差距"的想法,所有观察家和许多活动分子都这样看。这也是年轻的社会党人提交的提案"以社会党人的身份行动"的全部意义所在,提案

---

[1] *Vendredi*, n° 239, 9 décembre 1994, discours d'Henri Emmanuelli, p. 27.

[2] *Ibid.*, p. 28.

要求"所有行动都应该与我们的演说保持一致"①。

到 1994 年底,已经很难确定社会党的理论平衡。其改良主义特征已经不再真正受到质疑。但是,党的政治行动基础,对资本主义的分析,对社会的理解,其政治战略,所有这些都是不确定的。阿尔什代表大会的"修正"没有被接受,列文代表大会的辩论反映出的是一种向后倒退但又不想被承认是倒退的愿望。

---

① *Vendredi*, n° 239, 9 décembre 1994, discours d'Henri Emmanuelli, p. 20, intervention de Vincent Peillon.

第十二章
法国社会中的社会党

一、社会党复兴与社会变化的相关性

社会党革新首先源于弗朗索瓦·密特朗的一项政治运动。密特朗行动与法国社会在20世纪六七十年代经历的深刻的社会文化变革紧密相关,正是依靠并从政治上抓住这一变革的时机,其行动才得以成功。

由中层干部、技术人员、教师、医疗和社会服务人员以及白领工作者组成的工薪中间阶层的数量从1962年的250万人增加到1975年的500万人。中间阶层的数量猛增,高中毕业生的增多以及快速城市化进程给法国带来了新面貌。从传统习俗中解放,男女关系、亲子关系的变化,生活方式的转变,与1968年政治运动一道改变了法国传统的价值体系。个人主义和文化自由主义的价值观迅速发展,尤其是在工薪中间阶层之间。

1968年5月风暴并没有明确地表述社会的新期望,意识形态的主张也较模糊。随之逝去的是光辉却又充满矛盾的元素。只谈其中最为极端的:群众集体的革命意愿和个人主张的自由意愿。其中也有对马克思主义的重新认识,对其理解不再单一,而是多种多样。因此,很难为这次的运动找到一个合适的政治定义。

曾被作为这次运动针对的第一个目标的戴高乐主义,却在6月的时候将政治风向转向有利于自己。1972—1973年间戴高乐主义在政治上失败;五月运动也没有像发生在意大利的运动那样最终转变为一场恐怖主义革命运动。这两点却为在传统左派政治的框架下找到政治出路提供了方便。然而,在这个时候,没有任何一支左派力量能够提出代表整个国家的新思潮并为回应社会的新期望给出政治上的出路。

然而,在这场社会和意识形态的变革中,社会主义思潮并没有处在最有利的位置,在教师中的传统影响力和它一贯的世俗人道主义也未能起到大的作用。工人国际法国支部的危机及其在阿尔及利亚战争中发挥的作用使它失去了在青年和社会新阶层中的地位,五月运动恰好是一个证明。1969年成立的新社会党过于陈腐而不足以向世人展现其所谓的"新"。在运动中处于中心地位的统一社会党过于孱弱分散,仅凭一己之力同样无法对未来给出一个答案。1971年重组的社会党则能够为这场运动提供一个基于现有政治体制的政治平台。然而,埃皮纳代表大会并未像1936年人民阵线或1954年皮埃尔·蒙代斯·弗朗斯政策一样伴随着一场知识分子运动。社会党的重组也完全没能成为1968年之后思潮的主流。从解放开始,左派知识分子就一直主导着政治思想,这种主导作用甚至将一种混合了共和理想、革命象征意义、反资本主义和马克思主义原则、反美主义和大法兰西主义、依靠工人阶级和共产主义权威的思想推向了几乎不可辩驳的统治地位。因此,判断一种左派思想或左派分子的标准逐渐形成下来。埃皮纳时期的社会党拒绝成为也不愿被看做是中产阶级的政党,与从前一样,他们把工人阶级夺取政权作为工作的重心。

因此,共产党继续是社会党的主要竞争对手。共产党尽管遭遇了1968年的惨痛失败,被青年学生痛斥为"年迈病态",1969年大选表明它仍然是左派的第一大党。当时的思想意识是反对资本主义:共产党因而间接地获得某种承认。《共同施政纲领》的签署做出了一种了断,成就了一些具体的改革。然而,左派的选区支持共产党也同时呼唤社会党。这就造成实际上1972年左派两大党都曾有机会战胜对方。

然而与社会党相比,共产党在知识分子中,尤其在更大范围的中产阶级中,承受着斯大林主义和工人政党双重身份带来的压力。1973年起开始发表的《古拉格群岛》(指苏联集中营——作者)所造成的索尔仁尼琴效应实际上向公众揭露了共产主义背后隐藏的专制主义。公众对这一状况早有所闻,然而如此大规模地将其视为一种现实状况还是头一回。在中国、古巴、越南以及在柬埔寨这些第三世界国家,失望情绪的累积更是赋予了这种揭露以一种世界性的意义。因此20世纪70年代后期对专制的批评占据了思想的主流。"新哲学"重现了一些掩盖至今的古老学说(如《社会主义还是原始蒙昧》)并推出了科尔内利奥斯·卡斯托里亚蒂斯和克洛德·勒弗尔等人显然较为新近的分析,这些分析推动了一次全面重新审视价值观的运动,这场运动重新肯定了自由民主的很多原则。1975年安德雷·格鲁克斯曼发表的《人厨和食人者》揭露了马克思主义的原则;1977年贝尔纳-亨利·勒维的《人类面孔下的蒙昧》大获成功,书中指出了社会主义的先决条件是对权力的渴望;同年出版了《自由》期刊的第一期,克洛德·勒弗尔和马塞尔·戈歇发表的文章中给予了多数民主以哲学的尊严;1978年,弗朗索瓦·菲雷在《思考革命》中提出跳出马克思主义,借由对专制主义的分析重新思考法国革命。不断发表的针对专制的批评日渐损害了苏联在知识分子左派中的形象。共产党对1979年苏联出兵干涉阿富汗的坚决支持及后来在镇压波兰革命时的态度最终使这一阶层对其丧失了信心。

马克思主义被冷落,在此之前,其至少是论战的关注点。亲近社会党的学者中也出现了深刻的反思。阿兰·图雷纳、雅克·朱利安、帕特里克·维夫莱、贝尔纳·马宁、让-吕克·普蒂埃等人在《做》和《干》期刊上先后发表文章,试图从全面接受民主多元化作为社会组织的根本原则出发来重新定义社会主义。这一意识形态的转变对后十年有着重要影响。共产主义学派一蹶不振。许多核心的思想受到质疑:党的地位、革命思想、平均主义以及普世的理想;同时,关于法治国家、多元政治、改良主义和个人主义的定义也被重新评价。共产党不再像从前一样因为支持民族解放而能够抒发文化上的自由主义左派的渴望。对抗"美帝国主义"也不再足以使其成为解放全人类的主要载体。

马克思主义赋予左派文化经典以严整性,这种文化经典未能经受住20世纪70年代"批判专制主义"的考验。社会党利用了这一时机,并利用了共产主义和新兴中产阶级之间越来越拉开的距离——这种距离部分地是由于共产党无视法国社会变革而造成的。受到社会党革新的威胁,共产党在1973—1975年之间曾一度确实向中产阶层敞开怀抱,而后却依旧自我局限在"工人阶级"中,并重新推崇"工人阶级主义"。亨利·菲斯宾曾大力鼓吹向中产阶级开放,1978年,他领导的共产党巴黎联盟发动政治清算,终止了共产党为适应法国社会变化而作出的努力。社会党左翼革新与传统的结合,社会党与共产党联盟以及1974年因社会党大讨论和米歇尔·罗卡尔入主社会党而趋于平衡的联盟关系给予了社会党在法国政党体系和法国社会中新的地位。

共产党在1968年之后的衰败,把社会党推上了对抗1974年大选的胜利者——吉斯卡尔·德斯坦自由主义攻势的前沿[1]。1974年,德斯坦主义以一种完全可以同签署了《共同施政纲领》的各党派相媲美的吸引力出现在新兴中产阶层面前,而且他是占先的。作为法国新总统,德斯坦采取的一系列措施——18岁选举权,立《堕胎法》等——从事实上反映出,他有计划要给予"中间阶层"以一种从各种意义上讲都是自由的知识者外衣,他在自己的《法兰西民主》一书中称这一"中间层"为未来的主导力量[2]。但是,如同此前的让-雅克·塞万-施雷贝尔一样,瓦莱里·吉斯卡尔·德斯坦不能,也不愿把这项计划进行到底。与准备真正付诸实施的政治力量相比,他的多数派重心相差太远了。另外,经济危机也阻碍了成功推行自由主义模式,该模式造成的高失业率似乎显示出经济运行的低效率。正如当时的调查所言,在7年的任期内,德斯坦总统的形象逐渐向右倾斜。

从埃皮纳代表大会到弗朗索瓦·密特朗当选法国总统,在这10年的时间里,社会党成功经受住了来自共产党和自由主义两方面的挑战,最终成为法国第一大政治力量。(见表1和表2)。

自埃皮纳代表大会到20世纪80年代末,社会党在选举史上首次取得了非凡的成功。1973年在埃皮纳重组社会党并与社会民主左翼联盟下的左翼激进派联合,在当年的立法选举上就以20.8%的有效得票率直追法国共产党。这等于给社会党赢得了国民议会中100个席位,部分地洗掉了1968年的惨败的耻辱。

---

[1] Voir Grunberg (Gérard) et Mouriaux (René), *L'Univers politique et syndical des cadres*, Paris, Presses de FNSP, 1979.

[2] Giscard D'Estaing (Valéry), *Démocratie française*, Paris, Fayard, 1976.

表1　左派政党选举之路(1973—1993)(法国本土)各党派占比(%)

选举年份	选举类别	社会党/左派激进运动*	左派激进运动	共产党	极端左派和统一社会党	其他左派	左派总和	社会党/左派占比	共产党/左派占比
1973	议会选举	20.8		21.4	3.2	0.4	45.8	46.3	46.7
1974	总统选举	43.3			2.7		46	94.8	
1978	议会选举	25		20.6	3.3	0.8	49.7	50.3	41.4
1981	总统选举	26.1	2.3	15.5	3.4		47.3	55.2	32.8
1981	议会选举	37.7		16.1	1.3	0.6	55.7	67.7	28.9
1986	议会选举	31.9		9.7	1.5	1.1	44.2	72.2	21.9
1988	总统选举	33.9		6.9	2.4	2.1	45.3	74.8	15.2
1988	议会选举	36.1		11.2	0.4	1.4	49.1	73.5	22.8
1993	议会选举	18.5		9.1	1.8	2	29.6	62.5	30.7

* 1973年社会党和左翼激进派共同出现在社会民主左翼联盟,在其后的议会选举中,社会党与左翼激进运动结为联盟。在1974年总统大选中,密特朗得到了社会党、共产党、左翼激进运动和统一社会党的支持。1981年其支持者仅存社会党一党。1981年后,因统一社会党候选人所获选票仅占1.1%,实际上不复存在,极左翼只剩下了托洛斯基分子的组织为代表。1988年弗朗索瓦·密特朗获得社会党和左翼激进运动的支持。

表2　社会党议会党团在国民议会中所占席位(1973—1993)

议会	社会党	社会党同盟	总和	社会党及其同盟席位占比(%)
1973	100	2	102	21
1978	103	12	115	23
1981	265	20	285	58
1986	196	16	212	37
1988	258	17	275	48
1993	52	5	57	10

1974年总统选举中,作为左派的唯一候选人,弗朗索瓦·密特朗在第一轮投票中得票率为43.3%,第二轮获得几近半数的49%的选票。1978年议会选举中,社会党获其历史最高的25%的议会选举得票率,但在议会席位数上并未有所突破。弗朗索瓦·密特朗在1981年和1988年

先后以52%和54%的支持率连续当选总统,明确表明了社会党在这一时期的统治地位。1981年的议会选举中,社会党历史上首次获得绝对多数票,1988年也几乎是达到这一水平。从1981年到1988年,其选举水平始终保持在30%以上。1986年社会党在选举中遭遇失败,然而重新确立的比例选票制仍使得社会党党团在国民议会中保留了超过1/3的席位。随着密特朗的再次当选,社会党也于1988年重新掌权。即便是在野的这段期间,社会党作为反对党仍然享有当政党派的信誉,并以重掌政权为目标,从政权更替的逻辑中获得有利自己的地位。

20世纪80年代是选举势力重新组合的时代①。这种重组从1981年法国共产党开始衰弱起一直到1984年国民阵线作为一支重要的选举力量出现为止。早在1978年的选举中,社会党和共产党力量对比的颠倒就已经有所显现。1981年选举则造成了共产党的第一次分裂。弗朗索瓦·密特朗在与共产党的角力中获胜。社会党逐渐成为法兰西两大政党之一,而与此同时,共产党正开始经历其在选举中漫长的衰落(表1所示)。左翼激进派边缘化,统一社会党走向消亡,极左翼托洛斯基分子还没有真正形成力量。因此,社会党成为左派领导党。从1981年到1993年的数次立法选举中,社会党的得票数从未跌落至左翼总数的60%以下。

工薪中间阶层的迅速扩张对社会党在选举中得以复兴发挥了重要作用。这些具有强烈男女平等意识、多数从事第三产业的年轻城市知识分子,他们中的大多数逐渐注意到,作为1968年5月运动的继承者,经过整治革新的左翼社会党是实现他们社会抱负的最佳舞台②。实际上,从20世纪70年代末起,大量的工薪中间阶层都将选票投向了社会党。尽管面对着来自共产党、极左派和利己主义的竞争,社会党仍是竞选时期从中间阶层的人数剧增中获利最大的一方。在1978年的立法选举中,这一阶层也更多地把选票投给了社会党而不是保卫共和联盟或重新联合起来的法

---

① Martin (Pierre), *Comprendre les evolutions électorales, La théorie des réalignements revisitée*, Paris, Presses de Sciences-Po, 2000.

② Voir notamment Grunberg (Gérard) et Schweisguth (Etienne),《Profession et vote, la poussée de la Gauche》, in Capdevielle (Jacques) *et alii*, *France de gauche, vote à droite*, Presses de FNSP, 1981, pp. 139-168, et Grunberg (Gérard) et Schweisguth (Etienne),《Le virage à gauche des couches moyennes salariées》, in Lavau (Geoeges), Grunberg (Gérard) et Mayer (Nonna), *L'Univers politique des classes moyennes*, Paris, Presses de FNSP, 1983, pp. 351-372.

兰西民主联盟。1986年同样,即便是社会党的优势有所减弱,在选举中仍然稳步向前,而共产党则几近崩塌。属于工薪中间阶层的妇女中大多数人都将选票投向了社会党[①]。她们中的雅尼娜·摩苏子和玛丽埃特·希诺等此前已经显示出将选票投向左派的倾向。

促使工薪中间阶层逐渐倾向于社会党的,正是由于在意识形态新格局中同时存在的一些东西:其一,继承了共产主义(共产党)重塑的法国左派;其二,世俗的共和人道主义传统以及对自由的尊重。也正是这一点使社会党能够最终接受1968年5月运动的价值,这些价值尽管最初是用马克思主义的言语来表述的,但实际上是个人主义的价值体系。社会党人主张实行《堕胎法》和男女平等,使它与新兴社会阶层取得了文化上的一致。虽然存在分歧,密特朗派和罗卡尔派在社会党内部的融合,至少能在言论上达成传统性的一致并塑造出一种与时俱进的形象。正是这种意识形态上的小小改动使得社会党能够吸引新兴社会阶层,后者既不愿作为共产党代表的"新工人阶级",也不愿被看做是右派代表的"新小资产阶级"。另外,选择左翼联盟并在此后选择多党派组合的左翼,符合社会中间阶层中大部分人的政治预期和思想意识。这些人通常出身平民阶层,那么与法国共产党的联盟关系使他们从心理上避免了把现在所处的环境和过去完全割裂开来。

从1978年首次凭借自身特色投入选战以来,社会党就摆出一副从选举社会学角度来看的新面孔(表3)。1968年运动过去10年之后,社会党获得其史上最多的35岁以下投票,说明其革新卓有成效,也显示出新的号召力。为社会党投票的女选民数量几乎等同于男性。同时,在工薪中间阶层中的得票也相当高,尤其是教师。然而,在1986年和1988年完全超过共产党之前,在竞争条件完全不平等的条件下,社会党同样吸引了不少工人[②]。最后,社会党以一种更为传统的方式,成为不进行宗教仪式的信徒、无信仰人士以及国家、地方公务员的代表。因此,社会党受益于更为广泛和多样的社会基础。从它在老年选民、过宗教生活的天主教徒和

---

① Mossuz-Lavau (Janine) et Sineau (Mariette), *Enquête sur les femmes et la politique en France*, PUF, coll.《Recherches politiques》, 1983.

② Mayer (Nonna),《Pas de chrysanthèmes pour les variables sociologiques》, in Dupoirier (Elisabeth) et Grunberg (Gérard), *La Droite de défaite de la gauche, op. cit.*, p.154.

自主经营的个体户中的弱吸引力角度看,社会党并非一个能够吸引所有人的党,然而社会党还是成为了能够代表一大部分法国人的政党。

表3 社会党选票变化的社会学分析(1978—2002)

	1978年立法选举
性别: 　　男 　　女	 28 25
年龄: 　　18—24 　　25—34 　　35—49 　　50—65 　　65及以上	 27 30 26 26 21
宗教信仰: 　　天主教徒(定期参加宗教活动) 　　天主教徒(不定期参加宗教活动) 　　天主教徒(不参加宗教活动) 　　无信仰人士	 12 23 32 26
学历: 　　文盲或小学文凭 　　中等职业教育(CAP,BEP,BEPC) 　　高中毕业会考 　　大学	 26 27 27 22
受访者职业或曾从事职业: 　　工商手工业 　　高管和自由职业者 　　教师 　　兼职 　　雇员 　　工人 　　学生 　　无职业者	 18 19 32 28 28 29 21 23
职业身份: 　　自主经营的个体户 　　私有机构职员 　　国家、地方公共机构职员	 18 27 32

资料来源:政治研究中心问卷调查(Cevipof)

全国范围的选举复兴因多个大区的进步而具备了可能性,工人国际法国支部在这些地区的势力曾经非常薄弱[①]。(表4)

表4 1967—1993年立法选举中社会党在各大区得票情况(有效选票)(法国本土)

大区	1967年	1978年	1993年	1993年/1967年比率
南部-比利牛斯	30.2	34.2	26.5	88
勃艮第	30	29.5	20.8	69
利穆赞	29.2	24.4	23.1	79
科西嘉	28.7	29	10.8	38
奥维尔涅	28.6	27	18.6	65
北部-加来海峡	28	28.2	22.3	80
阿齐丹	27.2	30.8	23.5	88
弗朗什-贡岱	26.8	30.9	21.5	81
朗格多克	24.8	25.3	19.4	78
普罗旺斯-蓝色海岸	22.2	20.8	14.5	65
中央大区	19.9	24	20.2	101
法国本土	18.9	25	19	100
庇卡尔底	18.8	21.8	17.9	95
香槟-阿登	18.7	23	17.9	96
布瓦图-夏朗德	18.5	27.9	22.8	123
罗纳-阿尔卑斯	16.6	25.2	16.6	100
上诺曼底	15.2	22.5	21.2	139
卢瓦尔河地区	13.6	24.6	16.8	123
巴黎大区	12.4	20.7	16.4	132
下诺曼底	12.1	22.8	18.3	151
洛林	10.2	26.2	17.2	169
布列塔尼	9	24.9	22	244
阿尔萨斯	8.7	20.1	14.1	166

① Pour une analyse détaillée de l'évolution électorale du Parti socialiste, voir Grunberg (Gérard),《Causes et fragilités de la victoire socialiste de 1981》, in Lancelot (Alain) (éd.), 1981: les élections de l'alternance, Paris, presses de Sciences-po, 1986, pp. 23-67.

1967年到1993年间在阿尔萨斯、布列塔尼、上诺曼底、下诺曼底,特别是巴黎大区几个大区的进步是显著的。反而是在北部、东南部、西南部以及中央高原北部和西部等传统据点的势力明显遭遇到蚕食。

社会党之所以能在传统天主教和保守思想统治的土地上渗透,原因就在于教会在城市化进程中对社会和意识形态的控制趋弱,突如其来的各种变化越来越超出日渐衰老的保守派精英所能解释的范围。在其所作关于1978年3月布列塔尼立法选举的研究中,菲利普·布洛给出了如下一种解释:社会主义是关于传统社会危机的空泛思想。他认为,社会党影响力在布列塔尼的扩张"并非由于定期参加宗教仪式的天主教徒逐渐倾向了左派,更多的是因为许多天主教徒渐渐不再定期礼拜"[1]。传统领导力量,不管是领主、资产阶级贵族还是来自天主教运动、世俗运动领域、和共产党一道反对现行秩序的斗士,他们所持的价值观念已无法适应一个处在剧烈变化中的地区。

国内媒体传递的新价值观"既是经济快速发展的社会价值观:现代性、效率和经济活力、专家学术至上等,同时也显示出对现代社会未能遵守的许诺或是它所造成的失望的反抗"[2]。社会党在此处的影响力扩张和右派在别处的坚决抵抗"都与候选人勇于接受大选中多数选民分化出的两种上升的力量不无相关:一种相信现代化,一种反对其造成的破坏[3]"。在布列塔尼,社会党以新生力量和"走出旧贵族困局的自由者"的面貌出现,一方面避免了消耗政治权力,另一方面,通过推出年轻候选人来"引导对改变的期待"[4]。菲利普·布洛还指出,社会党的影响力也波及那些刚刚城市化并开始有人口涌入的农村地区,它影响着城市新区,特别是在定期从事宗教活动显著减少的地区,社会党影响的推动力尤其强烈。这类分析有助于理解社会党在保守势力地区的渗透,不过也解释了社会党在其传统势力范围内的衰退。在后面这些地区,新兴右派精英成

---

[1] Braud (Philippe),《les elections legislatives de mars 1978 dans la region Bretagne》, Revue française de science politique, décembre 1978, p.1028.

[2] Ibid., p.1034

[3] Ibid.

[4] Ibid.

功地做到了似乎能更好地表达对变革的期望①。

选举的新形势不仅发生在全国大选中。社会党在市镇一级的选举和1986年起由社会党政府设立的大区选举中取得了同样辉煌的胜利。

社会党在1977年市镇议会选举中的胜利尤为显著。此前，在787个9000人以上的市镇中，左翼领导了316个，选举后左翼掌握了479个市镇，其中262个市选出了社会党的市长。②社会党力量的壮大在西部、东部和中部尤其明显，在巴黎大区也引人注目。这场变化在1983年稍稍减弱之后，在1989年市政选举期间再次扩大。这次选举之后，社会党人掌握了284个9000人以上的市镇并夺取了多个大城市的领导权：西部的布雷斯特、南特、坎佩尔，中部的奥尔良、布洛瓦，东部的斯特拉斯堡、米卢斯。在巴黎大区，社会党人得到了塞尔奇和穆罗两市。总之，造就了其历史上最佳的市镇力量布局。

党在选举中的成功也是与党的活动分子真正复兴分不开的（表5）。埃皮纳代表大会召开前夕，社会党党员人数为70000人，到了弗朗索瓦·密特朗当选共和国总统那一年，党员数量达到200000人，次年达到213000人。

表5　社会党统计人数（1970—1994）

年份	人数
1970	70393
1971	80300
1972	92230
1973	107757
1974	137000
1975	149623
1976	159548

---

① Goguel (François), *Modernisation économique et Changement politique*, Paris, presses de Sciences-po, 1969.

② A l'issue de celles-ci, le Parti socialiste détenait 284 des 899 municipalités de plus de 9000 habitants.

续表

年份	人数
1977	160000
1978	180000
1979	159000
1980	189580
1981	196501
1982	213584
1983	203535
1984	189282
1985	176878
1986	177284
1987	183210
1988	202083
1989	204172
1990	165186
1991	155000
1992	134400
1993	103100
1994	102991

埃皮内党曾极力表明它要在社会中立足以干预社会生活一切事务的愿望。面对共产党的挑战,社会党更重视其与企业界的联系。从1969年起,阿兰·萨瓦利恢复了关于企业中建立社会党支部和小组的原则。1971年6月之后,委托给学习、研究与社会主义教育中心的一个企业秘书处使得社会党在企业的存在成为一种"积极的义务",并由历届代表大会加以确认。因此,1975年波城代表大会时的一项多数议案提到:"将给予企业社会党支部和小组的发展以绝对优先权,它们是社会党扎根工人阶级的象征。"[1]社会党还出资发行了一本面向企业的月刊:《社会主义之战》。

---

[1] *Le Poing et la Rose*, n° 38, février 1975.

这种意愿显然需要一项明确的工会政策。1971年之前,加入工会的社会党成员绝大部分在全国教育联盟或在工人力量工会。统一社会党方面,吸收的大多数是法国民主工联的活动分子。而一些共和制度大会党的干部则是加入了法国总工会。还不够全面的埃皮纳结盟仅仅是象征性扩大了社会党在工会的基础。社会党人出现在工会主要机构,好像是承诺与工会保持更紧密关系。1973年格诺勒布尔代表大会对代表所做的一项调查显示,加入工会的代表中,11%属于法国总工会,27%属于法国民主工联,35%属于全国教育联盟,14%属于工人力量,5%属于法国管理人员联合会,另外还有8%属于其他自治工会[1]。同年的立法选举中,另一项调查显示,29%的法国总工会成员、30%的法国民主工联成员和43%的工人力量成员将选票投给了社会党[2]。

二、复兴的局限与脆弱

社会党执政的最初几年社会主义正经历着左派传统意识形态的分裂。对专制的批判使得反共产主义的思潮在知识分子中变得普遍。到20世纪80年代中期新思维产生最初作用之前,苏联专制甚至代替了美帝国主义成为批判的主要目标。1983年和1984年的经济政策抉择伴随着对企业作用和企业主形象进行的一次重要的重新审视。很明显,由列宁主义和雅各宾主义组合起来的共产党意识形态建设受到了致命的冲击。尽管社会党人实行民主的决心不容置疑,但也承受了相应的压力:他们一直沿用大革命时期的口号、他们对社会的分析带有马克思主义色彩、他们在经济上主张唯意志主义,这一切都不再显得那么可靠。从1981年12月波兰危机引发的思想论战中可以具体地感受到这种影响的减退程度。大部分学者不无担忧地谴责了政府对军事政变采取的所谓"克制",这种态度在1984年春天的教育危机中同样有所表现,当时的社会党无法在"实现世俗的统一的国民教育服务是一项理应获得支持的进步"这一问题上说服大众。在政府行动中,社会党既没能获得预期的支持,也没有引起知识界实质的认真讨论。

---

[1] Mouriaux (René), *Syndicalisme et Politique*, *op. cit.*, p.83.
[2] Bachy (Jean-Paul),《La Contribution des syndicats au renouveau socialiste depuis 1958》, *NRS*, numéro spécial, 1976.

1983年政府发生的转折将社会党置于更加难堪的地位。共产党在1984年做出了不加入洛朗·法比尤斯政府的决定,使社会党无法再打左派联盟的旗号,正是左翼联盟让社会党在埃皮纳大会之后首次获得了竞选胜利。此外,政策的民众支持率下降也将社会党置于被动还击来自右派和极右派在意识形态和竞选两方面威胁的不利地位。

议会右派力量在经过了几年的失望和自省之后,也借助自由主义新思潮发起反击。弗朗索瓦·密特朗取得1981年竞选胜利并不代表某种同质性的政治文化战胜了在前7年任期中逐渐复苏的自由主义意识形态[1]。从某种意义上讲,左翼文化的分裂促进了自由主义思想在法国的重现。20世纪80年代,自由主义思潮在波及更为广泛的运动中获得了新的力量:这场运动从80年代初期就紧紧抓住了来自盎格鲁-撒克逊国家的思想,特别是在经济方面,凯恩斯主义的经济原理为货币主义观念留下了余地。到20世纪七八十年代之交,自由主义学派的多数经典著作被翻译引进:1980年密尔顿·弗里德曼的《选择的自由》,同年哈耶克的《法律、立法与自由》。法国本土的一些评论作家,如亨利·勒帕热于1980年发表的《明日自由主义》和吉·索尔曼1984年发表的《自由主义解决方案》,通过提倡美国模式向大众普及自由主义的基本概念。法国的自由主义经典也重获肯定:多克维尔自不用说,本杰明·孔斯坦,原来的自主管理思想理论家皮埃尔·罗森瓦隆甚至重读了基佐的著作[2]。在对专制一致的批判声中,雷蒙·阿隆的《回忆录》于1983年出版,其所受的追捧与此前30多年阿隆在学术界所受的孤立形成鲜明的对比,这些都表明,仅几年之内,思想意识已被颠覆。自20世纪90年代起,社会主义将自由主义看做其主要对手,认为今后自由主义将是对其的主要威胁。右派政党保卫共和联盟在击败德斯坦之后夺得领导权,标志着右派重新成为社会党的实际威胁,尽管其内部仍存在着自由中间派和雅克·希拉克领导的戴高乐主义派的分歧。

但右派还不是唯一的威胁。国民阵线在1983—1984年间凭借其对

---

[1] Voir Perrineau (Pascal),《Glissements progressifs de l'idéologie》, et Cohen (Elie),《Les socialistes et l'économie : de l'âge des mythes au déminage》, in Dupoirier (Elisabeth et Grunberg (Gérard), *La Drôle de défaite de la gauche*, op. cit.

[2] Rosanvallon (Pierre), *Le Moment Guizot*, Paris, Gallimard, 1985.

移民的仇视和对政治精英——"四人帮"(四个体制内的主要大党:保卫共和联盟、法兰西民主联盟、法国社会党、法国共产党—译者)的谴责首次在大选中获得实质性的胜利。在1984年的欧洲选举中,议会右派获得42.8%的选票,国民阵线获得了11.1%,而与1973年的23.7%相比,社会党仅得到20.8%的票数。共产党获得的11.2%的选票与其1979年时的得票相比几乎是减少了一半。因此,1986年的立法选举对社会党和左派来说,似乎前途都不那么光明。弗朗索瓦·密特朗决定重新回到比例选举制,这一举措往往被分析为通过增加民族阵线在议会中的席位来阻止右派挤压社会党或防止右翼在议会中获得绝对多数的一种尝试,以避免选举的完败。这一做法也的确起到了效果,相对右派所占41.9%的比例,虽然没能阻止右派夺取绝对多数席位,但社会党获得31.9%的票数和212个席位,依旧是一支重要的力量。而共产党势力则进一步下降,仅获得不到10%的选票。

1988年,弗朗索瓦·密特朗的再次当选又为社会党赢得一次漂亮的胜利。然而进入20世纪90年代之后政府的民众对该党的支持率开始下降并在1992年碎化,1993年3月进行的立法选举对社会党而言完全是一次灾难。与1988年相比,社会党所获有效票数减少了一半多,席位数也由275个下降到57个。19%的得票率已经倒退到埃皮纳代表大会之前的时期。这次失败表明其在选举中的不稳定性。作为执政党,社会党必须承担选举后果,而这次大规模的失败正说明社会党在选举上的脆弱。议会右派在完胜的同时,环保主义者和民族阵线的支持者也显著增加。

表6 社会党在立法选举中的得票情况(1988、1993)

	1988年	1993年	差额
总数	37	19	-18
性别:			
男	37	19	-18
女	38	19	-19
年龄(岁)			
18—24	40	18	-22

续表

	1988 年	1993 年	差额
25—34	45	20	-25
35—49	36	18	-18
50—64	36	19	-17
65 及以上	32	20	-12
户主职业:			
农业人员	13	13	0
手工业、小商业者	28	11	-17
兼职	45	24	-21
雇员	39	19	-20
工人	44	18	-26
无职业者	37	19	-18
身份:			
公共机构职员	45	25	-20
私人机构职员	42	17	-25
独立个体	20	14	-6
职业教育水平:			
初等	38	19	-19
中等	39	15	-24
技校/商校	36	19	-17
高等	37	22	-15
宗教:			
天主教徒(定期参加宗教活动)	19	10	-9
天主教徒(不定期参加宗教活动)	29	16	-13
天主教徒(不参加宗教活动)	42	21	-21
无信仰人士	54	22	-32

1988、1993 年法国民意调查社选后调查

比较1988年和1993年两次立法选举时期的有效得票差距,可以发现社会党在几乎每一领域都有所后退,在青年、工人、私营部门雇员这些中等职业教育水平的选民和无宗教信仰的选民中尤为明显(表6)。在青年和工人阶级中的衰退对本身依靠这两类阶层而重新发展起来的政党而言是一个严重的威胁。社会党不仅选民大幅减少,其构成也发生了很大变化,并在某种程度上让社会党人看到了未来要面临的巨大困难。弗朗索瓦·密特朗要从共产党人手中夺回大多数工人选民的"社会学"赌注似乎是失败了。共产党的工人选民的确在消减,然而并没有朝着有利于社会党的方向。1993年,工人投向民族阵线的选票几乎与投向社会党的票数相同。在年轻人中,来自环保主义的影响不容小觑。在1994年欧洲选举中,米歇尔·罗卡尔领导的社会党仅得到14.5%的选票,而贝尔纳·塔皮和让-皮埃尔·舍维讷芒的政党分别得到了12%和2.5%的票数。

20世纪90年代初社会党遭遇的这种衰退还伴随着党员人数的减少。从1982年到1994年,社会党人数从埃皮纳代表大会以来最高峰时期的213584人下降到1973年之前的102991人!社会党试图构建具有社会民主大党风范的一个战斗的大党的努力再次失败。此外,工人沦为党员数量最少的类别(表7)。社会党没有像自己期待的那样变成继共产党失败之后代表工人的政党,而只是代表中上工薪阶层的党派,这一阶层占社会党人数的47%和就业人口的30%,而工人和雇员阶层整体只占社会党人数的39%,却占全部就业人口的60%(1990年)。

社会党党员大多数是国家、国有企业和地方政府工作人员——这部分人在1990年占党员总数的60%,其中35%是公务员[1]。尤其是教师,是党员数量最多的一个群体,几乎占党员人数的1/4。在党的领导圈中,教师所占比例甚至更高。1988年,社会党议员将近半数为教师,约2/3为公共机构的工薪人员(表8)[2]。这种公务员和教师的高比率正是密特朗执政后期社会党成员构成与其他政党相比的一大特征,同时也是它的弱点所在。

---

[1] Fichier PS.

[2] *Livre blanc du ministère de l'intérieur*, 1988.

表7 社会党党员职业（在社会在职人口中所占比例指数[%]）

	1951/1954 a	1973/1975 a	1990/1989 b
农业人员	43	137	140
手工业者、商人、企业主	125	150	100
管理人员、高级智力职业（不含教授）	120	167	130
教师	*	425	327
兼职（不含教师）	*	77	125
雇员	*	81	95
工人	96	51	42

* 无计算意义
a 人口统计
b 法国国家统计局就业统计

表8 1988年社会党代表职业和身份（%）（大城市）*

	共产党	社会党	RPR	UDF
职业				
农业人员、工商业者	4	1	10	13
自由职业	8	13	25	25
教师	17	47	11	10
高层管理人员	4	21	28	25
兼职	—	4	2	5
雇员	17	2	1	2
工人	25	—	—	—
其他或无职业	25	23	23	20
总计	100	100	100	100
身份				
独立个体	12.5	13	36	38
公共机构职员	25	63	30	26
私人机构职员	37.5	12	11	16
其他	25	12	23	20
总计	100	100	100	100

* 内政部白皮书

20 世纪 80 年代的记录看上去非同寻常。然而社会党却没能或不知道像欧洲其他国家,特别是南欧一些国家的社会党一样在这段时间一直保持较高的选举得票率。社会党依然停留在中等规模。它需要可是却不再拥有同盟。左派自身也在不断衰弱和分化。虽然社会党作为左派主要政党的地位仍然不容置疑,但它的选举和政治前景却不甚明朗。

MENGXIANG
YU ZHUIHUI

第四编
前途未卜（1995—2005）

弗朗索瓦·密特朗改变了法国社会党的历史进程,正是密特朗给予了社会党掌握政权的雄心并使其在一个很长的时期内统治着国家。然而密特朗并未在理论的修订上做更多努力。在1983年的转折时期之后,社会党一直处在政权的"左右",而未能在洛朗·法比尤斯、米歇尔·罗卡尔、艾迪特·克莱松和皮埃尔·贝莱戈瓦先后当政的不同时期保持其政策的连贯性。随着密特朗时期的结束,社会党重新回到面对自己的局面,虽然已经成为一个真正的执政党,却总不肯承认自己是一个不断变革的政党。社会党今后究竟该如何确保执政党的地位?又应该遵循怎样的道路呢?

法国社会主义的大旗交到了里奥奈尔·若斯潘的手上。对社会党而言,1995年春天总统大选的体面成绩遏制了此前因立法选举惨败而引发的危机。这一成绩也给予了里奥奈尔·若斯潘建立绝对权威的机会,直到2002年春那场对社会党甚至整个左派来说未曾预料到的大失败之前。在大选中,里奥奈尔·若斯潘请求赋予他"清点密特朗身后政治遗产的权利",试图开创一个与此前不同的政治时代。然而密特朗所遗留的不仅仅是执政的实践,它包括运用体制机构、政治战略、左翼联盟,如果不包括某项政治纲领,但至少可以肯定的一点是包括社会主义政治语言的力量。

里奥奈尔·若斯潘的独特之处是希望树立自1983年起就一直欠缺的一致性。但他几经犹豫和深思之后选择了保留密特朗思想的重要部分:引导党的行为方式,利用体制机构和搞联盟。用他自己的话说,他将主要精力用于缩小"执政前的许诺和执政后的行动之间的差距"。然而若斯潘并没有为了实际修订理论而发起一场明确的辩论,尽管他也切实想到以"植根于左派且现实的建议"来实现真正替代从1993年以来开始执政的左派。本书最后一部分的前两章将从与密特朗时期的联系和变化的角度来研究若斯潘时代表现出的不同的两面。

如同前几次政权轮换一样,2002年竞选失败至少使社会党拉开了与其政府行动之间的距离,而且更是招致了党内众多少数派的全面批评,并最终导致了2005年公投的严重危机,以至否定了法国自1983年起在欧洲建设上的选择。最后两章是对社会党内部建设以及社会党和法国社会关系的评述。

今天的社会党似乎是回到了密特朗第二个7年任期末时的状况。它深陷一个分崩离析的左派,其主要的盟友,共产党和绿党都正在陷入对自身认识的严重困境。在里奥奈尔·若斯潘时代结束时,辨清其模式与生俱来的完美倾向后,"新旧参杂"的社会党再次面对着无法确定的未来。

第十三章
若斯潘的年代:密特朗色彩

1994年底出现的社会党内部危机似乎打破了由弗朗索瓦·密特朗建立的总统优先的政治平衡。在列文代表大会上,亨利·埃玛努埃里和他的领导班子试图召唤雅克·德洛尔和他的"责任感",以给社会党再建一个山头。这无疑给雅克·德洛尔宣布退休的决定造成了压力,因为他不想让社会党人与他保持怀疑的距离。

里奥奈尔·若斯潘提出参选并被指定为候选人的方式对于重新树立密特朗的地位都发挥了重要作用[①]。在得知米歇尔·罗卡尔退休,确认得到皮埃尔·莫鲁瓦的支持并预先告知密特朗之后,若斯潘于1995年1月5日向社会党总部全国办公室提出了参选并让党员对他进行选择。在皮埃尔·若克斯和雅克·朗宣布退出之后,亨利·埃玛努埃里几经犹豫,还是在洛朗·法比尤斯的支持下宣布参选,他在党的机构内支持者众多。两人间的这次争斗成为接受密特朗总统权力思想的重要时刻。实际上2月3号进行的社会党内部竞选中,若斯潘也的确以65%对35%的压倒性胜利获得党内成员对他这位有可能赢得大选胜利的候选人的支持。这同时表明党内成员对社会党执政党身份的重视。

一、掌控党内权力

竞选活动期间,若斯潘与由他完全独立组织的社会党领导层保持着一定距离,他把起草竞选纲领委托给身边亲近的几个领导人物:玛蒂娜·

[①] Grunberg (Gérard), La candidature de Lionel Jospin ou la construction d'un nouveau leadership, in Perrineau (Pascal) et Ysmal (Colette), (dir.), *Le vote de crise. L'élection présidentielle de 1995*, Paris, presses de Sciences-po, 1995, pp. 61–80.

奥布里、多米尼克·斯特劳斯-卡恩、克洛德·阿莱格尔和皮埃尔·莫斯克维奇。通过每周一次的"竞选委员会"会议,若斯潘将一切重要决定都掌握在自己的手中。在第一轮获得的 23% 的选票,已经使若斯潘在竞选中名列前茅,而在总统选举第二轮投票中略高于 47% 的得票率,远远超出体面的成绩,更使他具备了夺取党内领导权的各种条件:作为政党参加总统选举的(自然)候选人和当选(对若斯潘而言应该是再次当选)社会党第一书记。根据社会党一贯的组织机构逻辑,若斯潘在竞选中取得的胜利迫使亨利·埃玛努埃里不得不让出党的领导权。如果若斯潘搞得不好,他可以伺机夺回党的领导权,以维护他在列文代表大会上确定的、因党内选举产生的力量对比关系变化而受到威胁的政治路线[①]。

1995 年的总统大选表明社会党仍然是左翼最有实力的党派,正是这次选举使社会党走出了 1993 年选举失败的危机。1997 年雅克·希拉克解散议会之后进行的立法选举再次证明了这一重要现实:社会党的胜利迫使作为总统的希拉克任命议会多数派领导人为总理,这个人就是里奥奈尔·若斯潘。在马蒂尼翁(总理官邸)度过的 5 年总理生涯为若斯潘聚集了充足的人气,他于是决定参加总统竞选,社会党内部也没有任何人对此举产生任何争议。

弗朗索瓦·密特朗希望将社会党建成一个能够赢得选举胜利并执掌政权的党。因此,除了形式之外,他试图将社会党改造成一个为其领袖——总统/总理候选人、党派领导人——服务的组织。里奥奈尔·若斯潘一直标榜对党派活动分子的尊敬。从其从政之路来看他有着更深厚的党员资历,1981—1988 年的 7 年间担任社会党总书记。从 1995 年秋天起先是作为社会党总书记,两年之后作为国家总理,若斯潘都以自己不同的方式为社会党的发展作出了贡献。

我们不妨仔细观察在这段时期里奥奈尔·若斯潘如何在党内建设自己的力量关系。他不想受困于"组织"协定的限制,首先致力于巩固大选中获得的优势。为此,若斯潘要求从更改各级领导任命方式开始进行社会党的革新。他亲自领导一个"现代化委员会",起草了 18 项建议要党

---

① *Le Monde*, 16 mai 1995, publication d'une note confidentielle de Jean Glavany proche alors d'Henri Emmanuelli, pour contrarier les ambitions prêtées à Lionel Jospin.

员投票。其中最重要的内容是要求通过党员直接投票选举全国和各省领导。两年前的布尔歇代表大会上,米歇尔·罗卡尔已经使大会通过了向现代化改革的第一步:总书记人选必须通过党代表大会的代表选出,而不再仅仅由党的核心组织全国委员会决定。而这一次,若斯潘的方案则是在加强社会党的(总统权力)最高领导人权力的问题上迈出了决定性的一步。果然,若斯潘在竞争1988年主动放弃的党的总书记职位时,获得了98%的压倒性多数,投票率接近67%。如此绝对优势下获得的合法性只受到来自朱利安·德莱和让-吕克·梅朗松领导的左翼社会党的反对,也的确让在年初进行的党内初选中另一候选人亨利·埃玛努埃里有些坐立不安。这一结果允许若斯潘在1995年10月15日的全国委员会上提出了一个完全由其掌控的全国书记处:各种派别当然都获得一定的代表,包括左翼社会党,然而都由其亲信负责组织领导。达尼埃尔·瓦扬负责协调和选举,让-克里斯托夫·康巴代里斯负责对外关系,皮埃尔·莫斯克维奇主管调研。此前一直跟随雅克·德罗尔并自称"跨派系"的弗朗索瓦·奥朗德担任发言人一职,原属罗卡尔一系的马努埃尔·瓦尔斯主管媒体宣传[①]。

从严格意义上说,里奥奈尔·若斯潘并没有重新建立一个派系,而是领导了一个多元的多数派,其中包括1993年没有背弃他转投亨利·埃玛努埃里的友人、原罗卡尔派的绝大多数、亲近皮埃尔·莫鲁瓦和玛蒂娜·奥布里的社会党人、原德洛尔派成员等。拥有一个组织完备派系的洛朗·法比尤斯也依附进来。这一广泛的绝对多数局面一直持续到2002年。不过这个多数派与之前的派系略有不同:例如那些站在法比尤斯一边的派别,他们在1990年雷恩代表大会上互起争执,之后形成一个由权力网构成以那些有意争得政府(最初那几年)、之后总统领导职务的知名人士为中心形成了交叉点的整体。这样,马尔蒂娜·奥布里和多米尼克·斯特劳斯-卡恩,他们就在党内和一些党外俱乐部领导过较为有组织的宣传。雅克·朗和贝尔特朗·德拉诺埃在2001年之后享有很高的个人声誉,却没有因此在党内形成自己的组织。到2002年,这个"多元"的联盟遭到两股少数势力的挑战:一是20世纪90年代初组建的左翼社会

---

① *Vendredi*, 20 octobre 1995, organigramme des nouvelles instances du Parti Socialiste.

党,由朱利安·德莱、让-吕克·梅朗松等托洛斯基派出身的领导人召集,其领导人还包括原"警惕:种族主义"协会(1984年创立的反种族歧视协会——作者)主席阿尔莱德·德西勒和罗卡尔派的列恩曼;另一派的形成经历了两个阶段,先是1997年秋布雷斯特代表大会上围绕原波普朗同仁问题,其后是在格勒诺布尔代表大会召开之前,尤其是随着亨利·埃玛努埃里的介入,会议发起了关于社会主义传统价值的系列宣传,坚持阶级分析,并将税收制度作为改革意愿的试金石。2000年11月,格勒诺布尔代表大会上,这两股少数派势力在党的活跃分子投票中获得了28%的票数。

里奥奈尔·若斯潘统治社会党生活长达7年之久。作为党的第一书记,他曾在两年时间里直接仲裁所有重要争议。在1996准备三项协议时期,他整整一年作为劳动委员会主席和条款编纂主席亲自参与了各种项目的筹备工作。负责全国选举事宜的书记达尼埃尔·瓦扬在与若斯潘总书记的紧密合作下起草了原定1998年举行的立法选举候选人的名单。和弗朗索瓦·密特朗1981年任命他一样,若斯潘在自己出任总理一职后也指派了党内继承人。弗朗索瓦·奥朗德的意图再明显不过了,而且使他自己的政治盟友都大吃一惊。奥朗德只是从1994年起才在亨利·埃玛努埃里打造的团队担任全国秘书。奥朗德在20世纪90年代初曾是雅克·德洛尔的亲信,不属于党内任何一个现存派系;80年代曾与几个好友一道短暂主持过一个所谓"跨派系"网络[①]。1995年作为全国秘书处发言人,弗朗索瓦·奥朗德凭借自己的人品和才能在媒体中树立了威信,然而他在党内的相对孤立才是他被指名的一个原因。最初几月作为代理第一书记,随后根据新规定,在1997年布雷斯特代表大会和2000年格勒诺布尔代表大会上两次经由党派活动分子投票选为第一书记。奥朗德拒绝了前罗卡尔派提出的组成一个"多数派"的要求,没有在党内创建自己的派系。他希望首先以召集人的面目出现,以把自己的弱势转化为一种力量。洛朗·法比尤斯的亲信阿兰·克莱斯负责协调和财务,让-克里斯托夫·康巴代里斯到1999年之前负责各联合会和对外关系。2000年11月格勒诺布尔代表大会之后,尽管从少数派动议中没能找到政治综合理论,

---

① Bachy (François), François Hollande. Un destin tranquille, Paris, Plon, 2001.

但是第一书记奥朗德却提出了保证党派团结的"技术综合"说。

直到2002年,里奥奈尔·若斯潘都一直处于决策核心。共治期间更是加强了这一地位。密特朗在第一个7年任期内尽管整体上掌握着政府、议会团体和党的所有机构,但还是与决策核心保持了一定的距离。总理在第一个议会5年任期内就不是这样,而是直接担任多数派的领导。弗朗索瓦·奥朗德每周与总理两次会面直接参与政府决议:一次与党的主要领导人一起,第二次直接与总理面对面。这样他在政治论战中继续负责部分发言人工作,主要是共治和多数派局面下若斯潘无权干预的部分。在社会党议会党团主席让-马克·埃罗的帮助下,奥朗德花了很大精力推动党对政府政策的支持。面对多元的左翼各政党及其运动,若斯潘试图保留其作为领导人和仲裁者的职权,其中弗朗索瓦·奥朗德更是扮演了合伙人角色——当然,扮演得非常出色[1]。这种做法不可避免地影响到社会党参政议政的功能,招致党内少数派系在多次全国委员会和党代表大会上不断提出批评。更改选举日程的决定更加突出了这一状况。由马尔蒂娜·奥布里负责从2000年末开始准备,并于次年底通过的纲领草案,后来被作为候选人纲领的文件之一,未能引发太大的关注和讨论,因而不再是最重的砝码[2]。因此,在担任党政首脑的"7年任期"中,为了让社会党人接受在第五共和国体制下执政的各种要求和限制,以批判性分析起家的若斯潘却在很大程度上继承了密特朗的传统。

二、践行总统制

事实上,弗朗索瓦·密特朗的一个主要贡献是引导社会党接受将重点放在总统选举。运用第五共和国体制,是他成功获得1981年和1988年竞选胜利的关键。然而,密特朗在体制方面的实用主义却没能让社会党人实现与这种体制的完全调和。实际上他也并未号召他们达成这种调和:他的著名口号称"这些体制是危险的,在我之前如此,在我之后也是一样"。社会党内部关于体制的论战同样未曾间断。一些重要人物和少数

---

[1] Amer (Cécil) et Chemin (Ariane), *Jospin et Cie, Histoire de la Gauche Plurielle*, 1993 - 2002, Paris, Seuil 2002.

[2] *L'Hebdo des socialistes*, La vie en mieux, la vie ensemble, supplément au n° 218, 2 février 2002.

派不时宣扬他们雄心勃勃的制度修正主义,多数派则与之鲜明对立,次次都站在谨慎改革主义一方。

里奥奈尔·若斯潘则率先表明了进行深刻变革的意愿。在1991年所著的《创造可能》一书中,若斯潘承认第五共和国的体制无疑带来了稳定,并且承认正是这种稳定性让社会党得以长期执政。

> 他写道:"1958年宪法两次帮助了左派,夺取政权和维持统治。以全民普选的方式选举共和国总统使左派的使命变得简化。"[1]

然而若斯潘并不真正因此满足于这种体制,在他看来,这种体制有三个方面的不足:议会地位下降、行政权力出现"两元化"和赋予总统的权力过大。法国人不会同意取消以全民普选方式选举总统的制度,面对这一客观现实,若斯潘提出一种法国式的总统制:取消总理职位以结束行政上的两头政治,保证行政权的行动空间的同时加强议会的权力。

然而3年之后,若斯潘在1994年11月向列文代表大会上提交的个人发言中放弃了这一提议。此后的他只保留了之前提议的精神,转向体制改革主义的立场,为了更好地确定政治责任的范围,提出总统5年任期制和国民议会对总理人选的信任投票,但不再否定第五共和国的逻辑[2]。若斯潘以此敦促社会党人从此明确接受总统至上的权力。

1997年到2002年的共治却似乎走向了与之相反的方向。根据议会制逻辑而非总统制逻辑被任命为总理的里奥奈尔·若斯潘要求收回实际权力。然而在2002年总统大选之前,他一再强调总统选举至高的地位以及以此为基础的共和国总统至上的权力,不仅宣布支持总统5年制、推动雅克·希拉克在2000年10月进行此项改革,甚至还促使国民议会更改选举日程等。凑巧的是,总统选举和立法选举都应在2002年同年举行,中间仅几周间隔的时间,而且立法选举在总统选举之前进行。更改选举日程的目的就是将两项选举调换以保证总统选举先于立法选举进行。这

---

[1] Jospin (Lionel), *L'Invention du possible*, Flammarion, 1991, p.58.
[2] Id., Contribution pour le Congrès National du Parti socialiste des 18 – 19 et 20 novembre 1994, archives du PS.

一系列的改革有着非常重要的意义,因为总统大选通常将启动整个选举循环体系,因而具有决定性意义,而立法选举,在戴高乐主义的逻辑里,其主要作用则是给予总统以议会多数的支持。在经历了三次总统总理共治的时期之后,第五共和国终于按照最初缔造者的思想重新建立。11月24日社会党格勒诺布尔大会上,若斯潘用这样的言语对这一选择进行了论证:

> 现行选举制度,正如先前所预见的,会产生生活和政治上的偶然。很多人认为其不够严谨。我们应当期待的是,2002年的春天应当是法国人民表达自己意愿和决断的伟大民主时刻,那不该是含糊混乱和简单妥协的日子,而应当是一个明朗的春天。①

雅克·希拉克徒劳地试图反对。在2001年市镇级议会选举刚刚结束之后,更改选举日程的组织法便通过了投票。

若斯潘从未对其在1991年到2000年之间的转变作出解释,无论在当时还是在之后。在2002年总统大选前夕出版的一本名为《回应的时刻》的访谈录中主要强调了共治的危害性,要求"重塑总统"职位,亦借此批评希拉克"没能忠于这个职位",说他在5年中地位"被动"②。若斯潘以尊重戴高乐主义精神的名义,声称"戴高乐将军本着这样的思想设计了让人民直接选举总统的根本重任",呼吁"重新赋予总统职位它应有的意义、权利甚至尊严"③。他也因此以社会党人的名义放弃了"法国人民并不需要"④的改革体制的提议。

应当从整体上去理解总统任期和选举日程这两项改革。立宪派支持这种做法,尤其是奥里维尔·杜哈迈尔和居伊·卡尔卡松,他们提议必须

---

① *L'Hebdo des socialistes*, 1er décembre 2000, n° 169, congrès de Grenoble, 24-25 et 26 novembre 2000, p. 38.

② Jospin (Lionel), *Le Temps de répondre, entretiens avec Alain Duhamel*, Paris, Stock, 2002, p. 201.

③ *Ibid.*, p. 203.

④ *Ibid.*, p. 206.

让共治局面更难以出现,必须减少依赖选举作决策的次数。但是,这些改革也同时增加了总统权力,而共治的总理作为议会多数派领袖又使权力重归平衡。改革的必然结果是使总统在行政的两头政治中享有永恒的至高权力,而也恢复了总理掌握议会的权力。若斯潘也接受了这种定位。他在《回应的时刻》一书中,这样回答了关于新的5年任期制是否会造成另一种权力制衡:

不一定……我感觉,在法国这样一个对分裂相当敏感的国家,现在这种总统与议会之间的平衡体制可能并不是最坏的[1]。

弗朗索瓦·密特朗在1981年之后也不提别的意见了,并且尤其是对这种平衡未作任何一点改动。里奥奈尔·若斯潘所属的一代人对政治产生兴趣正是第四共和国走向衰落的时候,是与第五共和国共同成长起来的一辈。他在1991年对总统制度采取的立场虽然后来被人遗忘,其实还是朝这个方向走的。

想要切实改变第五共和国的进程就必须让人们接受赋予立法选举,也即议会制以优先地位。对若斯潘而言,首先赢得立法选举似乎太不确定了,他认为,与希拉克面对面反而更加有利[2]。无论如何,为了在之后创造一个议会型的环境,他必须接受一个最不重要的社会党身份的候选资格,以便于各种机构围绕竞选获胜的总理按照议会制的方向运作。为此必须着力改变竞选的政治文化以及政治阶级,这可绝非易事。但是无论怎样,这最终没有成为若斯潘的选择。如此一来,弗朗索瓦·密特朗带给法国社会主义最根本变化——要想成为一个大的执政党,社会党人必须接受体制的逻辑——得到了里奥奈尔·若斯潘更坚定的认可。

三、缺失共同纲领的多元化左翼

1993年的立法选举,更严重的是有贝尔纳·塔皮"激进"派出现的1994年欧洲选举,使社会党人失去了盟友。各地方联盟虽然还在,但是

---

[1] Jospin (Lionel), *Le Temps de répondre, entretiens avec Alain Duhamel*, Paris, Stock, 2002, p. 211.

[2] Moscovici (Pierre), *Un an après*, Paris, Grasset, 2003.

必须用一项全国的具体协议来组织起各路人马。在布尔歇代表大会召开时,为了组织起左派的对话,米歇尔·罗卡尔授意由让-克里斯托夫·康巴代里斯协助,由里奥奈尔·若斯潘主持"社会变革的辩论"。开始时,每周一次在晚餐时间召集左翼社会党的重要人物,包括原共产党员和生态主义者。此种状况下,共产党这样的党派和公民运动党在一开始有些疏远。若斯潘决然要打造一个广泛的甚至囊括生态主义者的"新联盟"。同弗朗索瓦·密特朗的现实主义一样,若斯潘以现存的支持组织为基础来建筑政治联盟。并且同他一样,按照埃皮纳重塑党时的路线,避免与任何中间派联盟。而雅克·德洛尔在宣布放弃竞选之前也已考虑到组织议会多数的这种必要性。亨利·埃玛努埃里领导的党派则放弃了这一战略。若斯潘从这一战略的分歧中获益,这也成为他决定参选的理由之一。

  他在2002年总统大选之前出版的《回应的时刻》一书中说道:"我认为,无论哪种路线都是不可行的。其结果或是导致惨重的失败,或是走向分裂。"[1]

里奥奈尔·若斯潘希望在反自由主义和反中间主义路线的基础上,重建一个扩大的左翼联盟,他在这点上也继承了密特朗的遗产。实现这一计划的有利条件终于在埃皮纳代表大会召开25年之后出现了。1994年,罗贝尔·于继任乔治·马歇,成为法共总书记,由共产党组织机构指定的这位候选人在当地默默无闻,他希望带领共产党摆脱孤立的状态。绿党中集结在多米尼克·瓦奈周围的人有可能发展为多数,这一派即准备告别以往"不左不右"的特点。1995年总统大选是决定性的时刻。在第一轮投票中,相比罗贝尔·于的8.6%和多米尼克·瓦奈的3.3%的得票率,里奥奈尔·若斯潘获得了23.3%的选票。毋庸置疑,社会党和若斯潘已经成为构建反右阵营的绝对核心,第二轮投票47%的得票率把他推上了左派不可撼动的新领袖地位。10月,若斯潘成为社会党第一书记。次月举行的绿党全国大会上,多米尼克·瓦奈带领全党旗帜鲜明地站到左派一方。最后,在总统大选中支持若斯潘的公民运动党主席决心

---

[1] Jospin (Lionel), *Le Temps de répondre*, Paris, Stock, 2002, p.69.

与社会党结盟,他是在两年前离开社会党的,但是在1994年欧洲选举中却未能如愿削弱社会党的实力。

1996年期间,未来的多元化左翼的领袖们加强了互相之间的联系。但是若斯潘却认为,重新采取一种正式的共同纲领战略尚不具备条件。上一次左翼联盟经历的危机依然历历在目。绿党方面的合作并不能保证与共产党和唯生产力论文化的公民运动党都能达成必要的妥协。所以,社会党采取了与合作伙伴达成双边协议的做法。从1997年1月开始先后与绿党和激进社会党人达成协议。国民议会的解散迫使与共产党的协商加快步伐。两党最终只在当年4月27日发表了一个"共同声明",而竞选却已迫在眉睫。与公民运动党的谈判亦是如此。社会党与合作伙伴协商之后的文本有时会出现口吻不一致的情形,甚至在不同状况下过多地强调合作伙伴党派自身的利益。社会党是唯一的平衡点。政治上的协议导致达成竞选一致意见,自然为第二轮投票规定某种"纪律",但是同样,也允许绿党、激进派和公民运动党选择保留一些选区。

在这些条件之下,竞选围绕社会党展开也就不足为奇。题目为《让我们改变未来,我们为法兰西所做的承诺》的竞选纲领重新启用了1996年制定的主要提议。纲领指责右派企图把法国带上"残酷的资本主义道路"和"独揽了所有权力"[1]。与1996年的表述相比,原则立场更加坚定甚至有时变得很强硬:应该"废止"《帕斯卡·德波莱法令》,应该恢复"对解雇职工的行政监督","养老金变动"应该与"净工资"挂钩,等等[2]。与合作伙伴党派的双边协议没有从总体上改变社会党的逻辑。除了关于环境保护的一般承诺外,绿党还切实争取到关闭"超级凤凰"核燃料增值反应堆和停止莱茵-罗纳运河工程计划的许诺。共产党始终坚持停止私有化——这也是与欧洲政策上的持久分歧所在。然而,若斯潘在议会任期期间不止一次地改动多元化左派的承诺,同时承认"的确应该做出一些裁决,以促使任何承诺都能逐步变为现实"[3]。

5月25和6月1日两轮竞选的胜利证明,不同于此前左翼联盟的战

---

[1] Parti socialiste, *Changeons d'avenir. Nos engagements pour la France*, archives du PS, pp. 4 et 5.

[2] *Ibid.*, p. 8,10 et 15.

[3] *Le Monde*, 21 mai 1997.

略取得了成功,并使生态主义的思潮植根于此后的竞选。然而,这一战略没有促成多元左翼的 5 个政党之间达成整体的政治协议,多元左翼内部各党之间的分歧对立不可避免。更何况社会党两个主要合作伙伴,绿党和共产党,在参政的原则问题上都存在矛盾。很多方面都将取决于政府以何种方式承受所受的限制。

第十四章
若斯潘年代:改革的尝试

巩固自己地位之后,里奥奈尔·若斯潘便着手按预想的方式重塑社会党。为了抓住时机,若斯潘把1996年的大部分时间用在实用主义的重塑党的工作之中。目标是把意愿和现实结合,因为此时的社会党已经不再有"缺乏执政经验的借口",必须"给身处不平等和失业困境的法国人一个交代"[1]。困难的是,社会党的政治理念近来摇摆不定,而让这样一个政治理念困惑的政党团结起来确定自己的政治路线,的确是太不容易了。若斯潘自己也不无遗憾地感叹道,在第二个7年任期内,政治论战只能局限在"人数非常有限的一个圈子里",他积极倡导一种"自由地分析现实、不断地交换意见和共同进行商议基础上"的民主方式,因此,他不得不在决策程序中进行创新[2]。

于是在1996年制定了纲领性的全国三项协议(公约):第一项关于"全球化、欧洲与法国",第二项关于"民主的参与者",第三项关于"经济与社会建议"。具体工作的协调分别委派给皮埃尔·莫斯克维奇、雅克·朗和亨利·埃玛努埃里3人,社会党主要领导人也都分别属于不同的工作组。各组提出的议案交由全国总局办公室,最终呈交给党的积极分子商议表决。计划在1997年召开的代表大会上通过一个总的综合性结论。程序的这种繁琐性反映出对党实际要担负主要责任的一种担忧和不安。对由此引发的热议和建议做出分析会有益于认识1997年议会意外解散前夕决定社会党思想的各种因素,以及这些因素以何种方式反映出社会

---

[1] Lionel Jospin, déclaration à TF1, le 8 janvier 1996, citée in *L'Année politique* 1997.

[2] Contribution pour le Congrès de Liévin, citée, p. 2.

党不同"派别"之间的矛盾。

一、"左翼现实主义"

1996年冬,第一项协议与催生的论战揭示了社会党当时的状况。分歧并非来自对全球化的看法。全球化被定义为"资本主义的新时代",认为具有进步和不平等的两面性,它不会随市场规则而减弱势头,而是需要强力的政治调节。最终通过的方案集合了一系列建立在主观意愿基础上的要求:把社会准则应用于国际贸易中;改革国际贸易组织;起草环境保护法令;打击资本投机;设立经济安全理事会,等等①。

而论战实际上停留在欧洲和建立经济与货币联盟的条件上。从年初开始,左翼社会党就因为质疑《马斯特里赫特条约》而处于进攻状态,认为条约的逻辑可能会使"在欧洲大陆上取得的一切社会成就出现倒退"②。这一立场的反响甚至超出了其政治思潮的范畴,也重新印证了自1992年全民公决以来因左派选民分裂而造成的担忧,以及对"自由欧洲"强加的新规则的批评。因此,亨利·埃玛努埃里指责领导层就"社会化欧洲"所提出的建议具有含混不清的特点。

协议出台之前,在3月份举行的一次全国委员会会议上,若斯潘被迫接受一系列针对全国秘书处制定的提案的修订,特别是包括亨利·埃玛努埃里提出的关于欧洲"最低工资保障"的议案。尽管做了这些让步,左翼社会党反对统一货币的修订还是获得了略多于40%的党员支持。在两种政治逻辑相互矛盾的情况下,始终无法取得多数支持的一致方案。

里奥奈尔·若斯潘在协议中明确指出:"我们继承的历史潮流根本上是一种欧洲的潮流。我很清楚,大家希望这条河流具有更好的通航能力。但是如果我们试图从河床去改造它,那就会犯下严重的错误,并且我们会面临让河流干涸的危险。"③

为了强调社会党人要向欧洲建设灌输的主观意愿,最终文件提出了社会党接受单一货币的四个条件:单一货币要进入最初倡议国西班牙、葡

---

① *Vendredi*, 1996, n° 279, Convention nationale :《Mondialisation, Europe, France》.

② *Maastricht. C'est fini.. Pour changer le monde : un nouveau traité européen*, brochure publiée par la Gauche Socialiste, 1996, p.4.

③ *Vendredi*, op. cit., p.10.

萄牙和意大利，以免沦为单纯的马克区的货币；设立欧洲经济政府；拒绝签订在预算政策上限制过多的货币稳定协议；反对未来单一货币对美元的过高估价。若斯潘总结这次会晤时强调，社会党人的欧洲信仰在今后将更加"坚决"和"主动"，"建立新的欧洲社会民主和解"①的条件已经具备。然而，取得这一平衡的过程鲜明地显示出一点，即许多社会党人并不承认欧洲的现实能否定他们的政策。弗朗索瓦·密特朗未经广泛讨论就轻易地让社会党接受了《马斯特里赫特条约》。其结局的脆弱性为人们留下了苦涩的记忆。这导致部分社会党人——尤其是亨利·埃玛努埃里身边的一些人——指责"自由主义"欧洲的局限性，而许多大区的当选人则表示了他们对这一问题的保留，这些人中大多数人反对全民公投。

关于"民主参与者"的协议并不是引起争议最多的。但是，由于若斯潘把重新定义社会党人与政权的关系变成了一种纯粹的要求而具有了重大的实际意义。为了避免出现针对密特朗执政成果的论战，若斯潘将此项协议的准备工作交给了雅克·朗负责协调。各工作小组由党内不同派系的代表人物领导。关于"清算权"（对上一时期政策的清算）的讨论也由此受到限制。最终方案里只是说道"左派政权中存在——14年间占据共和国总统职位、10年间掌握议会和政府"——给"这个国家的政治历史带来了正面的改变"②。

最终决议包含的150项议案关系到社会方方面面的民主化。对"民主的苦恼"起因的分析只是停留在一般说法，将左派的自由、平等价值与右派的制度上专制、习俗上反叛、社会正义方面倒退等价值对立起来③。若斯潘预先在1994年推动的强有力的重大路线再次出现在这里：公平的目标，为此在立法选举中为妇女候选人保留了30%的选区；扩大议会立法的自主权；将所有获选任期减为5年，实行5年总统任期制；限制任职者兼职；在立法选举中引入比例票选；给予"检察院"相对于司法部长的独立性；扩大公民的直接参与。

实际上，最激烈的两项讨论并非关于机制，而是移民——从1996年

---

① Vendredi, op. cit., p.12.

② Ibid., 10 juin 1996, n°287, Convention nationale.《Les acteurs de la démocratie》, 29 et 30 juin 1996, p.6.

③ Ibid., p.7.

春季颁布的《帕斯卡法令》的现实性看,该法以控制移民潮的名义限制外国人的权利——和有关解雇条例的问题[1]。社会党人在重新制定出生地法、遵守法国在家庭组成上的国际承诺、在市级选举中给予移民投票权等方面达成一致。然而左翼社会党以及其他不少各派系活动分子则要求直接废止这部法令。若斯潘对此予以保留,拒绝放弃控制移民政策的目标。他在1994年提出"大众人道主义"的概念,希望能确保"左派的人道主义原则能完全被大众理解和接受"。最终决议也提出"用一种既能严厉控制来法外国人口的同时又保护其基本权利的法律来代替《帕斯卡法令》"[2]。这些明显的妥协给未来的评价带来分歧。

第二项论战围绕劳动法展开。左翼社会党提出了一项修正案,要求在解雇方案上给与企业委员会以"否决权"。此外还建议重新启动关于解雇的行政授权[3]。这些提案遭到米歇尔·罗卡尔的反对,玛蒂娜·奥布里对此亦持保留态度,认为应当保持社会党上一议会任期时的做法,将解雇方案的裁决交由法院裁决。决议文本采用了一种含糊的表述方式:

> 目标是对解雇人员建立起真正的控制。同样,在咨询有资格的人事机构之后,必须交劳工监视厅审理。该厅有权否决人员解雇的决定。这一决议可经由法律上诉[4]。

这里也同样,由于太多的顾忌妥协,其代价是具体实施时的含糊性。在反对派的修正案得到考虑的情况下,决议文本在投票中获了93%压倒多数的赞同票,然而,投票率相对较弱,只占成员总数的43%。

剩下最困难的部分:经济和社会提案。用若斯潘自己的话说,社会党正是在这两个方面必须回应法国人的期望。社会党人中占主导地位的思想是回到皮埃尔·贝莱戈瓦的经济财政政策:这种常被称为是"强硬法郎"的政策相对自由主义而言十分严厉,也曾被指责是导致法国经济衰退状况进一步恶化的原因。因此重新找到"操控的空间"成为目标。证明

---

[1] *L'Année politique*, 1997. lois Pasqua et Méhaignerie.

[2] *Vendredi*, op. cit., p.28.

[3] *Ibid.*, 14 juin 1996, n°288, conseil national du 8 juin.

[4] *Ibid.*, 10 juin 1996, n°287, p.35.

弗朗索瓦·密特朗在失业问题上"做了所有尝试"的话是站不住脚的,党内专家建议利用"内部增长"的理论上,提出一种回到伴随高速经济发展实现充分就业的想法①。若斯潘迫切希望能够确定一种能与法国对欧洲的承诺相对应的"左派经济政策"。他想要改变那些从 1983 年开始使用的经济公式,但却对公式中的已知条件深信不疑。关于第一项协议的讨论已经显示出争议的激烈程度。基于这个原因,若斯潘将协调各工作组的任务交给了亨利·埃玛努埃里,一如前两项协议的制定,各小组中汇集了多米尼克·斯特劳斯·卡恩、让·伯普兰、让·格拉瓦尼、伊丽莎白·吉古、玛莉-诺埃尔·列纳曼、韦罗尼克·尼采等党内不同派别人物的意见。他希望以此将反对派留在党内的同时对它们加以限制。

从 10 月开始,争议逐渐集中在几个重要问题上。列文代表大会时就已经出现了一种提法:在不降低工资的前提下将每周工作时间减少到 35 小时。但是具体实行的方式问题没有解决。在所谓"为社会党的振兴而运动"的号召下团结起来的罗卡尔派,强调这一措施的成本,有必要根据企业实际状况进行商讨。亨利·埃玛努埃里一方试图重新拾起此前针对货币政策的批评,要求打破有碍经济增长的法郎马克平价汇兑体系。他以自己的名义提出了一个名为"回归货币现实主义"②的修正案。左翼社会党希望成为反对 1995 年朱佩改革的代言人,他们提出的修正方案十分激进,包括取消社会普摊税(CSG),重新实行 37.5 年工龄退休制度,在不减工资的情况下实行 35 小时工作制,在议会上任前三个月中提出单一货币的第五个条件,议会任期第一年开始实行"公平税收"政策③。

11 月 9 日举行的全国委员会就这些方案进行了讨论。最终呈给活动分子的方案提倡一种意志主义的行动方式,提案主要包括:35 小时工作制,努力使青年融入工作,国家在地方政府的帮助下创造 35 万个岗位,与企业协商创造 35 万个岗位,提高工资,改革税收制度,完善递进制所得税,减轻增值税,扩大社会普摊税等。这使得国家成为未来改革的主力,甚至唯一的力量。提案最后重申了接受单一货币的四个条件。为了避免

---

① Pour un exposé de cette politique économique, voir Moscovici (Pierre), *A la recherche de la gauche perdue*, Paris, Calmann-Lévy, 1994.
② *Vendredi, op. cit.*, p. 26.
③ *Ibid.*, pp. 16 et 18.

修正案得到大多数拥护而打破其认为必要的社会党人内部平衡局面,若斯潘把投票限定在方案本身,而提出的修正案只作为候选计划。最终迫使"社会党革新运动"和埃玛努埃里放弃各自的修正方案。在12月14、15日两天举行的大会上,75%的积极分子同意最初方案文本,而左翼社会党的替代方案只获得了不到16%的支持率。

在几天后邀请工会、各协会代表参加的一次论坛上,总书记若斯潘发表了评论。他指出,社会党准备的是一个"候选方案而非一场变革",但社会党必须是"保证法国人民稳定的支柱"。在介绍社会党的主要措施时,他强调必须要与其他很少出现在社会党范畴的社会力量"合作"。最后,若斯潘提出拥护"不扩大预算赤字"的政策,但对"预算政策优先"加以改善。因此可以说,他在1996年主张的这些措施与1981年时期是不同的,比之更加"全面",更具"意识形态色彩"[1]。

然而,很难像预期的那样对1996年的提案做出总结。或许应当补充上对社会问题的思考,最终通过的提案中提到这方面的非常少。这一年中进行的关于现实的讨论表明,这个问题并不简单。夏天发生的圣·贝尔纳教堂"非法入境"事件暴露出党内各方意见的分歧。考虑到意见的矛盾性曾经招徕左派部分人士和媒体的批评,若斯潘采取的做法相当谨慎[2],他说:

> 我们在9月采取了必要的行动。我希望,我们希望,在这样的时刻出现我们的身影,但必须坚持自己的立场……我们必须从事实出发,实事求是,同时要有明确的标准,哪些可行哪些不可行;谁可以加入谁不可以。[3]

关于家庭法变革的探索只是勾勒出了大概。同样,关于"民主参与者"的文本中纳入了一个回应同性恋及同性恋组织要求平等待遇的民众

---

[1] Intervention de Lionel Jospin au Forum social de Saint Denis, 17 novembre 1996, archives du Parti socialiste, pp. 6 et 7.

[2] L'Année politique 1997, mois de juillet et août 1996.

[3] Vendredi, 26 septembre 1996, n° 297; intervention de Lionel Jospin au Conseil national du 21 septembre 1996.

联盟契约的提案。然而,会议并未就此进行讨论,而只将其归于社会党专家委员会的谈论范畴。

所以,最终通过的文本体现了社会党人1995年后重新构建的计划的特征和内在逻辑。它首先表明,于上世纪80年代中期一度夭折的意识形态变化最终完成,自由主义——多数时候是资本主义的代名词——被作为主要批判对象,在所有的宏观评论中被一致指责为是推动全球化的政治运动,而全球化是大多数不平等现象的根源。无疑,经济自由主义被区别于政治自由主义,即各种权利与自由的自由主义。但是,理论思考到此为止了,而没有更多地深入到定义自由主义的政治与经济两个方面不可分割的互动关系。对整体思想意识对象的重建——应政治斗争所需,以便更鲜明地划分左派与右派之间的区别——因此保留了在社会党政治文化背景下承认市场经济的疑问。因此没有什么令人奇怪的,在三项协议中重新制定的社会党计划,其具有构造功能的逻辑早就回到了经济自由主义和政治意志主义的二元结合上,而前者总要不断地扩张其影响范围,不惜牺牲越来越失去作用的民主制度。因此,制定的主要目标是,在接连不断的变换使舆论疑虑重重的时候重塑政治的权威。

与此同时,若斯潘也有意让意识形态部分不那么强烈,希望提出的措施都从具体问题出发并且有得到落实的可能。他在1996年4月曾说道:

> 如果我们在1998年能够执政的话,我们不要让法国人民对我们能力之外的事情抱有幻想。[1]

或者还有1997年5月21日竞选活动时的发言:"我宁可面对不耐烦,也不想造成遗憾。"[2]然而,社会党内部的论战已经表明,从意识形态角度看,各派系之间的力量对比关系跟列文代表大会时的表现已没有太大区别——即使若斯潘牵制了左翼社会党的反对力量并重新构建了不同的多数派框架。大部分重要提案,如35小时工作制、提供70万青年就业岗位、提高工资、停止私有化等,都显示了一种国家可以主要依靠自身力

---

[1] *L'Année politique* 1997, p. 100.

[2] *Le Monde*, 21 mai 1997.

量解决失业、提升购买力和发展公共服务的思想。政治决策被不容怀疑地置于公民社会规则之上,法律凌驾于契约,契约只是以次要的形式提到。

必须强调指出,最大的分歧最终是第一和第三协议中关于欧洲建设以及加入经济和货币联盟的具体问题。社会党很多人,尤其是亨利·埃玛努埃里,当然还有左翼社会党,他们都认为,这样的欧洲会与社会主义相对立。他们不会重蹈学习、研究与社会主义教育中心之后的社会党以及共和派的覆辙,从国家的利益出发,而是打着理想的欧洲联邦的旗号。出于现实的考虑,若斯潘也同意这其中的一些保留意见,不期望看到一个抬高国家地位而损害欧洲合作的方案。因此,从1983年以来就不曾真正结束的争论一直持续着。眼下,接受欧元的四项条件让各方暂时达成了某种并未触及本质问题的妥协。

二、马提翁:转向"左岸"[①]

若斯潘于6月21日组建的政府拥有不少王牌。政治上,右派因为解散议会失败而衰弱,总统的政治地位也大不如前。新议会任期的前三年中反对派不断分裂,直到1999年欧洲选举一直执掌保卫共和联盟的菲利普·塞甘突然辞职,为米歇尔·阿里奥特-玛丽留出了位置。左派这边,由左派多数获得的320个席位中的246个被社会党人占据。另外,除左翼社会党外,其他派系比较和平的围绕若斯潘进行了重组。多元左派的其他四个政党在政府中也有代表。经济方面,新政府执掌政权正处在国际经济恢复活力(一直持续到2000年)的有利时期。

若斯潘并没有兑现他在1994年确定的为"改变政权风格"而提倡的所有主张——议会委员会对部长的听证,各部执行各自预算的自主权,总理参与预算管理——,但他仍然希望遵守自己表达的精神,并因此规定了政府的活动方式[②]。若斯潘精简了政府,仅有14名部长,2名副部长,10名国务秘书,以及两个"超级部委":一个是由马尔蒂娜·奥布里领导负责所有社会事务的就业与团结互助部,一个是由多米尼克·斯特劳斯·

[①] Titre du livre d'Olivier Schranmeck, *Matignon, Rive Gauche*, Paru en 2001 au Seuil.
[②] Moscovici (Pierre), *Un an après*, Paris, Grasset, 2003.

卡恩领导掌管一切经济大权的经济、财政和工业部。六位女部长和两位女性国务委员充分代表女权,政府面貌焕然一新。只有11名前任部长留用,启用了克洛德·阿莱格尔、于贝尔·韦德里纳、卡特琳娜·特罗曼、玛丽里斯·勒布朗楚等新人,前任总理和密特朗时期重要人物如雅克·朗、亨利·埃玛努埃里等都不在其中。社会党派系之间的平衡关系不那么清晰了,法比尤斯派和埃玛努埃里派分别只有一名代表,即两位国务委员——左翼社会党拒绝了给他们的职位。多元化的多数派的构成部分的代表性则根据选举结果和议会党团的重要性来决定,共产党得到了两个部长和一个国务委员职位,公民运动党头号人物让-皮埃尔·舍维讷芒任内政部长,绿党发言人多米尼克·瓦奈任土地规划与环境部长。激进社会党获得三个职位,其中包括当时还是该党党员的贝尔纳·库什内[①]。进入有利的共处时期后——人们还无法了解确切词义——,新总理为了造就一种领导成员集体行使决策权力的形式,促进联盟的和谐,推出了部长之间制度化的协调机制。每15天由正式的部长委员会召开一次全体部长会议,其间可以进行内容广泛的政治讨论。

因为事先没有一个能统一多元化多数派的约定,6月19日递交给国民议会的政治总宣言承担了这一使命[②]。若斯潘在保证"不停步、不后退、不背弃"的同时,在自己的纲领中强调了两个承诺:一个是"新的共和契约",另一个是"发展与团结协定"。竞选时期为任职期提出的一些重要措施都在里面,同时出台的还有一些即行的重振经济措施和重塑社会公平的措施,如将最低工资保障调高4%,取消对收入超过25000法郎的家庭补助,重新审查各类长驻的外籍人士的身份等等。纲领的这两部分明显地表达了"大国家主义"的价值观。《新的共和契约》提出,"国家可以是民族的切实代表","这个民族由衷地热爱民主,有着最深刻的团结互助精神";《发展与团结协定》则提到,"法国经济始终依赖于强大的公共意愿","所有公共和私有主体都将在国家的推动和帮助下行动起来以实现承诺的目标"。宣言重申了欧洲建设的目标,在必要的时候也提及了

[①] 关于与多党联合的多数就政府组成问题的谈判,请参见 Amer (Cécil) et Chemin (Ariane), *Jospin et Cie, Histoire de la Gauche plurielle*, 1993–2002, Paris, Ed. du Seuil, 2002, pp. 96 à 120.

[②] *Journal Officiel de la République Française*, 20 juin 1997.

"私有主体"和"社会力量",然而重心依然是把政治置于优先地位。显然,若斯潘希望在"政权风格"和"国家效率"上有所作为。

几天之后的7月5日,在弗朗索瓦·奥朗德任社会党代理第一书记后第一次由他召开的全国委员会上,若斯潘在下一次全国大会即将召开之际发表了他对规划行动的政治评论①。作为总理的若斯潘认为,社会党人"有远见"和"务实际"是正确的,承诺展开政府和党派之间的共同合作。提出的方法是要改变第五共和国的实践。但是同时,若斯潘一再强调,他只对向选民公布的"总体综合方针"负责,而不会太多顾及少数人的意见。他列举了阿姆斯特丹峰会(他赞同峰会的结论)和维尔福德(Vilvorde)雷诺工厂关闭的例子,指出前者仅在发展经济的目标上取得欧洲各国的一致,而后者尽管在选举宣传活动时得到一系列承诺,最终也只是在社会计划上获得了些许改善。他由此而提出了可能的替代政策问题。里奥奈尔·若斯潘不赞同所谓"对抗文化"和"政府文化"之间的对立,提出了与之相应的"责任文化"。若斯潘清楚地意识到1997年选举中得票的变化之微弱和右派在社会中力量之强大,以及执政带来的优势和参议院多数的反对,他要求社会党在左右两派的论战中发挥主要作用。

我们的意思不是对议会任期期间政府的行为如何作详尽的分析(这项分析可以写一本书),而是通过关注使人得以形成某种判断的基本方面,尽力描述出主要趋势的特点②。这种努力与两次辩论有关,一次是全国范围的,一次是欧洲范围的。2002年4月21日的失败自然引发了一场关于里奥奈尔·若斯潘领导的政府性质问题的辩论。是政府不肯采用一种新时代所呼唤的社会自由主义的综合而不能足以承担起国家必不可少的现代化责任,或者相反,还是由于它放弃了本该维护的一些社会阶层的利益,而在这方向走得太远了呢③? 争论是传统性的。在社会党人执政期

---

① *L'Hebdo des socialistes*, 11 juillet 1997, n°23, pp. 2 et 3.

② 关于这一分析,我们以《1997至2002年政治、经济和社会年鉴》各卷为依照。查阅一下政府信息处的年度总结也很有用,标题为 Arguments, les n° 174 du 1er juin 1999, n° 289 du 2 juin 2000, n° 383 du septembre 2001. 最后,请参见社会党议会党团的文件,*Bilan de la législature. Les lois votées*, 1997 - 2002, contenant tous les actes législatifs。

③ 这场辩论具有代表性的两本新书,第一本见 Mital (Christine) et Israelewics (Eric), *Monsieur ni-ni*, Paris, Robert Laffon, 2002, 第二本见 Desportes (Gérard) et Mauduit (Laurent), *L'Adieu au socialisme*, Paris, Grasset, 2003.

间,争论从未间断过。但是,在社会党、社会民主党和工党在欧盟15国的13个国家中都在行使领导政府或参政责任的这些年里,争论便有了另一层含义。1997年新工党和1998年吉拉德·施罗德的社会民主党在选举中分别胜出,不由令人对欧洲社会主义中的各种政策进行比较。在后面的篇章中,我们将说明在政府行动的重大路线中所实施的政治纲领、各项决策和取得的成果之间的关系,目的在于解释上面的冲突。

首先要说明的是属于法国民主所特有的东西或如里奥奈尔·若斯潘理解为"新共和契约"的东西,这种状况在其他国家中显然是看不到的。变革更多的是遵循了前些年处理事情的实践,即注重议会辩论,总理进行沟通,总理没有利用宪法第49-3条赋予的便利,而是遵守司法独立,在个人事务中拒绝向法院发号施令。然而,根据承诺设计的一些改革却一直没有完成:如限制任期与兼职,目的是禁止同时兼任地方领导和议会议员,但因参议院和右翼多数派的反对而被取消,而许多社会党的当选者也因此松了口气;又如最高司法委员会的改革,该项改革本该巩固司法独立,但却因共和国总统而延期;还有1999年7月《关于市镇间共同利益与工程》的法律颁布后,没有在这些新组织结构领导人中间进行普遍投票。相反,涉及男女政治平等的民主现代化却很彻底。1999年7月修改宪法时,男女对等的目标写进了宪法,最终以立法形式要求在选举候选人名单中反映对等情况,并且在立法选举中采取对不遵守该项法律的政党实行财政处罚的手段来促进法律的实施。

里奥奈尔·若斯潘希望民族"强大而又团结","有生命力而又开放",他对民族的重视说明了移民和安全政策的地位。这些政策属于政府的首要考虑的内容。两部法律的出台对以前移民方面的立法作了修改:一是1998年3月关于获得国籍的法律,该法回到了依出生地原则获取法国国籍;二是1998年5月关于外国人入境、居留和避难权的法律。自1997年6月开始,仅一份通报便给予一半以上的"无证件者"以合法身份。尽管受到一些协会和部分左翼的批评,政府仍然坚持就移民潮问题进行立法,认为它应该是平衡的、可控制的。移民融入过程遇到的困难导致在2000年3月出台了一项反歧视计划。其他社会民主党政府也在这些年通过了一些性质相同的立法,但都很难有所成就,各国社会中都不同程度地存在着关系紧张和歧视。

安全问题在2002年的总统竞选中发挥了重要作用。雅克·希拉克和右翼成功地将这一问题作为关键性的较量。里奥奈尔·若斯潘和左翼给人的印象是持守势,而且很难确定一项统一的政策,不过,自1997年10月在维尔潘特召集的三级会议上,里奥奈尔·若斯潘一直坚持把这个问题提上政府工作的日程。立法机构的重大政治原则当时已经提出:安全是"每一个人的基本权利",社会不平等不可容忍,对每一次犯罪行为都应该做出回答;优先考虑的应当是日常的安全问题,与未成年人的犯罪作斗争要有特殊的手段。让-皮埃尔·舍维讷芒,以及2000年夏季在他辞职之后的达尼埃尔·瓦扬,都确定了贴近人民的安全政策:第一,警察近距离接触民众,超越以往的"预防"与"镇压"的区分;第二,确定"地方安全合同",让所有人都关注安全,促进不同行政机构之间,特别是内政、司法与地方机构间的合作;第三,建立未成年犯罪特别教育中心;第四,调整相关法律框架与情况相适应。随后跟进的是用于安全和司法的预算增加。但是,这项政策遇到了很多困难。首先是治(公)安与司法行政机构之间传统的对立,让-皮埃尔·舍维讷芒与司法部长伊丽莎白·吉古之间在关于让年轻人远离重新犯罪应采取的措施上发生激烈的对立。里奥奈尔·若斯潘最终拒绝改动内务部所希望的立法[①]。2000年,就《无罪假定法》展开的讨论重新挑起了对立。公安与司法之间的协调依然很难。更何况要普及和变化刑事对策,司法部门要面对新的法律适应问题。尤其是1997年已开始的改革还需要时间才能取得效果。公安实行的贴近民众的安全政策只是在2000年才开始执行,这一政策的普及预计在2002年底完成。2000年和2001年,犯罪数字继续上升[②]。2001年3月的市镇选举期间出现的许多计算犯罪的误差,主要是源于对公众舆论的顾虑。总统选举前夕,安全政策并不深入人心,由于在舆论中很少出现,公众舆论还没有真正把握正在进行的改革的意义,因此缺少看得到、摸得着的成果。

这一政策另一角度的研究是与欧洲其他国家相关情况做一详细比较。有关欧洲的事情今后与各国政策很少能够分得开,因此有必要从这

[①] *L'Année politique* 1999, pp. 24-25, Chevénemen (Jean-Pierre), *Défis républicains*, . Paris, Fayard, 2004, pp. 308 à 328.

[②] *L'Année politique* 2000, p. 38 et 2001, pp. 28, 68, et 107.

里开始分析。政府决策要与共和国总统共同做出,所以共处带来的限制显然应该给予充分的考虑。但社会党人的立场还是可以明显地从政策上得到表现。1997年6月的阿姆斯特丹峰会可以很好地证明里奥奈尔·若斯潘政府整个这一时期的立场①。会上,总理让欧洲理事会接受了一项决议,把"增长和就业"作为稳定协议的目标之一,而该协议后来变为"稳定与增长协议",保留了目标的主要内容。法国政府在这五年间,都在努力捍卫建设一个社会欧洲条件的原则和内容②。在1997年12月的卢森堡峰会上,时任经济和财政部长的多米尼克·斯特劳斯-卡恩首次提出建立"欧洲小组"的建议,以方便协调欧元区成员国政府的经济和预算政策。1998年末,在昙花一现的德国经济部长奥斯卡·拉封丹的支持下,他描绘了欧洲的新凯恩斯主义政策可能具有的基本特征。然而,欧盟各社会党在开会和召开党代表大会时拿出的赞同意见,极少能在政府层面得到落实。而且自《阿姆斯特丹条约》之后,法国政府对欧洲所有重大决策最终都采取了赞同的态度,1998年使用欧元、原东欧国家加入谈判、2000年《尼斯条约》,最后是关于为2004年宪法做准备的欧盟公约原则。

因此,这项政策很难与其他社会民主党和工党找到共同目标。鉴于决策难、各国经济节奏存在差异、欧盟预算不足、英国政府在其他政府的支持下对真正的调节税收政策持保留态度,所以在"欧元-凯恩斯主义"这个事情上没有达成一致意见。与欧洲央行的对话始终流于形式。在欧盟范围实施一项共同的再分配政策上也缺少共同意愿——即使《马斯特里赫特条约》的社会议定书已经在1997年被托尼·布莱尔所接受。在就业上达成的一致意见最多,正如在2000年6月里斯本欧洲理事会上表现出来的那样。这次会议制定了一项用于发展革新的战略性框架。然而,意见的趋同并没有导致达成有约束性的目标,只是任由各国来决定是否采用"公开合作"的方法。因此,欧盟提供的行动框架给社会党设计的政策所留下的空间并不大。2001年5月,里奥奈尔·若斯潘还在逐项地引用1996年关于全球化和欧洲公约中的内容:"为了与欧盟这一宏大工程相适应,我们现在必须拥有一个欧元区的经济政府。经济政策的协调应

---

① *Ibid.*, 1997, pp. 237 à 240.
② Jospin (Lionel),《L'avenir de l'Europe élargie, 28 mai 2001》, in *Notes de la Fondation Jean-Jaurès*, n° 25, octobre 2001, pp. 47 à 78.

该得到充分提升。"①

"发展与互助合作公约"的核心在于含有要把经济增长和就业同反社会不平等和反社会排斥联系在一起的措施。这一选择大概可以调和一方面实现作为加入欧元区的必要条件减少赤字、另一方面实现1997年被认为尚不确定的经济复苏这两者之间的关系。

就业政策是这5年总结的主要内容,可以更好地说明政府使用的方法。实际上,创造就业方面的成就是可圈可点的,到2001年底,新增就业约两百万,从1997年到2002年,失业率从12.6%下降到8.6%,失业率下降了四个百分点②。法国的起点无疑是比较高的。经济增长恢复后,整个欧洲的失业率都有所下降。但法国的下降幅度比其他可比国家更高。竞选时所作的承诺是创造70万年轻人的就业机会。经济复苏后,这个目标很快被私营部门放弃。公共部门和有国家支持的合作单位(工薪费用的80%来自财政)创造了24万个就业岗位。劳动合同为期5年规定,原则上属于"私法"范畴,但内务部和司法部是以公法合同形式加以认定。从16到24岁的年轻人失业率下降了十个百分点以上。科研与统计指导处的调查表明,三分之二的年轻人在完成学业后都有一份工作,但其中多数是在公共部门。然而,与其目标相悖的是,大多数劳动合同是有5年时间期限的合同,而处境最困难的年轻人却因此减少了被录用的机会。

减少劳动时间是1997年10月10日召开的"全国就业、工资和劳动时间会议"的核心内容。鉴于这一领域中职业间谈判毫无进展,以及1996年Robien法的效果边缘化的情况,政府决定采用降低合法劳动时间③,并由玛蒂娜·奥布里准备起草两部法律。第一部在1998年6月提出,目的是鼓励谈判,为谈判提供重要依据,以使谈判能够在继续以前的减少低工资社会摊派政策的基础上,降低劳动成本,第二部是在2000年1月提出,目的在于确定最终框架,重新强调某些行业协定,如在冶金业中实行的协定(这又与第一部法律的某些条款相悖)。35小时工作制从2000年1月1日开始在有20名工人以上的企业中生效,2002年1月1日

---

① *op. cit.*, p. 55.

② Voir chapitre sur la politique économique et sociale dans *l'Année politique* de 1997 à 2002 et les statistiques de 2002.

③ *Le Monde*, 12 octobre 1997.

起在其他企业中实行。到2001年底,涉及10%的企业和53%的工薪劳动者,但其中10%的企业只有不到10个工人①。

这项政策的争论是非常激烈的,而且至今依然如此。为了便于分析,我们必须强调这一政策的几个特征。奥布里的第一部法律导致出现了谈判下放的趋势。不过,其具体的立法却没有能够对部门和企业有关事宜加以明确区分②。减少劳动时间一般不会减少基本月工资。由此造成每月的小时工资上涨11.4%,这部分上涨要由生产率效益(因劳动时间减少要对劳动方式进行重组)、国家援助和以暂时冻结月薪的形式来补偿。有关减少劳动时间法并没有要求减少加班,但是,加班费用的增加和2000年底经济形势的变化使加班时数减少,并导致有关工薪劳动者工资收入的减少,这是私营部门低技术工人不满的主要原因。根据研究,减少劳动时间对就业所起的作用很不相同。创造就业岗位估计在20万到40万之间。公职部门的情况更是难以评估,在这里,一般情况下有关生产率的补偿是很难得到的。在某些领域,特别是医疗领域,出现了人员匮乏和服务质量下降的情况。公共部门内采取措施的滞后性、缺少准备和权力下放的社会对话无疑是主要原因。在私营部门,为达成各项协议而举行的谈判,给工会提供了确定自己在企业中作用的机会。然而,当政府为了资助减少劳动时间而利用得益于创造就业的社会保护资源时,工会却表示反对。

减少劳动时间的政策被里奥奈尔·若斯潘称为"富有成果的冒险",这一政策因此具有一些奇怪的特征。毋庸置疑,该政策是一项有益于社会优先的行政措施,在欧洲,只有法国政府实施了这一政策。但与此同时,由于为保证达成减少劳动时间协议而引入了企业内部的"多数协议"原则,促进了企业内部的谈判,因此这一政策为革新社会民主规则创造了机会。这一立法也以一种拐弯抹角的方式在劳动市场上引入了各种弹性工作形式,而在社会党的文件中,这类形式是受到指责的。只不过领取这类工资的人对他们的收入和劳动条件的具体变化比对社会民主状况的改善更敏感。他们的反应总体上因企业的性质、收入的水平和所用时间不同而不同。

---

① *Sources DARES*, Ministère du Travail.
② *L'Année politique*, 2000, pp. 339–340.

对社会政策大的方面所做的分析表明，政府没有真正革新与工会的关系。与前任左翼政府一样，他的确坚持说要加强工会，而且从扩大企业内部谈判的角度上看，第一个关于 35 小时工作制的法律也逐渐加强了工会的存在。这本来可以拉近政府与法国民主工联的关系，因为后者自 20 世纪 70 年代以来一直提出这样的要求。然而，政府并没有在总体政策上打破国家干预至上的做法。这一点在 35 小时工作制的第二个法律投票时表现得更加突出，因此，拉开了政府与法国民主工联的距离，而法国民主工联总书记尼古拉·诺塔则特别希望提升合同在社会政策中的地位。他们之间甚至在法国雇主协会 1999 年 11 月提出的"社会重建"方案上发生了冲突。法国民主工联的协议，法国基督教工联还有法国管理人员联合会-管理人员大会的协议都使社会党人感到不快，他们更多地视法国雇主协会为政治对手而不是社会合作伙伴，也因此遭到法国总工会和工人力量的拒绝。政府否定了帮助重新回到工作岗位的一项提案之后，又两次强迫其重新改写内容。社会党人和法国民主工联之间的相互指责严重加剧了他们之间的紧张关系。自 1998 年起，与统一社会党的教师工会、特别是全国中等教育工会之间爆发的论战，开辟了另一条战线，这条战线并没有能够平和公职内的气氛。政治上关系最接近的是同独立工会联盟，尤其是原全国教育联盟多数派的工会分子。但是，政府在要求它提供全国代表性方面的好处时却没有得到好的回应。1998 年 11 月，社会党在企业与国家的一项公约中提出的有关修改集体公约中的代表性和普及多数协议规则的建议，在政府中反响很微弱，因为政府认为工会很难达成一致意见。因此，工会政策停留在被局部协议左右的状态，无法打开一种新的社会局面。

从传统意义上讲，税收是社会党政策的试金石。政府的政策分为两个阶段。第一个阶段为多米尼克·斯特劳斯-卡恩领导内阁的前两年，这一时期由于受重新平衡国家财政的影响，税收缓慢增长，随着实施对利润和储蓄采取社会征收的政策以及扩大社会普摊税范围，税务负担主要落在了企业头上。与此同时，工薪者的疾病险转为社会普摊制、逐渐取消工薪者职业税税额，以及有选择地降低对住房修缮和法国水力-电力公司用户的增值税等，都起到了支撑经济增长的作用[①]。关于开支，做出的承诺

---

① *Ibid.*, 1997, pp. 455 à 457 et 478 à 498.

是保持义务征税的稳定性。第二个阶段随着经济活动复苏,政府税收大量增加开始。政府承诺维持强制征收的稳定性。雅克·希拉克明确指出了引起争议的所谓用超额的税收搞了个国家蓄钱罐的问题,使得政府在洛朗·法比尤斯于2000年3月担任经济和财政部长之后采取了更偏重降低税收的政策——新部长在几个月之前还在维护这一政策[1]。在议会任期的最后两年里,一系列更有利于低收入的措施得到落实,其中包括根据收入有区别地减轻税负,不过减税也涉及高收入阶层——尽管社会党反对——,如增值税减少了一个百分点,无差别地取消了汽车税,降低了住房税等。

为了优先照顾比较拮据的家庭,政府首次宣布改革社会普摊税,目的在于按收入实行累进式摊派。宪法委员会否决后,政府又出台了一项"就业鼓励政策",自2001年9月起,税务部门以返还征收费的形式向大约八百万拮据家庭支付了就业鼓励费[2]。最后一年为了回应一系列社会冲突,一些部门的开支有所上升。即使2001年公共开支依然比较高,但是与欧盟平均水平相比,公共赤字在五年当中大大下降,从占国内生产总值的4.2%降到2001年占1.5%,公共债务也从1998年占国内生产总值的6%降到2001年占5.7%[3]。这一总体政策所呈现的是一幅比较矛盾的画面。凯恩斯的刺激需求模式只占该政策的一小部分。政策借用的是各种不同的逻辑。对于先进行一次尚未完成的大规模税务改革,还是把在左翼各党派之间和社会党内引起争论的降低税收作为目标,政策也没有作出了断。

在任期内,社会保障的平衡没有得到改变。与1997年一样,在2001年,法国把国内生产总值的大约29%用于社会保障[4]。不过,为了能够越来越多地用税收为社会保障提供财政支持,政府进一步加剧了1990年建立的社会普摊税带来的动荡。社会保障的范围被扩大:根据1999年7月的一项法律建立了全民医保制度,以普及对低收入阶层实行疾病保障和保证对贫困者的额外保险,2001年7月的一项法律建立了个性化自主援

---

[1] *Ibid.*, 2000, pp. 25 et 53 à 56.
[2] *Ibid.*, pp. 161 et 455 à 460.
[3] 资料来源:Commission européenne, 2001.
[4] 资料来源:*Comtes de la protection sociale*, 2001 *et Comptes nationaux*, INSEE, 2002.

助制度,以解决日益严重的人口老龄化问题。增长的恢复自然增加了社保的收入,于是得以减少导致1995年实施朱佩计划的大量赤字。1999年,玛蒂娜·奥布里15年来第一次宣布社会保障金出现盈余。但是,医疗开支不断增长,而且没有实行任何一种有效的调节和鼓励机制以限制开支的攀升。只是在贝尔纳·库什内于2000年上任之后才开始执行1998年宣布的减少医疗过度消费的一项计划。

自1991年米歇尔·罗卡尔发表白皮书以来,退休金问题成为公众热议的话题,关于这个问题还有待出台一些措施。政府没有对1993年夏季由爱德华·巴拉杜尔制定的改革方案质疑。就私营部门而言,该项改革针对的是上缴养老保险金的必要期限,满40年才可获得全额养老金。计划主要根据1999年的一项社会资助保障法创建了一个担保基金,目的在于促进到2020年以前上缴率的良性发展。2000年3月,里奥奈尔·若斯潘为巩固分摊养老制度确定了一些原则:谨慎为主,在各种不同制度之间寻求某种更大的公平,必须要与社会合作者取得更广泛的协调等。关于停止工作的年龄,计划中只提到引入"更多的灵活性"[1]。为了脱身,政府授意提出了两份相互矛盾的报告,一份是计划专署的夏尔潘报告,一份是铎拉德向经济与社会委员会提交的报告。第二个是养老金指导委员会于2001年12月提交的报告。真正的选择于是拖到了下一届任期。

里奥奈尔·若斯潘在他的一般性政策宣言中表示:

> 为了完成使命,国家应该清楚必须进行改革。世界和我们的社会在变化,新的科学技术使得今天的国家必须去适应,必须开展广泛的公共部门的革新。

但在任期结束时,国家的负担却停留在与1997年同样的水平。法国的600万公职人员,使它成为经合组织内在就业人口中拥有最多公职人员比例的国家[2]。公共就业在5年时间里增加了58690个岗位。不过,如果仔细观察就会看到,对于改革愿望占主导地位的公共部门和纯粹意

---

[1] *Le Monde*, 22 mars 2000.
[2] 资料来源:OCDE。

上的国家、服务部门，人们的看法不同并对结果也有不同的态度。

实际上，为了使众多有竞争力的公共企业"开放资本"，政府已经不再坚持它在竞选活动中还一再强调的既不要国有化，也不要私有化的"既不-也不"原则。这些企业要么像在法航或法国电信那样，国家保证占有资本的多数，要么像阿尔卡特和达索电子那样引进汤姆森 CSF（光电技术与智能制导公司）的资本，法国航天与马特拉公司合并，创建欧洲宇航防务集团 EADS[①] 等，促进欧洲大的集团公司的组成，要么像对里昂信贷银行那样单纯进行私有化。里奥奈尔·若斯潘在为这些选择进行辩护时说，要使法国在世界范围竞争中更加强大，这些工业政策十分必要：

> 每一次产业联合看来都是必要的，特别是在欧洲范围内，我们是把必要变成了可能。当工业联合需要资本的开放，甚至私有化时，我们就同意这么做了。[②]

这种态度体现在旨在实现经济现代化的一项总体政策中，即通过建立法国式的优先股权发展风险资本，创建一个更加适合创新型企业的法律和税收框架，允许根据 1999 年有关创新和科研的法律发展创新活动，依据 2001 年 1 月的法律建立工薪储蓄。

实用主义在具有竞争优势的公共企业中占了上风，然而，简单地反对是错误的。对于公共部门的僵化现象，里奥奈尔·若斯潘认为"既不古老，也不过时"[③]。因为政府在两个关键部门里，即国民教育和经济财政部的机构进行过改革，但是都失败了。失败的原因各不相同，但是却加剧了公众舆论对"国家不可能改革"的看法。对于国家教育部而言，倒不完全是那些令人惊奇的目标，重振重点教育区、陪伴学生、个人帮助、开发新技术、教学人员流动的放权、高等教育对国际开放，等等，即使工会也对这些目标进行过讨论，因为，它们是 1980 年以来所实施的政策的继续。也

---

① European Aeronautics Defense and Space Company (EADS), issue du rapprochement entre Aérospatials et Matra, l'Allemagne Dasa, l'Espagnol Casa et l'Italien Finmeccanica.

② Jospin (Lionel), discours à l'Université d'été du PS à la Rochelle, 30 août 1998, reproduit in *Notes de la Fondation Jean-Jaurès*, *Le Socialisme moderne*, n° 15, mars 2000, p. 82.

③ *op. cit.*, p. 83.

不是手段缺失,国民教育的预算在1997—2002年之间增加了14%。主要原因在于自1997年以来任部长的克洛德·阿莱格尔,正是他的讲话和方法得罪了广大教育界舆论,也给了主要几个教师工会质疑改革的机会,例如由其联合会支持的全国中学教师工会、统一工会联合会,各工会得以从1998年到2000年,组织起了轰轰烈烈的动员活动①。

财政危机与这场运动并无关系,但是在时间上恰逢国家教育部门发生了一些罢工。多米尼克·斯特劳斯-卡恩曾在1998年为减少征税成本提出一份重组教育部的方案,因为在可比较的国家中,法国的费用高出了40%。1999年部长辞职后,他的接班人克里斯蒂安·索戴尔无力组织达成一致意见。他既没有得到胜选人的有力支持,也遭到工会的反对,在没有总理支持的情况下只能自己去面对罢工运动②。

接二连三出现的这些危机,导致教育部进行重大改组,克洛德·阿莱格尔和克里斯蒂安·索戴尔分别被雅克·朗和洛朗·法比尤斯所取代③。从这时起,行政部门的总体改革政策被放弃,取而代之的是更实际的、不会引发公众争议的切实进步。米歇尔·萨潘,公职部新部长,更喜欢实行电子行政和公共就业观察所这样的调节手段④。这些部长们各有千秋,大多促进了运行方式的变化,工具的现代化胜过结构改革。最终,2001年8月任期结束时,国家改革方面的主要成就是通过了一个《新组织法》,该法改变了自1959年以来一直未变的预算程序,为了能够实现对目标管理的承诺,用后行监督代替了先行监督。这一改革从长远看对于行政产生了重大后果,但是其技术性质使它没有在任何时候向公众作出解释。因此,这次改革也没有给政府的信誉带来什么好的影响。

三、法国的"第三条道路"?

前面的分析使我们可以总结一下这5年期间所执行的政策的一些具体特征。突出的特征有不少。首先是国家的位置,还有对公共行为的信任,这些是最重要的现象。就业政策不单是建立在鼓励个人培训上——

---

① *L'Année politique* 2000. pp. 350, 364, 367, 398 et 440.
② *Ibid.*, 2000, pp. 364, 367, 383 et 462.
③ *Ibid.*, pp. 52 et 53.
④ Sapin (Michel), *L'Etat en movement*, Bruno Leprince, Edition 2002, pp. 41 à 110.

用欧洲其他国家爱用的概念,就是可就业性——,而是更多地依靠在公共部门中创造就业的公共计划。"终生培训"这个词只是在2002年总统竞选的时候才得到明确的阐述。里奥奈尔·若斯潘无疑多次指责过"救助社会"。但是,个人责任并没有被当做主要价值来看待。帮助重返劳动岗位的主要措施仍然是奖励就业。为纠正法国雇主协会(MEDEF)与法国民主工联之间就新的劳动合同缔结的PARE协议,政府进行了长期的斗争,以便排除任何关系到失业者的任何强制处罚的规定。政府在社会保障方面所作的选择是,无论社会老年化的现状有什么影响,都要维持社会保障资助的现状。对社会处于不利地位的各阶层的关心反映在扩大社会保障上,而欧洲的趋势则是减少补助金,在北欧的社会-民主国家也是这样。在国家财政政策上考虑要维护社会标准也比较有特点。与托尼·布莱尔实行的政策不同,法国认为即使最有力的再分配政策能够与35小时工作制相结合以减轻社会负担,税收的再分配还是被看作是社会公正不可或缺的一个组成部分。事实上接受欧洲关于竞争的指导性意见,并没有使公职人员减少。为了使公共部门具有竞争力,现代化政策被坚持下来,但结构性改革却没有得到各公共部门的有力支持。

这些因素很清楚地勾画出了一条法国道路,我们可以用重实效的国家主义来定义,它显然与民族传统密不可分,但是也与1997年以来所作的政治抉择密切相关。与其他社会民主党和工党政府在同样几年所采取的政策进行比较可以看出,在其他欧洲国家里,各种逻辑是不一样的。在英国,依靠市场的政策更注重对社会开支进行社会投资;荷兰或丹麦"模式",以社会谈判为基础,重在开发灵活工作制;瑞典的政策从积极的劳动政策汲取力量,对公共部门实现重大改革[1]。无论公开表明的意愿和政治宣讲怎样,与1981年以来的历次执政实践一样,在法国,与各种社会力量"从体制上达成妥协"看来是不可能的,然而,这是北欧社会民主政策成功的关键。政府轻易地容忍了10月10日全国会议的失败。社会又一次

---

[1] Esprit,《Le pari de la réforme》, n°4-4., mars-avril 1999 ; Hemer-Jick (Antony) et Visser (Jelle) ,A Dutch miracl. Employment Growth, Reform and Corporatism in the Netherland, Amsterdam University Press 1999 ; Giddens (Anthony), Where now for New Labour?, Londres, Polity Press, 2002 et Mandelson (Peter), The Blair Revolution Revisited, Londres, Faber and Faber, 2003 ; Boujenah (Stéphane), "L'inoxydable modèle suédois", En temps reel, les Cahiers, décembre 2002.

被国家消食了。

社会党人的确想对自己多年的执政实践作出某种理论说明。显然,这首先要赋予政府的实践以某种政治意义。但是,1998—2000年期间,因新劳工党提出从总体上创新社会民主的"第三条道路"建议而开展的关于欧洲社会主义的辩论,也迫使社会党人表明某种态度。自1997年6月在马尔默(瑞典)召开欧洲社会党人的党代表大会开始,托尼·布莱尔与里奥奈尔·若斯潘之间的"面对面"接触就多了起来。最频繁的时候是在1999年6月为准备1999年11月在巴黎召开社会党国际代表大会发表布莱尔-施罗德宣言之后[1]。

新工党的主要挑战在于它不仅在政府的政策中,而且在理论上都接受了自由主义这一事实[2]。它不认为金融市场的全球化、欧洲单一市场和追逐竞争构成了主要制约,而是视之为经济和社会现代化的机会。"第三条道路"应该找到自己的位置,不是在过去界定的资本主义与共产主义之间,而是在自由主义和社会民主主义之间。托尼·布莱尔政府赞同自由主义的防止国家干预市场的观点。政府从实施一项保守的税收政策为起点,反对增加公共开支。对于建立在市场基础上的各种政策所带来的政治和社会后果,该政府对自由主义的批评主要是责任的缺失,即使经济繁荣也无力实现社会融入、实用主义的个人主义破坏性的特征。不过,"第三条道路"的设计者指责传统的社会民主主义幻想用社会开支来直接减少不公平,而没有看到,"消极的开支"会导致依附和滋养不负责任,没有意识到一个越来越异质性社会所蕴含的新风险。新工党虽然说同意传统的社会民主主义价值观,但却拒绝用原则上主张平等来定义自己。它建议最好用社会融入和社会排斥这些核心概念。在一个以劳动为基础的社会里,教育和就业成为构建机会平等条件的关键所在。获得就业机会而不是拿补贴,被看做是走出被社会排斥和贫困状态的主要手段。但是,这个手段不应该主要靠国家财政计划,而是要靠增加每一个人的就业能力,

---

[1] Blair (Tony) et Schröder (Gerhard), *The Way forward for Europe's Social Démocrats*, declaration commune effectuée à Londres, le 8 juin 1999, traduction in *Notes de la Fondation Jean-Jaurès*, n°13, Paris, août 1999.

[2] *op. cit.*, *supra* avec Giddens (Anthony) et Blair (Tony), *La Troisième voie, Le renouveau de la social-démocratie*, préface de Jacques Delors, Paris, Ed. du Seuil, 2002.

就业能力主要应该通过培训来获得。福利国家的重建更应该靠社会投资而不应仅仅依靠社会开支。应该主要考虑个人的实际需求。发放补贴应该以鼓励个人寻找工作为前提。为了避免欧洲社会美国化,社会规范缺失和大量赤贫无产者的继续存在,社会民主党人应该通过创造个人履行自己责任的条件来促进某种"供应的公民身份",之后的再分配则由市场机制来保证[1]。因此,新工党提出的是介于社会民主主义与自由主义之间的一种新的综合说。毫无疑问,这种理论与英国的现实、其政治历史和1997年工党取得选举胜利的条件相一致,但是,托尼·布莱尔和新工党认为,该理论有更深远的意义。

社会党在社会党国际代表大会上题目为"走向更公正的世界"的发言,以及里奥奈尔·若斯潘在1998年和1999年的几次讲话,都表明了法国的看法[2]。这也是第一次明确地提出"建立一个真正的现代改良派"的愿望。用里奥奈尔·若斯潘的话来说:

> 我们不再被迫使用革命的漂亮而空洞的词句,或者说用决裂的隐喻来证明我们行动的正确性。[3]

社会主义的存在不再是作为一种经济体系,它应该实现价值与实践、目的与手段之间的链接。法国社会党人没有否认1980年以来社会主义所遇到的困难,但是他们拒绝与其历史的决裂,也不接受传统社会主义"歪曲的形象",不同意把传统社会主义简单地总结为社会开支。法国社会党人首先希望自己的角色和政治空间得到承认。尽管现代社会的复杂性是现实的,但是社会鸿沟依然存在。资本主义问题始终是一个很现实的问题。与资本主义保持批判的关系很重要,接受市场经济并不会导致

---

[1] Plant (Roger), *The Third Way*, document de travail du FES, Londres, 5/1998.

[2] 《Vers un monde plus juste》, *L' Hebdo des socialistes*, n° 119, 15 octobre 1999 et intervention de Lionel Jostin à l'Université d'été du PS, le 30 août 1998, au Congrès de l'International socialiste, le 8 novembre 1999, reprises dans《Le socialisme moderne》, *Les Notes de la Frandation Jean-Jaurès*, n°15, mars 2000, et l'article de Lionel Jospin, brochure publiée par la Fabien Society, en septembre 1999 sous le titre *Le Socialisme français et la Social-Démocratie européenne*.

[3] *Les Notes de la Frandation Jean-Jaurès*, op. cit., p. 38.

第四编　前途未卜（1995—2005）

接受市场社会。随着公共服务角色的引入，对市场和某些财产进行调节的必要性就尤其紧迫了。为了实现充分就业，国家应该起到积极的作用。对收入的再分配，不论是在国内范围还是在国际范围，都应当受到充分的肯定。企业和参加工会者的作用比在其他文件中都更多地被提及，目的是让他们为了实现总体利益承担起自己的责任。法国各种不同的文件都含有一份开门见山地赞同国际社会民主主义方向的辩护词，布莱尔-施罗德宣言或多或少地在大西洋主义色彩问题上显得相当地当机立断。

  里奥奈尔·若斯潘在社会党全国会议上说："我们不是自由主义者，因为自由主义是幻想，以为经济现实可以靠能够自发产生和谐的普世法律来治理。我们不是社会自由主义者，因为社会自由主义者说，应该接受经济法则的残酷性，不过，应该从社会方面作些补偿。我们是社会主义者和民主主义者，是社会-民主党人。我们应该参与、组织和调节经济领域，但是我们坚持站在我们的位置上。经济和社会应该齐头并进。"[1]

如果说社会党国际代表大会确立的"巴黎宣言"更多地受法国社会党文件而不是"第三条道路"论点的启发，辩论却还在继续[2]。辩论的激烈程度从2000年以后逐渐减弱，各国政府更多地为自己的竞选期做准备。不过，各国政府的大政方针继续循着各自的逻辑向不同的方向发展。与新工党的"社会-自由主义"的对峙却奇怪地使社会党在攻击对手的论点过程中形成了一种社会-民主身份，这种身份本身要求具备一种社会党自己从来没有真正归属过的传统。对里奥奈尔·若斯潘政府行动的分析恰恰表明，他多么难以组织起一种持久的社会协调以实施一项不仅由国家支持的改革方案。

定义理论的这种努力应该适当降调。事实上，欧洲社会党内部的争论其实是党员精英的事情。无疑，他们引导社会党依靠社会民主主义遗产来面对新工党的意识形态进攻，但是法国的辩论却有自己的传统特征。

---

[1] *L'Hebdo des socialistes*, 15 octobre 1999, n°119, p.8.

[2] Déclaration de Paris, XIXe Congrès de l'Internationale socialiste, Paris, 8 et 10 novembre 1999.

1997年11月,在布雷斯特代表大会上,两个少数人呈交的议案对"自由主义现代性的社会陪伴"质疑。就在大会上,让-吕克·梅朗松就已经强调:"《阿姆斯特丹和约》是十足的自由主义幻想。"[1]少数派党派几乎没有什么机会可以撼动多数派的路线。然而3年后,在格勒诺布尔代表大会上,由亨利·埃马努埃里提交的议案,还有社会党左翼的议案,汇集了27%的赞同票,尽管选举已经迫在眉睫[2]。议案对这段时间政府的欧洲政策进行了批评,指责其政策过于随和,建议进行大规模的税务改革,拒绝私有化原则。就这样,多数派被引向必须不断地维护某种平衡,同时要躲避"民主社会主义经常要撞上的两个暗礁:脱离现实的咒语和随波逐流"[3]。里奥奈尔·若斯潘和弗朗索瓦·奥朗德作为社会党领导人希望保持"中间派"立场,这样他们既可以回答社会党左翼的批评,也可以回答"其他左翼"政党的批评。为把党的意识形态与责任挂靠在一起,把意识形态与持反对意见区别开来,他们一定程度地偏移了社会党的意识形态,在说明各种不同原则的兼容性的同时却更多地把它们作为前提了。

四、"气喘吁吁"[4]

"27个月的工作之后,当任期的后半期开始时,我们将自然而然地投入到了第二个阶段的工作。"[5]1999年8月底里奥奈尔·若斯潘自己发出的重振政府行动的号召,反映了社会党人在取得竞选胜利两年之后普遍存在的一种情感。自1997年秋季以来,政府联盟中经常出现不和。共产党和绿党对《国籍法》和《移民法》都没有投票,致使里奥奈尔·若斯潘在12月一再告诫"复数多数派"注意自己的责任。失业者占领工商就业协会(ASSEDIC)分支机构的举动导致出现了与1998年初相似的那种分裂,玛蒂娜·奥布里谴责这些行为,而玛丽-乔治·比费和多米尼克·瓦奈对此则表示赞同。特别是自1999年春季以来,多元化左翼政党和社会党内

---

[1] *L'Hebdo des socialistes*, 3 octobre 1997, n°34,《Les motions au congrès de Brest》, pp. 20 et 27.

[2] *Ibid.*, 1er décembre 2000, n°169.

[3] *Ibid.*, 6 octobre 2000, supplement au n°161, motions pour le congrès de Grenoble, p. 8.

[4] Moscovici (Pierre), *op. cit.*, p. 93.

[5] Jospin (Lionel), intervention à l'Université d'été du PS, le 29 août 1999, dans *Les Notes de la Frandation Jean-Jaurès, op. cit.*, pp. 96 et 97.

的左翼之间就"分配增长成果"展开的辩论并没有停止。1999年6月的欧洲选举表明,社会党同时遭到了极左翼派系和共产党的批评。这一切要求重新确定政策。

但是,对于一届政府、一个执政党来说,纲领性的改革始终十分艰难。各种限制往往极强,而不可预见性,政治竞选的头彩,往往会改变公开的初衷。8月底在拉罗什,总理下定了未来10年要坚决地"重新攻克一个充分就业的社会,建立一个更人道的社会,把人们团结在我们的政策周围"[1]的决心,正如报界所写的那样,总理是想赋予这"第二阶段"或者说"第二次喘息"某种实际内容。正如我们在前面看到的,有些新的改革决定了下来并且得到了实施。但是,"第二阶段"的可见度却遇到了一系列性质不同的障碍,以至于用总理内阁办公厅主任奥利维尔·施拉梅克的话来说,"很快从记忆中消失了"[2]。

第一个困难来自1997年以来政府的逐渐分化解体。10月底,多米尼克·斯特劳斯-卡恩辞职,之后因为与法国大学生互助基金在签合同时调填日期而受到审查——司法机构在两年后才还其清白——,这使政府失去了一位强有力的人物,因为他代表了政府中主张进行现代化的"一极"[3]。2000年春,教育和财政方面的双重危机使克洛德·阿莱格尔和克里斯蒂安·索戴尔先后离去,代替他们的雅克·朗和洛朗·法比尤斯改变了政府内部的平衡关系。2000年8月底让-皮埃尔·舍维讷芒在对科西嘉实行的政策上表现出非常严重的政治分歧,自1999年4月发生"茅屋事件"以来[4],这种分歧在内务部和马提翁之间不断加剧。自这时起,作为党的领袖,让-皮埃尔·舍维讷芒带领他的小党对"自由主义倾向"开展了越来越明确的批评,在他看来,这种倾向主导了政府。最后,玛蒂娜·奥布里在2000年底为准备里尔的市镇选举、多米尼克·瓦奈为取得绿党领导权先后离开政府,她们的离去最终改变了政治格局。政府发生变化是很自然的事情。但是,对于里奥奈尔·若斯潘来说,这些变化并不

---

[1] Intervention, citée, p. 93.
[2] Schrameck (Olivier), *op. cit.*, p. 133.
[3] *L'Année politique* 1999, p. 116.
[4] Schrameck (Olivier), *op. cit.*, pp. 143 à 165 et Chevénement (Jean-Pierre), *Défis Républicains*, Paris.

是他愿意接受的。随着时间的进展,总理内阁的作用更加重要,政府内只注重形式的辩论日趋占主导地位,正如奥利维尔·施拉梅克在2001年秋季出版的政治书籍中指出的,这也是高层行政机构有史以来第一次出现这样的情况。

> 在整个政府任期期间担任欧盟事务部长的皮埃尔·莫斯科维奇证实,2000年底和2000年期间,我们继续工作,治理国家,但是,我们找不到一种新的激情。这是另一个政府,它的组成是用来平衡、坚守和管理的,而不是为了创新:实际上,这就是真正的第二个阶段。①

显然,主要的困难是政治方面的。政府任期的第二年的确实施了一些新措施。里奥奈尔·若斯潘宣布米其林企业的一项社会计划后声明"国家不能包办一切",这一声明不仅在左翼,甚至在社会党内部引起了许多批评。为了强化解雇和不稳定劳动方面的规则,2001年6月6日制定的社会现代化法接受了共产党提出的建议,主要是想作出一种政治回答。给无自理能力的老年人发放补贴,为社会保障开辟一个新的领域。在私营部门建立工资储蓄虽然在政治左翼内部遭到反对,却受到工会的欢迎。不论怎样,管理方面的压力在决策者身上占了主导地位。下面我们首先讲讲一些有点机械的结果。在第一阶段,社会改革"好的方面"是主要的,后来,实施改革过程中的问题往往占据了前台。35小时工作制就是这样,对这一工作制如何看待,一般随着实施这一制度的职业不同而有所差异。很大一部分工薪者——特别是在小企业里——都与此没有什么关联。工资的减少是由广大百姓阶层承担的。1997年经济增长的复苏,也促使卫生、公安和武警部门的不满,从更广的角度看在公职部门里的工薪阶层表达了自己的不满。在处理一件又一件纠纷时,政府的让步显示出它的无能为力,以致使自己的权威受到了质疑。不过,根本性的东西是,从2001年夏开始的经济行情的好转伴随着失业数字的攀升和安全方面的越来越多的担忧,因为犯罪的统计数据在不断上升。之后的纽约

---

① Moscovici (Pierre), *op. cit.*, pp. 100 et 105.

"9·11"袭击事件不可否认地使公众舆论的气氛更加凝重,进入到一个以恐怖主义为标志的世界,重新勾起法国人的担忧。

里奥奈尔·若斯潘意识到这一由"悲观和宿命说"[①]构成的新环境。2001年春季的市镇选举,尽管在巴黎、里昂、第戎取得了胜利,但还是在20000人以上的40多个市镇中遭遇了失败。弗朗索瓦·奥朗德以社会党的名义,对当时右翼恢复镇定和左翼在选举中成为少数的情况作了分析。大众阶层面对不安全感到不满,由于经济增长没有带来足够的影响而引发的失望情绪,是这次选举失利的主要原因[②]。但是,"利用一切活动余地"来回应这种局面的决心又遭遇到时局的限制和更多政治方面的困难。根据对经济增长的预期暗淡,可支配的国家财政减少,不可能容许进行更多的新选择。经济和财政部长洛朗·法比尤斯已经提出过一个减少税收的三年计划[③]。"9·11"后,由于与美国共同参加在阿富汗的战争,更甚的是导致出现了一种民族团结的短暂假象,一时遏制了政治生活。尤其是2002年春季的竞选准备,在倒换选举日期以后,使多党左翼的平衡更不稳定。让-皮埃尔·舍维讷芒已经拉开了距离,共产党和绿党首先考虑的是与政府有所不同,以便为其政党的候选人作准备。

到2001年秋季,政治形势似乎在对选举时刻的期待中凝固了。尽管存在这些困难,公众舆论的研究始终有利于总理和他的政府,里奥奈尔·若斯潘更喜欢即将来临的与雅克·希拉克的对战,相信1997年就已经做出的"总结"届时必将"构成法国人抉择的一个基本因素",而且更愿意相信,最终,这些年是更加"拉近而不是疏远"了多数党派组成的多数派的各不同成分[④]。

[①] Jospin (Lionel), Discours aux journées parlementaires du Parti socialiste, 28 septembre 2001, archives du PS, p. 3.

[②] L'Hebdo des socialistes, 30 mars 2001, n° 187, Conseil National du PS du 27 mars 2001, pp. 9 et 10.

[③] Le Nouvel Observateur, 23 août 2001, article de Laurent Fabius.

[④] Intervention de Lionel Jospin, 28 septembre 2001, op. cit., pp. 18 et 20 ; Voir également le témoignage de Pierre Moscovici, ouvrage cité.

第十五章
社会党危机:"传统"重新控制住"变化"

对于社会党人而言,2002年4月21日的溃败是当代历史上最困难的时刻之一。这倒不是因为一位社会党领导人在第一轮总统选举中就被打败(1969年就出现过这样的结果),以及经历的失败是如此惨重的程度(1968年和1993年的立法选举都曾使社会党大伤元气),而首先是因为让-玛利·勒旁的胜利引发了一场真正情感上的打击。但是,社会党的不安同时来自政府在执政5年之后这种毫无准备的逆转,而此前,据民意调查,社会党政府还被公认为第五共和国最好的政府之一。由此,在4月21日之后,便自然地开始了一个反思的时期。今天,这个反思还没有结束,何时走出也还不能确定。但是这5年政府任期实施的政策和里奥奈尔·若斯潘的总体选择的合理性确实受到了普遍的质疑,需要进行深入的分析。

从这个角度看,自4月21日起已经过去的3年展现的却是一幅相悖的情形。对4月21日之后的检查并没有引发严重危机,而1969年和1993年的失败却几乎立即引发了危机。前者导致了埃皮内的重建,后者导致洛朗·法比尤斯、密歇尔·罗卡尔和亨利·埃马努埃里相继落马(他们在不到两年时间里先后担任党的最高领导职务)。2003年5月在第戎召开的代表大会上,在野的地位使社会党的言论更加激进,给人的印象似乎是党已走出危机。由弗朗索瓦·洛朗德提出的"左翼改良主义"概念表明了一种谨慎的适应,而不是与前期政策的决裂。

2004年地区、市镇和欧盟选举的成功似乎肯定了这种"定位",但危机实际上只是改变了形式,随后批准欧盟宪法公约问题使社会党内部产生了深度裂痕,确实,欧盟问题使2002年以来一直多少比较克制的矛盾终于爆发。欧盟问题引发的分裂范围非常广泛,因为它还是与参加总统选举的社会党候选人,首先是洛朗·法比尤斯和弗朗索瓦·洛朗德之间的竞争所引发的领导机构的危机交织在一起。2004年12月1日,在极具争议的内部投票中"赞同"者取胜,但是在2005年5月29日全国范围的公投中"反对"者取胜,这两次矛盾的投票结果又都是在社会党人领导下取得的。两种结果使社会党危机加剧,再一次提出了社会党的一些基本问题,政治纲领的性质、战略的确定,还有不仅在法国左翼,而且今天也在欧盟社会党内提出的党本身的性质问题。

一、"4月21日事件"

一次选举的获胜或者失败总会有一系列原因。有些原因是长期的,有些原因是同形势联系的。然而,纯粹意义上的竞选活动本身也会对结果产生影响。不论是参与的主角还是观望者,所有人都认为2002年的竞选活动失败是很惨重的[1]。不过,还应该对开始的一种幻觉进行认真的回顾。竞选活动开始时,形势的确还不错。1月底,大多数法国人,根据法国民意调查协会的一项民意调查,约54%的选民,是支持里奥奈尔·若斯潘的。除了一些确实不当的举动(如向报界坦露雅克·希拉克的"衰老、陈腐、筋疲力竭")和政治错误(如2月21日讲"我的纲领不是社会党的",给持疑问的左翼选民泄气,在巴黎大区面对LU工会代表时缺少必要的承诺)外,实际上是竞选的两个战略预想对结果产生了坏的影响,一个是认为,事情发展的结果是好的,与右翼的不同是自然而然的;另一个是认为,希拉克被事件所累,已经在道义上,因而在政治上失去了信誉[2]。

然而,事态的发展并没有得到预想的结果。自2001年底开始,经济转向使人们忘记了就业方面政府取得的成绩。安全问题被摆在首位而有利于右翼。这是因为,正如皮埃尔·莫斯科维奇指出的,"面对安全困境,

---

[1] Au livre de Pierre Moscovici, déjà cité, il faut ajouter le récit de Denis Pingaud, *L'Impossible défaite*, Paris, Seuil, 2002, et les réflexions de Jean-Christophe Cambadélis, *L'Etrange échec*, *Les Notes de la Frandation Jean-Jaurès*, n°33, novembre 2002 et le témoignage de Sylviane Agacinski, *Journal interrompu*, Paris, Seuil, 2002.

[2] Pour la présentation du bilan par le Parti socialiste, voir le document *La France, qui change, 5 ans d'action et de réformes passées à la loupe*, octobre 2001.

左翼的立场比较微妙、多样和脆弱"①。而且,从更广泛的意义上讲,工薪劳动者的意见不同也使重大立法改革引起不同的反响。35 小时工作制就是这样一种情况,普及医疗保险也是一样,实际上,人们是依社会归属和个人情况的不同来评价问题结果的。

竞选活动的关键针对的是雅克·希拉克不良信誉,里奥奈尔·若斯潘选择了"以另一种方式当总统"的口号,他把这一点作为重点向法国人提出自己的建议。这种组织众人反对共和国总统的做法在第一轮选举中没有产生好的作用。对于一部分选民来说,5 年共治模糊了差别,选举期间,总统和总理并肩参加里斯本欧盟峰会,使这种模糊状态表现得更明显。尤其是里奥奈尔·若斯潘是这 5 年来行使权力的真正代表,他所执行的政策一直是对头号人物负责,而长期以来,舆论总体上对政策是不信任的。在这时,多数组成的左翼又提出了 5 名候选人,而若斯潘又没有把竞选重点放在第一轮,因为在整个媒体和民意调查机构的影响下,他确信第二轮才会看到决定性的交锋。

总统纲领对选举失败起了第二位的重要作用。纲领提出得很晚,到 3 月 18 日才公布于众。由皮埃尔·莫斯科维奇负责起草的纲领经历了众多次讨论,参加讨论的主要是在政府中任职的社会党部长和社会党领导人。这种起草方式使纲领更像是一部立法纲领,而不具备给法国一种观念的特点②。纲领分为 5 章,题目分别为活力的法国、自信的法国、公正的法国、现代的法国、强大的法国,纲领主要包括十项承诺,这些承诺实际上继续了 1997 年以来采取的行动,如到 2007 年前减少 90 万失业人数;终身享有培训权利;制定国家安全契约;住宅税减半;保障大学住房;开始新一步权力下放;与 18—25 岁年轻人签订自主契约;根据分布情况提供养老保障;推动欧洲民族-国家组成的联邦建设;取消发展中国家债务。这些措施描绘出一条实用的道路,但是却似乎不能带来一种"新的局面"。由于措施太多,不能真正使众人皆知。到 3 月底,竞选活动受阻,民意调查结果不断下滑——不过,雅克·希拉克的民调结果也是如此,纲领紧紧围绕公正这个主题,"以另一种方式当更加公平的法国总统"。但

---

① Moscovici (Pierre), *op. cit.*, p.186.
② *Je m'engage*, document de campagne de Lionel Jospin, publié par l'atelier de campagne.

是,对于工薪者而言,始终缺少具有强大象征意义的措施,直到最后几天,媒体还在强调安全的主题。

决定性的因素显然是在多数的左翼问题上产生的分歧。在执政的那些年里,紧张关系就已经很明显。争论的主题没有引起人们的注意:1997年11月开始实施的《国籍法》和《移民法》;1997—1998年冬季失业者发起的运动;始终未绝的有关如何分配经济增长成果的讨论;科索沃战争等等。2001年市镇选举联合名单的存在并没能止住不谐和音。特别是改变选举日期的选择,使多数党组成的左翼各党只顾推荐本党参加总统选举的候选人,从此千方百计地构建自己的不同之处成为大家的当务之急。

这样一来,里奥奈尔·若斯潘就不仅要面对代表3个托洛斯基派政党的3位候选人的批评,还要面对来自多党组成的左翼其他候选人的批评。后者对于左翼选举团的破坏作用非同小可。绿党候选人诺埃尔·马迈尔,在头号候选人阿兰·里皮埃兹放弃竞选后,提出如果若斯潘坚持其核能立场,他将把绿党的投票推迟到第二轮。一心要捍卫"建设性激进"立场的罗贝尔·于在民意测验中被两位极左翼候选人阿尔莱特·拉吉耶和奥利维尔·贝藏斯诺特超出,他在竞选活动中越来越多地指责1997年以来执行的政策。尤其是让-皮埃尔·舍维讷芒,竭力宣传不要把若斯潘和希拉克区分开来,用他的话说叫做:他们"沆瀣一气",这一宣传意味着左翼发生分裂。曾经将多党组成的左翼各派联合起来的东西被这场竞选活动中对立的东西掩盖了。里奥奈尔·若斯潘在数月后回顾失败的原因时,也主要说明了这一点:

> 左翼因极度分裂而将胜利拱手让给了右翼,是在没有公民运动党或左翼激进党的情况下,第一轮的结果与预期相反的,总统选举局势已经面目全非了。[1]

社会党人没有看到第一轮就会面临可怕的失望。在临选最后几周之初,社会上确实已在传播一种假说,即里奥奈尔·若斯潘和让·玛丽·勒庞票数的意向曲线有可能会交会,但是这种假说却没有真正引起人们的

---

[1] Article de Lionel Jospin,《Etre Utile》, Le Monde, 1er février 2003.

注意①，也没有引导人们渲染这一假说以号召大家注意投出有效票。因此，遭遇的创伤是极其惨重的。社会党人眼看一下子失去了他们的领导人——里奥奈尔·若斯潘，而他在选举结果出来一小时后，就宣布决定要"退出政治生活"，从而使在左翼中处于孤立的社会党人开始质疑自己的意识形态信念，左翼分崩离析了。尽管里奥奈尔·若斯潘有所保留，但是，5月5日必须要投雅克·希拉克的票。这次投票显然是令人痛苦的。在谴责过共治之后，很难组织好6月9日和16日的议会选举活动，若斯潘别无选择，能做的只是将失败尽力降到最低程度。社会党人做到了，但是只保留了一个近150议员组成的议会党团，比第一轮有效票多出25%，也就是说，比4月21日的结果高出10个百分点。

这并不能马上缓解遭遇的冲击。弗朗索瓦·洛朗得从此要自己来领导一个被削弱的政党。最初的震荡涉及到了多数派。洛朗·法比尤斯想领导议会党团的愿望遭到了社会党其他知名人士的反对，他们不愿意形成"两个党"面对面的态势。第一书记提出的妥协方案，即把负责大选工作的二号人物的责任交给洛朗·法比尤斯，引起北方联合会第一书记马克·多莱兹的离去，也遭遇到该省主要大选团的批评。原来的少数派也没能幸免发生分裂。社会党左翼崩溃了。让-吕克·梅朗松跟随亨利·埃马努埃里于9月份建立了一个新派别，一些新人如朱利安·德莱与阿尔诺·蒙塔尼昂联合，后来又有樊桑·佩杨加入其中，他们试图共同将革新愿望组织化，并于10月份创建了新社会党。

左翼围绕对4月21日事件的解释开始形成对立。左翼党派立即指出这是向已经被自由主义控制的政府靠拢的结果。自6月29日开始，亨利·埃马努埃里在分发给全国委员会的一份文件中提出了后来被不断发展的一个主题：

> 在侧重政治的管理和技术语言的同时，社会党更像是自由主义全球化的一个附属，而不是其敌对者。②

---

① Le Gall (Gérard),《La gauche à l'épreuve de la crise et de l'opposition》, in SOFRES, L' Etat de l' opinion 2003 ? Paris, Seuil, et Pingaud (Denis), L' Impossible défaite, op. cit.
② L' Hebdo des socialistes, n° 240, 4 juillet 2002, conseil national du 29 juin,《Pour le socialisme》, texte distribué par le courant Démocratie et Egalité.

若斯潘政府的主要部长则更强调,社会党人没有足够地分析法国社会发生的变化,关注触及大众阶层的不稳定问题,没有对安全问题提供一个清楚的解决答案。但是,他们不能接受社会党左翼对1997年以来执行的政策的质疑,认为这些人往往依照共产党和极左派的理论依据,把该政策定性为"社会民主"性质而加以诋毁。

玛蒂娜·奥布里写道:"在警惕脱离大众阶层的同时,我们要防止把最简单化的解释变成我们自己的解释。里奥奈尔·若斯潘尊重了1997年6月法国人提出的主要选择。因为我们无可争辩地应该在某些领域做得更好,以完全不一样方式并且做得更多,但是我们不能因此否定5年前我们大家共同决定的采取积极行动的基础。"[1]

洛朗·法比尤斯则得出"三个应该避免的错误":否定现实性原则的"左翼-民粹主义"说;把体制问题作为未来一切行动先决条件的"分割社会主义步骤"说;反对改革的"平衡"说[2]。8月底,在"夏季大学"活动中,弗朗索瓦·洛朗德承认犯了三个错误,没有足够重视工作岗位的不稳定性,左翼在安全问题上犹犹豫豫,社会欧洲存在空白。他号召争取一个"坚定地坚守左翼"的党,要"从头再来"。

二、"4月21日事件"对左翼的影响

得到支持的论点是,4月21日只是一次"事故"[3]。许多因素都可以证明这一说法。但是,对这次事故发生之原因的分析说明这里有比局势更重要的因素起了作用。无论怎样,4月21日造成的局面要求必须进行一次具体的分析。因为它要求社会党无论在法国社会还是在左翼中必须形成新的局面。从此,社会党必须面对许多重大挑战。

"4月21日"不仅触动了社会党,也使其他左翼政党出现各自的危机。这种选票分散化实际上没有对任何原有左翼的任何组成部分带来好

---

[1] Aubry (Martine),《Retrouver la gauche》, Le Nouovel Observateur, 26 septembre 2002.
[2] Fabius (Laurent),《Et maintenant?》, article paru dans la Revue socialiste.
[3] Le Gall (Gérard), art. cité.

处,但却有利于极左翼,如共产党革命同盟和工人斗争党(保持秘密票数的劳动者党)。极左翼在第一轮总统选举中是10.4%的得票率——在6月份的议会选举时没有达到这一水平——表明了"抗议者"的票数实力。确实,"执政"实践总是会导致出现同样性质的现象,从选举方面看,这种现象在20世纪80—90年代更多地有利于新生的生态派和极右翼——而且显然促使更多的人弃权。但是,2002年的结果反映了来自更远的左翼斗争精神的变化。

20世纪70年代末和之后10年的大部分年份中,左翼分子的运动走向消沉,逐渐淡出政治舞台。从80年代末开始,他们以不同的方式实现了"复兴"。复兴的形成起始于社会抗议运动,运动首先要求进行激进的改革。那些维权(住房权、优先权、反失业行动等)协会,各种贴着团结互助、统一、民主标签的激进工会(主要因法国民主工联分裂而产生)、一些俱乐部和知识界基金会,如哥白尼基金会、迈尔洛-蓬蒂俱乐部,一些收集活动积极分子书籍的团体,特别是由皮埃尔·布尔迪约所创建的团体,他们利用了政府左翼的困难,组成了一个含糊不清的"新左翼"。无疑,新左翼往往是由共产党革命同盟、工人斗争党的活动分子组织活动,而这两个组织依然保持距离,它们更注重工人的斗争运动。

1995年冬季反"朱佩计划"的罢工运动成为这一运动的延续。保护"公共服务"和维护"社会既得权利"被政治极左翼和很大一部分知识界理论化,这被认为是对自由主义的总体对抗。随后的年代里对"反全球化"运动的肯定,最终使极左翼在政治与社会生活中成为关键角色。1998年,由亲近让-皮埃尔·舍维讷芒的贝尔纳·卡森(原法共成员、托洛斯基分子)创立了救助公民征收金融交易税协会,该组织得到迅速发展,只用了几年的时间就聚集了约30万名成员,其中包括社会党老的(和现任)党员,这件事是对抨击自由主义的号召给予的一种真实回应。各种替代全球化的动员,抗议各种国际组织,如世贸组织、8国集团、欧洲议会的聚会的活动,召集各种社会论坛,是20世纪最后10年的突出事件,也吸引了新一代活动分子[①]。

---

① Agrikoliansky (Eric), Fillieule (Olivier) et Mayer (Nonna), *L'Altermondialisme en France. La longue histoire d'une nouvelle cause*, Paris, Flammarion, 2005.

4月21日的投票结果也反映出,这些运动几乎只对革命共产主义者联盟和工人联盟有利。但是,这些运动因其本身性质,它们的影响已经超出了对竞选的支持。因为,尽管目标不同,托派各党和全球化替代运动都重新使用了左翼文化中的一些传统主题,是法共前几十年长期主张的主题。反资本主义,现在重新命名为反自由主义;反美主义、反法西斯主义,现在被改头换面成为对自由主义全球化的批判[1]。然而,他们这样做却没有首先确立真正的"革命"前景,——如同1968年的情况那样,而且在后来的那些年代里,即使工人斗争党始终致力于这种修辞——,而更多地是在同社会党、在一定程度上也是同共产党争夺其左翼合法性时,表示出某种激进改良派的愿望。他们一定程度地将他们的主题置于左翼的政治议事日程中。由救助公民征收金融交易税协会提出的对投机性资本运动实行一种以诺贝尔经济学奖命名的税,即托宾税而引发的论辩,完全说明了这一点。这种税超出了有效实施的可能性,正是由于这个原因,当欧洲议会就这个问题制定规则时,没有得到工人斗争党欧洲议员的投票支持。

极左翼政治话语的重新组合以及在左翼舆论中获得的反响,加上原多党左翼各党派的不稳定性,使得社会党人重新展开战略性辩论。从2002年春季开始,面对模糊一团的新左翼应该采取什么态度,成为社会党内部的一个问题。但是,这个问题动摇了与其主要盟友的关系。在罗贝尔·于的领导下,共产党在它掀起的"摇摆"中受到责备,再一次面对它的身份问题。它把自己的失败主要解释为支持了一个没有敢于"挑战资本主义体系"[2]的社会党的失败。玛莉-乔治·比费在2003年第32届党代表大会上接替了罗贝尔·于,她领导的是一个在动摇于同社会党保持选举协商和彻底成为在野党之间的共产党。尽管绿党的竞选结果更令人满意,诺埃尔·马迈尔赢得了5.5%的选票,但是自年末开始,随着多米尼克·瓦奈的辞职和2003年初党的左翼代表人物吉尔·勒迈尔占据了全国总书记的位置,绿党出现了新的领导层危机。受派别和内部争端的左右,他重新使人们讨论与社会党的关系问题。这样一来,2003年后不过几个月,原多党左翼的每一个党便都各自为政,只顾首先解决本党的

---

[1] Lazar (Marc), *Le Communisme, une passion française*, Paris, Perrin, 2002.
[2] *L'Année politique* 2003. pp. 101 - 102.

身份问题。

要指出的一点是,4月21日开始的政治危机并非没有伤害到工会。法国总工会与法国民主工联之间出现了改善关系的迹象,法国总工会由贝尔纳·蒂博领导,2002年春,弗朗索瓦·谢莱克接替了尼古拉·诺塔在法国民主工联的领导职务,后者主张支持法国总工会进入欧洲工会联合会,但2003年,菲永方案有关养老金的措施引发的冲突却使两个工会之间的关系再度紧张起来。团结一致的工会行动没能抵制这一状态的发展。由于一些工会成员不能接受支持右翼进行的退休金改革而离开了法国民主工联,并且加入到法国总工会、SUD或FSU,这使法国民主工联经历了一次重大的内部危机。更严重的是,自右翼选举获胜以来,雇主协会又恢复了"院外活动",要求拉法兰政府、随后是德维尔潘政府采取有利于雇主的措施,随着"社会重塑"政策的中断,新的总书记上任后,法国民主工联必须在一种很不利的环境中完成重新定义其改良主义的任务。人们可以感受到法国总工会的紧张关系,贝尔纳·蒂博不得不在2003年3月召开的蒙彼利埃代表大会上奋力斗争,以便放弃简单地回到按照37.5年工龄计算养老金的要求,这种紧张关系后来终于爆发,但其意义不能不说非同寻常。首先是在法电一次就养老金问题举行的公投中,能源法国总工会联合会领导层遭遇到不信任,在这里,工会与企业领导经谈判达成的协议被大多数工人否决,而且特别是在两年后,在2005年2月全国联合委员会上,当大多数管理人员为了使工会会员自由作出自己的决定而谴责他们的总书记在赞同或否定欧盟宪法条约问题上建议投弃权票时。这样,政治左翼的分裂也在主要工会中出现了。

三、推迟的危机

2003年春季,社会党人准备5月在第戎召开的代表大会的主要任务,就是要对所有问题找出答案。代表大会的焦点有二。其一,要弄清楚在何种程度上质疑若斯潘的改良主义以及在新的政治和社会背景下怎样确定社会党的新政策;其二,考量下弗朗索瓦·奥朗德把大多数团结在自己身边的能力。第一书记一下子就要占据"中心"地位了。在提交议案之前,为了显得不依赖原若斯潘政府的老部长们,他亲自提交了一份参加讨论的发言稿。最终，提交上来的发言稿总共有16件①。弗朗索瓦·奥朗德与洛朗·法比尤斯、多米尼克·斯特劳斯-卡恩（他放弃了提交一项议案以避免分散原来的多数）、贝尔特朗·德拉诺埃，几个星期后又与玛蒂娜·奥布里和刚刚从NPS派分裂出来的朱利安·德莱一起，做了一次先期的综合。2003年3月全国委员会最终留下了5份议案，毫无悬念地有第一书记的、"新世界"和NPS的议案，还有马克·德洛兹"活动分子的（战斗的）议案"，尽管当初在他的发言上签过字的大多数联合会第一书记以及少数活动分子都退出了，其主要内容是捍卫一个"从劳动控制下解放出来的社会"**乌托邦**②。4月13日，里奥奈尔·若斯潘表示支持弗朗索瓦·奥朗德。

  对于那些想与"左翼社会党明确显示出差异"的党派来说，困难在于如何准确地定义若斯潘政府这5年的工作。**新世界**和**新社会党**接受了社会党在欧洲左翼中的"特殊性"——让-吕克·梅朗松甚至说它是"所有欧洲政府中最左"的政府——"活动分子议案"随后也赞同这一观点，这种态度导致他们谴责整个欧洲社会民主主义，因为后者被认为是选择了适应资本主义全球化，并且通过这种批评，不管怎样也对1997年以来执行的政策提出了批评，因为它对自由主义全球化做出了太多的让步。里奥奈尔·若斯潘政府的确取得了"一些引人注目的成就"，但是，我们从亨利·埃马努埃里派的议案里看到，该政府也做出了"一些我们称之为社会自由主义的决策，这些决策往好处说，是过度地寻求妥协，往坏了说，是滥用改革的名义接受新自由主义"③。这需要将政府任期分为两个时期，好的时期，是落实最初各项措施的时期，第二个时期，是从2000年3月开始的降低所得税、奖励就业、实行私有化的时期（这一任期重现了弗朗索瓦·密特朗第一和第二个7年任期之间的矛盾性，然而，既然基本的"决裂"已经在1983年春季发生了，现在这种矛盾状态就是不该出现的，三份关键性议案中的另一个共同点就源于这种态势）。而且几年来，这些问题已经成为争论的核心。对欧盟的质疑已经完全成为公开的，大家在评论

---

① *L'Hebdo des socialistes*, supplément aux n°260 et 261, 25 janvier et 1er février 2003.
② *Ibid.*, supplément aux n°268, 22 mars 2003,《Les motions》.
③ *Ibid.*, motion E, "Pour un nouveau monde", pp. 95 et 98.

欧盟的构成以及欧洲社会民主主义所接受的欧盟。

比如新社会党议案就承认:"欧盟问题是代表大会讨论的核心问题,欧洲可能是左翼政府这5年防御态势的一个主要错误。相反,欧盟让人感到好像是民族国家中的一匹全球化特洛伊木马,强迫实行自由化,并且加剧了社会的不平等。"①

亨利·埃马努埃里回顾说,由于伸张变革步骤,"社会党人自1920年以来就是改良派"——即使这到头来就是玩文字游戏,莱昂·布卢姆主张革命的合法性——,三份议案都使用了决裂这个词,强调"税制革命",新社会党力主单一税,所有议案都要求建立一个"第六共和国",新世界党要建立一个"欧洲社会共和国",等等。即使文件含有许多与弗朗索瓦·奥朗德相同的建议,口气却迥然不同,竞争对手的议案逻辑是要求重新审视那些限制2002年为止执政实践的各种平衡关系。

赞成"建立一个大的社会党"议案的人是不愿意这样做的。为此,他们拥护弗朗索瓦·奥朗德2003年2月提出的路线,即"左翼改良主义"②路线。第一书记和支持其议案的主要知名人士的努力,主要是维护作为执政党的社会党的观念。2002年秋,弗朗索瓦·奥朗德明确指出了与极左翼不可回避的分歧点:

在我看来,与政治上的极左翼不存在任何可能统一的东西,目前,极左翼的唯一目标就是打败我们。我们应该与之展开针锋相对的斗争。③

5月18日,就在代表大会上,他申明了改革的"光荣"、"体面"、"严格"的特点④。认为"4月21日"主要不是政府政策问题的结果,而更是法

---

① *L' Hebdo des socialistes*, motion, "Pour un nouveau Parti socialiste", p. 47.
② *Le Monde*, 11 février 2003.
③ *L' Hebdo des socialistes*, n°249, 26 octobre 2002, conseil national du 19 octobre 2002, p. 14.
④ *Ibid.*, n°277, 24 mai 2003, congrès de Dijon, 16, 17 et 18 mai 2003, p. 8.

国民主严重政治危机的反映。多米尼克·斯特劳斯-卡恩是唯一一位主张明确地提出第戎代表大会主要特征在于"选择了改良主义"[①]的人。因为,作为补偿,一些接受第一书记议案的人要求承认社会党人必须进行针对右翼的斗争,而且应如洛朗·法比尤斯所提出的,为其他议案附和的,关于展开对自由主义的全面抨击的要求。关于养老金的"菲永计划"引发了数周的冲突,在这期间,仅在法国总工会与法国民主工联之间工会阵营发生分裂的第二天,社会党代表大会就表示,支持那些否定由政府提出的、通过法国民主工联、法国天主教工人联合会和法国管理人员联合会谈判达成的措施的运动。

> 洛朗·法比尤斯在代表大会的发言中指出,我们支持工会组织,那些自始至终忠实于他们共同选出的公选的民意代表的组织。

在那些想在社会对抗中联合起来的议员们中,法国总工会总书记贝尔纳·蒂博受到了热烈欢迎。这种愿望随后具体化在一份议案的建议中,该议案考虑的是向世人宣布"重新出发"。提出的承诺有20条,内容往往在其他议案文件中都能看到,如通过一项欧盟社会条约,某种欧洲先锋队的想法,社会职业安全的概念,保护公共服务和反对法国电力公司的资本开放,这与4月21日以前的态度相反,重组地方税,教育优先,移民在地方选举中的选举权利,等等。最后,弗朗索瓦·奥朗德和他的支持者一再强调必须来一次"新的左翼联合";他还保证社会党人将投入到抗争运动中,特别是由全球化替代运动组织的各种社会论坛。为了抵制党的左翼分子有损声誉的指责,大多数人都选择了更重视反对派,希望给左翼重塑一个新的身份。

70%的活动分子对议案投了赞同票。弗朗索瓦·奥朗德牵头提出的议案独占鳌头,有61.12%的投票率,持批评意见的派别获得的票数相对较少,他们的得票率分别为:新世界15.94%,NPS16.65%,马克·多莱兹4.65%。乌托邦议案1.04%的得票率与多数派的议案进行了综合。但

[①] *L' Hebdo des socialistes*, n°249, 26 octobre 2002, conseil national du 19 octobre 2002, p.7.

是,加上反对第戎路线的人,少数派不管怎样总共获得了38%的得票率。通过这次代表大会,弗朗索瓦·奥朗德个人地位得到加强,这是作为唯一的领导人,他召开的第一次代表大会。他可以开始重新打造其领导层了,他启用的一个关键人物是弗朗索瓦·勒布萨芒(第戎市长,联合会书记),任命米歇尔·萨潘(管理财政),取代了法比尤斯派的阿兰·克莱斯,得到了年轻议员的支持。但是,如果说社会党似乎重新获得了稳定,那么,少数派却依然强大。多数派也是鱼龙混杂,其主要人物洛朗·法比尤斯和多米尼克·斯特劳斯·卡恩,都在准备下一届的总统选举,而雅克·朗、玛蒂娜·奥布里以及贝尔特朗·德拉诺埃这些领导人的知名度很高,也被赋予了重要的责任。

  2004年春季,区级和欧盟选举的准备工作使这种局面多少有所抑制,但也积蓄着能量。社会党领导层本想从这次选举的第一轮就希望重新采用联合左翼的战略(让-皮埃尔·舍维讷芒的党除外,该党自4月21日以来一直保持距离)。然而,只有左翼的激进党表示同意。绿党和共产党的领导层都更在意自己独立的人选名单。不过,他们的弱点和分歧影响了他们采取统一的立场。在一半多一点的大区里,一些绿党和共产党人在社会党提供的候选人名单上也有出现。由于拉法兰政府的政策带来的不满,以及对极左翼候选人缺少信任,社会党的名单成果斐然。在第一轮大区选举中获得了36%的有效票,在第二轮选举中,社会党在22个大区中的20个大区获得好成绩。省一级的选举巩固了这些成绩,社会党人第一次取得对大多数省议会的领导地位。6月份的欧盟选举是对这一成绩的一系列补充。社会党人在延续以往胜利基础上设计了他们的竞选活动,把反对自由主义欧洲的社会要求放在首位。竞选的口号"就在现在,社会欧洲"把一个在欧洲问题上意见分歧的党团结了起来。这条政治路线成功挤压了瓦莱里·吉斯卡尔·德斯坦主持下的制宪会议有关未来宪法条约的讨论,取得了选举胜利。这里也要看到,这一胜利更多的是来源于国内的原因,而不是真的出于欧盟原因。自1979年实行欧盟选举以来,社会党获得了最好的成绩,支持社会党人的有效票达28.9%,使社会党得以组成欧盟社会党代表团中最重要的议会党团。

  这样,到2004年夏季,社会党似乎恢复了主导左翼党的局面。其他左翼政党因受各自身份矛盾的困扰,其选举命运还要依赖社会党。LCR

和 LO 的联盟没能跨越这一选举的障碍,选民更喜欢投对社会党有利的惩罚票,社会党在各大区和省已经强势存在了。不过,社会党人最重视的主要是在野的路线,不论在国内还是在欧盟。而制定一项新方案的工作却在 2005 年被放弃了。

四、爆发的危机

然而,欧洲问题提供了一个恢复对立的空间,这种对立在竞选活动期间刚好被放置一边。几届代表大会以来,欧洲问题已经是多数派和少数派之间各种对立的重要组成部分。但是这一次,关于宪法条约草案的争论不仅与党树立什么样的欧洲观联系,而且与发生在党内最高级别的领导人弗朗索瓦·奥朗德和洛朗·法比尤斯之间直接对立的领导层危机交织在一起。这在很大程度上说明了危机爆发的关键性质。

弗朗索瓦·奥朗德在 2004 年 8 月底夏季大选前夕宣布建议社会党活动分子进行一次内部公投,以决定支持条约与否的问题,这一决定遭遇到少数派的强硬谴责。这一结果是预料之中的,但是洛朗·法比尤斯的态度却令人吃惊。几个月以来,作为党的"二号人物",他无疑对条约持一种强烈的保留态度。他希望等到共和国总统向全国表明自己的决定时再把这个问题提出来。显然,他是要在这个时候让党反对雅克·希拉克,或者弃权。弗朗索瓦·奥朗德提前并以个人名义宣布决定的方式,为的是让那些批评他前几个月太谨慎的人三缄其口,同时也是为了显示他的优势。他的这种方式最终无疑让前总理相信,这是社会党指定总统选举候选人内部"初选"的第一阶段①。通过一段时间的思考,法比尤斯提出了基本没有机会得到满足的接受这一决定的条件,9 月底,使用自己个人的权威,他公开了最终的反对立场。这样,在第戎建立起来的力量对比关系就变得不堪一击了。如果说洛朗·法比尤斯引起接近他的一些知名人士的不解,如雅克·朗、让-路易·比扬科或吉尔·萨瓦里,那么,他还可以依靠其他脱离了原多数派的当选者增援,如马努埃尔·瓦尔斯、让-皮埃尔·巴里冈,或者玛丽-诺埃尔·列恩曼。这样一来,计划于 12 月 1 日

---

① *Le Nouvel Observateur*, 26 août 2004, pour l'interview de François Hollande, et *Le Point* de la même semaine.

举行的公投结果就变得不确定了。

这种总体上讲前所未有的局面使社会党人必须考虑欧盟问题,就好像他们以前从未考虑过一样。实际上,直到这时,占主导的一直是某种模棱两可的东西。在欧盟和党之间,始终存在着某种矛盾,欧盟是在市场经济的框架下发展的(从历史上看,欧盟首先是一个"共同市场"),而党重建的基础则是反资本主义的决心。弗朗索瓦·密特朗就经历过这种矛盾。1973年,他以自己的威信来保证欧盟建设进程的继续。由于党处在在野地位而且对于活动分子而言欧洲还不是主要博弈之点,所以他相对容易地做到了。但是在1983年,他就必须更明确地做出抉择。当总统决定让法郎进入欧盟货币体系的时候,他就持久地改变了社会党的政策,使法国成为欧盟建设的一个主要角色。但是,他没想解决与社会党话语的矛盾,他只是转移了矛盾,同时也没有要求党做出任何修正,作为做出的选择提供理论根据。然而在随后这些年,随着实行单一市场和《马斯特里赫特条约》,这些最终将法国经济"欧洲化"决策的生效,欧洲建设进程加快了。但是社会党人却继续骑墙在两种不同观念之间,一种把法国看做正在形成中的欧盟的主要建筑师,另一种部分地否定作为欧盟基础的经济原则。让-皮埃尔·舍维讷芒不懈地提出反对意见显然是针对自由主义的,但其背后的主权观——捍卫民族国家的欧盟——使他在社会党内受到孤立,党内大多数活动分子既"赞同欧盟"同时也反对自由化。在"社会欧洲"的目标里,完全有法国式公共服务的位置,因此足以长期地回答各种疑问。

在欧洲事务上,里奥奈尔·若斯潘最后也拾起了密特朗遗产。党的左翼首先强调自由主义欧洲的种种危险,雅克·德洛尔代表了市场经济中欧洲的建设者,若斯潘在2002年之前一直采取了介于两者之间的立场。确实,他一直在捍卫实现"一个真正的欧洲实体"[1]的历史前景。但是,他却还是要求把社会党人在国内范围的斗争目标移植到欧洲[2]。他在马约全民公投之际提出的"对反对者说不",表明了社会党的矛盾始终存在。在1994年列文代表大会上的发言中,他提出重新思考欧洲建设进程

---

[1] Jospin (Lionel), *L'Intervention du possible*, *op. cit.*, p. 205.
[2] *Ibid.*, p. 206.

的号召。1997年,他采取了反对《阿姆斯特丹条约》的立场,认为该条约太自由化了。但仅在几周之后,作为总理,他又指出,为避免把法国孤立于欧盟建设和社会党孤立于欧洲社会党,不可能不签署条约。这就不难理解为什么在2002年失利之后欧洲问题会成为核心层分裂的原因。

党内的公投活动非常紧张,有关这次活动的讨论比近几次代表大会活动讨论的还要多。有些会议是在省一级召开的。参加这次活动的委员会各执己见,这个"赞同",那个"反对",不同意见集中在宣传材料、往返路程、媒体的存在、互联网的建立等问题上。当选者被双方请去表明立场。大多数党员参加了辩论。

持"赞同"意见的人竭力说明目前提出的宪法条约在体制、经济和社会方面的好处。他们强调,相对于以前的条约,该宪法没有任何倒退。相反,宪法草案可以将第一章第一条中确定的价值付诸实施,其中借鉴吸收的社会民主原则可以用来平衡自由主义原则。但是,他们的三个主要论据首先是号召忠诚(和继续)社会党过去的事业;其次,坚信"反对"从政治上行不通,而且会使法国社会党孤立于整个欧洲社会党人;最后,认为这个宪法条约只代表一个阶段。

> 弗朗索瓦·奥朗德总结说,欧盟宪法使我们再一次面对社会党自己的身份问题。人们是否就该认为我们做错了吗?更有甚者,认为我们把法国引向与社会主义水火不容的资本主义道路上了呢?主要的行动,是决心像治理法国那样治理欧洲……我们不是抗议的党,我们不是在抵抗运动中坐等更美好时光到来的党,这是因为我认为,我们只有与欧洲左翼一道而不是置身之外才能推动欧洲,正是为此,我提出以斗争姿态赞同宪法草案。[1]

持"反对"意见的人以要一个"更美好的欧洲"的名义组织他们的进攻。亨利·埃马努埃里承认,"所有社会党人都赞成欧洲"[2]。但是,他们

---

[1] *L' Hebdo des socialistes*, 16 octobre 2004, n°334. Conseil national du 9 octobre 2004. Intervention de François Hollande, pp. 3 et 4.

[2] *Ibid.*, p. 6.

不能接受这样的观点:像目前这样组织起来的欧盟能够部分地确定社会党身份。因此,他们还对20世纪80年代以来所做的选择,至少是部分地,提出了质疑。认为目前提出的法案首先将盎格鲁-撒克逊的观念具体化了。洛朗·法比尤斯不能像新世界派和新社会党那样给过去翻案,更注重批评文本本身,以说明宪法条约不能满足社会党的期待,没有能力迎接众多的、包括强权的、互助和持久发展的挑战[1]。支持投"反对"票的人所持的一个关键论据是针对社会欧洲方面的不足——它成为社会党人参加春季欧盟选举活动的主要口号——,而且尤其针对单一市场使法国国有部门被迫发生的变化。但是,尽管许多活动分子提到,但往往很少提及的是不愿意在社会党选举团中再度经历马斯特里赫特鸿沟,以及确信选民缺少对欧洲的怀疑。

马努埃尔·瓦尔斯在10月9日全国委员会的辩论中指出,"领导人,如果不说精英的话,他们[2]与公民之间的鸿沟越来越深"。

土耳其加入欧盟问题,遭到洛朗·法比尤斯和亨利·埃马努埃里的反对,但它不是社会党辩论的核心问题(新社会党持赞同意见)。对于持"反对"意见的人而言,最根本的问题是反对一个过于自由主义的欧洲。然而,他们的困难是确定一个能真正改变局面的解决办法,在没有重要联盟的情况下号召重新谈判,似乎并不能带来更好的解决办法,而且有可能引发某种严重的危机。

这就是社会党关于欧洲问题的势不两立的两套说法,它们在对立中爆发出来。这种对立的出现是和更广泛的社会党政策方案问题盘根错节地联系在一起的。支持"反对"意见的人又捡起了一部分弗朗索瓦·密特朗原来的讲话,也是1994年得到里奥奈尔·若斯潘肯定的,即重新思考欧洲。支持"赞同"意见的人则捡起了另外一部分,欧洲一体化进程不应该被中断。多米尼克·斯特劳斯-卡恩希望彻底澄清界限。

---

[1] L'*Hebdo des socialistes*, p. 8 et l'argumentation complète de Laurent Fabius dans son livre *Une certaine idée de l'Europe*, Paris, Plon, 2004.

[2] *Ibid. op. cit.*, p. 9.

如果赞同意见占上风，那么我们所有的人都可以认为，20年来我们与之生存的唯唯诺诺的哥德斯堡就要结束了，我们完全加入到了欧洲左翼大家庭，而且从此，法国社会党人可以为法国准备自己的纲领了。[1]

这也是他提出的在辩论结束后召开一次代表大会建议的意义所在，目的在于清楚地规范——梅斯代表大会几乎30年之后——市场经济在现代社会主义制度中的作用。但是，如果说弗朗索瓦·奥朗德在整个活动中坚持让社会党人明确地按照欧洲社会主义的意思来划分自己的归属，那么，他并不愿意正面进行两次政治战役，把自由主义问题置于争论的核心，而支持"赞同"意见的人却是这么做的。

12月1日的党内公投结果表明，绝大多数活动分子不想孤立于行进中的欧洲建设，也不想质疑1957年，甚至1983年以来所做的具体选择。这个多数甚至比支持"赞同"意见的人在9月份作出的预计还要多。实际上，在投票率为83%的情况下，58.62%的活动分子宣布支持"赞同"意见，41.38%的人支持"反对"意见，只有1.53%的弃权或无效票。这一结果超过了预期的5到6个百分点。在这个结果中，显然应该考虑对第一书记合乎情理的情感因素（这使他得到各联合会的支持）以及洛朗·法比尤斯较低的民众支持率。不过，最为重要的是参加投票的广泛程度大大超出了党的干部面对面的对立。加莱海峡省联合会是党最重要的联合会，于力量对比关系影响重大，它的主要领导人都采取了支持"反对"的立场（当然是以温和的方式，以避免引发领导层的危机）。59.8%的"赞同"率大大超出了考虑支持"反对"的短暂多数派。即使在由活动主办人牢固控制的联合会里，如在朗德或滨海塞纳省联合会，"赞同"票也比预计的多。显然，许多同情洛朗·法比尤斯的社会党人因这些政治抉择远离了他们多年来一直认同的"现代社会主义"而迷失了方向。一场后果难以预料的公开危机可能爆发的前景，提醒了许多当选者，他们担心"反对"票不能保证2007年的胜利，甚至在那些曾经对马约投了反对票的地

---

[1] Strauss-Kahn (Dominique), *Oui, Lettre ouverte aux enfants d'Europe*, Paris, 2004, p.166.

区也是一样。从总的情况看,马约鸿沟没有在社会党内再次出现。在党的活动分子中间,存在着一种全国范围的支持"赞同"意见的倾向。

当时,对于弗朗索瓦·奥朗德和他的多数派来说,12月1日的投票是确保在欧洲社会主义框架内坚持改革方向的一次决定性胜利——媒体也是这样分析的。按照第一书记的说法,社会党似乎发出了让条约适应国内情况的信号。由于对此有坚定的信心和在党内明显的实力,弗朗索瓦·奥朗德坚持让洛朗·法比尤斯承担党内二号人物的责任,认为他的行动范围也会因此在即将来临的竞选活动中受到限制。他让玛蒂娜·奥布里、雅克·朗和多米尼克·卡恩为2005年底准备社会党纲领。最后,他用自己身边支持他的人——弗朗索瓦·勒布萨芒,朱利安·德莱和1997年以来负责其内阁的斯特凡·勒福尔,对党的领导层进行了重组。

然而,12月4日的全国委员会表明,任何问题都没有真正得到解决。如果说弗朗索瓦·奥朗德能够宣布"曾经有两个答案,现在就只有一个了",那么,鼓动投"反对"票的那些人的讲话却清楚地说明,党的活动分子投票造就的局势可能会因国民公投的结果而被推翻。洛朗·法比尤斯强调指出,"这一结果丝毫不能消除人们对目前的公约文本提出疑问的意义",亨利·埃马努埃里更干脆地说,"这需要在国内解决"[①]。然而在眼下,只有让-吕克·梅朗松宣布,他会与其他几位领导人一起,如北方联合会备受争议的第一书记马克·多莱兹,明确地进行反对欧盟宪法的宣传活动。

由此而引起的动荡没有持续多久。实际上,自2月开始,国内的宣传活动急转直下。共产党和各派极左翼展开了坚决的支持"反对"的宣传活动。一个重大转折出现在2月4日,即当法国总工会总书记贝尔纳·蒂博被他的联合委员会置于少数的时候,他十分明确地表示了自己支持"反对"意见的立场,而此前他为了继续进行革新本来是要投弃权票的。法国总工会的立场得到了统一工会联合会、SUD的响应,工人斗争小组的方式更谨慎些,依照其传统做法,它对投票没有下指示,但是却把它对条约的所有批评意见公之于众。2月13日,绿党中多数人曾一时支持"赞同"意见,但是,反对的人却立即指出,他们将坚持公开的批评。甚至已经

[①] Déclaration du bureau national, 22 mars 2005, archives du PS.

十分欧化的激进党,也没能保持内部团结:由于埃米尔·祖卡勒里反对让-米歇尔·柏莱特,使激进派议员的"反对"者变成了多数。

要不是从3月中旬起民意测验开始经常显示"反对"意见的胜利,左翼的分歧可能还不足以在与多数活动分子对阵的宣传活动中动摇一部分社会党人。在致社会党人的公开信中,亨利·埃马努埃里首先指出"左翼的赞同"主张如何乏力,赞同的做法将导致否认右翼与左翼之间的区别,使"自由主义欧洲"从中渔利。3月23日,他牵头在所有省份成立"持反对意见的社会党集体"。让-吕克·梅朗松和马克·多莱兹已经提出了召集所有持反对意见的左翼党派和组织举行共同会议的倡议。然而,弗朗索瓦·奥朗德没有采取惩罚措施,只做出了"道义上的谴责",否认社会党活动分子以社会党的名义进行支持"反对"意见的宣传活动①。事实上,第一书记的大多数都在犹豫是否要走得更远。新社会党表面上尊重12月1日多数派的决定,拒绝对党内结派实行处罚。洛朗·法比尤斯的情况也是这样。最后,第一书记的主要支持者也并不希望在反击少数派的一线上太多地加强他正在上升的地位。然而,在社会党的分裂过程中,决定性的一步却是因为洛朗·法比尤斯于5月初选择了竭尽全力投入全民公投的战役,在此之前,他只是强调自己的立场。反对的"阵营"从他那里获得了一种难能可贵的担保,以证明越来越激烈的批评是对的。

社会党领导层是怀着"赞同"者可以占上风的坚定信念开始宣传活动的。在承认困难重重的同时,认为国内的分歧最终是在"亲"和"反欧盟"之间。从一开始,领导层就想大力依靠采取了同意签署宪法条约的立场的欧洲其他社会党的援助,开展一次欧洲范围的宣传活动。在欧洲范围举行的有欧洲议员和欧洲各社会党领导人参加的集会突显了社会党宣传活动的规模和影响。西班牙总理约瑟-路易·扎帕特罗、德国总理吉拉德·施罗德参加了5月27日在里尔召开的集会。但几周过后,社会党很快而且越来越强烈地感受到的困难是,很难把国内投票与欧洲的投票区别开来。此后,弗朗索瓦·奥朗德和持"赞同"意见的社会党人一直在试图将它们做出区别。"第一书记在宣传活动开始时承认,即将到来的全民公投不是针对政府的政策。公投只是针对宪法条约,(政治)替换的时刻

---

① *L'Hebdo des socialistes*, n°350, 19 février 2005.

要到 2007 年。"①3 月底,社会党领导层力图加强宣传活动,又搬出了 2004 年欧盟选举时社会党的主题。为此他们选择了一个新口号,"通过投赞同票实现社会欧洲"。但是,他们没有能够成功地引导公众舆论区别不同的斗争。

持"反对"意见的人也逐渐转向使用一种相同的话语,而说这种话的人却千差万别,从极右派到极左派,还有持不同意见的社会党人,有"反对希拉克"的,有"反对拉法兰"的,还有"反对自由主义欧洲"的。而不论在国内还是在欧洲,重大宣传活动都是为了说明"赞同"不好,而且尤其令很大一部分社会党选民坚定了投反对票的立场。3 月期间的社会运动,特别是在公职部门的社会要求、学生反对菲永法引发的骚乱、一些企业宣布要迁移到原东方阵营的国家、对有关服务业自由化的指导性方案的讨论、博尔科斯坦指令事件、取消有争议的圣灵降临节周一为节日等,这一切都深刻影响了舆论。雅克·希拉克的几次讲话影响甚微,政府的民众威信日益下降,也使惩罚的决心更坚决了。里奥奈尔·若斯潘在 4 月 28 日的讲话中一再强调:

> 对宪法条约投反对票,就是惩罚法国、就是惩罚欧洲,而不是惩罚现政权。②

但是,他的讲话作用只是一时的。民意测验中回升的"赞同"率到了 5 月份便开始决定性地回落了。部分亲欧洲的左翼选民所反对的是不保护社会成果的自由主义欧盟,他们认为应该而且也可以对条约进行讨论。洛朗·法比尤斯在最后几周就是从这种观点出发,发挥了把再谈判的可能性与国内关切结合起来的重要作用。他在 5 月 22 日宣布了一份"隐藏的右翼方案",指出如果"赞同"票占上风,它就会将所有更加反社会的措施变得一项比一项更加反社会③。社会党人忘记了是什么前些年把他们共同团结起来,他们之间宣传活动的强硬口气,以及他们在发表关于"赞

---

① Le Monde, 29 avril 2005. extrait de l'intervention de Lionel Jospin à France 2, le 28 avril.
② Le Monde, 22 et 23 mai 2005, interview de Laurent Fabius.
③ Voir TNS du 29 mai 2005, sondage sorti des urnes, IPSOS, 30 mai 2005, sondage sorti des urnes (comparatif 29 mai 2005/20 septembre 1992) et 8 juin 2005 sur le Parti socialiste.

同"或"反对"投票后果的意见时的粗暴态度,给公众留下的印象好像实际上是两个党在国内和地方媒体对峙,而持两种意见的社会党活动分子参加的"赞同"或"反对"的会议也反映了相同的情绪和状态。

5月29日的投票结果让"反对"者大胜,有效选票的55%对45%,也就是说,"赞同"票相差了300多万张票,这与2004年12月1日党的活动分子的投票结果截然相反。政治局面明显发生了变化。据民意测验机构估计,在全部"反对票数中,60%的投票来自左翼,而59%的社会党人选择了投'反对'票"①。社会党人又退回到了2004年4月21日的局面,就好像第戎代表大会没开过、2004年的选举没有进行过一样。支持反对意见的某些社会党人,让-吕克·梅朗松、亨利·埃马努埃里、阿尔诺·蒙特伯立刻做出了类似的评价。在他们看来,5月29日表现了"阶级的投票",否定了第一书记和现任领导层制定的大政方针。弗朗索瓦·奥朗德和大多数领导人注意到了这个结果,但是拒绝这种说法,并且迅速做出了反应。鉴于社会党的分歧已经无法维持全国书记处的团结一致,他们在6月4日举行的全国委员会上提出了让洛朗·法比尤斯和支持他的人离开领导层的建议。从这时起,召开新一届代表大会已经不可避免了。弗朗索瓦·奥朗德因此也要求委员会将原定于2006年春季召开的一般性代表大会提前6个月,改在2005年11月召开。

全国委员会让人们看到了辩论的题目和初次力量对比关系的态势。那些开展"反对"宣传活动的领导人,他们都以各自的方式揭示了从此由左翼持反对意见的人组成的政治现实。党的领导层在投票失利后,必须从中吸取教训。洛朗·法比尤斯之后摆出了召集人的姿态,号召要团结,不过,此前社会党人必须明白,是"欧洲的危机导致了反对派的出现,而不是相反"。② 左翼和绿党的联合只能以拒绝自由主义为基础。阿兰·维达里议员就指出:

> 共产党构成激进派一极的诱惑和社会党领导层重蹈欧洲民主社会党覆辙的诱惑形成互补,并在后来造就了唯一的而且是

---

① *L'Hebdo des socialistes*, n°365, 11 juin 2005, conseil national du 4 juin, p.12.
② *Ibid.*, p.17.

同一个牺牲品:左翼的团结。①

亨利·埃马努埃里和让-吕克·梅朗松尽管作为个人持反对意见,但是还是强调左翼无一例外地团结起来的必要性。所有的人都拒绝了弗朗索瓦·奥朗德的惩罚要求。在社会党发生危机时,新社会党在两种对立的态度中采取了一种非常关键的立场,"那些不在意活动分子投票的人"的立场,"那些感到很难团结全党、很难尊重和倾听投票意见的人"②的立场。但是,这两种主张所使用的口气是不一样的。在这个时候,对弗朗索瓦·奥朗德、樊桑·佩杨考虑更多的是保持等距离,相比之下,阿尔诺·蒙特伯对他要粗暴得多。

坚持"赞同"意见的人结成阵线来回击反对者和洛朗·法比尤斯对5月29日结果的分析,在他们看来,5月29日首先表达的是"拒绝"和"恐惧"。他们明确指出了欧洲今后十分明显的现实,事实上既不利于社会欧洲,也不利于宣传活动中提出的政治欧洲。他们不同意党的左翼之后极力鼓吹的对欧洲社会主义进行谴责。弗朗索瓦·奥朗德总结了他所考虑的左翼今后应该做出的公开选择:

> 左翼或者接纳各种不满,把各类伸张、要求和期待都汇集在一起。不能保证它一定会受到关注。不过,它一定会让人生成一些幻觉,即除非它耍滑头、拐弯抹角或搞欺骗,否则左翼就很难平息事端。使民主危机雪上加霜。或者左翼具体地、信心坚定地提出一项满足全国重大期待的方案,赋予它重要意义,确定阶段,动员财政支持。③

在没有洛朗·法比尤斯及其朋友出席的情况下,全国委员会的大多数成员通过了全国领导机构的方针和内容的文件。

2005年的初夏,各方面的立场似乎相应地确定下来了。人们寻找的

---

① *L'Hebdo des socialistes*, n°365, 11 juin 2005, conseil national du 4 juin, p.12. intervention de Vincent Peillon.
② *Ibid.*, p.4.
③ 167 voix pour, 122 contre, 18 abstentions.

是两类"同盟",一类以"赞同"者为圆心,另一类围绕"反对"者形成,即使这方或那方旗舰的活动分子,也有可能依据后来格局的性质而被"重新排阵"。不过,这两个同盟的每一方都有矛盾。弗朗索瓦·奥朗德一方,必须要把他的多数派的重要人物包括进来,而这些人几乎不加掩饰地批评前领导层。各联合会的重要领导人,如罗纳河口、加来海峡的联合会,都提出了他们的条件。另一方,让-吕克·梅朗松和亨利·埃马努埃里之间意见分歧,与给洛朗·法比尤斯带来的支持相比,阿尔诺·蒙特伯和樊桑·佩杨带来更多的是策略上的对立,他们都想掌握未来的多数派,结果,洛朗·法比尤斯的旗下没有形成多数派的结盟。少数派最终只是在9月17日提交议案时实现了部分组合,亨利·埃马努埃里加入了新社会党,洛朗·法比尤斯重新把让-吕克·梅朗松和原"伯普兰"分子团结在自己周围。因此,曼斯代表大会召开前夕,出台了相互对立的三项重大议案。

在对于政权的态度形成新格局的时刻,要预见出路真是困难重重,除了始终存在的种种战术性"游戏"之外,这主要是由于多年来未得到解决的问题都纠缠在一起:政治方向、针对左翼和生态分子,当然此后还有针对欧洲社会主义的政治战略、党的性质(自埃皮内重建以来,党的统一还从未遭到这样的破坏),最后是指定参加总统选举候选人的问题。定于2005年11月17、18和19号召开的曼斯代表大会可能拿不出一个可以回答所有这些问题的答案,但它一定是自1971年埃皮内代表大会和1979年梅斯代表大会以来社会党当代历史上最重要的一次大会。

第十六章
两难的政治抉择：
从2002年的"意外"到2005年的震荡

一、反弹的能力

1995—1997年，这一时期表明，社会党已经有能力挑战1993年那样的选举败局，并且像弗朗索瓦·密特朗执政时期的大党那样生存。里奥奈尔·若斯潘在1995年的总统选举第二轮投票时获得了47%的选票之后，又带领他的党取得了1997年议会选举的胜利，并且在担任总理后向人们证明，社会党依然是一个主导左翼的政党，一个有替代能力的党（见表1和2）。在国民议会，社会党取得了242个席位，与1993年相比赢得了近200个议席。社会党再次成为领袖。

在绿党的支持下，左翼联盟得到恢复和扩大，因而使社会党人可以再次执政。共产党继续衰败，而绿党在社会党的支持下虽然处于分裂状态，依然在国民议会获得了席位。

表1 左翼政党的选举变化（1993—2005）（法国本土）

选举年	选举类型	社会党/左翼激进党/PRS*	左翼激进运动/MRG/PRS	法国共产党	极左翼和统一社会党 PSU	左翼联合	绿党**	左翼总票数	社会党/左翼百分比	共产党/左翼百分比
1995	总统选举	23.2		8.7	5.4			37.3	62.1	23.3
1997	议会选举	25.7		9.9	2.5	3.4	4	45.9	61.3	23.6
2002	总统选举	15.9	2.1	3.4	10.6		5.3	37.3	42.6	9.1
2002	议会选举	25.7		4.8	2.8	1.1	4.5	38.9	66.1	12.3

＊1995年，若斯潘得到了社会党、左翼激进党和公民运动党的支持，2002年他只得到社会党的支持。

＊＊从1997年起，绿党被计为左翼。

表2 1974年以来,社会党在第二轮总统选举中的记录(有效票,法国本土)

总统选举年	社会党第二轮记录
1974	49.3
1981	52.2
1988	54
1995	47.3
2002	无社会党候选人

社会党在1997年取得的选举胜利也反映在各大区的总体状况(见表3)。在某些大区里,这次选举的胜利是之前实现的良好成绩的继续,如在洛林、布列塔尼、卢瓦尔地区或布瓦图-夏朗德。在另外一些地区,如利姆赞或布尔高涅,以前的退步都被逆转,甚至超出了。不过,在两个地区,这些进步还是没有赶上20世纪60年代的水平,而在历史上,这两个地区对社会党选举成果的发展作出过重要贡献:北加莱海峡和普罗旺斯-阿尔卑斯-蓝色海岸。

表3 社会党议会选举选举结果变化(以大区计)

区	2002	指数 1993/1967	指数 2002/1993	指数 2002/1967
利姆赞	37.5	79	162	128
布瓦图-夏朗德	32.8	123	143	177
布尔高涅	32.5	69	156	108
南比利牛斯	32.5	88	122	107
(阿奎坦)阿坤廷	31.8	88	135	116
布列塔尼	30.7	144	139	341
上诺曼底	29.8	139	126	196
北加莱海峡	27.9	80	125	99
科西嘉	26.9	38	253	93
朗克多克-鲁西翁	26.9	78	138	108
法国本土	25.7	96	135	135

续表

区	2002	指数 1993/1967	指数 2002/1993	指数 2002/1967
中央大区	25.6	101	126	128
洛林	25.4	169	147	251
卢瓦尔	24.8	123	147	182
奥维尔涅	24.8	65	133	86
巴黎大区	22.7	132	138	183
罗纳-阿尔卑斯	22.6	100	136	136
皮卡尔迪	22	95	122	117
弗朗什-贡岱	21.7	81	100	80
香槟-阿登	21.6	96	129	115
(低)下诺曼底	21.2	151	115	175
普罗旺斯-阿尔卑斯-蓝色海岸	18	65	124	81
阿尔萨斯	16.3	166	115	187

2001年市镇选举时,已经让人感觉到未来的困难,社会党失去了3万居民以上的10个市镇①。不过,从共产党比重损失更为严重这一后果看,左翼内部的力量对比关系略有改善(占103个左翼市镇的61%)。社会党对这种倒退可以感到欣慰的是,自第五共和国以来,它第一次在巴黎、里昂和第戎取得胜利。

在大区的选举中,社会党是与保卫共和联盟(2002年起成为UMP)平分秋色的两大主要党派之一。1986年,社会党推荐的名单得票率为29%,1992年为20.5%,1998年重新恢复到29%,到2004年,这一比例飙升到36%,第一次高于右翼主要政党的得票率。在第二轮投票时,社会党人收获了近50%的有效票,右翼获得了37%,极右翼12%的有效票。这次选举结束时,社会党在法国本土22个大区中赢得了20个大区议会议长的职位。在1889个大区议员席位中,社会党囊括了1152个席位。

---

① Voir Martin (Pierre),《Chronique des élections françaises (1), les élections municipales et cantonales des 11 et 18 mars 2001》, *Commentaire*, vol. XXIV/n°94, été 2001.

在同一年的省选举中,社会党在第一轮获得了26%的有效票,第二轮获得了绝对多数并取得56个省议会议长的职位。从此,仅社会党自己就拥有省议会的839个议员席位,比右翼总体议员席位数量还要多。在这次选举中,从传统上看一直比较弱的左翼能够取得这样的逆转,是非常令人瞩目的。

我们看到,历史上发挥重要作用的市镇社会主义对于推进社会党在全国的发展所起的重要作用。社会党在地方的根基因此成为一张不可忽视的王牌。

最后,在欧盟选举中,1994年遭遇惨败(14.5%的得票率)之后,社会党人在1999年和2004年分别有22%、29%的得票率。在后一次选举中,共产党得票率为5.3%、极左翼为2.5%,绿党为7.4%,这一情况更加突出了社会党在左翼的绝对优势地位。社会党在欧盟议会有31位议员,使它可以在欧洲社会党党团中占有最大的份额。

二、继续存在的新脆弱性

尽管有这些积极因素,社会党仍然保留了某些原来的脆弱性,而自密特朗时代后期开始,又出现了一些新的弱点。甚至在2002年遭遇惨败之前,社会党一直是一个中等规模的党,1997年议会选举中获得了25.7%的有效票,而整个左翼和绿党也就获得了42%的有效票。1997年议会选举的胜利,是社会党在总统议会选举序列以外取得的唯一一次胜利,在很大程度上是源于左翼出现分裂、阿兰·朱佩政府的民众信任度极低和民族阵线势力及其"反戴高乐主义"战略等因素。民族阵线是一股重要的反对右翼温和派的选举势力[1],社会党利用了因民族阵线站住了脚而形成的三党竞选局面。而里奥奈尔·若斯潘,尽管早在两年前有骄人的成绩,却没有能够成功地赢得总统选举,而当时的看守政府是右派。

2002年的总统选举在第一轮就将里奥奈尔·若斯潘淘汰,引起了社

---

[1] Sur la tripartition électorale, voir Grunberg (Gérard) et Schweisguth (Etienne),《Vers une tripartition de l'espace politique》, in Daniel Boy et Nonna Mayer, *L'Electeur a ses raisons*, Paris, presses de Sciences-po, 1997, pp. 179 – 218, et Id.,《La tripartition de l'espace politique》, in Perrineau (Pascal) et Ysmal (Collette) (éd.), *Le Vote de tous les refus, les élections législatives de 2002*, Paris, presses de Sciences-po, 2003, pp. 341 et 362.

会党内的震荡。自埃皮内代表大会以来,左派第一次没有在总统选举的第二轮出现。在第一轮,社会党候选人以16%的得票结果位于看守总统和让-马利·勒旁之后。毫无疑问,2002年的议会选举再度恢复了左/右两极格局体系,社会党处在刚刚成立的人民运动联盟之后第二位。但是,社会党的140个席位,只占当选议员的四分之一(见表4)。

表4 1993年到2002年社会党在国民议会中议会党团的人数

议会选举年份	社会党人数	亲近社会党的人数	总人数	社会党和亲近社会党的席位占总席位的百分比
1993	52	5	57	10
1997	242	8	250	43
2002	140	1	141	24

社会党再一次领导了看守政府,却没有赢得后来的全国政治选举。社会党受到了惩罚性选举后果的严重打击。根据2002年政治学研究中心的调查,1027位自称亲近社会党的受访者中,即占总受访者四分之一的人,其中仅有40%的人在第一轮总统选举时把票投给了里奥奈尔·若斯潘,四分之一的人弃权或投了空白或无效票。在那些给当选的某位候选人投了票的人当中,只有52%的人投票给社会党[1]。无疑,在这次投票中,有一部分偶然因素,因为选民们确信里奥奈尔·若斯潘会在第二轮选举中出现。上面引用的调查说明,近三分之一的选民把票投给了左派的另一位候选人,或给了绿党,他们说,如果可以重来,他们肯定会换一种方法投票。如果所有左派选民思想上清楚地意识到勒旁出现的危险,里奥奈尔·若斯潘就会顺利出现在第二轮,这是很有可能的。但是,也存在着他被淘汰的可能。因为在2002年议会选举中社会党25.7%的得票率证明它依然是一个中等规模的竞选党。至于左翼,39%的得票率表现出明显的弱势。

2002年的总统选举显示出社会党在工人选民中根基不牢的现象还

---

[1] Jaffré (Jérome),《Comprendre l'élimination de Lionel Jospin》, in Perrinau (Pascal) et Ysmal (Collette) (éd.), *Le Vote de tous les refus, les élections législatives de 2002*, op. cit., pp. 223 - 250.

在发展:在 1988 年和 2002 年两次总统选举期间,社会党确实在这个阶层中的损失最为严重:28 个百分点(见表 5)。总的情况是,在这两次选举之间,左派工人的票数比率从 63% 下降到 43%[①]。这在投票的社会学研究中无异于一次真正的地震,从全国范围看,很大程度上是因为民族阵线的壮大,从社会角度看,是由于"工薪阶层"的分化。今天,工薪的概念不能再作为用来命名让社会党选民团结起来的有效概念。社会党必须致力于微妙地管理法国社会特有的各种矛盾和内部的社会分歧。

社会党在青年人中的损失也很大。1988 年和 2002 年总统选举期间,党平均失去了 18 个百分点,而在 18—24 岁之间失去了 27 个百分点,在 25—34 岁之间失去了 20 个百分点。1978 年,支持社会党最多的票数来自青年人;2002 年,来自青年人的支持最少。上世纪 60 年代,法国民主工联已经感受到吸引年轻人的困难。这一时期是激进和变革的时期,年轻人被生态主义组织和"左派中的左派"所吸引,不过,这也是年轻人总体上不太沉迷于政治党派和对政治相对消沉的时期[②]。

这些不足在前一时期已经显现出来,除此之外,又增添了公有部门工薪者那里一种新的脆弱性,而他们是社会党传统选民的核心。在这组人之中,1995 年和 2002 年期间的倒退尤为严重。不久前国家教育部门和财政管理部门发生的运动已经表明,公职人员越来越担心地看到国家和公共服务部门在弱化,他们的身份有可能受到质疑。但奇怪的是,这些担忧却表现为反对一个从其活动分子的主体看恰恰越来越成为由公职人员组成的党!

[①] Cautrès (Bruno) et Mayer (Nonna),《Les métamorphoses du vote de classe》, in Id., Paris, presses de Sciences-po, 2004, pp. 145 – 160.

[②] Voir Muxel (Anne), *L'Expérience politique des jeunes*, Paris, presses de Sciences-po, 2001, et Grunberg (Gérard) et Muxel (Anne),《La dynamique des générations》, in Gérard Grunberg, Nonna Mayer et Paul Sniderman (dir.) *La Démocratie à l'épreuve. Une nouvelle approche de l'opinion des Français*, Paris, presses de Sciences-po, 2002.

表5 总统选举期间社会党选民的社会构成变化（1988—2002）(%)

	1988	1995	2002	1995/1988年之差	2002/1995年之差	2002/1988年之差
总体	34	23	16	−11	−7	−18
年龄(岁)						
18—24	40	24	13	−16	−11	−27
25—34	34	20	14	−14	−6	−20
35—59	34	24	15	−10	−9	−19
50—65	31	22	17	−11	−5	−14
65以上	33	25	20	−5	−5	−13
受访者职业或原职业：						
农业工人	15	14	10	−1	−4	−5
商人、艺人、工业家	23	11	5	−12	−6	−18
高级管理人员或自由职业者	33	31	18	−2	−13	−15
中间职业	32	26	16	−6	−10	−16
雇员	39	20	13	−19	−7	−26
工人	41	24	13	−17	−11	−28
职业地位						
自由职业者	20	12	8	−8	−4	−12
私营部门的工薪者	36	20	13	−16	−7	−23
国有部门的工薪者	39	32	18	−7	−14	−21

与选举方面的这些不足相应的是党的活动方面的不足。1995—1997年之间党员人数激增，但是到2002年总统选举前夕，党员数量很快又回落到了10万多人的局面。然而这个数量自2001年起又一次有所增加，到2004年已经达到了126150人（见表6）。

表6 社会党正式宣布的党员人数（1994—2004）

年份	党员人数
1995	93600
1996	111950
1997	142600

续表

年份	党员人数
1998	113446
1999	119116
2000	116805
2001	109464
2002	129445
2003	119827
2004	126150

资料来源:社会党档案

活动分子的数量一直不多——尽管社会党领导人和历任第一书记都不断地重复要让党员数量"增加一倍"的立场——,首先是与这样一个事实有关:社会党从这时起已经成为由当选者组成的党,管理它在各级地方政府占据了大多数干部活动的很重要的一部分。招收系统,特别是面对青年人的招收工作,也都把注意力转向这一目的,并且其重点是面对毕业的青年人。年轻的社会党人近20年来没有超过5000人,他们的运动主要由大学生组织,在社会党执政期间,这些人到一定年龄便开始到部长内阁里从事某种职业,在平常情况下,他们还可以在大区和市镇的议长内阁里、在市政厅以及当选者内阁里从事某项工作,之后再担任选举委托或者有时同时作委托。这显然限制了青年运动在其他大众阶层的年轻人中可能产生的反响。

一个由当选者组成的党也有另一种作用,一种很难量化,但是很明显的作用,这种作用有利于在接收党员政策上的"马尔萨斯主义",因为,地方支部中那么多的平衡关系一旦确立起来,往往会被当选者小心翼翼地保留下来。

当然,招收党员遇到困难也受制于一些更广泛的原因,一般来说,是法国所有执政的党派都同样会遇到的困难。尽管人们大力提倡对等政策,但是让女士们把党的活动和她们的家庭和职业生活都调整好绝非易事。发展女性党员无疑取得了进展,但是还很不够,从1985年的20%上升到了1998年的26%,目前,社会党女党员大约占三分之一①。

从总体上看,新千年之初,青年人比前几代青年人更加与政党保持距离,而且他们更喜欢暂时地加入协会或者围绕某一事业组织起来的运动。因此,埃皮内的党在30年的时间里老化了很多。1973年,40岁以下的党员占37%。到2002年,35岁以下的党员只占14%,40%的党员都是退休的人②。

第三个现象反映出社会党的社会基础在不断削弱,使20年来已经开始的趋势更加发展。社会党的社会基础比过去更文凭化,而且比过去更集中在公职和公共服务部门。1998年,三分之二的党员持有中学会考以上文凭,其中41%有高等教育文凭。国有部门的工薪者占党员半数以上,他们主要来自医药卫生、社会、行政和教育与培训部门。工人和雇工只占党员人数的16%,而按同一时间计算,他们占就业人口的45%以上。2002年选举之后,140位议员中的40位是就业或退休的教员,占议员总数的三分之一。

最后,从社会学角度进行的具体分析表明,构成了——而且部分地还在构成——社会党吸纳党员所偏好的阶层的东西,近20年来发生了巨大变化。正如弗里德里克·萨维奇指出的:"小学教师师范学校的关闭,吸纳大学老师导致资产阶级化,天主教行动的运动逐渐衰弱,协会趋向于职业化,让社会党活动分子的主要鱼池枯竭了,又没有新的集团来填补。"③眼下,来自国家和地方政府的"资源"成为接收那些当上了管理人员的女士和先生们入党的主要部门,这并不令人感到太奇怪。在2004年,社会党的预算收入已经上升到近210亿欧元,其中的公共捐赠占总数的85%,党员缴纳的党费占8%,当选者缴纳的党费占6%。所有这些因素都支持

---

① Rey (Henry) et Subileau (Françoise), *Les Militants socialistes à l'épreuve du pouvoir*, Paris, presses de Sciences-po, 1991; Subileau (Françoise), Ysmal (Collette) et Rey (Henry),《Les adhérents socialistes en 1998, *Cahiers du CEVIPOF*, n°23, 1999; Pour 2002, Fichier du Parti socialiste (documentation du PS).

② Les chiffres de 1973 sont tirés de Hardouin (Philippe), art. cité; et pour 2002, Fichier du Parti socialiste (documentation du PS).

③ Sawicki (Richard),《Les réseaux socialistes au XXe siècle》, communication au colloque *Cent ans de socialisme*, bibliothèque François Mitterrand, Paris, 22-23 avril 2005, p.6.

了政治学家理查德·卡兹和彼得·迈尔阐述的"卡特尔党"的论断①。他们从莫里斯·杜维尔热把社会主义群众的政党模式评价为可能是现代唯一的政党模式这一评价出发,集中分析了政治党派对市民社会和国家的立场,认为近期出现了一种新的类型的党——"卡特尔党",这样的党依靠国家,并且主要利用公共资源来保证自己的发展。

三、选举的两难窘境

今天的社会党与昨天相比更难办的是要面对政治和选举两个方面的两难抉择,对于党的未来本身而言,与选择义务相联系的这些挑战具有极其重要的意义。

第一种两难抉择涉及到经济自由主义与市场经济问题,第二种两难抉择是文化自由主义问题,即总体上的反独裁和普世主义的价值问题②。根据2002年选举前夕政治学研究中心和社会-政治数据信息中心进行调查制成的表7,可以使人们了解这两种两难抉择究竟有多么难。

在全球化的市场经济中,外部对作为执政党的社会党形成种种限制,党的潜在选民(那些声称社会党是他们感到最亲近或最不疏远的党)对市场经济和经济自由主义有自己的态度,第一种两难抉择就来自于这两者之间产生的矛盾。与人民运动联盟和民族阵线相比,社会党的潜在选民明显地更加敌视经济自由主义。在这里,被访者的学习水平对社会党选民内部造成的差别并不大。在私有化政策和规范解雇的问题上,选民被分为势均力敌的两部分。在社会党执政时,如果党采取的政策让赞成自由主义的那部分人满意,就有可能因此失去潜在选民中另一部分人。2002年在第一轮总统选举时,情况就是这样。如果社会党不采取这样的政策,就很有可能阻碍法国经济进行必要的适应环境的变化调整,并且丢掉对这种适应采取更开放态度的那部分潜在选民。此外还应该看到,在解雇问题上,亲近社会党的选民和亲近人民运动联盟的选民相差无几:双方意见分歧非常大,这意味着两大执政党都面临因自由主义挑战而产生

---

① Katz (Richard) et Mair (Peter),《Changing models of party organization and party democracy》, *Party Politics*, 1995, 1(1), pp. 5-28.

② Grunberg (Gérard) et Schweisguth (Etienne),《Recompositions idéologiques》, in Boy (Daniel) et Mayer (Nonna), *L'Electeur a ses raisons*, *op. cit.*

的两难抉择。这就是第一个两难抉择,它也说明为什么社会党在野比执政时的情形明显舒服得多,以及为什么选民会那么动荡。

除了这第一个引人瞩目的两难抉择外,还有第二个同样重要的两难选择。它关系到文化自由主义问题。这里涉及的不再是经济问题,而是涉及法国社会的社会习俗、社会准则、权威的作用、移民和民族身份,总之在社会中的生活和对社会的调节等。

表7　2002年观点接近社会党、保卫共和联盟和民族阵线的人

	接近社会党的观点			接近保卫共和联盟的观点	接近民族阵线的观点
	总数	中等会考以上学历	中等会考以下学历		
减少公职人员数量(同意)	35	32	38	61	54
私有化(不积极)	52	57	51	27	40
35小时(积极)	61	71	60	21	30
能够禁止企业解雇(同意)	46	41	53	41	60
公民团结互助公约(PAES)(积极)	71	83	67	46	47
只认为自己是法国人(而不是欧洲人)	28	10	39	37	62
在法国的移民太多了(同意)	52	26	70	79	98
学校应该首先教人有纪律和奋斗意识(而不是培养活跃和批判精神)	54	29	71	78	81
应该恢复死刑(同意)	40	16	53	60	87

注:该项调查完成于2002年人民运动联盟成立之前。

从这些方面的总体情况看,亲近社会党的选民根据学习状况而划分为不同的类别。普世的和反专制的价值观在那些至少拥有相当于中学毕业证书的人当中传播得非常广泛。相反,在没有达到这一水平的人那里,

这些价值观传播很少,这就使他们很接近右翼选民。社会党的这部分潜在选民认为,移民太多了,学校应该首先教授纪律和奋斗精神,应该恢复死刑。只有非常少的一部分人感觉自己是法国人,而不是欧洲人,甚至部分的欧洲人都不是。相对于大多数法国选民而言,尤其是相对于普通选民而言,学历最高的人一般都会公开宣布自己的态度和见解。而社会党的历届政府实行的政策往往最符合潜在选民中学历最高的人的愿望。他们这样做是受社会党活动分子的推动。我们已经看到,这些人一般持有较高水平的文凭,在1998年前进行的调查中,这些党员的回答很接近至少有中学毕业证书的社会党选民的回答[1]。在法国社会内部的紧张关系不断加剧这样一个时期,社会党因此必然时时有脱离一部分普通选民的风险。右翼和极右翼的竞争对于它来说就显得很危险了。

四、欧洲进程的中断

2005年5月29日就欧盟宪法进行的全民公投,让社会党经历了一次严重的危机,危机反映在多个层面。除领导层和活动分子意见产生分歧之外,还有选民们在这个题目上的分歧,而欧盟问题很久以来就是社会党身份的因素之一。根据投票后所做的民意调查,同情社会党的投票证实了刚才描述的好几种倾向。时至今日,我们还没有掌握所有必要的数据来回答所有的问题,但是,许多因素都会让我们做出某些肯定,或者设定某些假设(见表8)。选民在这次投票时意见是分歧的,"反对"的人占了多数。学历水平和投票之间的线性关系显示,社会党同情者的分歧是按社会阶层和学历水平而形成的。实际上,属于大众阶层的人很有可能绝大多数都投了"反对"票。也应该注意到年龄造成的鸿沟,只有年龄最高的选民大多投了"赞同"票。这件事可以最终证明国有部门工薪者的变化,他们比在1992年往往更多地干脆地说"不",而这一次,比私营部门的工薪者说"不"的还多。在5月29日的投票中,亲近社会党的中等和高级管理人员很可能就是循着这一鸿沟分野的。所有这些因素暴露了深刻的分歧,今天,这些分歧已经贯穿到了社会党的潜在选民。

---

[1] Subileau(François), Ysmal(Collette) et Rey(Henry),《Les adhérents socialistes en 1998》, *op. cit.*

表8 2005年5月29日全民公投——用社会学的方法分析选民状况(%)

		赞同票	反对票
年龄(岁):			
	18—24	44	56
	25—34	45	55
	35—44	39	61
	45—59	38	62
	60—69	56	44
	70以上	58	42
职业:			
	农业工人	30	70
	艺人、商人、企业家	49	51
	高级管理人员或自由职业者	65	35
	中间职业	47	53
	雇员	33	67
	工人	21	79
职业地位:			
	独立经营者、老板	42	58
	私营部门工薪者	44	56
	国有部门工薪者	36	64
	大学生	54	46
	退休者	56	44
学位:			
	无学位	28	72
	职业学习证书/职业能力证书/职业学习证明	35	65
	业士学位 Bac	47	53
	业士学位 Bac+2	54	46
	业士学位 Bac+3	64	36
政党			
	社会党	44	56
	共产党	19	81
	极左	6	94
	绿党	40	60

续表

	赞同票	反对票
工会：		
法国总工会	22	78
工人力量	25	75
SUD	21	79
法国民主工联	57	43
总计	45	55

资料来自民意测验研究院 IPSOS

毫无疑问，全民公投后的调查使我们认识到，那些投了"反对"票的亲近社会党的人一般并不愿意标榜他们反对欧洲建设。他们的投票尤其是针对现政权和表达他们对法国当前形势的不满。他们中许多人都相信，重新讨论条约文本是可能的，正如倾向于"反对"意见的社会党领导人所强调的那样。但是这也并不是否认，他们当中确有很大一部分人拒绝一个在他们看来过于自由化的欧洲。经济自由主义问题与欧洲建设问题相互搅缠在一起，这个社会党领导人此前总体上成功避免了的问题，从此成为一个真正的困难问题。可能由此而产生的第一个后果就是，领导人为了避免这个难题，把欧洲问题置于次要位置。这样做可能会使最关注欧洲建设进程的选民远离社会党。

5月29日全民公投时，左翼其他政党同情者的投票进一步突出了社会党的问题：由于他们大多数人投票"反对"，这就鼓励共产党人，甚至部分绿党成员促使形成一个"激进极"，这个极即使没有真正的政治基础，而且选民对它的信任甚微，但还是有可能使左翼的联盟更加困难（见表7）。社会党同工会的关系也同样。如果从5月29日工会与其选民的近距离关系看，当工会宣布赞成"反对"意见时，似乎大量选民，也就是说，法国总工会、FO和SUD都听从了工会的指令，只有很少一部分亲近法国民主工联的选民按照工会核心机构的要求投了"赞同"票。这样一来，不管从选举战略还是从工会战略角度看，全民公投后，社会党的形势都十分微妙。

这些分析总体上表明，新的选举期对社会党来说将会多么复杂。毫无疑问,政府的民众支持率很低,尽管新总理多米尼克·德维尔潘上任之初带来了一点起色,但问题依旧,社会党在遭受失利之后还有希望利用惩罚性投票。根据民意调查,实际上,目前大多数选民都希望社会党在下一届选举中获胜。但是,许多事情都取决于人民运动联盟的情况,取决于这个党候选人的提名,除此之外,社会党自己也要有充分的条件让自己首先进入第二轮并最终赢得选举。显然,要在这方面做出严肃的预测还为时尚早,不过发表几点看法还是可以的。

首先,由于选举日期的调换,下一轮的选举要从总体选举开始。然而,社会党人要赢得总体选举很难。到目前为止,只有弗朗索瓦·密特朗有能力做到了这一点。

社会党候选人首先必须要进入第二轮选举。左派目前极为分裂的状况必然迫使社会党候选人面对左翼所有其他党派的候选人,从现在起,每一个党派都认为,即使得票率很低,自己也有必要参与这样的会诊。社会党候选人的资格也因此由不得自己了。

其次,如果社会党候选人进入了第二轮选举,他就必须能够将参加选举的大多数人团结起来。左派的分歧因5月29日的全民公投进一步加剧,也使团结左翼力量变得很成问题,团结左翼选民更是充满或然性。最后而且尤其是社会党应该显示出团结一致,紧密围绕在一个好的候选人周围。而在这个问题上,后全民公投的形势使事情复杂化了。而且一般来说,总统选举一旦失败,那么留给随后进行的议会选举的机会就很少了。社会党已连续三次在总统选举中失利,而社会党这一次是在在野的情况下参选,这对它来说将是一次非常关键的时刻。

结　论

> 我们应当表明自己既是一个始终如一的社会党，又是一个不断创新、充满活力和革新的社会党。
>
> 莱昂·布鲁姆，1945

本书开头，我们的观点，也是本研究的假设是，要理解法国社会党的变化和一个世纪以来党的文化，就必须把社会党看做一个整体。一个党的确是由多样化的多方面的因素塑造的：国家和地方的、精神与物质的、党的领导者和活动分子等等，但这些因素整合起来，只有一个目的，就是在特定的政治与社会体制中行动，也因此，社会党人与政权的关系成为一个基本的难题。用政治学术语讲，本书试图建立一个法国社会党的模型，以便帮助人们理解该党的历史与现实。起初设想通过具有说服力的叙述而达到这一目的，在研究结束之际，初衷可以说是得到了肯定。

法国社会党第一次执政距今已近70年，他们曾在三个共和国里执政，在第四和第五共和国时期成为体制内的政党，并最终实现了加斯东·德费尔称作"对整个国家完全正常的政府治理"的愿望，弗朗索瓦·密特朗，是以自己的特色赢得了总统的选举，而社会党是法国两个能够合法地并在不远的未来可以取得三次总统任期的法国的政党之一。然而，这个党在行使执政使命的过程中几乎从未感到轻松，反而是在重回反对党地位时才感觉好些，每每这个时候，他们批评自己或以其名义执政的人如何有违背党的目标和计划，怎样没有推进一个真正的左翼政策。在每一次执政失败后，各种怀疑铺天盖地，社会党则在自己原本的价值认同中去重新寻找必要的资源，以便重新制定一个社会主义性质的方案。表明为成功的执政成果并不被自己认同,相反,却引起内部的蔑视和批评。执政不会使他们满意,不会令他们满足,他们追求的是别的东西,如莱昂·布鲁姆所说,是要实现一个能产生"耀眼印迹"的改革,由此,产生了周而复始的失望、规律性的回归,再进行下一次最终变革的尝试。每一个政治周期是以重新肯定其传统和教条开始,之后一旦执政,便引来人们不断增长的批评、失望和烦恼,导致他们再回起点,重新肯定争取实现同旧制度"决裂"的愿望。

法国社会党,不是因其活动方向、初始执政目标和结果存在反差而遭受质疑的唯一的社会主义政党。如同法国社会党一样,多数社会主义政党开始时都有一个用社会主义代替资本主义的方案,但在历史的发展过程中,没有一个党不自然而然地、逐渐地放弃了这个方案。但为放弃这个方案法国社会党比其他的党经历了太多的痛苦。虽然他们也以同其他党一样的方式做出努力,但他们比别人更难于承认自己是一个在资本主义体制框架内活动的一般意义的"改良主义"的党,由此,他们便在以其与政权的独特的关系而成为一种"例外"。本书的计划是要认识法国社会主义的"例外"及其所产生的主要根据。

首先从法国社会党原型中寻找"例外"的根据。法国社会党之所以形成如此特殊之模式,是因为有以下四个方面相互影响的基本因素:20世纪初以来法国特殊的政治文化,尤其是独特的法国左翼政治文化;共和国政治制度及其独特的活力;在法国混沌的左翼和工人运动中产生的法国社会党的特殊地位,以及社会党自身独特的形成方式。

人们对法国政治文化的主要特点已耳熟能详[①],不必多讲,只需指出的是,尽管20世纪初法国的左翼派别林立、冲突不断,但他们无不打上法国大革命传统的基本烙印。法国左翼的大多数以与已有的秩序决裂为标志,关注社会冲突,追求平等价值,相信历史的进步性,强调人民群众的主体地位,因此,形成了蔑视精英,担心领导人背叛的心理。历史上法国社会党创立时强调自己是一个集体主义的党。

法国的左翼产生于1789年,而对大革命的记忆在一百年后活跃到极点。这种文化不是一种妥协的文化(有时也对妥协加以利用),不重视通

---

① Paris, Ed. du Seuil, Paris, Ed. du Seuil.

过政府日常活动实现的社会改革及其意义。他们实际上体现出法国传统政治文化浓厚的色彩，即期望出现神话和壮举。他们信仰人类的不断进步，坚信理性必然战胜蒙昧。这样的文化特质，使法国大多数社会主义派别，更易于以不同的方式接受马克思主义，而后者强调革命的传统，给出历史发展的方向，说明不可调和的阶级冲突，似乎为社会变革提供了科学的理论。因此，法国社会党便不能，如英国，以及后来第一次世界大战前德国那样，成为一个统一的党、改良主义的党而自然地融入现实的政治体系之中。法国社会主义因其特殊的革命性而要求在一切情况下保持其独立性和行动自由。作为代表未来的力量，不能满足于现实活动中消耗殆尽，他们是"未来的号手"。

继承这样的遗产，又建立在特殊的政治制度基础之上，法国社会党一开始便处在一种非常矛盾的境地，而这在事实上便是法国社会党特殊模式所形成的决定因素。法国社会党是在对共和主义的认同和反对的基础上建立起来的。社会党有两方面的理由而不能放弃"共和"传统：首先是文化层面的，第二是政治层面的。从文化上讲，共和的传统本身也是直接来源于法国大革命，并具有法国社会主义也认同的多种价值，它同时是历史和代议制发展的产物和创造者。在法国，对共和的认同实际上是远远超越了共和主义者的范围。共和的发展是遵循灾难主义的法则，在旧的激进运动过时和减退的过程中要不断地创造出新的更激进的派别和运动。在一定意义上，社会主义就是这种独特的冲突文化活力的最后的产儿，如同社会主义一样，"共和"也有自己的一个根本改造社会的方案，这种改造是永无完结，直到永远。社会主义者不能简单地把这种文化视为"异己"。共和主义的爱国主义，也因此成为法国社会党人不能放弃的历史包袱的一部分。

然而，共和不仅是一种意识形态，而且是一种政治制度。共和主义者为实现共和而与其对手进行了实际和幻想的战斗。在困难的时刻，内部虽然存在着各种差别和冲突，但他们总是重新构成一个统一阵营去反对各种各样的"反动派"、"专制主义"和"教权主义"。这个阵营属于左派，他们的对手是右派。法国社会主义者难于超越这种基本划分而拒绝与法国左翼阵营为伍。尤其是共和国是普选选择，这是人民斗争的结果，社会主义者不能不对它加以足够的重视。正是在这个伟大的民主政治中心诞生了法国社会党,他们一定要参加选举,并因此融入到代议民主制度之中。此外,第二国际也曾把参加政治斗争作为反对无政府主义和加入国际的条件。

加入共和阵营,社会党人就面临两个风险。第一个是削弱其社会主义的特性,以至于不能成为一个强大的左翼党,因为这个位置已经为一些共和党,尤其是激进党所占领。他们因此冒着一种只能成为伟大"共和党"的左翼的风险。而这种风险,因灾变规律而产生出一个比社会党更"激进"(本原含义上)的左派政党而放大。尤其是社会主义者无论如何不能满足统一于这个马克思指出的作为"资产阶级统治"历史阶段的共和主义的基础上。资产阶级统治应当在工人运动的胜利斗争中让位,要建立起社会主义制度。社会党国际曾坚决拒绝社会主义者以任何方式参加资产阶级政府,社会主义者不能只把或首先把自己看做是一个共和主义者,认为社会主义者的本质不在于此,他们的目标不是这样,他们的历史使命更高远。是的,一些社会主义者也曾或有时会首先把自己当做共和主义者,但一个统一的社会主义政党却不能建立在共和主义的基础之上,党应当努力去用集体主义的社会主义与其他资产阶级政党人士的划分去替代所谓左与右的政治分野。

如果说社会党不能成为一个共和主义的大党的话,它同样也不能成为一个作为其最初目标的工人的大党。

这里无需过多地分析这种情形形成的具体原因的细节,只需再次指出的是法国社会党既没有社会民主主义的结构基础,也没有社会民主主义的文化基础。首先没有结构基础。世纪之初,除少部分地区外,法国没有在人口意义上和社会意义上形成像英国或德国那样的工人阶级。工会的力量相对薄弱,并且尤其还没有建立如其他国家那样的与一个工人政党"捆绑"在一起的特殊关系。既非工党主义,也非社会民主主义,社会主义运动因此不能够成为想成为和声称的"法国工人运动唯一的代表"。不能成为反对现实的工人世界的中坚,也是因为缺乏工党主义和社会民主主义的独特的妥协文化。其原因有三:一是与法国革命的传统相联系;二是需要与共和主义者相区别;三是作为其激进主义立场的代价,其组织相对薄弱而工人中明显地缺少对代表制的认同。从开始起,法国社会党就不能成为一个社会民主党。

最后,法国社会党与政权独特的关系形成的最后一个原因是与其形成的党内活动方式相联系的,而这也是上述三方面原因的一个结果。法国的社会主义运动有很强的分散性而其统一又决非是自然的过程。这一过程漫长而困难,虽然各派别接受了一定程度的相互妥协,形成了统一的政党,但这个党仍不是一个有力量的大党。分散使统一成为问题,但总体的弱小要求团结统一。这样,十分脆弱的统一自然成为领导人最为关注的问题。为了实现这个统一,就必须把不同的小宗派汇集到一个大教堂之中,即创造一个统一的神话。为此,只提出加入统一组织有限的两个条件,即必须作为社会主义者和承认党的理论。只有服从党的理论才能保持组织统一和变革方案合法性。党的理论或教条,因此成为党运转的核心要素。教条的辩论、理论的解读占用了领导人最大部分的精力,尤其是这个讨论还影响着组织内部权力的转移和归属。这样一来,法国社会党转过身去要不断地对付自己。

统一的愿望,加上实现和维持统一的艰难,对法国社会党的政治模式的形成产生了基础性的作用。这个模式特性有两个相互联系的要素并形成为一种结构:一是对国家权力的蔑视,因为行使国家权力会走向与现存政治制度的妥协,从而危害到党的统一;二是拒绝修正党的理论教条,因为这样做也可能带来同样的危险。在现有体制内执政就是"腐败",而理论的净化则可预防"诱惑"。

这个遗传学意义上的模式会在党内不断地制造出大的冲突或紧张。党要成为一个选举的和议会的党,党如果不是作为共和主义者,也至少要站在共和主义一边参加政治斗争,党会自然而然地逐渐融入现存的政治体制,并伴随其选举力量的发展在体制中发挥日益重要的作用。这个大的原生的紧张关系,要求党的领导人以一种特殊的方式进行管理,以便使党能够承受这样的考验,而不会出现大的灾难和不可避免的外科手术式的分裂。这个领导人首先是让·饶勒斯。

在1905—1908年期间,让·饶勒斯为了这个目的作出了一个"综合",这种努力开启了一个开创的时代,使法国社会党得以成功建立,使党在第一次世界大战前获得发展,党与权力的关系也得到了有效的处理。他的做法在对手看来是构建了"两个面孔"。第一个是进攻者的面孔。党作为一个革命党来行动,拒绝与资产阶级政党妥协,表明忠诚于自己的理论并否定一切改良主义的愿望。模式的这一部分使党展开了一场区别于其他政党的激进的宣传,并把最强调阶级斗争和理论之纯洁性的马克思主义的社会主义者紧紧地团结在自己的周围,也避免了把自己淹没在共和主义的阵营当中。第二是防守者的面孔。党能够以保卫共和国的名义,建立选举联盟,利用法国左翼的选举和政治活力,积极地参与议会活动,建立起共和主义者的形象,团结起偏好改革和议会活动的社会主义者。两个面孔的做法最大的好处就是使社会主义者同时是既在也非在体制内,既不被淹没在体制中,又不被体制边缘化。在两个不同的层面上运转,党有足够的灵活空间,可以根据形势,动员其双重角色(或者进攻或者防守)的可能资源。这尤其是使党得以避免了那些可能危害党的团结统一的关于修改党的理论方面的潜在争论。与此同时,社会党人也面对着党与政权的关系的麻烦,但直到1914年,他们的回答是禁止一切参加资产阶级政府的活动。

1914—1920年间,上述的综合宣告失败。由于法国共产党的建立而使社会党出现了大的分裂,这一时期似乎为工人国际法国支部(保存下来的)提供了探索一种新的模式,以替代这个在前一阶段有效的做法。而使其没能实现这种转型的原因特别值得人们加以高度的关注。一定有一股足够强大的动力使法国社会党,在随后几个十年里和每次面临深刻危机的时候都要参考让·饶勒斯的综合,并试图把它重新确立起来。法国社会党人在不断地接近政权的时候,为什么迄今为止还保留着对他们与政权痛苦关系的蔑视,从而在自己内部制造出一个难以化解、经常存在而解决起来对组织往往成本很高的"冲突"呢?这个由基因而来的模式又是为什么在近百年历史中能够长期存在而没有重大的改变呢?

为回答这些问题,可以运用两种方法。第一种方法是接受遗传学模型概念的本原意义。形成初始阶段,是确定遗传模型的时期,会形成一种同时控制党内关系和党与其环境关系的特殊的内在结构。这种结构一经形成便不可做实质性变更。实质上,所有的可能改变都会趋向于摧毁组织结构本身并危及其生存。根据这种遗传学模式的理念,是存在的某种密闭性保护着组织,以面对环境的影响。根据其遗传密码,如果外界的影响为组织提供了有益的条件,组织便会发展,反之,就会衰落,让位于那些其模式更适应环境的政党。这里是某种达尔文主义的政治组织的认识,

结　论

是发展和衰落的一种解释与说明。

第二种可资借鉴的方法很是不同。这里,对模式确定性的分析不是建立在组织改变的所谓遗传学上的不可能性的认识,而是建立在环境本身的决定性的认识之上的。是的,不可能想象,就法国党而言,其环境在过去的百年当中没有发生什么变化,没有必要在这一点上过多地进行解释,因为变化是显而易见的。法国社会结构的变化、资本主义生产方式的全球化、经济竞争的加强,伴随法西斯主义倒台和共产主义离去,世界范围力量对比的改变、美国的统治、通讯手段的革命、教育水平的提高、道德的革命、移民的增长等等,确实在过去的一个世纪中引起了环境之深刻而持续的变化。

然而,在这些环境方面的多种因素中,应当重视的是那些对政党影响最大的因素,应当指出的关于环境的确定性及其变化的最优先考虑的因素是什么呢?在这个意义上,作为一个政党而言,最主要的环境因素首先是其所演变的那个直接的政治领域。

为了认清这些与政党环境有关的特殊政治因素,这里提出政治生态的概念。意在说明是在与其政治生态持续的互动中,党的遗传模式发生变化或得到强化的。只有政治生态环境的根本变化才能引起在其中活动的政治组织的遗传模式的深刻变化。

第一种观点优先强调这样的事实,即原始的模式构成其自己生存的条件,生成一种结构,提供发展的内在逻辑,并给予本身一种相对其环境而言的很强的自主性,一种抵抗其环境变化的能力。这种观点有启发性,其实质在于引导人们,从政党自身,这个自主独立的主体,去寻找其运转模式的根据。

不是要贬低第一种方法的价值,我们的分析更偏好第二种方法,并最终得出这样的结论:法国社会党模式长期存在的原因首先是其政治生态的稳定性,这个生态系统包括两个层面,一个是文化,另一个是结构。所谓文化生态,首先指的是法国左翼文化,或更广的意义上讲,法兰西民族文化;所谓结构,指的是政党、政治组织、工会和左派社团协会,或更广泛地讲,法国的政治制度,以及广义的制度框架。我们观点的核心是,自从统一的法国社会党建立以来,尽管在这两个层次发生了很大的变化,但是法国社会党的政治生态没有发生根本的改变,因此,法国社会党的模式本身也仍然是稳定的。

　　文化的延续性:法国,当然是存在过,也存在着多种而不是一种左翼政治文化,但是这里用单数是强调这种文化的整体和一般特征。首先,这种文化是从法国大革命产生的一种对"决裂"的诉求。在1920年法国社会党分裂以后,法国共产党把马克思列宁主义的意识形态加进这个文化的传统。法国共产党在法国左翼政党中地位的不断增强也进一步加强了这种决裂的理念。在第二次世界大战之前,这种意识形态已成为左翼力量之占主导的意识形态。面对纳粹威胁,兴起的反法西斯斗争大大地强化了这种意识,苏维埃俄国战胜法西斯增加了这种文化的合法性,使其发展。不管认识和初衷是多么的不同,但左翼知识分子也都分享这样的政治文化。反共被视为"右派",萨特就曾指出"一切反共的主张,都该死!"反对殖民主义的运动,在马克思主义中吸取了对殖民本质的认识,把殖民活动看做对人民的掠夺。1968年运动,也在马克思主义中,找到了非常激进的表达。反对帝国主义,这个共产党人为其自身扩张制造的口号,成为反对越南战争,或更广泛意义上,反对美国世界战略的谴责和政治意识,左派认为反帝斗争是以美国为首的世界资本主义和被压迫人民之间的国际阶级斗争。反专制主义运动以及苏联的解体和法共的衰落没有削弱左派的反美意识,而反对资本主义则变成了全球化条件下的反对自由主义运动。全球替代运动,也受到马克思主义影响,一定程度地促进了反对资本主义和反美的意识形态发展。如马尔克·拉扎尔指出的,法国共产党的衰落没有摧毁共产主义的意识形态,相反,共产主义的意识形态却放下了斯大林和专制主义的包袱,并在此后(尤其是托派运动)赢得一定发展,重新展开了反攻。五个"反对"即反对资本主义、反对法西斯主义、反对种族主义、反对美国主义和反对帝国主义,是共产党人的文化,但略有差别便构成法国左翼文化的基础[①]。法国社会党至今还部分地接受这种文化的内容。社会党人总是感到,在意识形态上,他们更接近共产主义,而不是中间派民主力量。如同莱昂·布鲁姆指出,"在布尔什维克和我们之间存在着不容置疑的理论共同体"。法国的左翼从来没有否认共产党人价值的合法性,因为后者在很大程度上是来源于法国左翼历史文

---

① Lazard (Marc), *Le Communisme, une passion française*, Paris, Perrin, 2002, p.218.

化本身的。这种决裂和拒绝妥协的文化今天继续统治着左翼意识形态空间,而法国社会党也站在这个空间当中。无论何时何地,所有站在共产党意识形态对立面的社会党领导人都遭到失败,如阿尔伯·托马斯、莱昂·布鲁姆,以及战后的保尔·拉马蒂埃、米歇尔·罗卡尔,反之,迄今一切在权力斗争中取得胜利的社会党领导人都把自己的意识形态建立在决裂的文化之上。从这种观点出发,可以讲,在法国左翼中,在意识形态上根本不存在两个左翼,即一种是由法国社会党代表的比较温和、赞同妥协、反马克思主义、改良主义,而另一种是处在法国社会党左边的革命、马克思主义、反自由主义的政党和组织。如果说存在着两个左派的话(那还需要进一步研究),其分界线则存在于党的内部,而党内的改良主义派别又很少也从不对自己做明确如是的肯定。应当指出的是,在相对不远的过去,社会民主主义在社会党人当中,在一定程度上仍然是一个贬义词。也不能说这种情况现在就已经得到改变。在社会党人间,如果声称自己是改良主义,即使是左翼改良主义的话,也是有风险的,因为,人们会认为他是用共产党发明的词语说的所谓"右派"。从中可以看到,法国社会党是多么紧密地与法国左翼文化相联系。而这种文化,尽管经历了一些变化,却没有发生根本的改变。它不是一种社会民主主义的文化。因此,法国社会党始终生活在法国左翼文化的怀疑与谴责之中,也总是与这种文化相参照,他们感到需要肯定他们自己认为的左翼合法性。

法国的左翼文化有超越自身的影响,因为其本身也吸收了法国国家文化本身的一些主要的东西。在法国,在法国大革命中孕育的模子里,平等超越自由,由此,自由主义传统,尤其是在经济上比较薄弱。法国右派在20世纪也首先是国家主义,而其浓厚的天主教传统,也使大多数人不大看好金钱、利润和资本主义的价值。企业精神在那里不如食利欲望,人们更趋向于通过动产和不动产取得红利。"经济的爱国主义",不久前共产党人的主张,而过去和今天也还成为戴高乐主义者的要求。半个世纪以来在法国政治舞台上占统治地位的左派、共和主义者和戴高乐主义者都是"国家拜物教",受柯尔贝主义的深刻影响。自由主义在法国备受怀疑,社会党人在口头上接受市场经济,但明确指出其前提是市场不要受自由主义全球化的左右。对那些指责法国社会党没有成为社会自由主义的人,回答似乎可以是:1988年失利后,雅克·希拉克在每次总统选举中都把自己定位为反自由主义的时候,要想指出应当接受和排斥自由主义什么内容就成为很困难的了!因此,自始起,社会党的政治生态文化就没有发生根本的改变。作为结果,社会党人的文化也没有变化。

结构的延续性:直到1920年分裂,法国社会党都既没有成为一个共和主义的左翼大党,又因为没有社会民主类型的结构(尤其是工会运动与党保持了一种自主的关系),也没有成为一个工人的大党。虽然迄今发生了许多变化,但法国社会党仍没有成功地从组织上控制法国混杂的左翼力量。相反,法国共产党在产生和发展中限制了社会党成为左翼的第一大党,并以布尔什维克主义的方式,形成了社会民主主义类型的"结构",建立了与工会组织的紧密联系,扎根于工人基础,一度在选举中超越了法国社会党。法国社会党人受选举方式的制约需要寻求联盟,除了个别时期,他们总是希望与共产党人结盟。如我们所见,他们的联盟不是真正的经典式联盟,社会党人希望抹去都尔代表大会分裂的伤痕。他们与右派的合作总是最坏的经历。莱昂·布鲁姆在都尔曾指出"希望有一天这个残酷的家庭不和能被抹去,分开的两个兄弟在将来能够重新处在一个屋檐下"。法国社会党从没有设想要与法国共产党建立实际和长久的联盟。此外,在第五共和国体制下,多数选举制的重新建立,推动了各种联盟战略的发展。取得选举胜利的目标要求左翼力量与共产党人结成不可逆转的联盟。法国社会党不能够不去结盟,但总的来说,他也是这样做的。

的确,由于共产党的衰落和政治生态的部分变化,在最近一段时期,可能会让人想到,社会党可以用另一种想法去解决联盟问题,但他们没有这样做。主要有三个方面的原因:第一,如上所述,是与左翼文化的持续影响相联系的;第二,法国共产党尽管大大地受到削弱,但在两轮多数选举制条件下,他们在选举层面上没有变成一个举足轻重的联合力量,绿党的确在左翼色谱中出现了,但这个党,除了比较弱以外,也属于左翼生态的组成部分,绿党也寻求与左翼联盟,因此,寻求与共产党人携手;第三,灾变主义规律继续产生结果,在法国社会党的左边,也在不断地产生和发展着新的组织,昨天有统一社会党,这个党也受到马克思主义的影响,今天有托派运动和全球替代运动,他们的支持者虽然很少,但对于选举也不只是一个很边缘化的力量。1981年开始,法国社会党在选举中就清楚地确立了优先考虑左翼的战略,这是他们基于对法国政治体制运行和总统

结　论

选举基础的左右划分，以及法国社会党所处的特殊中间地位的认识，所做的选择。社会党不能独立取得胜利因此必须推动党去寻求联盟。此外，社会党人也不愿意在其左边看到出现一个反对社会党人的左翼联盟，以至于出现两个实际的左派，即一个是激进的，另一个主要由自己所代表，是温和的。因此，法国社会党不时地要举起左翼联盟的"摇摆"不定的火炬。

法国社会党每一次选举的失败，都被他们的左派解释为放弃实践社会变革计划的结果。因此，他们不得不被要求去进行"忏悔"，这种呼唤不仅仅是来自党外，还由选举中的一些事实所强化。人们看到，由于放弃更加浓厚的反对自由主义色彩的政策而使自己失去一些选民的事实，社会党也因此经常受到左派的左派质疑，法国社会党在总体上也认同这些批评，并承诺要在将来实行更加的反自由主义的政策。2005 年 5 月 29 日公投中"否决"意见的胜利在党内外提供了一个新的证据。采取"同意"态度的法国社会党的领导人被看做是右倾，而这个反自由主义的左派成功地让人们承认这样的一种观点，即否决的胜利首先是他们的胜利，因为胜利是来源于反对自由主义左派多数选民的投票。真正的情况是复杂的，但这里重要的是社会党的领导并没有感到有足够的合法性去驳斥这种说明。事实上，从 2002 年以来，一部分社会党的选民，如组成党的活动分子的基础的公职部门的工薪劳动者，尤其是教师，就表示了对党的不满，认为党没有充分地面对自由主义全球化导致的后果。社会党不能允许自己就这样被削弱下去。在不同的工会和政治协会组织的批评者的眼皮下（后者不停地给他们上课，不断地责令其去认识），社会党人不是总能拒绝如此去做。生态的第二个方面，即结构虽然发生了重要的变动，但因此，还是依然如故，人们仍可以看到其原有的主要特征。

法国社会党政治生态总体上的稳定性在历史的发展中影响了法国社会党模式的稳定性。在第一个重大危机时候，如 1920 年、二战结束后和 1971 年，法国社会党都开始重建过程，而其实质是要重新肯定其实现"决裂"的愿望和拒绝修正自己的理论教条。

然而，在法国社会党遗传模式基本延续和由于不断融入法国政治体系而产生的紧张不断地把法国社会党与政权的关系提了出来。让·饶勒斯处理这个问题是处于拒绝参加政府而法国社会党还能够发展的阶段。

但1920年之后,对问题必须做出新的回答。莱昂·布鲁姆这时发明了"行使政权"和"赢得政权"的划分,尽可能长地绕开党执政活动。然而,这样的一种提法不足以实现党的统一,而政权问题又以尖锐的形式被提了出来。1936年一旦开始行使政权,这种提法立刻便显出其局限。他不能避免由于行使政府权力和最终失败而引起的内部不和与忏悔。在第四共和国时期,社会党人把战后体制看成是自己的事业并要通过与对手的斗争去加以保护,也因此,使矛盾更加尖锐。失败和幻灭在不断地交替。当第四共和国垮台时,社会党也没有解决其与政权的关系问题,且不再有一个可能的战略。在他们看来,在资本主义的制度下去行使政府权力是走进了死胡同。在第五共和国时期,这个从1962年开始法国社会党就反对的政治制度增加了他们的困难,因为他们既反对当时的经济框架,也拒绝现有的政治框架。工人国际法国支部因为不能回答政权的问题而死亡。

弗朗索瓦·密特朗给社会党人一个新的更有效的回答,这就是要争取执政。他把所谓行使政权和取得政权的划分打入地牢,肯定法国社会党应当把选举的胜利和组织政府作为自己的目标。他解决关于党的理论教条与党与政权的关系这个老矛盾的方法,是把理论层面与执政活动层面分别,为此有三张将其变为现实的王牌:首先是第五共和国的体制,尤其是总统选举制度和总统职能的规定提供了相关的条件,在历史上候选人,以及当选总统有与政党相对而言的一种真正的自主性,相对社会党政府而言,有更长时间任期的便利;其次是与共产党形成了同盟纲领;最后是1981年决定性的选举胜利。社会党从此应当成为一个真正执政的党,在任期中实行一种改革的政策。从此,人们认为赢得选举和执掌政权是应当认可的目标。

然而1983的转折,尤其是1993年选举的惨败又把党投入了昨天的争论和指责的旋涡之中。把党的理论教条与政府执政分离的办法体现出许多好处,保障了社会党在一段时间中得以执政,但一旦证明法国社会党人执政的确是左翼的,但却没有真正地改变法国社会,也没有阻止资本主义及其结果的发展,这种分离的办法就不能解决所有的问题。在计划与实绩之间有太大的反差,使党以及更大范围的左翼都不能感到满意。社会党人也因此不能简单地放弃争取政权的目标,也不能根据其执政的活动，简单地重新回归其"决裂"的意识形态。

里奥奈尔·若斯潘当时提出了一种解决问题的新方法，即一方面继承密特朗的部分遗产，突出总统选举意义、主张左翼联盟、再次认同复数的大左翼理念，以及强调法国社会党之政府党的使命，但与此同时，在不承诺对理论教条进行真正的修正的条件下，他建议，放弃密特朗的一部分遗产，缩小说的和做的之间的反差，以更好地做好政府的工作。他强调政府不能做所有的事情，试图用市场经济去解决一些困惑政府的问题，但作为反对自由主义的党，他明确地提出一种新的界定，即"市场经济但非市场社会"。但2002年总统选举第一轮的出局，也使这种改良主义的努力遭到失败。法国社会党在回归反对党地位后，重新举起反对自由主义旗帜，而2005年5月29日公决中"否决"的胜利，强化了这一面貌。"决裂"又重新有了自己的地位。

法国社会党因此总是没有找到允许其承担政府管理职能的根据。他们的改良主义从来是不光彩的。2005年10月的党代会，由于与传统模式相关的原因，肯定不会成为一次理论澄清的大会。对于法国社会党来讲，显然不是要靠近社会自由主义，也不是要明确地肯定社会民主主义的文化。那么针对上届领导人的各派别的党内争论的最终关键又究竟会是什么呢？

不要在这个问题上犯糊涂。对社会党人来说，问题不是要放弃执政的前景。在这一点上，密特朗主义的转变是不可溯的。法国社会党成为一个伟大的轮流执政的党，而左右划分继续左右政治体系的运行。因此，问题的核心便是了解在后弗朗索瓦·密特朗时代能有哪些不同的版本的前景，可以与党的模式相适应，又可以让党重新行使政府权力。

今天似乎只有两个版本可供使用和被我们提出来，第一个大致是一种新若斯潘主义的，第二个是新密特朗主义。他们都不是修正主义，而是主张重新建立左翼联盟，号召联合一切社会主义者，试图旗帜鲜明地站在左翼，坚决地谴责自由主义的全球化。他们因此都与法国社会党的传统模式相符合。他们之间的区别则在于继承密特朗主义部分的大小和多少。新若斯潘主义模式是，在对左派更加不利的形势下，重新开始缩小所说与所做之间的反差，重新把理论教条与现实的行动问题部分地结合起来，部分地承认周边环境的一些现实，更好地提出改良社会的建议和社会主义的行动,至少要部分认同社会党人政府的活动。一句话,在不修改党的理论教条的同时,谨慎地把理论与昨天和未来政府活动这些明显的矛盾方面联系起来。这条路线是今天现任领导人弗朗索瓦·洛朗代表的多数人的选择,我们因此可以在党的第一书记的讲话中找到若斯潘式的议论:"如果说国家应当作为,应当在许多领域大有可为的话,那么她不能都做。"①而弗朗索瓦·洛朗还强调必须"要讲真话,并且不能是在野时说一种话,而在执政时又是完全另一种话"②。强调极左冒险的风险,他这样指出:"我们与他们之间的区别是,他们不提出行使国家政权的问题,因此,不能够有任何妥协",他补充说,这是从弗朗索瓦·密特朗吸取的教训③。

第二种版本是新密特朗主义的,由党内的洛朗·法比尤斯为代表,主张回到密特朗主义的把所说与所做、理论与行动层面的"分离",要在表达上"左翼"化,赢得总统选举的胜利,以便之后,利用体制资源,像过去那样,迫使党和其他左翼接受一种显然与其所讲的有较大反差的政府政策。《世界报》转引洛朗·法比尤斯话说,他试图从意识形态上贬低党内现有的多数,他们肯定"社会党应当立足左翼"而"不能够向右实现转折"④。在曼斯代表大会辩论的发言中,他用自己改变社会的改良主义与随行的改良主义相区别,指出:"必须要适应世界现实,市场经济要最终为分享的要求所代替。"⑤《解放日报》援引新社会党运动共同组织者阿诺得·蒙特伯格的话加以渲染,"我们看到出现了两种左派:一个是微不足道,用理论说明其自己的软弱,另一个是志愿左派,雄心勃勃去认识问题。"⑥

最终,曼斯代表大会对这两种后密特朗主义的版本要做出抉择。第一种,受到弗朗索瓦·洛朗、多米尼克·斯特劳斯-卡恩和其他上届多数

---

① Contribution générale signée par François Hollande, congrès du Mans du Parti socialiste d'octobre 2005; *L' Hebdo des socialistes*, n°1.

② Entretien au *Nouvel Observateur*, 25 – 31 août 2005.

③ Discours pronounce à l'université d'été du PS à la Rochelle le 27 août 2005.

④ *Le Monde*, 28 – 29 août 2005.

⑤ Contribution générale signée par Laurent Fabius, Congrès du Mans du Parti socialiste d'octobre 2005, *L' Hebdo des socialistes*, n°2.

⑥ *Libération* du août 2005.

派领导人的支持,其方案是一种莱昂·布鲁姆在1946年、阿兰·萨瓦利在1970年,米歇尔·罗卡尔在1977年和里奥奈尔·若斯潘在1995年的方案,不主张实现理论教条的深刻变化,而是要把理论教条去适应一个资本主义经济为基础的国家权力的要求,以及把理论与行动结合起来。他试图,认真地重新把埃皮内的党放入法国社会党成立以来的历史过程之中,并努力审慎地使党去适应变化了的现实。这种方案试图融合密特朗遗产和工人国际法国支部的历史遗产。第二种,以洛朗·法比尤斯为代表,主要是密特朗主义的。这里没有社会主义教条式的变革社会的方案。而前景是在代表大会上接受激进的立场,以便使其在党内取得领导权,进而,取得总统选举的社会党候选人提名。一旦在全国范围内胜利在握,便利用第五共和国体制去实现现实中的"分离"。根据这一版本,一切演变理论教条的实际努力的结果都同时是成本极高而不能持续。这个模式,曾为弗朗索瓦·密特朗接受而取得成功,今天则被社会党人看做是唯一可以利用并有一定可能成功的选择。

2007年代表大会要在这两个版本中做出最终选择。但之后呢?考虑到法国社会主义面临的挑战如此严重,一次代表大会肯定不能够解决所有的关键问题。实际上,我们处在十分困难的政治形势下,我们不相信任何的宿命主义逻辑。这本书充分指出了在历史演变过程中主体起到的重要作用。因此,可以相信,在20世纪60年代里,分裂的社会党人重建了另一种政治的实体。但没有写出来的是:弗朗索瓦·密特朗,新党的第一书记深刻地改变了政治现实。因此,决不要低估主体的核心地位,并且,如果我们再看看欧洲其他社会主义政党(只看这个政治家庭)的情况,可以看到大家都在为适应环境做出努力,而其中个人和一个集团的作用是十分关键的。

然而,努力的边际是受许多国际和国内因素限制的。而这些限制在今天是多方面的。20多年来法国社会经历的变化一方面动摇了法国社会党,削弱了它的选民基础,使它比过去更加分化,总的讲,令人更加担心,但另一方面,使其传统的政治少有效率。社会党取得的力量,占主导的党,大概可以有利于团结起一切非社会主义的左翼,这些左翼只是一般地批评自由主义而没有改变社会的替代方案。但这一前景要依靠社会党内的团结,而现在不再有一个公认的领袖,重要的决定是漫长冲突、争论和妥协的结果,要照顾全国范围的派别,以及地方的影响等不同的组成部分。也要寄希望于排除法国左翼文化与结构总体长期的影响,以及法国社会主义的生态,也是政治的生态。

　　明天能够变成为这样吗?显然是困难的,因为社会主义方案本身当中,在欧洲义务与国家使命之间,在全球化的经济效率与民族国家的保护之间,以及在他的不同的选民群众之间,等等,就存在许多的紧张和冲突。一个成功的融合,要求法国社会党动员一切资源。因为上一个时代令人关注的最后的问题是其文化特质的衰弱。是的,社会党曾是好几十年的执政党,在地方治理中也是经常的参与,但是时至今天,他们能够推进一个统一的因素,而他的选民可以认同并在政治生活中辨认。主要的困难是社会党人没有充分利用共产主义之后意识形态的剧变去重新定义他们的社会主义,而他让在他们改良主义的地方的左边形成了粗俗的野蛮左翼。而许多社会党人事实上受其影响,并与之联系。他们选举的机会不一定会出问题——右派的危险一直存在——,但他们行使政权的能力可能是有。社会党人的雄心应当是更新其特性以便去面对历史的挑战。

　　然而,这些不能仅产生于主体的愿望。这样的一种努力要面对新的挑战。为此,我们能期待社会党生态发生一个深刻的变化吗?对于左翼来说,在短期内,由于各种政党和组织面临如此的压力,因此可能性不是很大。应当期待一个总统选举的结果和左翼力量内部力量对比的变化去评价是否有一个新的可能性。然而尤其是从现象上看,似乎是要从右翼发生变化,而尼古拉·萨科奇和多米纳克·德维尔潘会产生法国右派的实际的自由主义的转折。社会主义者面对一个明确的对手,大概有机会体现出自我所做,并因此放弃对权力的忏悔而最终束缚其雄心的持久的成功。

附 录

1. 人名录

A

Allegre(Claude)阿莱格尔(克洛德)
Allemane(Jean)阿勒曼（让）
Alliot-Marie(Michele)阿里奥特-玛丽(米歇尔)
Althusser(Jean)阿尔都塞(让)
Andler(Charles)安德勒(夏尔)
Andrieu(René)安德里厄(勒内)
Aron(Raymond)阿隆(雷蒙)
Aubry(Martine)奥布里(玛蒂娜)
Auriol(Vincent)奥里奥尔(樊尚)
Ayrault(Jean-marc)埃罗(让-马克)

B

Badinter(Robert)巴丹德(罗伯特)
Balladur(Edouard)巴拉迪尔(爱德华)
Balligand(Jean-Pierre)巴里冈(让-皮埃尔)
Barral(Pierre)巴拉尔(皮埃尔)
Barthou(Louis)巴尔杜(路易)
Bauer(Otto)伯埃(奥托)
Baylet(Jean-Michel)柏莱特(让-米歇尔)
Becker(Jean-Jacques)贝克尔(让-雅克)

Bérégovoy(Pierre)贝雷戈瓦(皮埃尔)

Bergeron(André)贝尔热隆(安德烈)

Bergounioux(Alain)贝尔古尼欧(阿兰)

Bernstein(Edouard)伯恩施坦(爱德华)

Berstein(Serge)伯斯坦(塞尔热)

Besancenot(Olivier)贝桑斯诺(奥里维尔)

Bidault(Georges)皮杜尔(乔治)

Blair(Tony)布莱尔(托尼)

Bianco(Jean-Louis)比扬科(让-路易)

Blanc(Louis)布朗(路易)

Bloch(Jean-Pierre)布洛克(让-皮埃尔)

Blondel(Marc)布隆戴尔(马克)

Blottin(Pierre)布罗丹(皮埃尔)

Blum(Léon)布鲁姆(莱昂)

Bon(Frédéric)邦(弗里德里克)

Bonjour(Joseph-Paul)邦儒尔(约瑟夫-保罗)

Bonnel(Pierre)伯纳尔(皮埃尔)

Bonnet(Georges)伯纳(乔治)

Boris(Georges)博里斯(乔治)

Bothereau(Robert)伯特罗(罗贝尔)

Boulloche(André)布洛什(安德雷)

Bourdieu(Pierre)布尔迪约(皮埃尔)

Bourgeois(Léon)布尔热瓦(莱昂)

Bourges-Maunoury(Maurice)布尔热-莫努里(莫里斯)

Bracke(Alexandre)布拉克(亚历山大)

Brascke-Desrousseaux(Alexandre)波拉斯克-德卢索(亚历山大)

Braud(Philippe)布洛(菲利浦)

Briand(Aristide)白里安(阿里斯蒂得)

Brossette(Pierre)布洛塞特(皮埃尔)

Brossolette(Pierre)布洛索莱特(皮埃尔)

Brousse(Paul)布鲁斯(保罗)

Brutelle(Georges)布卢戴尔(乔治)
Buffet(Marie-George)比费(玛丽-乔治)
Buisson(Ferdinand)布伊松(费尔迪南)
Burnier (Antoine)布尔尼埃(安东尼)
Buton(Philipe)庞东(菲利普)

C

Cachin(Marcel)加香(马塞尔)
Caillaux(Joseph)卡伊奥(约瑟夫)
Callaghan (James)卡拉甘(詹姆斯)
Cambadelis(Jean-Christophe)康巴代里斯(让-克里斯托夫)
Cambrai 康布雷
Candar(Gilles)坎达尔(吉尔)
Carcassonne(Guy)卡尔卡松(居伊)
Cassen(Bernard)卡桑(贝尔纳)
Castoriadis(Cornelius)卡斯托里亚蒂斯(科尔内利奥斯)
Cazelles(Ernest)卡塞尔(埃尔奈斯特)
Cepede(Denis)塞珀德(德尼斯)
Chaban-Delmas(Jacques)沙邦-戴尔马(雅克)
Chapuis(Robert)夏皮(罗伯特)
Charpin(Jean-Michel)夏尔潘(让-米歇尔)
Charzat(Michel)夏尔扎特(米歇尔)
Chautemps(Camille)肖唐(卡米耶)
Chérèque(François)谢莱克(弗朗索瓦)
Chevènement(Jeau-Pierre)舍维讷芒(让-皮埃尔)
Chirac(Jacques)希拉克(雅克)
Claeys(Alain)克莱斯(阿兰)
Clemenceau(Georges)克莱蒙梭(乔治)
Compere (Morel)贡贝尔(莫雷尔)
Constant(Benjamin)康斯坦特(本杰明)
Cresson(Edith)克莱松(艾迪特)

D

Daladier(Edouard)达拉第(爱德华)
Daniel(Jean)达尼埃尔(让)
Danton(Georges)丹东(乔治)
De Gaulle(Charles)戴高乐(夏尔)
De Man(Henri)德曼(亨利)
Deat(Marchel)戴阿特(马歇尔)
Debre(Michel)德波莱(米歇尔)
Debré(Pasqua)德波雷(帕斯卡)
Defferre(Gaston)德费尔(加斯东)
Delanoe(Bertrand)德拉诺埃(贝尔特朗)
Delors(Jacques)德洛尔(雅克)
Depreux(Edouard)德普勒(爱德华)
Desrousseaux(Bracke)德卢梭(布拉克)
Descamps(Eugène)德尚(欧仁)
Desir(Harlem)德西勒(阿尔莱姆)
Deslinières(Edouard)德斯利尼埃尔(爱德华)
De Villepin(Dominique)德维尔潘(多米尼克)
Dolez(Marc)多莱兹(马克)
Dormoy(Marx)多莫阿(马克斯)
Dray(Julien)德莱(朱利安)
Dreyfus(Pierre)德雷福斯(皮埃尔)
Dubreuilh(Yacinthe)杜布洛伊(亚森特)
Duclos(Jacques)杜克洛斯(雅克)
Duhamel(Olivier)杜哈迈尔(奥里维尔)
Dumas(Roland)杜马(罗朗)
Dumergue(Gaston)杜迈尔格(加斯东)
Durafour (Michel)杜拉福(米歇尔)
Durieux(Bruno)杜利约(布鲁诺)
Duverger(Maurice)杜维尔热(莫里斯)

Dubreuilh（Hyacinthe）杜布勒伊（亚森特）

E

Emmanuelli(Henri)埃马努埃里(亨利)

Engels(Fredrich)恩格斯(弗里德里希)

Enoch(Jacques)埃诺克(雅克)

Estier(Claude)埃斯蒂埃(克洛德)

F

Fabre(Robert)法布勒(罗伯特)

Fabius(Laurent)法比尤斯(洛朗)

Fajon(Etienne)法蓉(艾蒂安)

Faure(Edgar)富尔(埃德加)

Faure(Paul)富尔(保罗)

Ferry(Jules)费里(儒尔)

Fiszbin(Henri)菲斯宾(亨利)

Fillon 菲永

Fiterman(Charles)菲特尔曼(夏尔)

Flandin(Pierre-Etienne)弗朗丹(皮埃尔-埃蒂安)

Fourastie(Jean)弗拉斯蒂(让)

Friedman(Milton)弗里德曼(密尔顿)

Frossard(Ludovic-Oscar)弗洛萨德(鲁德维克-奥斯卡)

Furet(François)菲雷(弗朗索瓦)

Fuzier(Claude)富歇(克洛德)

G

Galliard(Félix)伽里亚尔(费里克斯)

Gambetta(Léon)甘必大(莱昂)

Gazier(Albert)加吉埃(阿尔贝)

Gauchet(Marcel)戈歇(马尔赛)

Gayssot(Jean-Claude)盖索(让-克洛德)

Germain(Jacques)热尔曼(雅克)

Ghesquière(Henry)吉斯克埃尔(亨利)

Giraud(Général)吉罗(将军,热内拉尔)

Giscard D'Estaing(Valéry)吉斯卡尔·德斯坦(瓦莱里)

Glavany(Jean)格拉瓦尼(让)

Glucksmann(André)格鲁克斯曼(安德雷)

Gouin(Félix)古安(费里克斯)

Gramsci(Antonio)格拉姆西(安东尼奥)

Griffuelhes(Victor)格里夫埃勒(维克多)

Grumbach(Salomon)格鲁巴赫(所罗门)

Grunberg(Gérard)戈兰博格(吉拉德)

Guehenno(Jean)格埃诺(让)

Guesde(Jules)盖德(儒尔)

Guidoni(Pierre)吉多尼(皮埃尔)

Guigou(Elisabeth)吉古(伊丽莎白)

Gulzot(François)古尔佐特(弗朗索瓦)

H

Halevy(Daniel)哈勒维(达尼埃尔)

Hayek(Friedrich von)哈耶克(弗里德里希·冯)

Hernu(Charles)埃尔努(夏尔)

Hervé(Gustave)埃尔维(古斯塔夫)

Hilferding(Rudolf)希法亭(鲁道夫)

Hitler(Adolf)希特勒(阿道夫)

Hô Chi Minh(Nguyen Tat Thanh)胡志明

Hollande(François)奥朗德(弗朗索瓦)

Hue(Robert)于(罗贝尔)

I

Illich(Vladimir)伊里奇(弗拉吉米尔)

J

Jacquet(Gérard) 雅凯(热拉尔)

Jaurès(Jean) 饶勒斯(让)

Josephe(Noël) 尤塞夫(诺埃尔)

Jospin(Lionel) 若斯潘(里奥奈尔)

Jouhaux(Léon) 茹奥(莱昂)

Joxe(Pierre) 若克斯(皮埃尔)

Judt(Tony) 尤德(托尼)

Julliard(Jacques) 朱利亚(雅克)

K

Katz(Richard) 卡兹(理查德)

Kautsky(Karl) 考茨基(卡尔)

Kayser(Jacques) 凯泽(雅克)

Kouchner(Bernard) 库什内(贝尔纳)

Krasucki(Henri) 克拉苏琦(亨利)

Kriegel(Annie) 克里热尔(安妮)

Kritchevski 克里切夫斯基

L

Lacoste(Robert) 拉考斯特(罗伯特)

Lacouture(Jean) 拉库图尔(让)

Lafargue(Paul) 拉法格(保尔)

La Fontaine(Oscar) 拉封丹(奥斯卡)

Lagardelle(Hubert) 拉加戴勒(于贝尔)

Laguiller(Arlette) 拉吉耶(阿尔莱特)

Laignel(André) 莱奈尔(安德雷)

Lajoinie(André) 拉儒尼(安德雷)

Lalonde(Brice)(拉隆德)布里斯

Lang(Jack) 朗(雅克)

Laurent(Augustin) 洛朗(奥古斯汀)

Laurent(Paul)洛朗(保罗)

Lazar(Marc)拉扎尔(马克)

Le Foll(Stéphane)勒福尔(斯特凡)

Lebas(Jean)勒巴(让)

Leblanc(Georges)勒布朗(乔治)

Lebranchu(Marylise)勒布朗楚(玛丽里斯)

Lecanuet(Jean)勒卡努埃(让)

Lefebvre(Henri)勒菲弗尔(亨利)

Lefort(Claude)勒佛尔(克洛德)

Lefranc(Georges)勒弗朗(乔治)

Longuet(Jean)龙盖(让)

Lejeune(Max)勒热讷(马科斯)

Lemaire(Gilles)勒迈尔(吉尔)

Lenine(Vladimir Ilich)列宁(弗拉吉米尔·伊里奇)

Lepage(Henri)勒帕热(亨利)

Le Pen(Jean-Marie)勒·庞(让-玛丽)

Leroy(Roland)勒鲁瓦(罗朗)

Levant 勒旺

Le Troquer(André)勒·特罗盖(安德雷)

Levy(Bernard-Henri)勒维(贝尔纳-亨利)

Lieneman(Marie-Noëlle)列恩曼(玛丽-诺埃尔)

Lipietz(Alain)里皮埃兹(阿兰)

Longuet(Jean)龙格(让)

Luxembourd(Rosa)卢森堡(罗莎)

M

Mach(Jules)马克(儒尔)

Mac Donald(Ramsay)麦克·唐纳(拉姆赛)

Mair(Peter)迈尔(彼德)

Maire(Edmond)迈尔(爱德蒙)

Mallet(Serge)马莱(赛尔热)

附　录

Mamère(Noël) 马迈尔(诺埃尔)
Manin(Bernard) 曼恩(贝尔纳)
Marchais(Georges) 马歇(乔治)
Marcuse(Herbert) 马尔库斯(埃尔贝尔)
Marjolin(Robert) 马若兰(罗伯特)
Marquet(Andrien) 马尔盖(安德利安)
Martinet(Gilles) 马尔蒂纳(吉尔)
Marx(Karl) 马克思(卡尔)
Mayer(Daniel) 梅耶(达尼埃尔)
Mauroy(Pierre) 莫鲁瓦(皮埃尔)
Melenchon(Jean-Luc) 梅朗松(让-吕克)
Mendes France(Pierre) 孟戴斯-弗朗斯(皮埃尔)
Mermaz(Louis) 迈尔马兹(路易)
Michels(Roberto) 米歇尔(罗伯特)
Michel-Burnier 米歇尔-布尔尼埃
Millerand(Alexandre) 米勒兰(亚历山大)
Mitterand(François) 密特朗(弗朗索瓦)
Moch(Jules) 莫什(儒勒)
Mollet(Guy) 摩莱(居伊)
Montagnon(Arnaud) 蒙塔尼昂(阿尔诺)
Montebourg(Arnaud) 蒙特伯(阿尔诺)
Moreau(Jacques) 莫罗(雅克)
Moscovici(Pierre) 莫斯克维奇(皮埃尔)
Mossuz-Lavau(Janine) 摩苏子-拉沃(雅尼娜)
Moutet(Marius) 穆戴(马利尤斯)
Moulin(Jean) 穆兰(让)

N

Naegelen(Marcel Edmond) 纳热兰(马塞尔-埃德蒙)
Neiertz(Véronique) 尼采(韦罗尼克)
Nicolet(Claude) 尼古莱(克洛德)

451

Noske(Gustav)诺斯克(古斯塔夫)
Notat(Nicole)诺塔(尼古拉)

P

Painvele(Paul)潘维勒(保罗)
Panebianco(Angelo)帕内比安科(安吉洛)
Péan(Pierre)皮昂(皮埃尔)
Peillon(Vincent)佩杨(樊桑)
Perrineau(Pascal)佩里诺(帕斯卡尔)
Petain(Philippe)贝丹(菲利浦)
Philip(André)菲利普(安德雷)
Piette(Jacques)皮埃特(雅克)
Piquet(René)皮盖(勒内)
Pivert(Marceau)皮韦尔(马尔索)
Pleven(Pierre)普利文(皮埃尔)
Pinay (Antoine)比内(安东尼)
Poher(Alain)博埃(阿兰)
Poincare(Raymond)彭加勒(莱蒙)
Poisson(Ernest)普瓦松(埃尔内斯特)
Politzer(Georges)普里泽尔(乔治)
Pompidou(Georges)蓬皮杜(乔治)
Pontillon(Robert)蓬蒂扬(罗贝尔)
Poperen(Jean)伯普兰(让)
Portelli(Hughes)波尔戴里(雨果)
Pouthier(Jean-Luc)普蒂埃(让-吕克)
Prochasson(Christophe)普罗沙松(克里斯多夫)
Prelot(Marcel)波尔洛特(马尔赛勒)

Q

Questiaux(Nicole)盖斯蒂奥(尼古拉)
Quiles(Paul)吉尔(保罗)

Quillot(Roger)吉奥特(罗歇)

R

Racine(Nicola)拉辛(尼古拉)

Raffarin(Jean-Pierre)拉法兰(让-皮埃尔)

Ramadier(Paul)拉马迪埃(保罗)

Rappoport(Charles)拉泊波特(夏尔)

Rausch(Jean-Marie)罗什(让-玛丽)

Rebérioux(Madeleine)勒贝里欧(马德琳娜)

Rebsamen(François)勒布萨芒(弗朗索瓦)

Renaudel(Pierre)勒诺代尔(皮埃尔)

Reynaud(Paul)雷诺(保罗)

Riboud(Jean)理布(让)

Richard(Alain)理查德(阿兰)

Rimbert(Pierre)兰拜尔(皮埃尔)

Rivet(Paul)利维(保罗)

Robespierre(Maximilien)罗伯斯庇尔(马克西米利安)

Rocard(Michel)罗卡尔(米歇尔)

Rosanvallon(Pierre)罗森瓦隆(皮埃尔)

Rosenfeld(Oreste)罗森菲尔德(奥莱斯特)

Rouanet(Gustave)鲁阿奈(古斯塔夫)

Rous(Jean)鲁斯(让)

Rousseau(Waldeck)卢梭(瓦德克)

Russell(Bertrand)卢塞尔(贝尔特朗)

S

Sadoun(Marc)萨杜恩(马克)

Sapin(Michel)萨潘(米歇尔)

Sarkosy(Nicolas)萨科奇(尼古拉)

Sarraut(Albert)萨罗(阿尔贝)

Sartre(Jean-Paul)萨特(让-保罗)

Sautter(Christian)索戴尔(克里斯蒂安)
Savary(Alain)萨瓦利(阿兰)
Savry(Giles)萨弗里(吉尔)
Sawicki(Frédéric)萨维奇(弗里德里克)
Schmidt(Helmut)施密特(埃尔穆特)
Schrameck(Olivier)施拉梅克(奥利维尔)
Schröder(Gerhard)施罗德(热拉尔)
Schuman(Robert)舒曼(罗伯特)
Seguin(Philippe)塞甘(菲利普)
Sembat(Marcel)森巴特(马塞尔)
Servan-Schreiber(Jean-Jacques)塞万-施雷贝尔(让-雅克)
Severac(Jean-Baptiste)塞维拉克(让-巴普蒂斯特)
Sineau(Mariette)希诺(玛丽埃特)
Soares(Mario)索莱尔(马里奥)
Soisson(Jean-Pierre)索瓦松(让-皮埃尔)
Soljenitsyne(Alexandre)索尔仁尼琴(亚历山大)
Sorman(Guy)索尔曼(吉)
Staline(Joseph)斯大林(约瑟夫)
Stibbe(Pierre)斯蒂波(皮埃尔)
Stoleru(Lionel)斯托勒鲁(里奥奈尔)
Strauss-Kahn(Dominique)斯特劳斯-卡恩(多米尼克)

T

Tapie(Bernard)塔皮(贝尔纳)
Teulade(René)铎拉德(罗内)
Thibaudet(Albert)蒂波代(阿尔贝)
Thibault(Bernard)蒂博(贝尔纳)
Thiers(Adolphe)梯也尔(阿道尔夫)
Thomas(Albert)托马斯(阿尔贝)
Thorez(Maurice)多列士(莫里斯)
Tocqueville(Alexis)多克维尔(阿列克斯)

Touraine(Alain) 图雷纳(阿兰)
Trautmann(Catherine) 特罗曼(卡特琳娜)
Troquer 特洛盖

V

Vaillant(Daniel) 瓦扬(达尼埃尔)
Vaillant(Edouard) 瓦扬(爱德华)
Valls(Mannuel) 瓦尔斯(马努埃尔)
Vedrine(Hubert) 韦德里纳(于贝尔)
Verdier(Robert) 维蒂埃(罗伯特)
Vidalies(Alain) 维达里(阿兰)
Vilain(Raoul) 维兰(拉乌尔)
Violette(Maurice) 维奥莱特(莫里斯)
Viveret(Patrick) 维弗莱(帕特里克)
Viviani(René) 维维亚尼(勒内)
Voynet(Dominique) 瓦奈(多米尼克)

W

Waechter(Antoine) 瓦彻特(安托尼)
Waldeck Rochet(Maurice) 瓦尔德克·罗歇(莫里斯)
Waldeck-Rousseau 瓦德克-卢梭
Weill(Georges) 韦伊(乔治)
Wilson(Woodrow) 威尔逊(伍德罗)

Z

Zapatero(Jose-Luis) 扎帕特罗(约瑟-路易)
Zucarelli(Emile) 祖卡勒里(埃米尔)
Zyromski(Jean) 契伦斯基(让)

参考文献
Bibiographie

Cette bibliographie n'entend pas être exhaustive. Elle indique seulement les sources, les ouvrages, les articles qui, d'une part, ont servi à la réalisation de ce livre et, d'autre part, présentent un intérêt pour approfondir la recherche sur le Parti socialiste et le socialisme en France. Elle ne fait donc pas état-sauf exception-des études plus générales sur l'histoire politique, économique, sociale et culturelle.

SOURCES

À, côté de la Bibliothèque nationale de France et de laBibliothèque de documentation intemationale contemporaine, qui conservent une documentation abondante, trois centres d'archives et de documentation doivent être consultés, celui de l'Office universitaire de recherche socialiste qui, entre autres, possède des collections complètes pour les comptes rendus des congrès depuis 1905 et du comité direeteur sous la IVe République, celui de la Fondation Jean-Jaurès et celui du Parti socialiste pour la période contemporaine-notamment pour les renseignements d'ordre statistique et pour les brochures et documents du secréariat national.

Les sources les plus utiles sont:

—, les eongrès nationaux de la SFIO, depuis 1905, rapports et comptes rendus des débats;

—, la collection du *Bulletin intèrieur* de la SFIO de 1945 à 1969;

Bibiographie

—, la collection du *Poing et la Rose* depuis 1972 et de *PS info*; *Le Point et la Rose*, *Spécial responsables*. Depuis 1971, les débats des congrès ne sont plus publiés in extenso; seuls les principaux extraits des interventions figurent dans les publications citées ci-dessus.

Pour la presse socialiste nationale: *L'Humanité* (jusqu'en décembre 1920); *Le Populaire* (1921-1940); *Le Populaire de Paris* (après 1945); *L'Unité*, hebdomadaire du Parti socialiste, puis, après quelques années d'interruption, *Vendredi* et, depuis mai 1997, *L'Hebdo des socialistes*. Voir aussi, pour les années 1970, *Combat socialiste*.

Pour la presse interne du patti et de ses tendances, des revues particulièrement utiles pour suivre l'évolution des idées: *La Bataille socialiste* (1927-1935); *La Vie socialiste* (1927-1934); *Les Cahiers de révolution constructive* (1933-1934); *La Pensée socialiste* (1945-1947); *Volonté socialiste*, bulletin du CERES; *CEDEP* (1966-1969), courant de Pierre Mauroy dans la SFIO; *FGDS Information*, bulletin de liaison et d'information (1967-1969); *La Revue socialiste* (1885-1914); *La Nouvelle Revue socialiste* (1925-1930); *La Revue socialiste* (1946-1969); *La Nouvelle Revue socialiste* (depuis 1974 avec des interruptions); *La Revue socialiste*, nouvelle série depuis le printemps de 1999; *Tribune libre*, bulletin du Groupe d'études pour la rénovation du Parti socialiste (1964); *Dire* (Convention des institutions républicaines jusqu'en 1971); *Faire* (1975-1981), proche du courant de Michel Rocard; *Intervention* (1982-1986), proche du courant de Michel Rocard; *Convaincre* (depuis 1986), courant de Michel Rocard (Lettres et Cahiers); *Synthèse flash*, courant de Jean Poperen; *Les Cahiers du CERES*; *Frontières* (1972-1975), CERES et Gilles Martinet; *Repères* (1975-1979), CERES; *Non ! Repères pour le socialisme* (1980-1982); *Enjeu-Pour le socialisme et la Rèpublique* (1983-1985); La République moderne (depuis 1986), Jean-Pierre Chevénement; *La Nouvelle École socialiste*, Julien Dray et Jean-Luc Mél enchon; *Solidarités modernes*, courant de Laurent Fabius; *Idée, et Actions* (1990-1993), courant de Lionel Jospin.

Il faut mentiornner une publication particulièrement utile, conçue par l'

Office universitaire de recherche socialiste sur l'histoire du Patti socialiste depuis 1905,《Histoire du Parti socialiste SFIO》, publiée dans L'OURS, cahiers et revue, qui donne de larges extraits de documents internes du Parti socialiste. Voir également une collection qui démarre, L'Histoire documentaire du Parti socialiste, tome 1, 1905-1920, textes réunis et présentés par V. Chambarlhac, M. Dary, T. Hohl et J. Malois, Editions universitaires de Dijon, 2005.

Jusqu'en 1939, pour les biographies des militants socialistes, il faut consulter le *Dictionnaire biographique du mouvement ouvrier français*, publié sous la direction de Jean Maitron et, depuis sa mort, de Claude Pennetier, aux Éditions ouvrières, 44 tomes, 1963-2000, et voir une publication récente, BINOT (Jean-Marc), LEFEBINOTVRE (Denis) et SERNE (Pierre), 100 *ans*, 100 *socialistes*, éd. Bruno Leprince, 2005.

Les textes des grandes figures socialistes sont consultables.

Jules Guesde:

Textes choisis de Jules Guesde, introduction et notes de Claude Willard, Paris, Éditions sociales, 1959.

Jean Jaurès:

L'œuvre complet de Jean Jaurès est en cours de publication chez Fayard, sous la direction de Madeleine Rebérioux (†) et de Gilles Candar 4 volumes ont paru.

Voir aussi *Jean Jaurès, textes choisis*, présenté par Gilles Candar, Encyclopédie du socialisme, 2004.

Léon Blum:

L'œuvre complet de Léon Blum a été publié par les éditions Albin Michel.

Voir aussi Léon Blum, *Discours politiques*, présentés par Alain Bergounioux, Imprimerie nationale, 1997.

Guy Mollet:

Guy Mollet, *Textes choisis*, Éditions Bnmo Leprince, 1995.

Pierre Mendès France:

L'œuvre complet de Pierre Mendès France a été publié en 6 volumes par les éditions Gallimard.

François Mitterrand :

L'essentiel des discours de François Mitterrand, président de la République de 1981 à 1995, se trouve sur le site Interact http://www.mitterrand.org.

Enfin, pour avoir une idée des Archives sur l'histoire du mouvement socialiste, voir deux sites : http://www.lours.org. et. http://www.jean-jaures.org.

OUVRAGES ET ARTICLES DE PERSONNALITES SOCLALISTES

ALLÈGRE (Claude), *Les Audaces de la vérité*, Paris, Robert Laffont, 2001.

AUBRY (Martine), *Une vision pour espérer. Une volonté pour transformer*, Paris, L'Aube, 2004.

AURIOL (Vincent), *Hier et Demain*, Paris 1945.

—, *le Journal du septennat*, 7 volumes, Paris, Armand Colin, àpartir de 1970.

BLUM (Léon), *L'Œuvre*, 9 volumes parus de 1955 à 1972, couvrant l'essentiel des écrits de Léon Blum de 1891 à 1950, Paris, Albin Michel. Sont utiles aussi, pour consulter des textes parfois non publiés dans *L'Œuvre*, *Les Cahiers Léon Blum*, publiés par la Société des amis de Léon Blum depuis mai 1977.

BOUBLIL (Alain), *Le Socialiste industriel*, Paris, PUF, 1977.

BOUCHARDEAU (Huguette), *Tout le possible*, Paris, Syros, 1981.

CAMBADÉLIS (Jean-Christophe), *L'Étrange Échec*, Notes de la fondation Jean-Jaurès, n° 33, novembre 2002.

CACHIN (Marcel), *Carnets*, archives de l'Institut d'histoire du temps présent.

CHAPUIS (Robert), *Les Chrétiens et le Socialisme*, Paris, Calmann-Lévy, 1976.

CHARZAT (Michel) et TOUTAIN (Ghislaine) , *Le CERES , un combat pour le socialisme* , Paris , Calmann-Lévy , 1975.

—, *Le Syndrome de la gauche* , Paris , Grasset , 1979.

—, 《Pour un aggiornamento socialiste》, in *PS lnfo* , n° 448 , 1990.

CHEVÈNENT(Jean-Pierre) , *Le Vieux , la crise et le neuf* , Paris , Flammadon , 1975.

—, *Les Socialistes , les communistes et les autres* , Paris ,

—, *Être socialiste aujourd'hui* , Paris , Grasset , 1979.

—, *Le Pari sur l'intelligence* , Paris , Flammarion , 1985.

—, *Défis républicains* , Paris , Fayard , 2004.

Club Jean-Moulin , *Un parti pour la gauche* , Paris , Seuil , 1965.

COMPÈRE-MOREL (Adéodat) (dir.) , *Encyclopédie socialiste , syndicale et coopérative de l'Internationale ouvrière* , 12 volumes , Paris , Librairie Aristide Quillet , 1913 et 1921.

Surtout tome II , *La France socialiste* , par Hubert Rouger.

—, *Les Propos d'un rural* , préface de Paul Lafargue , Berteuil , 1902.

COT (Jean-Pierre) , *À l'épreuve du pouvoir* , Paris , Seuil , 1984.

DÉAT (Marcel) , *Mémoires politiques* , Paris , Denoël , 1989.

—, *Perspectives socialistes* , Paris , Valois , 1930.

DEFFERRE (Gaston) , *Un nouvel horizon* , Paris , Gallimard , 1964.

—, *Si demain la gauche* , Paris , Laffont , 1977.

DELFAU (Gérard) , *Gagner à gauche* , Paris , Laffont , 1985.

DELORS (Jacques) , *Changer* , Paris , Laffont , 1985.

—, *Mémoires* , Paris , Plon , 2004.

— et ALEXANDRE (Philippe) , *En sortir ou pas* , Paris , Grasset , 1985.

DEPREUX (Édouard) , *Souvenirs d'un militant* , Paris , Fayard , 1972.

DUREL (Joachim) , *La Politique coloniale du Parti socialiste SFIO* , Paris , Fédération de Tunisie , 1919.

ESTIER (Claude) , *Journal d'un fédéré* , Paris , Stock , 1971.

—, *La Plume au poing* , Paris , Stock , 1977.

—, *Un combat centenaire. 1905-2005. Histoire du socialisme français* ,

Bibliographie

Paris, Le Cherche Midi, 2005.

FABIUS (Laurent), *C'est en allant vers la mer*, Paris, Seuil, 1990.

—, *Une Certaine Idée de l'Europe*, Paris, Plon, 2004.

FROSSARD (Ludovic Oscar), *De Jaurès à Lénine. Notes et souvenirs d'un militant*, Paris, Éd. NRS, 1930.

FITERMAN (Charles), *Profession de foi pour l'honneur de la politique*, Paris, Seuil, 2005.

FUCHS (Gérard), 《Les deux socialismes》, in *Faire*, n° 23, 1977.

FUZIER (Claude), *Les Socialistes et le pouvoir*, Bruno Leprince éditeur, 2003.

GALLO (Max), *La Troisième Alliance : pour un nouvel individualisme*, Paris, Fayard, 1984.

—, *Manifeste pour une fin de siècle obscure*, Paris, Seuil, Odile Jacob, 1989.

GALLUS (Jacques), et SOULAGE (Bernard), *Les Variables d'Austerlitz : le socialisme et la rigueur économique*, Paris, Flammarion, 1979.

GOUX (Christian), *Sortir de la crise*, Paris, Flammarion, 1977.

GUÉRIN (Daniel), *Front populaire, révolution manquée*, Paris, Maspero, 1970.

GUESDE (Jules), *État, politique et morale de classe*, Paris, 1901.

—, *Le Socialisme au jour le jour*, Paris, 1889.

— et JAURÈS (Jean), *Les Deux Méthodes*, Lille, 1900.

GUIDONI (Pierre), *Histoire du nouveau Parti socialiste*, Paris, Tema, 1973.

HERNU (Charles), *Priorité à gauche*, Paris, Denoël, 1969.

—, *Soldat citoyen. Essai sur la défense et la sécurité de la France*, Paris, Flammarion, 1975.

—, *Chronique d'attentes, réflexions pour gouverner demain*, Paris, Téma, 1977.

JAURÈS (Jean), *Œuvres*, textes rassemblés et présentés par Max Bonnafous, 9 volumes, Paris, Rivièe, 1931-1939.

—, *Histoire socialiste de la Révolution française*, édition revue par André

Soboul, préface d'Ernest Labrousse, Paris, 1968-1972, 6 volumes.

—, *Préface aux discours parlementaires*, Paris, 1904. Réédition, Paris-Genéve, 1980, présentation par Madeleine Rebérioux.

—, *Études socialistes*, Paris, 1902. Réédition, Paris-Genève, 1979, présentation par Madeleine Rebérioux.

—, *L'Armée nouvelle*, Paris, 1911. Réédition, Paris, UGE, 1969.

—, *L'Esprit du socialisme*, recueil de textes présentés par Jean Rabaut, Paris, Denoël-Gonthier, 1971.

JOSPIN (Lionel), *Les Socialistes et le Tiers-Monde*, Paris, Flammarion, 1976.

—, *L'Invention du possible*, Paris, Flammadon, 1991.

—, *Le Temps de répondre*, Paris, Stock, 2002.

JOXE (Pierre), *Parti socialiste*, Paris, EPI, 1973.

LA FOURNIÈRE (Michel de), *Écrits*, Textes rassemblés et présentés par Régis Guyotat, Orléans, 1991.

LAIGNEL (André), *À la force des idées*, Paris, Laffont, 1987.

LANG (Jack), *Changer*, Paris, Plon, 2005.

LEBAS (Jean), *Le Socialisme, but et moyens*, suivi d'*Une réfutation d'un néo-socialisme*, Lille, 1931.

LEFRANC (Georges), 《Rétrospective I et II》, *Cahiers de l'OURS*, 1981.

LIENEMANN (Marie-Noëlle), *Ma part d'inventaire*, Paris, Ramsay, 2002.

MANDRIN (Jacques), *Socialisme ou Social-médiocratie*, Paris, Seuil, 1969.

—, *Le Socialisme et la France*, Paris, Le Sycomore, 1983.

MARTINET (Gilles), *La Conquête des pouvoirs*, Paris, Seuil, 1969.

—, *L'Avenir depuis 20 ans*, Paris, Stock, 1974.

—, *Cassandre et les tueurs*, Paris, Grasset, 1986.

MAUROY (Pierre), *Héritiers de l'avenir*, Paris, Stock, 1979.

—, *C'est ici le chemin*, Paris, Flammarion, 1982.

—, *À gauche*, Paris, Albin Michel, 1985.

—, *Mémoires*:《Vous mettrez du bleu au ciel》, Paris, Plon, 2003.

MAYER (Daniel), *Pour une histoire de la gauche*, Paris, Plon, 1969.

MENDÈS FRANCE (Pierre), *La République moderne*, Paris, Gallimard, 1962.

MEXANDEAU (Louis), *Histoire du Parti socialiste*, Paris, Tallandier, 2005.

MILLERANO (Alexandre), *Le Socialisme réformiste français*, Paris, Bibliothèque socialiste, 1903.

MITTERRAND (Francois), *Le Coup d'État permanent*, Paris, Plon, 1964.

—, *Ma part de vérité*, Paris, Fayard, 1969.

—, *Un socialisme du possible*, Paris, Seuil, 1970.

—, *La Rose au poing*, Paris, Flammadon, 1973.

—, *La Paille et le Grain*, Paris, Flammarion, 1975.

—, *Politique*, t. 1, Paris, Fayard, 1977.

—, *L'Abeille et l'Architecte*, Paris, Flammadon, 1978.

—, *Ici et Maintenant*, Paris, Fayard, 1980.

—, *Politique* (1938-1981), Paris, Marabout, 1984.

—, *Réflexions sur la politique extérieure de la France*, Paris, Fayard, 1986.

—, *De l'Allemagne, de la France*, Paris, Odile Jacob, 1996.

—, *Mémoires interrompus : entretiens avec Georges-Marc Benhamou*, Paris, Odile Jacob, 1996.

MOCH (Jules), *Socialisme et Rationalisation*, Paris, L'Églantine, 1927.

—, *Confrontations*, Paris, Gallimard, 1952.

—, *L'URSS à cœur ouvert*, Paris, Laffont, 1956.

—, *Non à la force de frappe*, Paris, Laffont, 1963.

—, *Une si longue vie*, Paris, Laffont, 1976.

MOSCOVICI (Pierre), *À la recherche de la gauche perdue*, Paris, Calmann-Lévy, 1994.

—, *Un an après*, Paris, Grasset, 2003.

MOLLET (Guy), *Bilan et Perspectives socialistes*, Paris, Plon, 1958.

—, *Les Chances du socialisme*, Paris, Fayard, 1968.

MOTCHANE (Didier), *Clefs pour le socialisme*, Paris, Seghers, 1973.

Parti socialiste, *Changer la vie*, Paris, Flammadon, 1972.

——,*Pour le socialisme. Le livre des Assises*,Paris,Stock,1975.

——,*Programme commun de gouvernement:propositions socialistes pour l'actualisation*,Paris,Flammarion,1977.

——,*Projet socialiste*,Paris,Flammarion,1980.

——,*Statuts*,Club socialiste du livre,Paris,1982.

PAUL-BONCOUR (Joseph),*Entre deux guerres*,Paris,Plon,1945.

PEILLON (Vincent), MONTEBOURG (Amaud) et HAMON (Benoît),*Au cœur de la gauche*,Éd. Le Bord de l'eau,2005.

PEILLON (Vincent),*Jean Jaurès et la religion du socialisme*,Paris,Grasset,2000.

La Pensée socialiste contemporaine,actes des colloques socialistes de 1964,Paris,PUF,1965.

PFISTER (Thierry),*La Vie quotidienne à Matignon au temps de l'Union de la gauche*,Paris,Hachette,1985.

PHILIP (André),*Henri De Man et la crise doctrinale du socialisme*,Paris,Bruxelles,L'Églantine,1928.

——,*Le Socialisme trahi*,Paris,Plon,1957.

——,*Les Socialistes*,Paris,Plon,1967.

PIAGET (Charles),*Que signifie aujourd'hui militer pour le socialisme,être révolutionnaire ?*,Paris,Liaisons directes,1976.

POPEREN (Jean),*Une stratégie pour la gauche*,Paris,Fayard,1969.

——,*La Gauche française:le nouvel âge*,1958-1965,Fayard,1976.

——,*L'Unité de la gauche*,1965-1973,Paris,Fayard,1976.

——,*Nous sommes tous des archaïques*,Paris,Roblot,1978.

——,*Le Nouveau Contrat socialiste*,Paris,Ramsay,1985.

QUILÉS (Paul),*La politique n'est pas ce que vous croyez*,Paris,Laffont,1987.

QUILLOT (Roger),*La SFIO et l'Exercice du pouvoir*,Paris,Laffont,1987.

——,*Sur le pavois*,Paris,RPP,1985.

RAMADIER (Paul),*Les Socialistes et l'Exercice du pouvoir*,Paris,Laffont,1961.

RAPPOPORT (Charles) , *Jean Jaurès , le penseur , l' homme , le socialiste ,* réédition , Paris , Anthropes , 1984.

—, *Une vie révolutionnaire* , 1883-1940. *Mémoires de Charles Rappoport ,* Paris , Éditions de la Maison des sciences de l' homme , 1991.

ROCARD (Michel) , *Le PSU et l' Avenir socialiste de la France* , Paris , Seuil , 1969.

—, *Question à l' État socialiste* , Paris , Stock , 1972.

—, *Parler vrai* , Paris , Seuil , 1979.

—, *À l' épreuve des faits* , Paris , Seuil , 1985.

—, *Le Cœur à l' ouvrage* , Paris , Seuil/Odile Jacob , 1987.

—, *Un Pays comme le nôtre* , Paris , Seuil , 1989.

—, *Mes Idées pour demain* , Paris , Odile Jacob , 2000.

ROUDY (Yvette) , *Allez les femmes. Une brève histoire du PS et de quelques absentes* , Èd. Le bord de l' eau , 2005.

ROUS (Jean) , *Itinéraires d' un militant* , Paris , Èd. Jeune Afrique , 1968.

SAVARY (Alain) , *Pour un nouveau parti socialiste* , Paris , Seuil , 1970.

—, *En toute liberté* , Paris , Seuil , 1984.

SCHRAMECK (Olivier) , *Matignon Rive Gauche* , Paris , Seuil , 2001.

SELIGMANN (Françoise) , *Les Socialistes aux portes du pouvoir* , tome I : 1974-1981 , Paris , Michalon , 2003.

SÉVERAC (Jean-Baptiste) , *Lettres à Brigitte* , Paris , 1934.

STRAUSS-KAHN (Dominique) , *La Flamme et la Cendre* , Paris , Grasset , 2002.

—, *Oui. Lettre ouverte aux enfants d' Europe* , Paris , Grasset , 2004.

THOMAS (Albert) , *La Politique socialiste* , Paris , Rivière , 1913.

TRANS (Jean-François) (pseudo collectif) , *La gauche bouge* , Paris , Lattès , 1983.

VERDIER (Robert) , *PS-PC. Une lutte pour l' entente* , Paris , Seghers , 1976.

—, *Bilan d' une scission* , Paris , Gallimard , 1981.

VIVERET (Patrick) , *La Gauche piégée dans l' État* , projet juin 1982.

Weber (Henri), *Le Bel Avenir de la gauche*, Paris, Seuil, 2003.

—, *Lettre recommandée au facteur*, Paris, Seuil, 2004.

Études et ouvrages généraux sur l'histoire du socialisme francais (1905-2005)

Becker (Jean-Jacques) et Candar (Gilles) (dir.), *Histoire des gauches en France*, tome I: *L'héritage du XIXe siècle*; tome II: *À l'épreuve de l'histoire*, Paris, La Découverte, 2004.

Bergounioux (Alain) (dir.), *Des poings et des roses. Le siècle des socialistes*, Paris, La Martinière, 2005.

Blume (Daniel), Bouderon (Roger) et Burles (Jean), *Histoire du réformisme en France depuis 1920*, Paris, Éditions sociales, 1976.

Bopella (François), *Les Partis politiques dans la France d'aujourd'hui*, Paris, Seuil, 1973.

Brunet (Jean-Paul), *Histoire du socialisme en France*, Paris PUF, coll. 《Que sais-je ?》, 1993.

Canto Sperber (Monique), *Les Règles de la liberté*, Paris, Plon, 2003.

—, et Urbinati (Nadia), *Le Socialisme libéral. Une anthologie: Europe-État-Unis*, Paris, Esprit, 2003.

Castagnez-Ruggiu (Noëline), *Histoire des idées socialistes*, Paris, La Découverte, 1997.

Droz (Jacques), *Le Socialisme démocratique (1884-1960)*, Paris, Armand Colin, 1966.

—(dir.), *Histoire générale du socialisme*, Paris, PUF, tomes 2, 3, 4, 1974 et 1977.

Giralult (Jacques) (dir.), *L'Implantation du socialisme en France au xxe siècle. Partis, Réseaux, mobilisation*, Paris, Publication de la Sorbonne, 2001.

Hamon (Léon), *Socialisme et Pluralités*, Paris, Gallimard, 1976.

L'Idée socialiste, colloque du 9 juin 2001, Paris, Fondation Jean-Jaurès,

Plon, 2001.

JUDT (Tony), *Le Marxisme de la gauche française*, Paris, Gallimard, 1987.

KERGOAT (Jacques), *Le Patti socialiste de la Commune à nos jours*, Paris, Le Sycomore, 1983.

—, *Histoire du Parti Socialiste*, Paris, La Découverte, 1997.

LAZAR (Marc), *Le Communisme, une passion frangçaise*, Paris, Perrin, 2002.

LEFRANC (Georges), *Les Gauches en France*, Paris, Payot, 1973.

LIGOU (Daniel), *Histoire du socialisme en France* (1871-1961), Paris, PUF, 1962.

LINDENBERG (Daniel), *Le Marxisme introuvable*, Paris, Calmann-Lévy, 1975; rééd 10/18, 1979.

MOREAU (Jacques), *Les Socialistes français et le Mythe révolutionnaire*, Paris, Hachette Littératures, 1998.

PORTELLI (Hughes), *Le Socialisme français tel qu'il est*, Paris, PUF, 1962.

—, *Le Parti socialiste*, Montchrestien, 1992.

POXRAIN (Martine), *Le Nord au cœur, historique de la fédération socialiste du Nord*, 1880-1993.

PROCHASSON (Christophe), *Les Intellectuels et le Socialisme*, Paris, Plon, 1997.

Recherche socialiste, n°s 31 et 32, juillet-septembre 2005, Actes du colloque *Les Socialistes et la France*, les 22 et 23 avril 2005.

SADOUN (Marc), *De la démocratie française. Essai sur le socialisme*, Paris, Gallimard, 1993.

SOWERWINE (Charles), *Les Femmes et le Socialisme*, Paris, Presses de la FNSP, 1978.

TOUCHARD (Jean), *La Gauche en France depuis 1900*, Paris, Seuil, 1977.

WILLARD (Claude), *Socialisme et Communisme français*, Paris, Armand Colin, 1967.

Pour un point de vue comparatif avec les autres partis socialistes et sociaux-démocrates en Europe, à côté de l'*Histoire générale du socialisme*, dirigée par Jacques Droz, voir :

BERGOUNIONX (Alain) et MANIN (Bernard), *La Social-Démocratie ou le Compromis*, Paris, PUF, 1979.

——, *Le Régime social-démocrate*, Paris, PUF, 1989.

BERGOUNIOUX (Alain) et GRUNBERG (Gérard), *L'Utopie à l'épreuve. Histoire du socialisme européen*, Paris, de Fallois, 1996.

BORELLA (François), *Les Partis politiques dans l'Europe des neuf*, Paris, Seuil, 1979.

BRAUNTHAL (Julien), *History of the International*, New York, Nelson, 1966.

DAHRENDORF (Ralf), *Réflexions sur la révolution en Europe*, Paris, Seuil, 1991.

DELWIT (Pascal) (éd.), *Où va la social-démocratie européenne ?*, Éditions de l'Université libre de Bruxelles, 2004.

DEVIN (Guillaume), *L'Internationale socialiste (1945-1970)*, thèse de doctorat, Paris-X, 1988.

DREYFUS (Michel), *L'Europe des socialistes*, Paris, Complexe, 1991.

DUVERGER (Maurice), *Les Partis politiques*, Paris, Armand Colin, 1969.

FEJTÖ (François), *La Social-Démocratie quand même*, Paris, Laffont, 1980.

LAZAR (Marc) (dir.), *La Gauche en Europe depuis 1945. Invariants et mutation du socialisme européen*, Paris, PUF, 1995.

MOSCHONAS (Gerassimos), *In the Name of Social Democracy. The Great Transformation : 1945 to the Present*, Londres, Verso, 2002.

PATERSON (William E.) et ALASTAIRE (H. Thomas), *The Future of Social Democracy*, Oxford, Clarendon Press, 1986.

PELINKA (Anton), *The Social Democratic Parties in Europe*, New York, Praeger, 1983.

PORTELLI (Hughes) (dir.), *L'Internationale socialiste*, Paris, Éditions ouvrières, 1982.

Przeworski (Adam) et SPRAGUE (John), Paperstone. *A History of Electoral Socialism*, Chicago Press, 1986.

Winock (Michel), *Le Socialisme en France et en Europe*, Paris, Seuil, 1992.

Biographies de personnalitiés socialistes

André (Philippe), *Socialiste, patriote, chrétien*, Comité pour l'histoire économique et financière de la France, 2005.

Barbier (Christophe), *Les Derniers Jours de François Mitter-rand*, Paris Flammarion, 1997.

Binot (Jean-Marc), *Max Lejeune*, Martelle Éditions, 2 tomes, 2002-2003.

Blum (Léon) (1871-1950), *Histoire et Mémoire*, Recherche socialiste n° 2000.

Bougeard (Christian), *Tanguy Prigent, paysan ministre*, Presses universitaires de Rennes, 2002.

Bouneau (Christian), *Hubert Lagardelle. Un bourgeois révolutionnaire et son époque*, Euredit, 2002.

Cachin (Marcel), *Carnets*, 1906-1947. 4 tomes, sous la direction de Denis Pechanski, CNRS Éditions, 1993.

Cointet (Jean-Paul), *Marcel Déat, du socialisme au nationalsocialisme*, Paris, Perrin, 1998.

Cole (Alistair), *François Mitterrand, A Study in Political Leadership*, Londres, Routledge, 1997.

Dougnac (Bemard), *Suzanne Lacore. Biographie* (1875-1975), Périgueux, Éditions Fanlac, 1996.

Duhamel (Éric), *François Mitterrand, l'unité d'un homme*, Paris, Flammarion, 1999.

Fonvieille-Vojtovic (Aline), *Paul Ramadier*, Presses de la Sorbonne,

1992.

GALLO (Max), *Le Grand Jaurès*, Robert Laffont, 1984.

GHEBALI (Éric), *Vincent Auriol, président citoyen*, Paris, Grasset, 1998.

GREILSAMMER (Ilian), *Blum*, Paris, Flammarion, 1996.

HEURE (Gilles), *Gustave Hervé, itinéraire d'un provocateur*, Paris, La Découverte, 1997.

HOWORTH (Jolyon), *Édouard Vaillant*, Paris, Éditions Syros, 1982.

—, *Jean Longuet, la conscience et l'action*, collection de la Revue politique et parlementaire, 1988.

KERCOAT (Jacques), *Marceau Pivert, un socialiste de gauche*, Paris, Éd. de l'Atelier, 1994.

LACOUTURE (Jean), *Léon Blum*, Paris, Seuil, 1974.

—, *Mendès France*, Paris, Seuil, 1974.

—, *François Mitterrand*, Paris, Seuil, 2 tomes, 1998.

LEFEBVRE (Denis), *Guy Mollet, le mal-aimé*, Paris, Plon, 1992.

—, *Marcel Sembat socialiste et franc-maçon*, Bruno Leprince Éditeur, 1995.

—, *Claude Fuzier, un socialiste de l'ombre*, Paris, Bruno Leprince éditeur, 2004.

MECHOULAN (Éric), *Jules Moch, un socialiste dérangeant*, L. G. D. J. Bruylant, Bruxelles, 1999.

MÉNAGER (Bernard) (dir.), *Guy Mollet, un camarade en République*, acres du colloque de Lille III et de la mairie d'Arras du 25-26 octobre 1986, Lille Presses universitaires de Lille, 1987.

PINEAU (Christian), *De Buchenwald aux traités de Rome*, Alya Aglan et Denis Lefebvre, Éditions Bruno Leprince, 2004.

PÉAN (Pierre), *Une jeunesse Française. François Mitterrand (1937-1947)*, Paris, Fayard, 1994.

PHILIP (André), *Socialiste, patriote, chrètien*, Comité pour l'histoire économique et financière de la France, 2005.

PIKETTY (Guillaume), *Pierre Brossolette. Un héros de la Résistance*,

Paris, Odile Jacob, 1998.

PRADOUX (Marfine), *Daniel Mayer, un socialiste dans la Résistance*, Paris, éd. de l'Atelier, 2002.

PRÉVOT (Maryvonne), *Alain Savary. Le refus en politique*, La Renaissance du livre, 2003.

REBÉRIOUX (Madeleine), *Jean Jaurès, la parole et l'acte*, Paris, Galllimard, coll《La Découverte》, 1994.

RIMBAUD (Christianne), *Berégovoy*, Paris, Perrin, 1994.

SAVARY (Alain), *Politique et Honneur*, Presses de Sciences-Po, 2002.

SOWERVINE (Charles) et MAIGNEN (Claude), *Madeleine Pelletier, une féministe dans l'arène politique*, Paris, éd. de l'Atelier, 1991.

STASSE (François), *La Morale de l'histoire. Mitterrand-Mendès France*, 1943-1982, Paris, Seuil, 1994.

TIERSKY (Ronald), *François Mitterrand : A very French President*, Roman and Littlefield, 2003.

WILLARD (Claude), *Jules Guesde. L'apôtre et la loi*, Paris, éd. de l'Atelier, 1991.

ZIEBURA (Gilbert), *Léon Blum et le Parti socialiste (1872-1934)*, Paris, Presses de la FNSP, 1967.

ÉTUDES, OUVRAGES ET ARTICLES PAR PÉRIODES HISTORIQUES

A. Années 1900-1940

AGERON (Charles-Robert), 《Jaurès et la question algérienne》, in *Le Mouvement social*, n° 42, janv. -mars 1963.

ANDLER (Charles), *Vie de Lucien Herr*, Paris, Rieder, 1932.

ANTONINI (Bruno), *État et socialisme chez Jean Jaurès*, Paris, L'Harmattan, 2004.

AUDRY (Colette), *Léon Blum ou la Politique du juste*, Paris, Denoël-Gonthier, 1970.

BAKER (Daniel), 《The Politics of Socialist Protest in France》, in *Journal of Modern History*, XLIII, 1971.

BAUCHARD (Philippe), *Léon Blum, le pouvoir: pour quoi faire?*, Paris, Arthaud, 1976.

BERGOUNIOUX (Alain),《Le néo-socialisme: réformisme ou esprit des années 1930》, *Revue historique* n° 528, octobre 1978.

—,《La SFIO et les classes moyennes》, *in* LAVAU (Georges) *et alii*, *L'Univers politique des classes moyennes*, Paris, Presses FNSP, 1983.

—,《Réformisme et néo-socialisme: la crise de la socialdémocratie française dans les années trente》, in *Réformisme et Révisionnisme dans les socialismes allemand, autrichien et français*, Paris, MSH, 1984.

BERSTEIN (Serge), *Histoire du Parti radical*, 2 vol., Paris, Presses FNSP, 1980 (indispensable pour la comparaison des deux partis).

—et BECKER (Jean-Jacques), *Histoire de l'anticommunisme en France*, tome Ⅰ: 1917-1940, Paris, Olivier Orban, 1987.

BIARD (Jean-François), *Le Socialisme devant ses choix. La naissance de l'idée de Plan*, Paris, Publications de la Sorbonne, 1985.

BILLS (Michel), *Socialistes et Pacifistes ou l'Impossible Dilemme des socialistes français*, Paris, Syros, 1979.

BIRNBAUM (Pierre),《La question des élections dans la pensée socialiste》, in BIRNBAUM (Pierre) *et alii*, *Critique des pratiques politiques*, Paris, Galilée, 1978.

BOURDÉ (Guy), *La Défaite du Front populaire*, Paris, Maspero, 1977.

BRUHAT (Jean),《Jaurès devant le problème colonial》, in *Bulletin de la Société d'histoire moderne*, nov.-déc. 1956.

BURRIN (Philippe), *La Dérive fasciste. Doriot, Déat, Bergery*, Paris, Seuil, 1987.

CAYROL (Roland),《Courants, fractions, tendances》, *in* BIRNBAUM (Pierre), *Critique des pratiques politiques*, Paris, Galilée, 1978.

CLOUET (Stéphane), *Pierre Renaudel, un socialiste réformiste*, maîtrise d'histoire, Nancy, 1979.

—, *De la rénovation à l'utopie socialiste. Révolution constructive, un groupe d'intellectuels socialistes des années* 1930, Presses universitaires de Nancy, 1991.

COLTON (Jean), *Léon Blum*, Paris, Fayard, 1967.

Le Congrès de Tours, CHARLES (Jean) (éd.) *et alii*, Paris, Éditions sociales, 1980.

DOLLÉANS (Édouard), *Histoire du mouvement ouvrier*, tome II : 1871-1920, Paris, 1939, réédition 1957.

DOMMANGET (Maurice), *Édouard Vaillant, un grand socialiste*, Paris, 1956.

DRACKHOVITCH (Milorad), *Les Socialistes français et allemands et le Problème de la guerre*, Paris, Droz, 1953.

DUCLERT (Vincent), *L'Affaire Dreyfus*, Paris, Gallimard, coll. 《La Découverte》, 1994.

DUPEUX (Georges), *Le Front populaire et les Élections de 1936*, Paris, Armand Colin, 1959.

FIECHTER (Jean-Jacques), *Le Socialisme français de l'affaire Dreyfus àa Grande Guerre*, Genève, Droz, 1965.

GEORGI (Franck), *La Première Bataille socialiste*, maîtrise à Paris-I, 1983.

GIRAULT (Jacques), *Le Var rouge. Les varois et le socialisme de la fin de la Première Guerre mondiale au milieu des années* 1930, Publications de la Sorbonne, Paris, 1995.

GIRAULT (René), 《Les relations internationales et l'exercice du pouvoir pendant le Front populaire》, *in* colloque *Léon Blum, chef de gouvernement*, Paris, Presses FNSP, 1967.

GOLDBERG (Henry), *Jean Jaurès*, Paris, Fayard, 1977.

GOMBIN (Richard), *Les Socialistes et la Guerre : la SFIO et la politique étrangère entre les deux guerres*, Paris, La Haye, Mouton, 1970.

HALÉVY (Daniel), *Essais sur le mouvement ouvrier en France*, Paris, Société nouvelle de librairie et d'édition, 1903.

HOLTH (Thierry), *À gauche! La gauche socialiste*, 1921-1947, Dijon,

Presses universitaires de Dijon,2004.

JEANNENEY (Jean-Noël), *Leçon d'histoire pour une gauche au pouvoir. La Faillite du cartel 1924-1926*,Paris,Seuil,1977;rééd. ,1982.

JELEN (Christian), *L'Aveuglement. Les socialistes et la naissance du mythe soviétique*,Paris,Flammarion,1984.

—,*Hitler ou Staline,le prix de la paix*,Paris,Flammarion,1988.

JOUBERT (Jean-Paul), *Marceau Pivert ou le pivertisme. Révolutionnaires de la SFIO*,Paris,Presses FNSP,1977.

JUDT (Tony), *Socialism in Provence (1871-1914)*,Cambridge,University Press,1975.

—,*La Reconstruction du Parti socialiste*,Paris,Presses de la FNSP,1976.

JULLIARD (Jacques), *Fernand Pelloutier et les origines du syndicalisme d'action directe*,Paris,Seuil,1971.

KRIEGEL (Annie) et BECKER (Jean-Jacques),*1914. La guerre et le mouvement ouvrier français*,Paris,Armand Colin,1964.

—,*Aux origines du communisme français*,Paris,Mouton,2 volumes,1964.

—,*Le Congrès de Tours*,Paris,Julliard,1964.

—,《Un phénomène de haine fratricide:Léon Blum》,in *Le Pain et les Roses*,Paris,PUF,1968.

LABROUSSE (Ernest),《La montée du socialisme en France depuis un siècle (1848-1945)》,in *La Revue socialiste*,nouvelle série,n° 1,mai 1946.

LEFEBVRE (Denis),《Du pacifisme à la résistance》,in *Guy Mollet. Un camarade en République*,Presses universitaires de Lille,1987.

LEFRANC (Georges), *Le Mouvement socialiste sous la Troisième République*,Paris,Payot,1963.

—,*Le Front populaire*,Paris,Payot,1965.

—,*Le Mouvement syndical sous la Troisième République*,Paris,Payot,1967.

—,*Essais sur les problèmes socialistes et syndicaux*,Paris,Payot,1970.

—, *Juin 1936, l'explosion sociale*, Paris, Julliard, 1972.

—, *Visages du mouvement ouvrier français*, Paris, PUF, 1982.

Léon Blum, chef de gouvernement (1936-1937), actes du colloque, Paris, FNSP, 1964.

LÉVY (Louis), *Comment ils sont devenus socialistes*, Paris, Éd. du Populaire, 1932.

LINDENBERG (Daniel) et MAYER (Pierre-André), *Lucien Herr, le socialisme et son destin*, Paris, Calmann-Lévy, 1977.

LOUIS (Paul), *Cent cinquante ans de pensée socialiste*, Paris, Éd. Librairie Marcel Rivière, Paris, 1947.

LYNCH (Édouard), *Moissons rouges. Les socialistes français et la société paysanne durant l'entre-deux-guerres*, Presses d'université de septentrion, Lille, 2002.

MARTIN (Jean-Paul), 《Origines et réalités du socialisme municipal》, in *Faire*, n° 40, février 1979.

MIRKINE-GUETZEVITCH (Boris), 《La République parlementaire dans la pensée politique de Léon Blum》, in *La Revue socialiste*, janvier 1951.

MONIER (Frédéric), *Le Front populaire*, Paris, Gallimard, coll. 《La Découverte》, 2002.

NADAUD (Éric), *Une tendance de la SFIO : la bataille socialiste (1921-1933)*, thèse de doctorat, Paris-X, 1988.

ORY (Pascal), *La Belle Illusion. Culture et politique sous le signe du Front populaire*, Paris, Plon, 1994.

PEILLON (Vincent), *Pierre Leroux, un socialiste républicain*, Éd. Le Bord de l'eau, 2003.

PENNETIER (Claude), *Le Socialisme dans le Cher*, Éditions Delayance et MSH, 1982.

PERROT (Michèle), 《Les socialistes français et les problèmes du pouvoir》, *in* PERROT (Michèle) et KRIEGEL (Annie), *Le Socialisme français et le Pouvoir*, Paris, EDI, 1966.

—, 《Les guesdistes : controverses sur l'introduction du marxisme en

France》,*Annales*, n° 3, mai-juin 1967.

PRELOT (Marcel), *L'Évolution politique du socialisme français* (1879-1934), Paris, SPES, 1935.

PROCHASSON (Christophe), *Place et Rôle des intellectuels dans le mouvement socialiste français* (1900-1920), thèse de doctorat, Paris-I, 1979.

—, *Les Intellectuels, le socialisme et la guerre*, 1900-1938, Paris, Seuil, 1993.

PROST (Antoine), *La CGT à l'époque du Front populaire*, Paris, Armand Colin, 1964.

RABAUT (Jean), *Tout est possible. Les gauchistes français* (1929-1944), Paris, Denoël, 1976.

—, *Jaurès assassiné*, Paris, Complexe, 1984.

REBÉRIOUX (Madeleine), 《Les tendances hostiles à l'État dans la SFIO (1905-1914)》, in *Le Mouvement social*, n° 65, oct.-déc. 1968.

—,《La guerre sociale et le mouvement socialiste》, in *Le Mouvement social*, n°46, janv.-mars 1964.

—,《Existe-t-il avant 1914 un socialisme français spécifique ?》, in *La Social-Démocratie en question*, *Revue politique et parlementaire*, Paris, 1981.

—,《Un milieu socialiste à la veille de la Grande Guerre: Henri Sellier et le réformisme d'Albert Thomas》, in *La Banlieue Oasis* (dir. K. Burlen), Presses universitaires de Vincennes, Paris, 1977.

—, (éd.), *Jaurès et la Classe ouvrière*, Paris, coll.《Mouvement social》, 1981.

RÉMY (Sylvie), *Les Socialistes indépendants de la fin du XIXe siècle au début au XXe en France*, thèse de doctorat, Université de Limoges, 2001.

RENOUVIN (Pierre),《La politique extérieure du premier gouvernement de Léon Blum》, *in* colloque *Léon Blum, chef de gouvernement*, Paris, Presses FNSP, 1967.

RIOUX (Jean-Pierre), *Révolutionnaires du Front populaire*, Paris, UGE, 1973.

ROSMER (Alfred), *Le Mouvement ouvrier pendant la Première Guerre* mondiale, Paris, Mouton, 1969.

SADOUN (Marc), 《Le Parti et le pouvoir》, in *L'Identitè du socialisme français. Léon Blum et les néo-socialistes*, Cahiers Léon Blum, n^{os}15-16, 1984.

—, 《Les socialistes: des faux frères qui mènent double jeu》, in *Le Parti communiste français des années sombres*, Paris, Seuil, 1986.

SCHAPER (B. W.), *Albert Thomas, trente ans de réformisme social*, Assen, Van Gorcum, 1967.

THIBAUDET (Albert), *Les Idées politiques en France*, Paris, 1927.

WAHL (Alfred), 《Les députés SFIO de 1924 à 1940: essai de sociologie》, *Le Mouvement social*, 1979, n° 106, p. 25 - 44.

WEILL (Georges), *Histoire du mouvement socialiste en France*, 1852-1902, Paris, Félix Alcan, 1904.

WILLARD (Claude), *Le Mouvement socialiste en France: les guesdistes*, Paris, Éditions sociales, 1967.

ZEVAES (Alexandre), *De l'introduction du marxisme en France*, Paris, Librairie Marcel Rivière, 1947.

—, *Le Socialisme en France depuis 1904*, Paris, Fasquelle, 1934.

WINOCK (Michel), 《La culture politique des socialistes》, *in* Serge Berstein (dir.), *Les Cultures politiques en France*, Paris, Seuil, 1999.

B. Années 1940-1971

ALMEIDA (Fabrice d'), *Histoire et Politique en France et en Italie: l'exemple des socialistes*, 1945-1983, École française de Rome, 2000.

ANDRIEU (Claire), *Un programme commun de la Résistance*, Paris, Éditions de l'Erudit, 1984.

—, LE VAN (Lucette), PROST (Antoine) (dir.), *Les Nationalisations de la Libération. De l'utopie au compromis*, Paris, Presses de Sciences-Po., 1987.

—, *Pour l'amour de la République: le club Jean-Moulin*, Paris, Fayard, 2002.

AUBER (Véronique) *et alii*, *La Forteresse enseignante. Fédération de l'*

Éducation nationale, Paris, Fayard, 1985.

BERGOUNIOUX (Alain), *Force ouvrière*, Paris, Seuil, 1975.

—,《Léon Blum, le socialisme et l'idée de République》, in *Cahiers Léon Blum*, n°19, 1988.

BERSTEIN (Serge) et BECKER (Jean-Jacques),《Modernisation et transformation des partis politiques au début de la IVe République》, in colloque *La France en voie de modernisation*, 1981, FNSP, texte multigraphié.

—,《Le discours socialiste sur les nationalisations》, *in* ANDRIEU (Claire) et *alii*, *Les Nationalisations à la Libération*, Paris, Presses FNSP, 1987.

—, (éd.), *Paul Ramadier. La République et le socialisme*, Paris, Complexe, 1990.

BIONDI (Jean-Pierre) et MORRIN (Gilles), *Les Anticolonialistes*, Paris, Robert Laffont, 1992.

BOSSUAT (Gérard),《Léon Blum et l'organisation nouvelle de l'Europe après la Seconde Guerre mondiale》, in *Cahiers Léon Blum*, n°s 28 et 29.

Cahiers Léon Blum,《La SFIO face aux défis de l'aprèsguerre (1944-1947)》, n°s 6-7-8, 1979-1980.

CASTAGNEZ (Noëline), *Socialistes en République. Les parlementaires SFIO de la IVe République*, Rennes, Presses universitaires de Rennes, 2004.

CAYROL (Roland), *François Mitterrand (1945-1967)*, Paris, FNSP, CEVIPOF, *Recherches*, n°5, 1967.

DREYFUS (François-Georges), *Histoire des gauches en France (1940-1974)*, Paris, Grasset, 1975.

DUHAMEL (Olivier), *La Gauche et la Ve République*, Paris, PUF, 1980.

FAUCHER (J.-A.), *La Gauche française sous de Gaulle, 13 mai 1958 – 13 mai 1968*, Paris, Seuil, 1968.

FOSSAERT (Robert), *Le Contrat socialiste*, Paris, Seuil, 1969.

GRAHAM (Stuart D.), *The French Socialists and Tripartism*, Londres, 1965.

HAMON (Hervé) et ROTMAN (Patrick), *La Deuxième Gauche. Histoire intellectuelle et politique de la CFDT*, Paris, Seuil, 1982.

Hauss (Charles) , *The New Left in France: the Unified Socialist Party* , Londres, Greenwood Press, 1975.

Heurgon (Marc) , *Histoire du PSU. La fondation et la guerre d'Algérie* , 1958-1962, Paris, Gallimard, coll. 《La Découverte》, 1994.

Hurtig (Christiane) , *De la SFIO au nouveau Parti socialiste* , Paris , Armand Colin, 1970.

Hurtig (Serge) , 《 La SFIO face à la Ve République : majorité et minorités》, *RFSP*, vol. XIV, n°3, juin 1964.

ISER (Institut socialiste d'études et de recherches) , actes du colloque sur le renouveau socialiste et l'unité de la gauche, *La Nouvelle Revue socialiste*, numéro spécial sans date.

Jaffré (Jérôme) , 《Guy Mollet et la conquête de la SFIO en 1946》, in *Guy Mollet, un camarade en République*, Presses universitaires de Lille, 1987.

Kessler (Jean-François) , *De la gauche dissidente au nouveau parti socialiste. Les minorités qui ont rénové les PS*, Toulouse, Privat, 1990.

Lafon (François) , 《 Des principes du molletisme 》, in *Guy Mollet. Un camarade en République*, Presses universitaires de Lille, 1987.

Laurent (Françoise) , 《 Les hommes de gauche 》, *in* colloque *Le Gouvernement de Vichy et la révolution nationale*, Paris, Presses FNSP, 1972.

Loschak (Danièle) , *La Convention des institutions républicaines. Françöis Mitterrand et le socialisme*, Paris, PUF, 1971.

Loth (Wilfrid) , *Sozialismus und Internationalismus. Die französischen Sozialisten und die Nachkriegsordnung Europas*, Stuttgart, 1977.

Maquin (Étienne) , *Les Socialistes et la guerre d'Algérie*, Paris, L'Harmattan, 1990.

Marcus (John) , *French Socialism in the Crisis Years*, New York, Praeger, 1958.

Mayer (Daniel) , *Les Socialistes dans la Résistance*, Paris, Albin Michel, 1968.

Meriaudeau (Sandra) , 《 Histoire d'une fédération socialiste du Parti socialiste SFIO. La Fédération socialiste de l'Ain, 1944-1969》, in *Notes de la*

Fondation Jean-Jaurès, n°21, Paris, 2001.

MICHELAT (Guy) et SIMON (Michel), *Classe, religion, comportement politique*, Paris, Presse FNSP, 1977.

MICHEL (Henri), *Les Courants de pensée de la Résistance*, Paris, PUF, 1962.

—, et MIRKINE-GUETZEVITCH (Boris), *Les Idées politiques et sociales de la Résistance*, Paris, PUF, 1954.

Guy Mollet. Un camarade en République, colloque, Lille-III, Presses universitaires de Lille, 1987.

MORIN (Gilles), *De l'opposition socialiste à la Guerre d'Algérie au PSA (1954-1960)*, Thèse pour le doctorat d'histoire, Université Paris-I.

MOSSUZ (Janine), *Les Clubs et la Politique en France*, Paris, Armand Colin, 1970.

MOURIAUX (René), *La CGT*, Paris, Seuil, 1982.

—, *Syndicalisme et Politique*, Paris, Éd. ouvrières, 1985.

NANNIA (Guy), *Un parti de la gauche: le PSU*, Paris, Librairie Gedalge, 1966.

—, *Le PSU avant Rocard*, Paris, Roblot, 1973.

RIMBERT (Pierre), 《Le Patti socialiste SFIO》, *in* DUVERGER (Maurice) (dir.), *Partis politiques et Classes sociales en France*, Paris, FNSP, 1965.

ROCARD (Michel), *Rapport sur les camps de regroupement et autres textes sur la guerre d'Algérie*, Paris, Mille et Une Nuits, 2003.

RIZZO (Jean-Louis), *Mendès France ou la rénovation en politique*, Paris, Presses de Sciences-Po., 1993, et deux colloques:

—, *Le Parti socialiste entre Résistance et République (1944-1948)*, Serge Berstein, Frédéric Lepedo, Gilles Morin et Antoine Prost (éd.), Paris, Publications de la Sorbonne, 2000;

—, *Les Socialistes en Résistance (1940-1944)*, Pierre Guidoni et Robert Verdier (dir.), Seli Arslan, 1999.

SADOUN (Marc), *Les Socialistes sous l'Occupation. Résistance et collaboration*, Paris, Presses FNSP, 1982.

—,《Sociologie des militants et sociologie du parti, le cas de la SFIO sous Guy Mollet》, RSFP, juin 1988.

SIMMONS (Herber), *French Socialists in Search of a Role*, Ithaca, New York, Cornell University Press, 1970.

SUFFERT (Georges), *Les Catholiques et la Gauche*, Paris, Maspero, 1960.

VIGNAUX (Paul), *De la CFTC à la CFDT. Syndicalisme et socialisme. Reconstruction (1946-1972)*, Paris, Éditions ouvrières, 1980.

WILSON (F. L.), *The French Democratie Left (1963-1968)*, Stanford, 1971.

WINOCK (Michel), *Histoire politique de la revue Esprit (1930-1960)*, Paris, Seuil, 1975.

YSMAL (Colette), *Defferre parle*, Paris, FNSP, CEVIPOF, *Recherches*, n° 5, 1966.

C. Années 1971-2005

AMAR (Cécile) et CHEMIN (Ariane), *Jospin et Cie, Histoire de la Gauche plurielle, 1993-2002*, Paris, Seuil, 2002.

ALEXANORE (Philippe), *Le Roman de la gauche*, Paris, Plon, 1977.

ALIA (Josette) et CLERC (Christine), *La Guerre de Mitterrand. La dernière grande illusion*, Paris, Olivier Orban, 1991.

ATTALI (Jacques), *Verbatim*, I, II, III., Paris, Fayard, 1991-1995.

AVRIL (Pierre), *La Ve République. Histoire politique et constitutionnelle*, Paris, PUF, 1987.

—,《Le Président, le groupe, le parti》, *Pouvoirs*, n°2, 1982.

AYACHE (Georges) et FANTONI (Mathieu), *Les Barons du PS*, Paris, Éd. Fayolle, 1977.

BACHY (François), *François Hollande. Un destin tranquille*, Paris, Plon, 2001.

BACOT (Pierre), *Les Dirigeants du Parti socialiste. Histoire et sociologie*, Lyon, PUF, 1979.

—,《Le Front de classe》, *RFSP*, vol. 28.2, 1978.

BAUCHARD (Philippe), *La Guerre des deux roses. Du rêve à la réalité*, Paris, Grasset, 1986.

BAUMEL (Laurent) et BOUVET (Laurent), *L'Année zéro de la gauche*, Paris, Michalon, 2003.

BEAUD (Michel), *Le Mirage de la croissance. La politique économique de la gauche*, Paris, Syros, 1985.

BEDEI (Jean-Pierre) et LIÉGEOIS (Jean-Paul), *L'Eau et le Feu. Mitterrand et Rocard, histoire d'une longue rivalité*, Paris, Grasset, 1990.

BELL (David) et CRIDDLE (Byron), *The French Socialist Party: Resurgence and Victory*, Oxford, Clarendon Press, 1984.

BERGOUNIOUX (Alain), *Force ouvrière*, Paris, PUF, 1982.

BERSTEIN (Serge), MILZA (Pierre) et BIANCO (Jean-Louis) (dir.), *François Mitterrand. Les années du changement* (1981-1984), Paris, Perrin, 2001.

BIRNBAUM (Pierre) (dir,), *Les Élites socialistes au pouvoir*, Paris, PUF, 1985.

BIZOT (Jean-François) *et alii*, *Au parti des socialistes*, Paris, Grasset, 1975.

BORZEIX (Jean-Made), *Mitterrand lui-même*, Paris, Stock, 1975.

BOY (Daniel) *et alii*, *C'était la gauche plurielle*, Paris, Presses de Sciences Po, 2003.

BRANCIARD (Michel), *Syndicats et Partis. Autonomic ou dépendance*, 1948-1981, t. 2, Paris, Syros, 1982.

BROWN (Bernard E.), *Socialism of a Different Kind. Reshaping the Left in France*, Greenwood Press, 1978.

BUNODIÈRE (Claude) et COHEN-SOLAL (Lyric), *Les Nouveaux Socialistes*, Paris, Éd. Tema, 1979.

Cahiers du CEVIPOF (Les), *Les Adhérents socialistes en* 1998 (Françoise Subileau, Colette Ysmal, Henri Rey), CEVIPOF, mai 1999.

CAPDEVIELLE (Jacques) *et alii*, *France de gauche, vote à droite*, Paris, Presses de la FNSP, 1981.

CAYROL (Roland) et YSMAL (Colette), 《 Les militants du Parti socialiste: originalité et diversités 》, *Projet*, n° 161, mai 1982.

—, 《 Le Parti socialiste et l'autogestion. Un beau texte ou un choix politique 》, *Projet*, n°38, sept. -oct. 1975.

—, 《 L'univers politique des militants socialistes 》, *RFSP*, XXV, février 1975.

—, 《 Parti socialiste: enfin les difficultés commencent 》, *Projet*, n°118, sept. -oct. 1977.

—, 《 La direction du Parti socialiste: organisation et fonctionnement 》, *RFSP*, vol. XXVIII, avril 1978.

—, et IGNAZI (Pierre), 《 Cousins ou frères ? Attitudes politiques et conceptions du parti chez les militants socialistes français et italiens 》, *RFSP*, XXV, avril 1985.

CERNY (Paul) et SCHAIN (Martin) (éd.), *Socialism, the State and Public Policy in France*, Londres, Pinks, 1985.

COHEN (Élie), *L'État brancardier*, Paris, Calmann-Lévy, 1990.

—, 《 Les socialistes et l'économie: de l'âge des mythes au déminage 》, *in* DUPOIRIER (Élisabeth) et GRUNBERG (Gérard), *La Drôle de défaite de la gauche*, Paris, PUF, 1986.

COLLIARD (Sylvie), *La Campagne présidentielle de François Mitterrand en 1974*, Paris, PUF, 1975.

COLOMBANI (Jean-Marie), *Portrait d'un président*, Paris, Gallimard, 1985.

—, *Le Mariage blanc: Mitterrand-Chirac*, Paris, Grasset, 1986.

—, *La France sous Mitterrand*, Paris, Flammarion, 1992.

DAGNAUD (Monique) et MEHL (Dominique), *L'Élite rose*, Paris, Ramsay, 1990.

DANIEL (Jean), *Les Religions d'un président*, Paris, Grasset, 1988.

DARFEUIL (Rémy), *La Mémoire du mitterrandisme au sein du Parti socialiste*, Notes de la fondation Jean-Jaurès, 2003.

DELMAS (Philippe), *Le Maître des horloges*, Paris, Seuil/Odile Jacob,

1991.

DENYS (Christian), *Une discussion au sein du Parti socialiste français, deux projets de transition au socialisme*, Bruxelles, Éd. Fondation de Brouckère, 1980.

DESPORTES (Gérard) et MAUDUIT (Laurent), *L'Adieu au socialisme*, Paris, Grasset, 2003.

DONEGANI (Jean-Made), 《Itinéraire politique et cheminement religieux: l'exemple des catholiques militants du Parti socialiste》, in *RFSP*, vol. 29 (4-5), 1979.

DUHAMEL (Alain), *La République de François Mitterrand*, Paris, Grasset, 1982.

—, *De Gaulle-Mitterrand. La marque et la trace*, Paris, Flammarion, 1991.

—, *Portrait d'un artiste*, Paris, Flammarion, 1997.

DUHAMEL (Olivier), *La Gauche et la Ve République*, Paris, PUF, 1980.

DUPIN (Éric), *L'Après-Mitterrand. Le Parti socialiste à la dérive*, Paris, Calmann-Lévy, 1991.

—, *Sortir la gauche du coma. Comprendre les racines d'un désastre*, Paris, Flammadon, 2002.

DUPOIRIER (Élisabeth) et GRUNBERG (Gérard) (dir.), *La Drôle de défaite de la gauche*, Paris, PUF, 1986.

DU ROY (Albert), et SCHNEIDER (Robert), *Le Roman de la rose: d'Épinay à l'Élysée, l'aventure des socialistes*, Paris, Seuil, 1982.

DUVERGER (Maurice), *Lettre ouverte aux socialistes*, Paris, Albin Michel, 1976.

—, *Les Partis politiques*, Paris, Armand Colin, 1951.

ESPRIT, 《La gauche expédence faite》, n°12, décembre 1983.

EVIN (Kathleen), *Michel Rocard ou l'Art du possible*, Paris, Éd. Simoen, 1979.

FAVIER (Pierre) et MARTIN-ROLLAND (Michel), *La Décennie Mitterrand*; tome I, *Les Ruptures*; tome II, *Les Épreuves*; tome III, *Les Défis*; tome IV, *Les*

Déchirements, Paris, Seuil, 1990, 1991, 1996 et 1999.

FURET (François), JULLIARD (Jacques) et ROSANVALLON (Pierre), *La République du centre. La fin de l'exception française*, Paris, Calmann-Lévy, 1988.

FONTENEAU (Alain) et MUET (Pierre-Alain), *La Gauche face à la crise*, Paris, Presses FNSP, 1985.

GEORGI (Franck) (dir.), *L'Autogestion. La dernière utopie ?*, Paris, Publications de la Sorbonne, 2003.

GERSTLE (Jacques), *Le Langage des socialistes*, Paris, Stanké, 1979.

GIBLIN-DELVALLET (Béatrice), *La Région, territoires politiques. Le Nord-Pas-de-Calais*, Paris, Fayard, 1990.

GIESBERT (Franz-Olivier), *François Mitterrand ou la Tentation de l'histoire*, Paris, Seuil, 1978.

—, *Le Président*, Paris, Seuil, 1990.

GODDING (George) et SAFRAN (S. W.), *Ideology and Politics, the Socialist Party of France*, Westview, Boulder and Co., 1979.

GROUX (Guy) et MOURIAUX (René), *La CFDT*, Paris, Economica, 1989.

GRUNBERG (Gérard), 《 Les cadres des partis et la crise de la représentation 》, in SOFRES, *L'État de l'opinion*, 1992, Paris, Seuil, 1992.

—, et SCHWEISGUTH (Étienne), 《 Le virage à gauche des classes moyennes salariées 》, in LAVAU (Georges), *L'Univers politique des classes moyennes*, Paris, Presses FNSP, 1985.

—, 《 Libéralisme culturel et libéralisme politique 》, in CEVIPOF, *L'Électeur français en questions*, Paris, Presses de la FNSP, 1990.

GRUNBERG (Gérard), 《 Que reste-t-il du parti d'Epinay? 》, *in* HABERT (Philippe), PERRINEAU (Pascal) et YSMAL (Colette), *Le vote sanction*, Paris, Presses de Sciences Po., 1993, p. 185-216.

GRUNBERG (Gérard), 《 Le regain socialiste 》, in PERRINEAU (Pascal) et YSMAL (Colette), *Le Vote de crise*, Paris, Presses de Sciences Po, 1995, p. 189-210.

GRUNBERG (Gérard), 《 La victoire logique du Parti socialiste 》, in

PERRINEAU (Pascal) et YSMAL (Colette), *Le Vote surprise*, Paris, Presses de Sciences Po, 1997, p. 189-206.

GRUNBERG (Gérard), et SCHWEISGUTH (Étienne), 《Recompositions idéologiques》et 《Vers une tripartition de l'espace électoral》, in BoY (Daniel) et MAYER (Nonna), *L'Électeur a ses raisons*, Paris Presses de Sciences Po., 1997, 139-218.

HAMON (Hervé) et ROTMAN (Patrick), *L'Effet Rocard*, Paris, Stock, 1980.

HANLEY (David), 《Les députés socialistes》, *Pouvoirs*, n°2, 1982.

—, *Keeping Left* ? CERES *and the French Socialist Party*, Manchester University Press, 1986.

HARDOUIN (Patrick), 《Les caractéristiques sociologiques du Parti socialiste》, in *RSFP*, vol. 28 (2), 1978.

HATZFELD (Hélène), *Les Relations entre le Parti socialiste, la CFDT et le Mouvement social de 1971 à 1987*, 2 vol., thèse de doctorat, IEP de Paris, 1981.

HOFFMANN (Stanley) et Ross (Georges), *L'Expérience Mitterrand. Continuité et changement dans la France contemporaine*, Paris, PUF, 1988.

Intervention, 《Les socialistes croient-ils à leurs mythes ? 》, numéro spécial *Parti socialiste*, n°s 5-6, sept.-oct. 1983, et *Gauche, la fin d'un cycle*, n°13, sept. 1985.

JAFFRÉ (Jérôme), 《Trente années de changement électoral》, *Pouvoirs*, n 49, 1989.

—, 《Comprendre l'élimination de Lionel Jospin》, in PERRINEAU (Pascal) et YSMAL (Colette), *Le Vote de tous les refus*, Paris, Presses de Sciences Po, 2003, p. 223-250.

JOFFRIN (Laurent), *La Gauche en voie de disparition. Comment changer sans trahir*, Paris, Seuil, 1984.

JOHNSON (R. W.), *The Long March of the French Left*, Mac-Millan, Londres, 1981.

JOUTEUX (Thomas), 《Le Parti socialiste dans la campagne de François

Mitterrand》, in *Notes de la Fondation Jean-Jaurès*, n°47, avril-mai 2005.

JULLIARD (Jacques) et MAIRE (Edmond), *La CFDT aujourd'hui*, Paris, Seuil, 1975.

—, 《La logique partisane : l'exemple du PS》, *Esprit*, XLVII, 1979.

—, 《Mitterrand entre le socialisme et la République》, *Intervention*, n°1, nov.-déc. 1982.

JULY (Serge), *Les Années Mitterrand. Histoire baroque d'une normalisation inachevée*, Paris, Grasset, 1986.

KESSELMAN (Marc), 《Système de pouvoir et cultures politiques au sein des partis politiques français》, *Revue française de sociologie*, vol. 16, n 4, 1982.

KRAUSS (François), 《Les Assises du socialisme ou l'échec d'une tentative de rénovation d'un patti》, in *Notes de la fondation Jean-Jaurès*, n° 31, 2002.

KROP (Pascal), *Les Socialistes et l'Armée*, Paris, PUF, 1983.

LABBÉ (Dominique), *François Mitterrand. Essai sur le discours*, Grenoble, La Pensée sauvage, 1983.

LACORNE (Denis), *Les Notables rouges*, Paris, Presses FNSP, 1980.

LAGROYE (Jacques) et alii, *Les Militants politiques dans les trois partis français*, IEP Bordeaux, Pedone, 1976.

LAÏDI (Zaki), *La Gauche à venir. Politique et mondialisation*, Paris, L'Aube, Intervention, 2001.

LAVAU (Georges), 《The changing relations between tradeunions and working-class parties in France》, in *Government and Opposition*, automne 1978.

LAZITCH (Branco), *L'Échec permanent. L'alliance communiste et socialiste*, Paris, Laffont, 1978.

LE GALL (Gérard), *Le Parti socialiste*, Paris, Éd. Vervier Marabout, 1977.

MAKRIAN (Christian) et REY (Denis), *Un inconnu nommé Chevènement*, Paris, La Table ronde, 1986.

MATHIOT（Pierre）et SAWICKI（Frédéric），《Les membres des cabinets ministériels socialistes en France（1981-1993），recrutement et reconversion》，*Revue française de science politique*，vol. 49，n°1，février 1999，et n°2，avril 1999.

MAYER（Nonna），《Pas de chrysanthèmes pour les variables sociologiques》，*in* DUPOIRIER（Élisabeth）et GRUNBERG（Gérard），*La Drôle de défaite de la gauche*，Paris，PUF，1986.

MITAL（Christine）et ISRAELEWICS（Éric），*Monsieur ni-ni*，Paris，Robert Laffont，2002.

Monde（Le），dossiers et documents pour les élections législatives de 1973，1978，1981，1986，et 1988 et pour les élections présidentielles de 1974，1981 et 1988.

MOSSUZ-LAVAU（Janine）et SINEAU（Mariette），*Enquête sur les femmes et la politique en France*，Paris，PUF，1983.

MOURIAUX（René）*et al.*，1968，*exploration du mai français*，Paris，L'Harmattan，1992.

NAY（Catherine），*Le Noir et le Rouge ou l'Histoire d'une ambition*，Paris，Grasset，1984.

NUGENT（N.）et LOWE（D.），*The Left in France*，Londres，Mac-Millan，1982.

ORY（Pascal），DELFAU（Gérard）et BERSON（Michel），*Les Chemins de l'unité. Déclin et renouveau du socialisme français depuis la Libération*，Paris，Tema Édition，1974.

PERRINEAU（Pascal），《Les cadres du Parti socialiste. La fin du parti d'Épinay》，*in* SOFRES，*L'État de l'opinion*，Paris，Seuil，1971.

PFISTER（Thierry），*Les Socialistes*，Paris，Albin Michel，1977.

PINGAUD（Denis），*L'Impossible Défaite*，Paris，Seuil，2002.

PORTELLI（Hughes），*La Politique en France sous la Ve République*，Paris，Grasset，1987.

—，《L'intégration du Parti socialiste à la Ve République》，*in* DUHAMEL（Olivier）et PARODI（Jean-Luc）（éd.），*La Constitution de la Ve République*，

Paris, Presses de la FNSP, coll. 《Références》, 1988.

PUDLOWSKI (Gilles), *Jean Poperen et l'UGCS*, Paris, Éd. Saint-Germain-des-Prés, 1975.

REY (Henri), *La Gauche et les classes populaires, Histoire et actualité d'une mésentente*, Paris, La Découverte, 2004.

REY (Henri) et SUBILEAU (Françoise), 《Les militants socialistes en 1985》, in *Projet*, n°188, avril 1986.

—, 《Parti socialiste: structures et organisation》, *Regards sur l'actualité*, n°171, juin 1991.

—, *Les Militants socialistes à l'épreuve du pouvoir*, Paris, Presses de la FNSP, 1991.

RIOUX (Jean-Pierre), *Tombeaux pour la gauche*, Paris, Presses de Sciences-Po., 1996.

ROSANVALLON (Pierre), *L'Âge de l'autogestion*, Paris, Seuil, 1976.

—et VIVERET (Patrick), *Pour une nouvelle culture politique*, Paris, Seuil, 1977.

ROUCAUTE (Yves), *Le Parti socialiste*, Paris, Bruno Huisman, 1983.

SALOMON (André), *Le Parti socialiste: la mise à nu*, Paris, Laffont, 1980.

SAMUEL (Albert), *Le Socialisme: histoire, courants, pratiques*, Lyon, Éd. Chroniques sociales, 1981.

SAWICKI (Frédéric), *Les Réseaux du Parti socialiste*, Paris, Belin, 1997.

SCHIFFRES (Michel) et SARAZIN (Michel), *L'Élysée de Mitterrand*, Paris, Alain Moreau, 1986.

—et KETZ (Sammy), *Les Families du président*, Paris, Grasset, 1982.

SCHNEIDER (Robert), *Michel Rocard*, Paris, Stock, 1987.

SCHONFELD (William R.), *Ethnographie du PS et du RPR: les éléphants et l'aveugle*, Paris, Economica, 1985.

SEVIN (Henri), *La Coalition majoritaire du Parti socialiste de 1971 à 1975*, thèse de doctorat, Paris, IEP, 1983.

SOUBIE (Raymond), *Dieu est-il toujours français?*, Paris, Éd. de Fallois, 1991.

STASSE（François），*L'Héritage mendésiste*，Paris，Seuil，2004.

SUBILEAU（Françoise）et REY（Thierry），*Les Militants socialistes à l'épreuve du pouvoir*，Paris，Presses de la FNSP，1991.

SUBILEAU（Françoise），YSMAL（Colette）et REY（Henri），*Les Adhérents Socialistes en* 1998，Paris，Cahiers du CEVIPOF，n°23，1999.

THIRIEZ（Frédéric），*Quatre ans après*，Paris，Stock，1985.

TOURAINE（Alain），*L'Après-Socialisme*，Paris，Grasset，1980.

VÉDRINE（Hubert），*Les Mondes de François Mitterrand. À l'Elysée*，1981-1985，Paris，Fayard，1996.

WILLIAMS（Stuart）（dir.），*Socialism in France from Jaurès to Mitterrand*，Londres，Frances Pinter Publishers，1983.

WRIGHT（Vincent）（éd.），*Continuity and Change in France*，Allen and Unwin，1984.

YSMAL（Colette），*Les Partis sous la Ve République*，Paris，Montchrestien，1989.